LES RECORDS DU MONDE DU FOOTBALL 2024

Texte et design : Welbeck Non-Fiction Limited
Éditeur : Conor Kilgallon
Maquettiste : Tall Tree
Recherches iconographiques : Tall Tree
Fabrication : Rachel Burgess

92, avenue de France 75013 Paris – www.lisez.com
Traductions des éditions précédentes : Norrdine Haddad, Audrey Favre,
Christophe Rosson et Emmanuel Pailler
Traduction et révision de l'édition 2024 : Laurent Laget
Suivi éditorial : Mathilde Ricciardelli
PAO : Morgane Leloup
ISBN : 978-2-3240-3393-3 – Dépôt légal : novembre 2023
Achevé d'imprimer : octobre 2023 – Imprimé en Belgique par Graphius
Loi n° 49-956 du 16 juillet 1949 sur les publications destinées à la jeunesse,
modifiée par la loi n° 2011-525 du 17 mai 2011.

LES RECORDS DU MONDE DU FOOTBALL 2024

KEIR RADNEDGE

Gründ

SOMMAIRE

15
1
10
adidas
AFA

FIFA WORLD CUP
Qatar2022

INTRODUCTION

Le football mondial est en pleine révolution. La Coupe du Monde de la FIFA au Qatar, en novembre et décembre 2022, a marqué le début d'une nouvelle ère dans le sport international. Il s'agissait de la toute première Coupe du Monde organisée dans la sphère arabe, ainsi que la première durant l'hiver de l'hémisphère nord. De la défaite inaugurale de l'Argentine contre l'Arabie saoudite au sacre de l'*Albiceleste* contre la France en finale, le spectacle était au rendez-vous. Des records d'audience, de la télévision à Internet, ont été battus partout sur la planète. C'est également une page qui se tourne, puisque la phase finale au Qatar était le dernier match de la compétition sous le format traditionnel : en 2026, le tournoi passera de 32 à 48 équipes et sera organisé par 3 pays. Désormais, seule une poignée de nations pourra accueillir une Coupe du Monde entière sur leur territoire.

Autrefois, les instances dirigeantes, de la fédération mondiale (la FIFA) à ses homologues en Europe (l'UEFA) et dans d'autres régions, craignaient que le football de sélection ne perde du terrain face à la popularité croissante du football de club. Des négociations complexes ont eu lieu pour aboutir à la vision que le président de la FIFA, Gianni Infantino, a présentée en mars 2023, à l'occasion de sa réélection pour 4 années supplémentaires.

C'est pour répondre à la démocratisation de ce sport que la Coupe du Monde sera élargie, témoignant des progrès réalisés par les équipes nationales en Afrique et en Asie. L'Arabie saoudite et le Japon ont créé de belles surprises au Qatar, tandis que le Maroc est devenu la première équipe du continent africain à accéder aux demi-finales.

Les différentes confédérations reconnaissent et honorent le succès et la popularité de leurs championnats régionaux et commencent à imiter la Ligue des Nations de l'UEFA. Qui plus est, la FIFA lancera sa nouvelle Coupe du Monde des clubs à 32 équipes dès 2025 et envisage la création d'une nouvelle compétition, les *World Series*, visant à offrir de nouvelles expériences intercontinentales pour les sélections.

N'oublions pas l'avenir du football féminin. La Coupe du Monde féminine en Australie et en Nouvelle-Zélande a fait tomber de nouvelles barrières et a enfin incité les fédérations nationales du monde entier à investir dans le développement de la discipline féminine. Le lancement d'une Coupe du Monde des clubs féminins de la FIFA n'est plus très loin.

Tous ces aspects du vaste paysage footballistique sont présentés dans cette nouvelle édition des *Records du monde du football*. Vous y trouverez les exploits des stars d'hier et d'aujourd'hui dans toutes les grandes compétitions internationales et à tous les niveaux de jeu.

Keir Radnedge
Londres, 2023

LES PAYS

S'ils pouvaient voir à quel point leur sport a envahi la planète, les pères fondateurs du football au XIXe siècle n'en croiraient probablement pas leurs yeux. Aujourd'hui, ni les joueurs ni les fans n'osent imaginer à quoi ressemblera le football dans 10 ans, et encore moins dans 170.

Le football domine le monde des sports sur toute la planète. Les petites graines plantées lors de la création de la Football Association, en 1863 à Londres, ont bien poussé, jusqu'à former ce puissant empire sportif.

Au sommet de la pyramide du football se trouve la FIFA, la fédération internationale. Six fédérations continentales la soutiennent, représentant l'Afrique, l'Asie, l'Europe, l'Océanie, l'Amérique du Sud, ou encore les Caraïbes et l'Amérique du Nord et centrale. Ces régions sont à leur tour relayées par les associations nationales de 211 pays. Celles-ci fournissent les équipes nationales qui ont construit l'histoire sportive et supervisent la croissance du football dans leurs pays, des clubs amateurs aux championnats professionnels.

Les équipes d'Angleterre et d'Écosse ont disputé le premier match international officiel à la fin du XIXe siècle. Le championnat britannique a ensuite posé les fondations des tournois internationaux et a inspiré la Copa América d'Amérique du Sud en 1916 et la Coupe du Monde de la FIFA en 1930.

La Coupe du Monde de la FIFA n'est que la pointe de l'iceberg des compétitions organisées dans les six confédérations régionales pour les hommes, les femmes et les jeunes. Les tournois des moins de 17 ans et des moins de 20 ans vont désormais se tenir tous les ans, afin que toutes les générations de joueurs et de joueuses aient une chance de gravir les échelons sportifs.

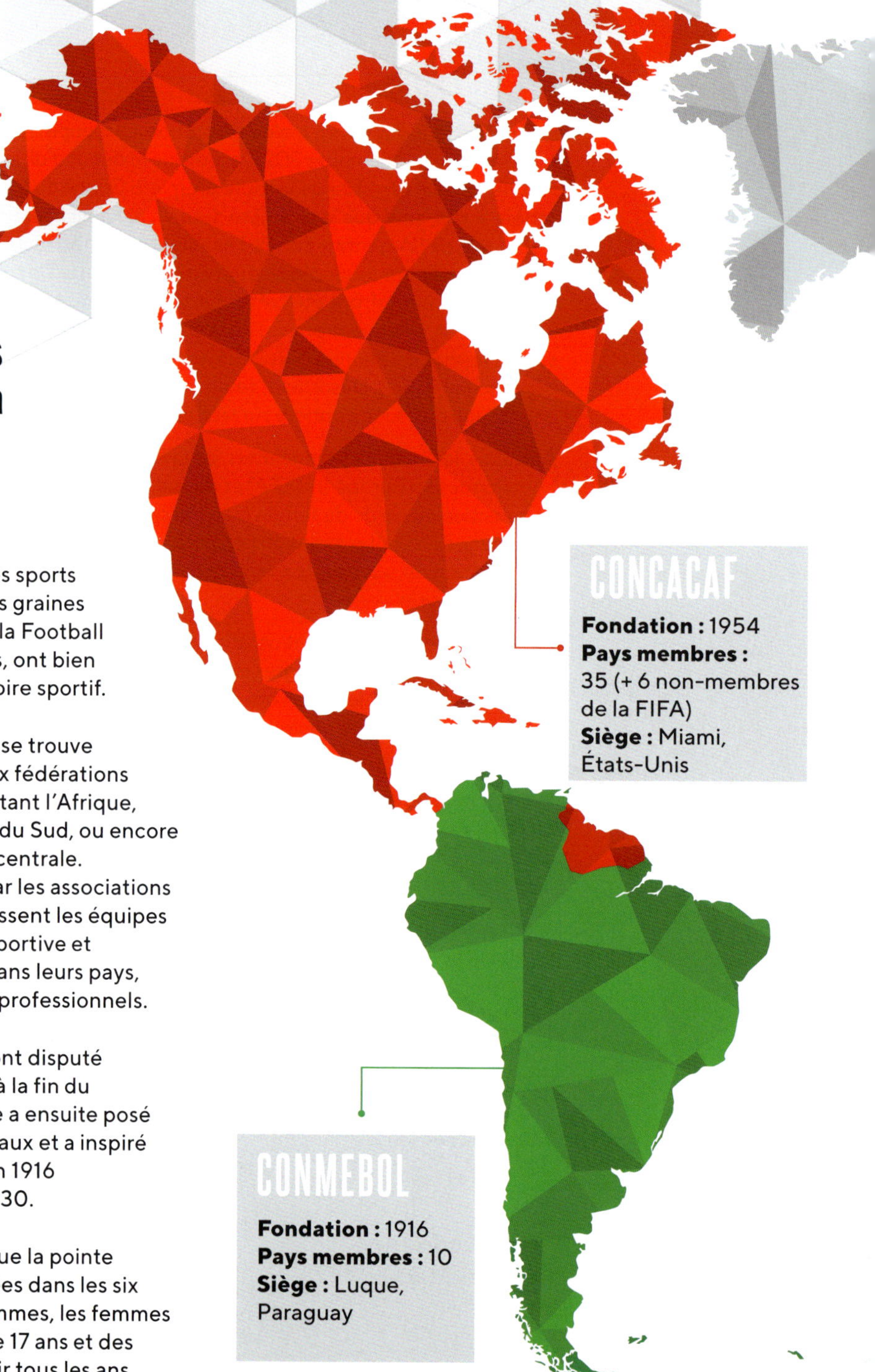

CONCACAF

Fondation : 1954
Pays membres : 35 (+ 6 non-membres de la FIFA)
Siège : Miami, États-Unis

CONMEBOL

Fondation : 1916
Pays membres : 10
Siège : Luque, Paraguay

UEFA

Fondation : 1954
Pays membres : 55
Siège : Nyon, Suisse

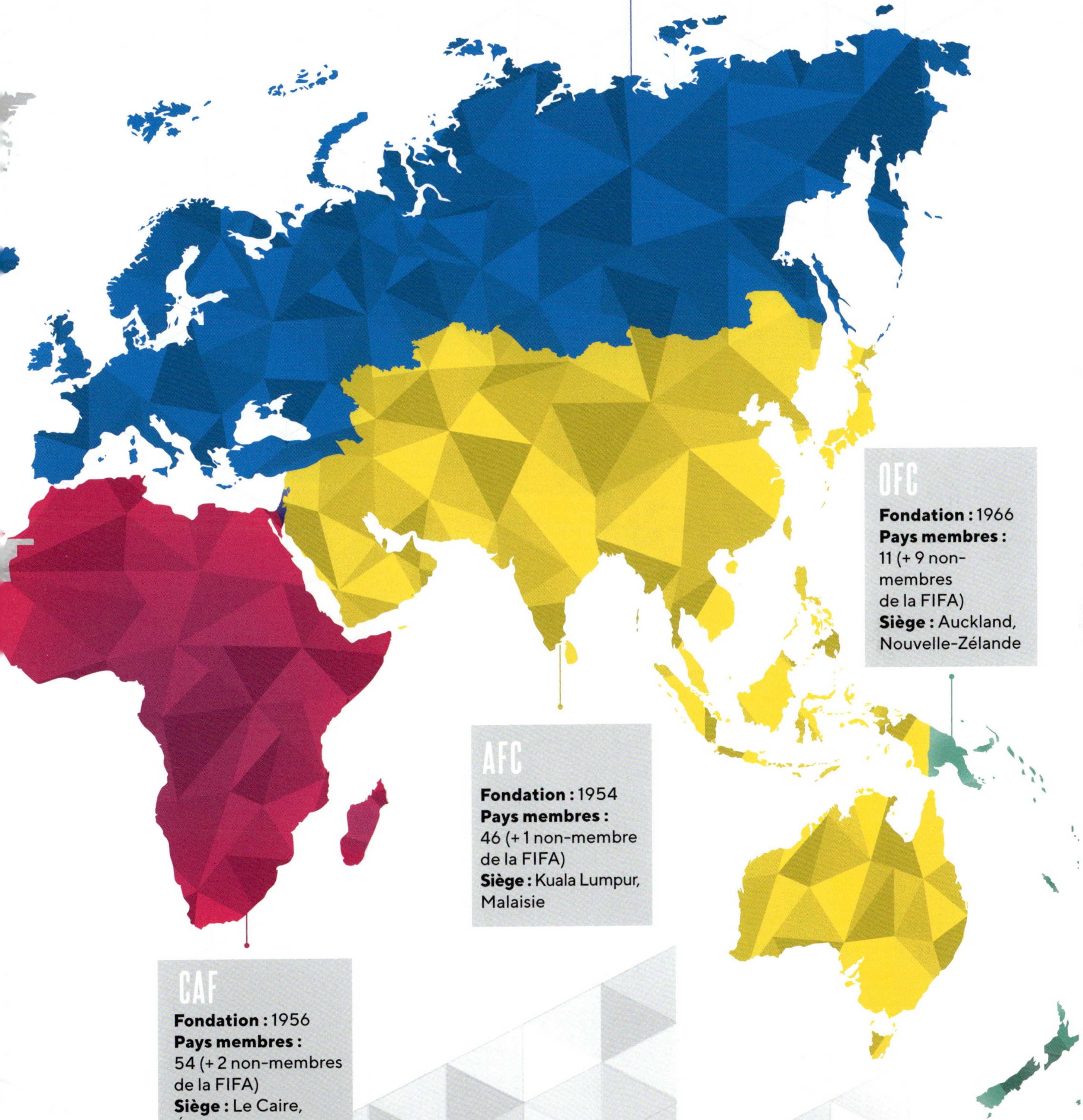

OFC

Fondation : 1966
Pays membres : 11 (+ 9 non-membres de la FIFA)
Siège : Auckland, Nouvelle-Zélande

AFC

Fondation : 1954
Pays membres : 46 (+ 1 non-membre de la FIFA)
Siège : Kuala Lumpur, Malaisie

CAF

Fondation : 1956
Pays membres : 54 (+ 2 non-membres de la FIFA)
Siège : Le Caire, Égypte

EUROPE

Ces 25 dernières années, les équipes européennes ont dominé le football mondial, tant en club qu'en sélection.

Fondation : 1954

Pays membres : 55

Siège : Nyon, Suisse

Nations les plus titrées en championnat continental : Allemagne, Espagne (3)

55

L'UEFA, l'instance gouvernante du football européen, regroupe **55 membres titulaires**.

L'Italie est le deuxième pays sacré champion d'Europe aux tirs au but, après sa victoire contre l'Angleterre, à Wembley, en 2021. Elle succède à la Tchécoslovaquie, vainqueur des tenants du titre allemands, à Belgrade, en 1976.

200

Cristiano Ronaldo a porté son record de sélections internationales à 200 en inscrivant son 123e but avec le Portugal contre l'Islande lors des éliminatoires de l'Euro 2024.

RONALDO

Wembley est le seul stade à avoir accueilli les finales de la Coupe du Monde (1966), du Championnat d'Europe (1996 et 2021), de l'Euro féminin (2022) et des Jeux olympiques (1948 et 2012). L'Euro masculin aurait dû avoir lieu en 2020, mais a été décalé d'un an en raison de la pandémie de COVID-19.

En 1992, le Danemark a été sacré champion d'Europe sans avoir réussi à se qualifier pour la compétition. Les Danois ont été repêchés après le retrait de la Yougoslavie, en raison de la guerre civile.

ANGLETERRE

L'Angleterre est le berceau du ballon rond, le pays où le football s'est d'abord développé, donnant naissance à la première fédération et au premier championnat organisé. Aujourd'hui, l'Angleterre héberge le championnat national le plus riche de la planète.

SOUTHGATE

LÉGENDE NATIONALE
NOUVEAU SOUTHGATE, NOUVEL ESPOIR

Lors de la Coupe du Monde 2018 en Russie, l'Angleterre a retrouvé les demi-finales après 28 ans d'attente, malgré une défaite 2-1 contre la Croatie. Le sélectionneur était **Gareth Southgate**, ancien défenseur international. Trois ans plus tard, à l'Euro 2020, ses protégés ont atteint la première finale d'un grand tournoi depuis le triomphe de Sir Alf Ramsey au Mondial 1966. Pourtant, l'Angleterre devra encore patienter avant de décrocher son premier titre depuis 55 ans, puisque c'est finalement l'Italie qui a remporté la compétition 3-2 aux tirs au but, après un match nul 1-1 dans le stade de Wembley. Dans leur parcours jusqu'en finale, les Anglais auront battu l'Allemagne 2-0 en huitième, 25 ans après l'échec de Southgate dans les tirs au but contre ce même adversaire, en demi-finale de l'Euro 1996. Southgate compte 57 sélections comme joueur et la finale de l'Euro 2020 était son 61e match à la tête de son pays. Il est ainsi devenu le premier Anglais à participer à plus de 50 matchs comme joueur et sélectionneur.

1872
Le premier match international officiel de l'Angleterre a eu lieu le 30 novembre 1872 : un nul 0-0 contre l'Écosse.

Membre de la FIFA : 1905
Plus large victoire : 13-0, contre l'Irlande, en 1882
Meilleur classement FIFA : 3e
Stade : Wembley, Londres
Palmarès : 1 Coupe du Monde (1966)

41

Le joueur le plus âgé à faire ses débuts en équipe d'Angleterre est Alexander Morten : il avait 41 ans et 114 jours contre l'Écosse, le 8 mars 1873, lors du premier match de l'Angleterre à domicile.

LÉGENDE NATIONALE
CAPITAINES COURAGE

Les carrières internationales de Billy Wright et de **Bobby Moore**, recordmen des capitanats en équipe d'Angleterre (90), se sont presque chevauchées. Wright, des Wolves, a joué en sélection entre 1946 et 1959, et Moore, de West Ham, entre 1962 et 1973, notamment lors du triomphe à la Coupe du Monde 1966. Moore reste le plus jeune capitaine de l'équipe d'Angleterre, car il a été choisi pour ce poste à l'âge de 22 ans et 47 jours, à l'occasion d'un match contre la Tchécoslovaquie, le 29 mai 1963. C'est aussi lui qui a soulevé la Coupe du Monde après la victoire contre l'Allemagne de l'Ouest 4-2 à Wembley, le 30 juillet 1966.

MOORE

ANECDOTE D'ÉQUIPE
AVALANCHE DE BUTS

Sans compter son revers aux tirs au but en finale de l'Euro, en juillet 2021, contre l'Italie, après un nul 1-1, l'Angleterre a battu son record national avec 22 matchs sans défaite. Sa série a débuté avec un succès 3-0 contre l'Irlande en novembre 2021, et s'est achevée par une victoire sur le même score contre la Côte d'Ivoire en mars 2022. L'Angleterre a été l'équipe la plus prolifique d'Europe dans les éliminatoires pour le Mondial 2022 avec 39 buts, devant l'Allemagne (36) et les Pays-Bas (33). Sa campagne de qualification s'est terminée par un feu d'artifice 10-0 sur la pelouse de Saint-Marin, en novembre 2021, grâce à un quadruplé du capitaine Harry Kane. La Hongrie a mis fin à la série d'invincibilité des *Three Lions* avec une victoire 1-0 à Budapest, en juin 2022, comptant pour la Ligue des Nations de l'UEFA.

DISCIPLINE
MAUVAIS GARÇONS

Alan Mullery est le premier homme à avoir été expulsé avec l'Angleterre, face à la Yougoslavie, en juin 1968, avant la défaite des siens en demi-finale de l'Euro. 19 autres expulsions ont suivi. Le dernier sanctionné en date est Luke Shaw, lors d'un succès 2-1 contre l'Italie, en mars 2023, comptant pour les éliminatoires de l'Euro. Wayne Rooney et **David Beckham** en ont récolté deux chacun. Ce dernier avait été expulsé lors de l'élimination en huitième du Mondial 1998 contre l'Argentine, tandis que Rooney était rentré prématurément aux vestiaires huit ans plus tard, lors d'une défaite contre le Portugal en quart de finale du Mondial 2006.

SÉLECTIONS

1. **Peter Shilton,** 125
2. **Wayne Rooney,** 120
3. **David Beckham,** 115
4. **Steven Gerrard,** 114
5. **Bobby Moore,** 108

BECKHAM

7

La défaite 2-1 de l'Angleterre contre la France, lors de la Coupe du Monde 2022, au Qatar, marquait la septième élimination des *Three Lions* au stade des quarts de finale – plus que toute autre équipe.

1:57

En inscrivant son premier but pour l'Angleterre lors de sa 16e sélection, le latéral gauche Luke Shaw a également marqué le but le plus rapide d'une finale de Championnat d'Europe : seulement 1 min. 57 s. après le début du match face à l'Italie, à l'Euro 2020.

RECORD DE BUTS
À LA GLOIRE DES SPURS

Bien des supporters anglais étaient persuadés que leur équipe était maudite aux tirs au but, après les éliminations contre l'Allemagne en demi-finales de la Coupe du Monde de la FIFA 1990 et du Championnat d'Europe de l'UEFA 1996, puis contre le Portugal en quarts de l'Euro 2004 et du Mondial 2006. Les Anglais sont finalement venus à bout de cette malédiction en battant la Colombie en 8e de finale du Mondial 2018, avant de terminer à la 4e place de cette édition. L'année suivante, l'Angleterre a remis le couvert pour battre la Suisse et monter sur la 3e marche du podium lors de la première Ligue des Nations de l'UEFA. Le gardien Jordan Pickford a été le héros de ces deux séances, non seulement grâce à des parades décisives, mais aussi grâce à un but contre la Suisse. Le milieu de terrain Eric Dier a, quant à lui, scellé la victoire lors de ces deux occasions. Son club, Tottenham Hotspur, est le premier fournisseur de l'équipe nationale, le milieu Harry Winks ayant été le 78e joueur des Spurs à être convoqué, en octobre 2017. Trois des cinq meilleurs buteurs des *Three Lions* sont des légendes de Tottenham : Harry Kane, le héros des années 1960 Jimmy Greaves – qui compte le record de triplés en équipe nationale (6) – et **Gary Lineker**, meilleur buteur du pays en Coupe du Monde avec 10 unités lors des éditions 1986 et 1990.

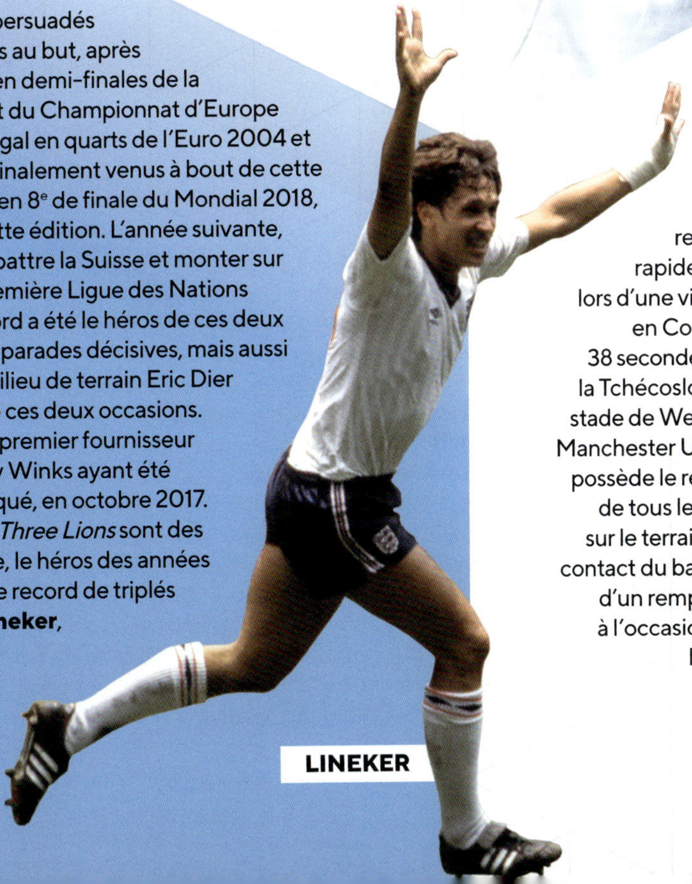

LINEKER

JOUEUR STAR
UN COUP D'AVANCE

Bryan Robson détient le record du but anglais le plus rapide – au bout de 27 secondes lors d'une victoire 3-1 contre la France en Coupe du Monde 1982, et de 38 secondes lors d'une victoire 2-1 sur la Tchécoslovaquie en 1989, à l'ancien stade de Wembley. Un autre joueur du Manchester United, Teddy Sheringham, possède le record du but le plus rapide de tous les joueurs anglais à l'entrée sur le terrain : 15 secondes au premier contact du ballon, en octobre 2001, lors d'un remplacement contre la Grèce à l'occasion d'une qualification pour la Coupe du Monde 2002.

BELLINGHAM

ANECDOTE DU TOURNOI
JEUNES ET MOINS JEUNES

Tom Finney est devenu le plus vieux buteur en Coupe du Monde, en marquant contre l'Union soviétique à l'âge de 36 ans et 64 jours, en 1958. Jordan Henderson le talonne avec un but à 32 ans et 170 jours lors du succès 3-0 contre le Sénégal, en phase finale du Mondial 2022. À 18 ans et 190 jours, Michael Owen est devenu, quant à lui, le plus jeune buteur quand il est sorti du banc pour sauver l'honneur contre la Roumanie en 1998 (2-1). **Jude Bellingham** s'est approché de son record lors de la phase finale 2022 en inscrivant le premier but anglais du succès 6-2 contre l'Iran ; il avait alors 19 ans et 145 jours. Le milieu de terrain était déjà devenu le plus jeune joueur anglais dans un tournoi international lorsqu'il était entré en jeu contre la Croatie à l'Euro 2020 (victoire 1-0), à 17 ans et 349 jours.

LÉGENDE NATIONALE
LONGÉVITÉ

Stanley Matthews est devenu l'international anglais le plus âgé lorsqu'il s'est aligné sur l'aile contre le Danemark le 15 mai 1957, à 42 ans et 104 jours, 22 ans et 229 jours après sa première sélection. Matthews est également le doyen des buteurs des *Three Lions*. Il avait 41 ans et 8 mois lorsqu'il a marqué contre l'Irlande du Nord le 10 octobre 1956. Le défenseur Martin Kelly, lui, détient le record inverse de la carrière la plus courte à l'international : deux minutes comme remplaçant lors d'une victoire 1-0 pour un match amical contre la Norvège, en 2012.

JOUEURS STARS
DES JEUNES PROMETTEURS

Le milieu du Borussia Dortmund Jude Bellingham est devenu le plus jeune Anglais à disputer un grand tournoi international quand il est entré en jeu contre la Croatie lors du succès 1-0 à l'Euro 2020. Il n'avait alors que 17 ans et 349 jours. Pour son match suivant, un nul 0-0 contre l'Écosse, l'Angleterre affichait une moyenne d'âge de 25 ans et 31 jours, la plus basse pour le pays en compétition. Mais le plus jeune international reste Theo Walcott, 17 ans et 75 jours, en match amical contre la Hongrie le 30 mai 2006.

BUTEURS

1	**Harry Kane,** 55
2	**Wayne Rooney,** 53
3	**Bobby Charlton,** 49
4	**Gary Lineker,** 48
5	**Jimmy Greaves,** 44

ROONEY

ANECDOTE DU TOURNOI
WAYNE VAINCRA

En septembre 2003, **Wayne Rooney** a marqué contre la Macédoine, devenant le plus jeune buteur anglais, à l'âge de 17 ans et 317 jours. Il a toujours semblé évident qu'il finirait par battre, avec le temps, le record anglais de Sir Bobby Charlton, avec ses 49 buts. Rooney est arrivé à ce niveau grâce à un penalty contre Saint-Marin en septembre 2015, puis est parvenu aux 50 buts avec un autre penalty contre la Suisse, trois jours plus tard. En novembre 2014, il a obtenu sa 100e cape, à l'âge de 29 ans et 22 jours, devenant le plus jeune Anglais à franchir cette barre. Rooney s'est retiré du football international en août 2017, mais a fait un retour éclair comme remplaçant le 15 novembre 2018, contre les États-Unis, pour une 120e et dernière sélection.

17

Theo Walcott reste le plus jeune international anglais de l'histoire. Il avait 17 ans et 75 jours quand il a affronté la Hongrie, en match amical, le 30 mai 2006. L'ailier a ensuite été appelé pour la Coupe du Monde en Allemagne, mais n'a joué aucun match.

JOUEUR STAR
KANE, LE NOUVEAU ROI

En mars 2015, **Harry Kane** a soigné ses premiers pas sous le maillot des *Three Lions* en marquant seulement 79 secondes après son entrée en jeu contre la Lituanie. 8 ans plus tard, presque jour pour jour, il est devenu le meilleur buteur de l'histoire de son pays en inscrivant un penalty lors d'une victoire 2-1 contre l'Italie. C'était son 54e but, un de plus que son ancien partenaire Wayne Rooney. Kane, capitaine de l'Angleterre, avait déjà égalé son record sur penalty, contre la France à la Coupe du Monde 2022, mais en avait aussi raté un ce jour-là, condamnant les *Three Lions* à une élimination précoce. Sur ses 12 buts en tournois – record national avec 2 de plus que Gary Lineker –, il en a inscrit 6 au Mondial 2018, ce qui lui avait permis d'être désigné Soulier d'Or de la compétition.

ANECDOTE DU TOURNOI
IL Y A FOULE

L'affluence record pour un match de l'Angleterre a été enregistrée à l'Hampden Park le 17 avril 1937 : 149 547 spectateurs ont vu les locaux s'imposer 3-1 contre l'Écosse, dans le *British Home Championship*. À l'inverse, ils n'étaient que 2 378 le 17 novembre 1993, à Bologne, pour voir Saint-Marin surprendre dès la 7e seconde les hommes de Graham Taylor, finalement vainqueurs 7-1, mais non qualifiés pour la Coupe du Monde 1994.

7-1

La plus lourde défaite des Anglais leur a été infligée par la Hongrie, victorieuse 7-1 en 1954.

JOUEUR STAR
LA VALEUR DE STERLING

L'attaquant de Manchester City **Raheem Sterling** n'avait marqué que deux buts lors de ses 45 premières sélections. Il en a ensuite inscrit 15 en 23 matchs, dont trois à l'Euro 2020. Il a notamment signé les buts de la victoire contre la Croatie et la République tchèque à Wembley, à quelques kilomètres seulement de Brent, le quartier qui l'a vu grandir, dans le nord-ouest de Londres. C'est aussi lui qui avait ouvert le score lors du succès 2-0 contre l'Allemagne en huitième de finale, avant que Harry Kane ne double la mise. Grâce au but de Sterling contre la Côte d'Ivoire en mars 2022, l'Angleterre a gagné les 15 matchs dans lesquels il a marqué. Le record précédent de 10 rencontres était détenu par l'attaquant des années 1970, Martin Chivers.

STERLING

KANE

66

Le joueur le plus capé, Peter Shilton, détient aussi le record de *clean sheets* avec l'Angleterre : 66 entre 1970 et 1990. Il aurait pu cumuler plus de sélections, mais le manager Ron Greenwood avait opté pour l'alternance entre lui et Ray Clemence entre 1972 et 1982.

35

L'attaquant Jermain Defoe est entré en jeu depuis le banc plus souvent qu'aucun autre joueur anglais : 35 fois entre ses débuts en mars 2004 et sa dernière sélection en 2017.

LÉGENDE NATIONALE
SUPER WALTER

Walter Winterbottom a été le premier manager à plein temps de l'Angleterre. Il est aujourd'hui encore le sélectionneur au plus long mandat (138 matchs) et le plus jeune, puisqu'il n'avait que 33 ans à sa prise de fonction en 1946. Cet ancien professeur et joueur de Manchester United a dirigé l'Angleterre dans quatre Coupes du Monde, de leur première participation en 1950 à l'édition 1962 au Chili.

WINTERBOTTOM

FRANCE

Forte de ses 2 titres mondiaux, le dernier en 2018, et de son travail pour développer le sport, la France s'est imposée comme l'un des poids lourds de la discipline.

Membre de la FIFA : 1907

Plus large victoire : 10-0, contre l'Azerbaïdjan, le 6 septembre 1995

Meilleur classement FIFA : 1er

Stade : Stade de France, Saint-Denis

Palmarès : 2 Coupes du Monde (1998, 2018), 2 Championnats d'Europe (1984, 2000)

JOUEUR STAR
KYLIAN VAUT DES MILLIONS

La France a remporté sa 2e Coupe du Monde le 15 juillet 2018, 20 ans et 3 jours après son 1er titre. **Kylian Mbappé**, âgé de 19 ans, a marqué le dernier but lors de la victoire 4-2 en finale contre la Croatie, et a été élu Meilleur jeune joueur du tournoi. Mbappé est le 2e joueur de moins de 20 ans seulement à marquer en finale de la Coupe du Monde, après Pelé contre la Suède, en 1958. Avec son but contre le Pérou en phase de groupes, il est aussi devenu le plus jeune buteur français d'un grand tournoi, à seulement 19 ans et 183 jours. 4 ans plus tard, il est devenu le deuxième homme, après l'Anglais Geoff Hurst en 1966, à inscrire un triplé en finale de Coupe du Monde. Mbappé n'a pas plus tremblé au moment de convertir son tir au but, contrairement à Kingsley Coman et Aurélien Tchouaméni, offrant le titre aux Argentins (3-3 ; 4-2 TAB).

MBAPPÉ

LA FRANCE ET LA FIFA

Jules Rimet – président de la FIFA de 1921 à 1944 – est le père fondateur de la Coupe du Monde, dont le trophée a porté son nom jusqu'en 1970.

7

Sept joueurs français ont remporté la Coupe du Monde, l'Euro et la Ligue des champions : Didier Deschamps, Marcel Desailly, Christian Karembeu, Bixente Lizarazu, Fabien Barthez, Thierry Henry et Zinédine Zidane.

JOUEUR STAR
BENZEBACK

La carrière de **Karim Benzema** avec la France s'étend sur une plus longue durée que tout autre joueur, depuis ses débuts en tant que remplaçant (et auteur du but de la victoire) contre l'Autriche en mars 2007 jusqu'en 2022. Toutefois, il a longtemps été écarté des Bleus, entre octobre 2015 et juin 2021, quand il a été retenu pour disputer l'Euro 2020. Pendant la phase finale, il a inscrit 4 buts malgré l'élimination des Français contre la Suisse dès les 8es. En octobre suivant, il a guidé les siens à la victoire en Ligue des Nations avec le but de l'égalisation contre l'Espagne (2-1).

BENZEMA

GRIEZMANN

JOUEUR STAR
GRIEZMANN LE GRAND

L'attaquant **Antoine Griezmann** a remporté le Soulier d'Or de l'Euro 2016 avec ses 6 buts, ainsi que le trophée du meilleur joueur de la compétition, bien que la France se soit inclinée 1-0 contre le Portugal en finale. 2 ans plus tard, « Grizi » a encore signé 4 buts et la France est cette fois allée au bout. Son total inclut 3 penaltys, dont 1 en finale pour donner l'avantage 2-1 aux Bleus contre la Croatie. Griezmann partage le record du nombre de passes décisives au Mondial 2022 (3) et a été désigné homme du match dans la demi-finale remportée 2-0 contre le Maroc.

LÉGENDE NATIONALE

KOPA, PREMIÈRE SUPERSTAR FRANÇAISE

Né le 13 octobre 1931 dans une famille d'immigrés polonais, les Kopaszewski, **Raymond Kopa** a été la première superstar internationale du foot français. Après avoir fait les beaux jours de Reims dans les années 1950, il signera ensuite au Real Madrid, où il deviendra le premier Français à remporter la Coupe d'Europe. Grand artisan de la 3e place des Bleus lors de la Coupe du Monde 1958, le meneur de jeu verra ses performances récompensées par un Ballon d'Or *France Football* la même année. Le décès de Kopa, à l'âge de 85 ans, le 3 mars 2017, a endeuillé le monde du football.

2

Le meneur de jeu Zinédine Zidane a inscrit un doublé en finale pour offrir à la France son premier titre mondial, un succès 3-0 contre le Brésil en 1998. Il a également reçu 2 cartons rouges en Coupe du Monde, d'abord contre l'Arabie saoudite, au premier tour du Mondial 1998, puis pour un coup de tête contre l'Italie, en finale 2006.

BUTEURS

1. **Olivier Giroud**, 53
2. **Thierry Henry**, 51
3. **Antoine Griezmann**, 43
4. **Michel Platini**, 41
5. **Kylian Mbappé**, 38

BILAN DU SÉLECTIONNEUR

MICHEL ET MICHEL

Michel Hidalgo, décédé en mars 2020 à l'âge de 87 ans, est le premier sélectionneur à avoir offert un titre majeur à la France, victorieuse du Championnat d'Europe de l'UEFA 1986. Son capitaine, **Michel Platini**, avait marqué 9 buts avant de succéder à Hidalgo pour l'UEFA Euro 1992, d'organiser la Coupe du Monde de la FIFA 1998 en France et d'être président de l'UEFA de 2007 à 2015. Hidalgo a été le premier homme à atteindre les 75 matchs à la tête de la France, mais son record a été dépassé par Raymond Domenech, avec 79 rencontres, dont une finale de Coupe du Monde en 2006, et surtout par Didier Deschamps, qui totalisait 130 rencontres fin juin 2022.

SÉLECTIONS

1. **Hugo Lloris**, 145
2. **Lilian Thuram**, 142
3. **Thierry Henry**, 123
4. **Olivier Giroud**, 122
5. **Antoine Griezmann**, 119

JOUEUR STAR

VICTOIRE D'HUGO

Le gardien **Hugo Lloris** est devenu le Français le plus capé pendant la Coupe du Monde 2022, dépassant les 142 sélections de Lilian Thuram, lors du succès 2-1 contre l'Angleterre en quart de finale. Il a disputé son 145e et dernier match international lors de la finale perdue contre l'Argentine aux tirs au but, 4 ans après avoir soulevé le trophée comme capitaine, grâce à un succès 4-2 contre la Croatie, en Russie.

LÉGENDE NATIONALE
DESAILLY : THE ROCK

Né dans la capitale ghanéenne d'Accra, **Marcel Desailly** a toujours dit qu'il ne voulait défendre que les couleurs de la France, le pays qui l'a accueilli depuis ses quatre ans. En 2003, Desailly devient le joueur le plus capé du pays. Il raccroche les crampons l'année suivante avec 116 sélections, un record qui sera bientôt effacé par son coéquipier **Lilian Thuram**. Desailly, qui en imposait par sa présence au milieu ou en défense centrale, était surnommé « The Rock » en raison de sa carrière prolifique. Il a remporté non seulement la Coupe du Monde 1998 et l'Euro de l'UEFA 2000 avec la France, mais il est aussi devenu le premier joueur à gagner la Ligue des Champions deux années de suite avec des clubs différents : avec l'OM en 1993 et l'AC Milan en 1994.

LÉGENDE NATIONALE
GÉNÉRAL DESCHAMPS

Didier Deschamps est le 3e joueur seulement à avoir remporté la Coupe du Monde en tant que joueur et sélectionneur, après le Brésilien Mário Zagallo en 1958 et 1970, et l'Allemand Franz Beckenbauer en 1974 et 1990. Deschamps était capitaine tant en 1998 qu'en 2000, lorsque la France a gagné le Championnat d'Europe de l'UEFA. Il a pris sa retraite après 103 capes, dont 55 en tant que capitaine. L'ancien milieu défensif a pris ses fonctions de sélectionneur en 2012 et a conduit la France en finale de l'Euro 2016 à domicile, où elle s'est inclinée 1-0 face au Portugal, avant de remporter la Coupe du Monde 2018 en Russie, grâce à un succès 4-2 contre la Croatie. Son parcours jusqu'en finale de la Coupe du Monde 2022 l'a amené à son 139e match à la tête des Bleus, pour 89 victoires. Puis, en 2023, ses joueurs se sont imposés contre les Pays-Bas et l'Irlande en éliminatoires de l'Euro 2024.

17

Fabien Barthez détient le record français de participations en phases finales de Coupe du Monde, avec 17 matchs joués de 1998 à 2006.

LES BANDES DE LA VICTOIRE

La France est la seule nation à avoir joué un match de Coupe du Monde avec le maillot d'une autre équipe. En Argentine, en 1978, les Bleus ont été contraints de porter les bandes vertes et blanches d'un club local, l'Atlético Kimberley, en raison d'un conflit de maillots blancs avec la Hongrie.

LÉGENDE NATIONALE
THURAM INOXYDABLE

Lilian Thuram a connu sa 142e et dernière sélection lors de la défaite de la France face à l'Italie à l'Euro 2008, lui qui avait fait ses débuts avec les Bleus 14 ans plus tôt, le 17 août 1994 contre la République tchèque. Né à Pointe-à-Pitre le 1er janvier 1972, il est passé par l'AS Monaco, Parme, la Juventus et le FC Barcelone avant de raccrocher à l'été 2008 suite à un problème cardiaque. Son doublé en demi-finale de France 1998 contre la Croatie – ses deux seuls buts en sélection – a fait de lui l'une des grandes stars de l'épopée des Bleus. Son fils Marcel, né à Parme en Italie, a signé dans le club allemand du Borussia Mönchengladbach en 2019 et a aidé la France à remporter l'Euro U-19 en 2016. Il a ensuite fait ses débuts chez les A lors d'un amical contre la Finlande, en novembre 2020.

LÉGENDE NATIONALE
LE RÉVEIL DE GIROUD

Le buteur **Olivier Giroud**, qui a longtemps été chez lui à Londres, en jouant pour Arsenal puis Chelsea, a été l'artisan de l'élimination des Anglais en Coupe du Monde 2022, avec un but tardif en quart de finale (2-1). Il s'agissait de sa 53e réalisation internationale. Il avait déjà égalé le record de Thierry Henry en ouverture de la compétition avec un doublé contre l'Australie (4-1), avant de le dépasser et de devenir seul meilleur buteur français contre la Pologne, toujours en phase de groupes. Ses 40 premiers buts pour les Bleus avaient tous été marqués de l'intérieur de la surface. Il a dû attendre sa 100e sélection et son 41e but pour marquer de loin, lors de la victoire 7-1 contre l'Ukraine en octobre 2020. Il égalait alors le total de Michel Platini.

GIROUD

65

Contre l'Autriche, en juin 2022, Ibrahima Konaté est devenu le 65e joueur à découvrir l'équipe de France durant le mandat de Didier Deschamps. Le record précédent était de 64 joueurs, sous Michel Hidalgo.

HENRY

LÉGENDE NATIONALE
HENRY SUR LE BANC

Thierry Henry, recordman de buts en équipe de France, n'a pas pu entrer en jeu lors de la finale de France 1998 à cause du carton rouge de Marcel Desailly. Aimé Jacquet comptait solliciter le jeune Monégasque, meilleur buteur de son équipe en phase de groupes (3 buts), mais l'expulsion du Milanais a contraint le sélectionneur à revoir ses plans. Devant la nécessité de renforcer l'entrejeu, Henry resta sur le banc, remplacé par son futur coéquipier à Arsenal, Patrick Vieira. Henry détient en revanche le record du seul Français à avoir joué 4 Coupes du Monde (1998, 2002, 2006 et 2010). Il a également dépassé le record de buts de Platini avec un doublé contre la Lituanie, en octobre 2007.

BUT VARIABLE

Antoine Griezmann est devenu le premier joueur à voir un but international invalidé par vidéo. Griezmann a été jugé hors-jeu après avoir marqué contre l'Espagne en mars 2017, un match remporté 2-0 par les Espagnols.

JOUEUR STAR
LA RÉVÉLATION CAMAVINGA

Le milieu offensif **Eduardo Camavinga** est né dans un camp de réfugiés à Cabinda, en Angola, mais sa famille s'est installée à Fougères, en Bretagne, quand il n'avait que deux ans. Il est devenu le plus jeune joueur de l'histoire du Stade rennais en avril 2019, à seulement 16 ans, puis le deuxième plus jeune international et buteur français. Il avait découvert les Bleus contre la Croatie en septembre 2020 à 17 ans et 303 jours et avait ouvert son compteur avec un retourné lors du succès 7-1 contre l'Ukraine 29 jours plus tard. En mai 2022, Camavinga a disputé les dernières minutes de la finale de la Ligue des Champions remportée par son club, le Real Madrid. Il s'était déjà illustré comme joker de luxe lors des tours précédents.

CAMAVINGA

LÉGENDE NATIONALE
ADIEU FONTAINE

Just Fontaine, décédé en février 2023 à 89 ans, a marqué plus de buts en une seule Coupe du Monde que n'importe quel autre joueur : 13 en 6 rencontres de l'édition 1958, dont 4 dans le succès 6-3 face à la RFA. La France avait alors fini troisième. Par la suite, il a signé le mandat le plus court comme sélectionneur national, prenant son poste le 22 mars 1967 avant de démissionner le 3 juin, après 2 défaites amicales. Avant le triplé de Kylian Mbappé en finale du Mondial 2022, Fontaine était le seul Français à avoir inscrit un *hat-trick* en Coupe du Monde.

ALLEMAGNE

13
Auteur d'un triplé contre l'Irlande du Nord en 2019, Serge Gnabry est devenu le premier Allemand à inscrire 13 buts dans ses 13 premières sélections depuis les 16 réalisations de Gerd Müller en 1969. Les deux joueurs ont gagné leurs dix premières rencontres.

KLOSE

Les footballeurs allemands sont presque toujours présents aux derniers stades des compétitions internationales. Leur triomphe de 2014 a mis fin à 18 ans sans titre. C'était la première victoire pour l'Allemagne réunifiée, championne en 1954, 1974 et 1990 en tant que RFA.

Membre de la FIFA : 1908

Plus large victoire : 16-0, contre la Russie, en 1912

Meilleur classement FIFA : 1er

Stade : (Rotation)

Palmarès : 4 Coupes du Monde (1954, 1974, 1990, 2014), 3 Championnats d'Europe (1972, 1980, 1996)

RECORD DE BUTS
LE CAS KLOSE

Miroslav Klose est devenu le 3e joueur, après Uwe Seeler et Pelé, à marquer dans quatre phases finales de la Coupe du Monde. Son premier but au Brésil, une égalisation contre le Ghana, l'avait placé à hauteur de Ronaldo parmi les meilleurs buteurs de la Coupe du Monde. Et c'est contre le Brésil que Klose a pris seul la tête du classement. Avec 24 apparitions, il n'est devancé que par son compatriote Lothar Matthäus (25), et ses 17 victoires le mettent à une longueur devant le précédent détenteur du record, le Brésilien Cafu. Klose a raccroché les crampons en 2014, avec le statut de meilleur buteur allemand de tous les temps, avec 71 buts en 137 matchs. Ses coéquipiers n'ont jamais perdu de match international où il a marqué.

BUTEURS

1. **Miroslav Klose,** 71
2. **Gerd Müller,** 68
3. **Lukas Podolski,** 49
4. **Jürgen Klinsmann,** 47 **= Rudi Völler,** 47

BECKENBAUER

LÉGENDE NATIONALE
LE KAISER

Franz Beckenbauer est considéré comme le meilleur joueur de l'histoire du foot allemand. Il invente le poste de libéro offensif, appliqué au plus haut niveau à la Coupe du Monde 1970, puis lors du titre européen de la RFA en 1972 et du sacre mondial en 1974. Devenu entraîneur sans grande expérience, il conduit son pays à la finale de Mexique 1986, puis au titre suprême lors du Mondial 1990, en Italie, pour son dernier match. Il est ensuite devenu président du Bayern Munich, club qu'il a mené à trois sacres européens entre 1974 et 1976 en tant que capitaine. Fer de lance de la candidature allemande, il a présidé le comité organisateur de la Coupe du Monde 2006.

100

Ulf Kirsten est l'un des 8 joueurs à avoir représenté l'ancienne Allemagne de l'Est et l'Allemagne réunifiée après 1990. Il a totalisé 100 sélections : 49 pour la RDA et 51 pour l'Allemagne.

ANECDOTE DU TOURNOI
SILENCE À LA SAMBA

Victorieuse 1-0 de l'Argentine en 2014, l'Allemagne disputait sa 8e finale de Coupe du Monde de la FIFA, un record qu'elle poursuivait après être devenue la 1re sélection à jouer 4 demi-finales de suite. Mais c'est l'humiliation du Brésil 7-1 en demi-finale qui risque de rester dans les mémoires – et dans les livres de records. Les Allemands menaient 5-0 à la mi-temps de ce qui est devenu la plus large victoire en demi-finale d'un Mondial et la plus lourde défaite d'un pays hôte. Parmi les autres records battus : les 4 buts en 6 minutes de l'Allemagne et les 2 buts de Toni Kroos en 69 secondes (doublé le plus rapide), qui l'ont aidé à devenir le premier champion du monde né en Allemagne de l'Est. En outre, l'ouverture du score de Thomas Müller était le 2 000e but de l'Allemagne.

LÖW

LÉGENDE NATIONALE
LÖW A TOUT CONNU

Joachim Löw a quitté son poste de sélectionneur de l'Allemagne après une défaite 2-0 contre l'Angleterre en huitième de finale de l'Euro 2020. Il a ainsi mis un terme à une carrière de 15 ans et 194 matchs, qui lui ont permis de dépasser les 162 rencontres supervisées par Sepp Herberger. Son coup d'éclat restera bien sûr la victoire à la Coupe du Monde 2014 au Brésil, faisant de lui le premier sélectionneur sacré sans avoir joué pour son pays. Après une carrière honorable de joueur et d'entraîneur de club, il avait été désigné adjoint de Jürgen Klinsmann en 2004 avant d'être promu en 2006. Outre le titre de 2014, il a terminé finaliste de l'Euro 2008 et a atteint le dernier carré quatre ans plus tard, après avoir décroché la 3e place du Mondial 2010 entre les deux.

10

Le successeur de Joachim Löw, Hansi Flick, est devenu le premier homme à rester invaincu sur ses dix premiers matchs à la tête de la *Mannschaft* depuis Sepp Herberger et Josef Derwall. Il a ensuite enchaîné quatre matchs nuls de suite, un record national.

LÉGENDE NATIONALE
« *DER BOMBER* » S'ÉTEINT

Le club allemand du Bayern Munich a déclaré « rester debout » en annonçant le décès de l'ancien buteur **Gerd Müller** à l'âge de 75 ans, en août 2021. L'équipe nationale, quant à elle, a regretté « l'un des plus grands footballeurs allemands de tous les temps ». Müller, surnommé « *Der Bomber* », a frappé 68 fois en seulement 62 internationaux de 1966 à 1974, dont un doublé contre l'Union soviétique en finale du Championnat d'Europe 1972 et le but de la victoire contre les Pays-Bas pour prendre le titre mondial deux ans plus tard. Ses 365 buts en 427 matchs de championnat pour le Bayern restent le record de *Bundesliga*. À sa mort, le président du club Herbert Hainer a déclaré : « Sans lui, le FC Bayern ne serait pas le club que nous aimons tous aujourd'hui. »

MÜLLER

5

Gerd Müller, disparu le 15 août 2021, a inscrit 8 triplés pour la RFA (record national) entre 1967 et 1972, dont quatre quadruplés. Otto Stiffling reste toutefois le seul Allemand à marquer 5 buts en un match, lors de la gifle 8-0 contre le Danemark en mai 1937.

ANECDOTE D'ÉQUIPE
LA PROMESSE MOUKOKO

Sacrée championne du monde en 2014, l'Allemagne a échoué à se qualifier pour les huitièmes lors des 2 éditions suivantes, en Russie en 2018, et au Qatar en 2022. Dans le dernier tournoi, Youssoufa Moukoko est devenu le plus jeune Allemand à disputer un match de Coupe du Monde. Il est entré à la 90e minute lors de la défaite contre le Japon, à 18 ans et 3 jours. L'attaquant du Borussia Dortmund avait fait ses débuts en sélection 7 jours plus tôt en amical contre Oman, devenant le quatrième plus jeune international allemand de l'histoire. Le record est détenu par Willy Baumgärtner, 17 ans et 104 jours contre la Suède, en avril 1908.

NEUER

ANECDOTE DU TOURNOI
LA MALÉDICTION DE LA 80e

L'Allemagne défendait son titre lors de la Coupe du Monde 2018 – et était championne de la Coupe des Confédérations 2017, qu'elle avait remportée en Russie. Pourtant, l'équipe de Joachim Löw a terminé au bas du Groupe F, ce qui lui a valu sa première élimination au 1er tour en 80 ans (elle n'avait pas joué en 1950) et sa 2e de l'histoire. L'Allemagne avait été sortie en 1938, un tournoi par éliminatoires, après avoir perdu 4-2 face à la Suisse au cours d'un match rejoué après un nul 1-1. Cette équipe allemande comptait plusieurs Autrichiens, après l'*Anschluss* (l'annexion allemande de l'Autriche) de 1938.

1-0

La RDA et la RFA se sont affrontées une seule fois en sélection A. C'était le 22 juin 1974, en match de groupes de la Coupe du Monde. La RDA a créé la surprise en s'imposant 1-0 à Hambourg, mais les deux équipes ont accédé au 2e tour.

JOUEUR STAR
LES RECORDS DE NEUER

Manuel Neuer détient le record de la plus longue série sans but encaissé en match international pour l'Allemagne. Il s'est en effet écoulé 557 minutes entre le but tardif du Brésil, écrasé 7-1 en demi-finale de la Coupe du Monde, et celui de l'Italien Leonardo Bonucci en quart de finale de l'Euro 2016. L'Allemagne l'avait emporté 6-5 aux tirs au but, avec notamment deux arrêts réussis par Neuer. Le record précédent revenait à Sepp Maier, avec 481 minutes dans les années 1970. Neuer, réputé pour son aisance la balle au pied, a été nommé capitaine de l'Allemagne en septembre 2016, après le départ de Bastian Schweinsteiger.

GÖTZE

SCHÜRRLE

ANECDOTE DU TOURNOI
RÉUNION DE NOUVEAUX

Mario Götze, du Bayern Munich, a été le héros du match en finale de la Coupe du Monde 2014, quand l'Allemagne a triomphé de la résistance argentine. Sa frappe de volée à la 113e minute a été le premier but marqué par un remplaçant. Ce premier triomphe de l'Allemagne en Coupe du Monde depuis la réunification de 1990 est donc dû à Götze, avec le soutien décisif d'**André Schürrle**. Lors de leurs débuts en novembre 2010, comme remplaçants contre la Suède (79e minute), Götze et Schürrle sont devenus ensemble les premiers internationaux allemands nés après la réunification.

LÉGENDE NATIONALE
FABULEUX PHILIPP

Quatre capitaines allemands ont soulevé la Coupe du Monde de la FIFA : Fritz Walter en 1954, Franz Beckenbauer en 1974, Lothar Matthäus en 1990 et **Philipp Lahm** en 2014. Ce défenseur latéral, aussi à l'aise à droite qu'à gauche, était le plus jeune capitaine allemand en Coupe du Monde lorsque la *Mannschaft* est arrivée 3e en 2010. Il a pris sa retraite internationale à seulement 30 ans après le sacre de 2014 contre l'Argentine. Fan du Bayern Munich dans son enfance, il a également été le capitaine des Bavarois titrés en Ligue des Champions de l'UEFA 2013. Lahm n'a connu qu'un seul autre club, Stuttgart, lors d'un court prêt.

LAHM

6

Le buteur du Werder Brême Niclas Füllkrug a fait ses débuts en sélection à 29 ans et a trouvé les filets en amical contre Oman en novembre 2022. Il a ensuite marqué 5 autres buts en 5 matchs, notamment contre l'Espagne (1-1) et le Costa Rica (victoire 4-2) au Mondial 2022. Malgré ses efforts, l'Allemagne a été éliminée dès la phase de groupes.

MUSIALA

JOUEUR STAR
JAMAL CHOISIT L'ALLEMAGNE

Jamal Musiala a été élu meilleur joueur d'Allemagne en 2022, rare rayon de soleil sur le pays après sa deuxième élimination de suite en phase de groupes du Mondial, au Qatar. L'Allemagne était pourtant la première nation autre que le pays hôte à se qualifier pour ce tournoi, grâce notamment à Musiala, auteur du dernier but d'une victoire décisive 4-0 contre la Macédoine du Nord, en octobre 2021. L'attaquant devenait, au passage, le plus jeune buteur de la sélection en compétition à l'âge de 18 ans et 227 jours. Musiala est né à Stuttgart avant de partir en Angleterre à 7 ans. Il a représenté son pays d'accueil chez les moins de 15, 16, 17 et 21 ans. Il a finalement décidé de porter le maillot de son pays natal en février 2021. Il a fait ses débuts en sortant du banc contre l'Islande, le mois suivant.

SÉLECTIONS

1. **Lothar Matthäus,** 150
2. **Miroslav Klose,** 137
3. **Lukas Podolski,** 130
4. **Bastian Schweinsteiger,** 121
5. **Thomas Müller,** 116
= **Bastian Schweinsteiger,** 121

22

Sepp Herberger (1897-1977) a assuré un mandat de sélectionneur record de 22 ans. Il a consolidé sa légende en menant les siens à un exploit contre les Hongrois en finale de la Coupe du Monde 1954. Ce succès avait contribué à sortir le pays de la crise d'après-guerre.

LÉGENDE NATIONALE
MATTHÄUS LES A MATÉS

Lothar Matthäus était surnommé « le Panzer » ou « la Panthère » lors de ses années de joueur en tant que milieu défensif rugueux. En 20 ans de carrière internationale, il a obtenu 87 capes pour la RFA et 63 pour l'Allemagne réunifiée, soit un total record de 150 sélections. Il était le capitaine vainqueur de la Coupe du Monde 1990, après avoir dompté l'Argentine de Diego Maradona en finale, quatre ans après une défaite 3-2 contre le même adversaire, en finale 1986 au Mexique. Matthäus, qui pouvait également jouer milieu offensif ou libéro, a disputé 5 Coupes du Monde (1982, 1986, 1990, 1992 et 1998), un record égalé uniquement par les Mexicains Antonio Carbajal et Rafael Márquez.

MÜLLER

200

Le but de **Thomas Müller** dès la 3e minute, en quart du Mondial 2010 contre l'Argentine, a ouvert la voie à un succès 4-0. L'Allemagne est ainsi devenue la 2e nation après le Brésil à dépasser les 200 buts en Coupe du Monde. Müller avait fait ses débuts en sélection seulement 4 mois plus tôt, lors d'un revers 1-0 contre le même adversaire. Lors de la conférence d'après-match, Maradona, alors sélectionneur de l'Argentine, l'avait confondu avec un ramasseur de balles.

JOUEUR STAR
JULIAN SOUS PRESSION

En 2017, l'Allemagne, championne du monde, a remporté sa première Coupe des Confédérations en Russie, bien que l'entraîneur Joachim Löw ait mis au repos bon nombre de ses grands joueurs, notamment Müller, Özil et Kroos. Lars Stindl a marqué le seul but de la finale, contre le Chili, et le gardien Marc-André ter Stegen a été nommé Joueur du match. Le Ballon d'Or du Meilleur joueur de la compétition est revenu à Julian Draxler, le capitaine de 23 ans (soit le plus jeune Allemand à ce poste depuis Max Breuning aux JO 1912) ; le Soulier d'Or a été décerné à son coéquipier Timo Werner, auteur de trois buts. L'équipe était aussi la plus jeune de tous les vainqueurs de la Coupe des Confédérations, avec un âge moyen de 24 ans et 4 mois.

LÉGENDE NATIONALE
SUPER SAMMER

Matthias Sammer n'est pas seulement l'un des huit footballeurs à avoir joué pour l'Allemagne de l'Est et l'Allemagne réunifiée, il a également eu l'honneur d'être capitaine et de marquer les deux buts lors du dernier match de la RDA, une victoire 2-0 à l'extérieur contre la Belgique, le 12 septembre 1990, trois semaines avant la réunification officielle. Avec ses performances de milieu de terrain, Sammer a conduit l'Allemagne au titre européen de 1996, où il a été nommé Meilleur joueur de la compétition.

ITALIE

Seul le Brésil, avec 5 titres, peut s'enorgueillir d'un palmarès plus fourni que l'Italie en Coupe du Monde. La *Squadra Azzurra* a été la première sélection à conserver son trophée, grâce à ses victoires en 1934 et en 1938. Elle a créé la surprise lors du Mondial espagnol de 1982 et a décroché sa 4e étoile en 2006.

Membre de la FIFA : 1910

Plus large victoire : 9-0, contre les États-Unis, en 1948

Meilleur classement FIFA : 1er

Stade : Stadio Olimpico, Rome

Palmarès : 4 Coupes du Monde (1934, 1938, 1982, 2006), 2 Championnats d'Europe (1968, 2020)

MANCINI

LÉGENDE NATIONALE
RENAISSANCE ITALIENNE

Roberto Mancini a été l'architecte de la reconstruction italienne après la qualification manquée à la Coupe du Monde 2018. Une renaissance qui a culminé avec la victoire à l'Euro 2020, seulement 3 ans après sa nomination. Ancien meneur de jeu de la Sampdoria et de la Lazio, il reste sur une série record de 34 matchs internationaux sans défaite, dont des succès aux tirs au but contre l'Espagne en demie et l'Angleterre en finale de l'Euro. Une série qui compte notamment 11 victoires de suite, un record pour l'Italie. Mancini faisait partie des sélectionnés lorsque les *Azzurri* avaient obtenu la 3e place du Mondial 1990 à domicile, mais n'avait pas joué la moindre minute. À l'Euro 2020, il a fait entrer son gardien remplaçant, Salvatore Sirigu, pour les dernières minutes de la rencontre remportée 1-0 contre le pays de Galles, au premier tour, afin qu'il puisse lui aussi goûter à la compétition.

ANECDOTE DU TOURNOI
LA GLOIRE AVANT LA CHUTE

L'Italie de Roberto Mancini est vite passée de la joie au désespoir, à la suite de son sacre à l'UEFA Euro 2020 en juin 2021. Huit mois plus tard, les *Azzurri* échouaient à se qualifier à la Coupe du Monde pour la deuxième fois de suite. Pourtant, ils sortaient d'un record national de 27 rencontres sans défaite depuis octobre 2018. Une série qui s'est terminée quand l'Espagne s'est présentée au San Siro de Milan, en octobre 2021, et s'est imposée 2-1 en demie de Ligue des Nations. Le désastre est arrivé un mois plus tard. Après un nul décevant 0-0 contre l'Irlande du Nord pour leur dernier match de qualification, les Italiens ont dû se contenter de la deuxième place de leur groupe derrière la Suisse. En barrages, ils n'ont pas réussi à se hisser en finale, s'inclinant sur un but à la dernière minute contre la Macédoine du Nord, en mars 2022, à Palerme.

18

Wilfried Gnonto est devenu le plus jeune buteur de l'Italie le 14 juin 2022, lors d'une défaite 5-2 en Allemagne, en Ligue des Nations de l'UEFA. Il n'avait que 18 ans et 222 jours. 10 jours plus tôt, il découvrait la sélection lors d'un match nul à domicile contre le même adversaire. Le record était jusque-là détenu par Bruno Nicolè, âgé de 18 ans et 258 jours lors de son doublé pour un nul 2-2 contre la France, le 9 novembre 1958.

LÉGENDE NATIONALE
DINO MONUMENTAL

Le gardien **Dino Zoff** a établi un record mondial en conservant ses cages inviolées pendant 1 142 minutes, entre septembre 1972 et juin 1974. Zoff était le capitaine des champions du monde 1982, à l'instar d'un autre portier de la Juve, Gianpiero Combi, capitaine de l'équipe sacrée en 1934. En tant que sélectionneur, Zoff a emmené l'Italie en finale de l'Euro 2000, perdue 2-1 contre la France sur un but en or. Il quitta son poste quelques jours plus tard, mécontent d'être pointé du doigt par le président de l'AC Milan, l'homme politique Silvio Berlusconi.

ZOFF

DONNARUMMA

BUTEURS

1. **Luigi Riva,** 35
2. **Giuseppe Meazza,** 33
3. **Silvio Piola,** 30
4. **Roberto Baggio,** 27
   = Alessandro Del Piero, 27

JOUEUR STAR

LA PROMESSE

Le gardien **Gianluigi Donnarumma** a commencé l'Euro 2020 en devenant le plus jeune portier italien dans un tournoi majeur, à 22 ans et 106 jours, pour un succès 3-0 contre la Turquie. Il l'a terminé en étant sacré meilleur joueur du tournoi, premier gardien à recevoir cet honneur, quelques minutes après avoir repoussé les tirs au but des Anglais Jadon Sancho et Bukayo Saka, synonyme de titre pour l'Italie. C'était sa 5e séance de tirs au but (3 avec l'AC Milan et 2 avec l'Italie) pour autant de victoires. En demi-finale de l'Euro, il avait déjà stoppé le tir de l'Espagnol Álvaro Morata. Donnarumma a fait ses débuts internationaux en septembre 2016, à seulement 17 ans et 189 jours, pour une défaite 3-1 contre la France.

60

Le revers de l'Italie contre la Macédoine du Nord, en demi-finale des barrages en mars 2022, marquait sa première défaite à domicile en éliminatoires de Coupe du Monde, après 48 succès et 11 nuls. La *Squadra* est devenue la 4e équipe – après la Tchécoslovaquie, le Danemark et la Grèce – à rater le Mondial suivant son sacre européen.

MEAZZA

LÉGENDE NATIONALE

LE SIRE MEAZZA

L'enceinte partagée par l'AC Milan et l'Inter est généralement baptisée San Siro, du nom du quartier où elle se trouve, mais son nom officiel est le Stadio Giuseppe-Meazza, en l'honneur du légendaire milieu offensif qui a joué pour les deux clubs. **Meazza** a aussi été champion du monde avec l'Italie en 1934 et 1938. Né à Milan le 23 août 1910, il est repéré par les recruteurs « intéristes » alors qu'il jongle dans la rue avec une pelote de chiffons. Le club *nerazzurro* le gavera de steaks afin d'épaissir un physique trop frêle. Il a inscrit son dernier but pour l'Italie contre le Brésil, en demi-finale de la Coupe du Monde 1938. Pour la petite histoire, il a dû tirer son penalty tout en retenant son short, dont l'élastique avait cédé.

2

Vittorio Pozzo est le seul homme à avoir remporté deux Coupes du Monde en tant que sélectionneur – en 1934 et 1938 (seuls Giuseppe Meazza et Giovanni Ferrari ont disputé les deux finales).

LÉGENDE NATIONALE

UN CENTENAIRE RADIEUX

Après avoir mené l'Italie au titre mondial en 2006, le capitaine **Fabio Cannavaro** est devenu, à 33 ans, le footballeur le plus âgé et le premier défenseur à être élu Ballon d'Or de la FIFA. Né à Naples en 1973, l'ancien Parmesan n'a pas manqué une seule minute du parcours italien en Allemagne, fêtant au passage sa 100e cape lors de la finale gagnée face à la France. Cannavaro est généralement considéré comme l'un des plus grands défenseurs du XXIe siècle. Il a porté les couleurs de la Juventus, de l'Inter et du Real Madrid.

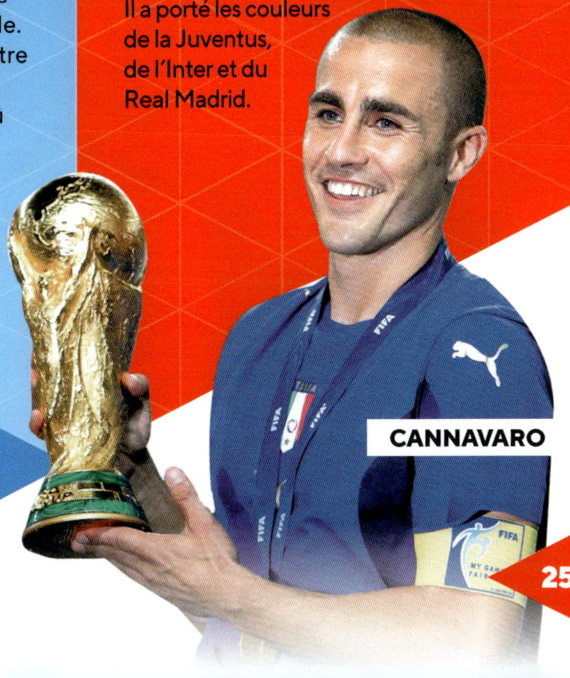

CANNAVARO

117

Giorgio Chiellini a disputé son 117e et dernier match international à Wembley, en juin 2022. C'est autant que le champion du monde 2006 Daniele De Rossi. Chiellini était entré à la mi-temps de la « *Finalissima* » remportée 3-0 par l'Argentine. Ce match, opposant le champion d'Europe au champion d'Amérique du Sud, n'était plus disputé depuis 29 ans.

LÉGENDE NATIONALE
UNE AFFAIRE DE FAMILLE

Cesare et **Paolo Maldini** sont les seuls père et fils à avoir brandi la Coupe d'Europe en tant que capitaines. Tous deux l'ont fait avec l'AC Milan, et en Angleterre pour la première fois. Cesare a triomphé face à Benfica à Wembley en 1963. Paolo a réédité l'exploit 40 ans plus tard, lorsque le club lombard a battu la Juventus à Old Trafford. Deuxième joueur le plus capé de la sélection transalpine, Paolo n'a jamais rien gagné avec elle, échouant à la troisième place au Mondial 1990 et en finale du Mondial 1994 et de l'Euro 2000. Le fils de Paolo, le milieu de terrain Daniel, est devenu le troisième membre de la famille à porter les couleurs de l'AC Milan, en février 2020. L'année suivante, il a disputé ses premiers matchs et a marqué son premier but chez les moins de 20 ans italiens.

PAOLO **MALDINI**

SÉLECTIONS

1. **Gianluigi Buffon,** 176
2. **Fabio Cannavaro,** 136
3. **Paolo Maldini,** 126
4. **Leonardo Bonucci,** 120
5. **Giorgio Chiellini,** 117
   = Daniele De Rossi, 117

ANECDOTE DU TOURNOI
CACHETTE

Pendant la Seconde Guerre mondiale, le trophée Jules Rimet – la Coupe du Monde de la FIFA – remporté par l'Italie en 1938, est resté dans une boîte à chaussures, sous le lit d'Ottorino Barassi. Ce dirigeant avait jugé l'emplacement plus sûr que sa cachette d'origine, une banque romaine. Le trophée a été rendu à la FIFA en parfait état lorsque la Coupe du Monde a repris ses droits, en 1950. Barassi a aidé à organiser la Coupe du Monde 1934, disputée en Italie.

LÉGENDE NATIONALE
DES HAUTS ET DES BAS

Gianluigi Buffon n'est pas seulement l'un des meilleurs gardiens modernes du monde, il a aussi surpassé certaines prouesses de son légendaire prédécesseur italien Dino Zoff. Il a égalé le record de Zoff, champion du monde 1982, en remportant la Coupe du Monde 2006 – avec seulement 2 buts concédés lors du tournoi, dont un contre son camp et un penalty. Buffon est devenu le troisième footballeur seulement à être sélectionné pour cinq Coupes du Monde lorsqu'il a disputé deux rencontres au Brésil en 2014, après avoir manqué le match d'ouverture contre l'Angleterre pour une douleur à la cheville.

BUFFON

ROSSI

N° 3

En demi-finale de l'Euro 1968, le capitaine de l'Italie Giacinto Facchetti a choisi le bon côté de la pièce pour déterminer le vainqueur entre son équipe et l'Union soviétique. Facchetti a passé toute sa carrière à l'Inter, qui a décidé de retirer de son effectif le n° 3 du maillot qu'il portait à sa mort, en 2006.

LÉGENDE NATIONALE
DU DIABLE VAUVERT

Paolo Rossi a été l'improbable héros du triomphe italien en 1982. L'attaquant décrocha le Soulier d'Or grâce à ses 6 réalisations, dont un *hat-trick* mémorable contre le Brésil au 2e tour et le premier des trois buts contre la RFA en finale. Et dire qu'il avait bien failli manquer la compétition, lui qui avait fini de purger, six semaines avant le coup d'envoi, une suspension de 2 ans pour une affaire de paris truqués. Des milliers de personnes ont assisté aux funérailles de Rossi à Vicence, en décembre 2020. Il a succombé à un cancer des poumons à 64 ans.

19

Le premier but international du milieu Emmanuele Giaccherini est le plus rapide de l'histoire de l'Italie, après 19 secondes de jeu, lors d'un amical contre Haïti en juin 2013 (2-2). C'est une seconde plus rapide que le record précédent.

7

Roberto Baggio a marqué le plus de penaltys pour l'Italie : 7. Pourtant, il est aussi responsable des 3 défaites de son pays aux tirs au but en Coupe du Monde, notamment avec un tir au-dessus de la barre en finale 1994, offrant le titre au Brésil.

LÉGENDE NATIONALE
RIVA, ÇA Y VA

Le meilleur buteur italien de l'histoire est Luigi Riva, dit « Gigi », avec 35 réalisations en 42 sélections seulement. Son but le plus important est sans doute l'ouverture du score contre la Yougoslavie (2-0), dans la finale du Championnat d'Europe 1968, rejouée au Stadio Olimpico de Rome. C'était le premier match de Riva après sa blessure à la jambe. Il avait subi une fracture de la jambe gauche en mars 1967, avant de se casser l'autre, chaque fois sous le maillot de l'Italie, en 1970. Quelques mois plus tôt, son triplé avait conduit les *Azzurri* jusqu'en finale du Mondial 1970, au Mexique.

1000

Le tout premier but de Christian Vieri pour l'Italie, à ses débuts en 1997, constituait aussi le 1000e but international officiel inscrit par la *Squadra Azzurra*.

LÉGENDE NATIONALE
CHIESA A LA CLÉ

Enrico Chiesa a inscrit 7 buts en 22 sélections, dont un au Championnat d'Europe 1996, lors d'un revers 2-1 contre les futurs finalistes tchèques. Mais son fils, Federico, a fait mieux à l'Euro 2020 : il en a marqué deux : lors du succès 2-1 contre l'Autriche en huitième, puis lors du nul 1-1 contre l'Espagne en demie, remportée aux tirs au but par les Italiens. Il était aussi titulaire lors de la finale. Toutefois, Enrico codétient le record de buts marqués comme remplaçant avec Alessandro Del Piero : cinq. Le succès contre l'Autriche en juin 2021 était la 14e victoire de suite des *Azzurri* en Championnat d'Europe (éliminatoires inclus), égalant un record détenu par la Belgique. Les Italiens ont ensuite amélioré ce record au tour suivant en battant… la Belgique, 2-1 en quart de l'Euro.

LÉGENDES NATIONALES
LA VIEILLE GARDE

Totalisant 70 bougies à eux deux, les défenseurs centraux **Giorgio Chiellini** et **Leonardo Bonucci** ont parfois été considérés comme le maillon faible de la sélection italienne à l'Euro 2020. Mais ce sont bien eux qui ont eu le dernier mot. Chiellini, 36 ans, avait annoncé sa retraite internationale après le fiasco de la non-qualification au Mondial 2018, mais a néanmoins été rappelé par le sélectionneur intérimaire Luigi Di Biagio pour des amicaux en mars 2018, puis par le nouveau sélectionneur Roberto Mancini, qui en a fait son capitaine. Il a soulevé le trophée européen à Wembley, le 11 juillet 2021, après un succès 3-2 aux tirs au but contre l'Angleterre, suivant un nul 1-1 dans le temps réglementaire. L'égalisation des Italiens était intervenue après un cafouillage conclu par Bonucci, 34 ans et 71 jours, joueur le plus âgé à marquer en finale de l'Euro. Le record précédent était détenu par Bernd Hölzenbein avec la RFA : il avait 30 ans et 103 jours quand il a marqué contre la Tchécoslovaquie en 1976. En finale, Bonucci disputait son 18e match de Championnat d'Europe, soit un de plus que le précédent record italien de Gianluigi Buffon.

BONUCCI

CHIELLINI

PAYS-BAS

18

Justin, le fils de Patrick Kluivert, a effectué ses débuts internationaux comme remplaçant à la 78e minute contre le Portugal, en mars 2018, à 18 ans – l'âge de son père lors de son premier match en équipe nationale.

Les tribunes tapissées d'orange par les supporters néerlandais sont aujourd'hui une tradition dans les compétitions internationales, grâce au « football total », pratiqué par Johan Cruyff et consorts.

CRUYFF

LÉGENDE NATIONALE
CRUYFF LE MAGICIEN

Johan Cruyff n'était pas seulement un génie de la balle au pied, c'était un philosophe footballistique inspiré, qui a développé le concept de « football total » non seulement avec l'Ajax d'Amsterdam et les Pays-Bas dans les années 1970, mais aussi en Espagne, où il a joué et dirigé Barcelone, œuvrant comme mentor auprès de tous ceux qui l'ont suivi dans ce club, tels Pep Guardiola et Xavi Hernández. Cruyff a également légué au monde du football le « demi-tour à la Cruyff », souvent imité, en envoyant le ballon vers l'arrière, de l'intérieur du pied, avant de pivoter et de passer le défenseur suédois stupéfait, Jan Olsson.

Membre de la FIFA : 1905

Plus large victoire : 11-0, contre Saint-Marin, en 2011

Meilleur classement FIFA : 1er

Stade : Johan Cruyff Arena, Amsterdam

Palmarès : 1 Championnat d'Europe (1988)

9

Les Pays-Bas sont la première équipe à avoir reçu 9 cartons dans un même match de phase finale de Coupe du Monde. Lors de la finale 2010, ils ont été avertis 9 fois. Le défenseur John Heitinga a notamment récolté 2 cartons jaunes, synonyme d'exclusion, et les Néerlandais se sont inclinés 1-0 en prolongations contre l'Espagne.

LÉGENDE NATIONALE
L'HAPPEL AU HÉROS

Ernst Happel n'est devancé que par Rinus Michels au rang des plus grands entraîneurs néerlandais. L'ancien défenseur autrichien a écrit une page d'histoire en menant Feyenoord au titre européen en 1970 (le premier club néerlandais à y parvenir) et a été choisi pour diriger l'équipe nationale au Mondial 1978, après avoir également conduit le club belge du FC Brugge en finale de Coupe européenne. En l'absence de Johan Cruyff, il a su tirer parti des qualités de Ruud Krol, Johan Neeskens et Arie Haan pour atteindre la finale. Les *Oranje* se sont inclinés 3-1 en prolongations contre les hôtes argentins, à Buenos Aires.

MICHELS

LÉGENDE NATIONALE
LE MAÎTRE MICHELS

Après la déception des finales perdues en 1974 contre l'Allemagne de l'Ouest, puis quatre ans plus tard contre les hôtes argentins, l'un des architectes du « football total » qui a fait le bonheur de la sélection (et de son club phare, l'Ajax) a enfin réussi à décrocher un titre majeur avec les Néerlandais, à l'Euro 1988. **Rinus Michels** était surnommé « Le Général », et son lieutenant cet été-là était le capitaine flamboyant de l'équipe, dreadlocks au vent, Ruud Gullit. Ce dernier a ouvert le score en finale pour battre l'Union soviétique 2-0. Il a été élu Footballeur de l'année en 1987 et 1989. Quant à Michels, il a été désigné Entraîneur du siècle par la FIFA en 1999 pour ses exploits avec les Pays-Bas et l'Ajax.

LÉGENDE NATIONALE
LES MULTIPLES FACETTES DE SNEIJDER

En 2017, **Wesley Sneijder** est devenu le joueur le plus capé de son pays, tout en fêtant sa 131e participation par un 31e but. Il a connu une année 2010 presque parfaite, en remportant le triplé avec l'Inter Milan : un doublé coupe-championnat et la Ligue des Champions de l'UEFA. Sneijder aurait même pu ajouter la Coupe du Monde à son palmarès, mais les Pays-Bas se sont inclinés 1-0 en finale contre l'Espagne. Sneijder est aussi passé tout près d'être Soulier d'Or de la compétition grâce à ses 5 buts, autant que Diego Forlán, Thomas Müller et David Villa.

SNEIJDER

SÉLECTIONS

1. **Wesley Sneijder**, 134
2. **Edwin Van der Sar**, 130
3. **Frank de Boer**, 112
4. **Rafael van der Vaart**, 109
5. **Giovanni van Bronckhorst**, 106

38

Abe Lenstra est le buteur le plus âgé des *Oranje* depuis son dernier match en équipe des Pays-Bas, un 2-2 contre la Belgique, le 19 avril 1959, à l'âge de 38 ans et 144 jours.

JOUEUR STAR
MAARTEN À L'EXPÉRIENCE

À l'UEFA Euro 2020, lors du succès 3-2 contre l'Ukraine, le gardien Maarten Stekelenburg est devenu le Néerlandais le plus âgé titularisé dans un grand tournoi. Il avait 38 ans et 278 jours quand sa nation a été éliminée par la République tchèque en 8e de finale. Il a remplacé au pied levé le portier nº 1 Jasper Cillessen quand ce dernier a été testé positif au COVID-19 la veille du tournoi. Stekelenburg, qui souffre de surdité partielle, a été le premier gardien expulsé pour les Pays-Bas lors d'un amical perdu 2-1 contre l'Australie en septembre 2008, mais il a aussi brillé lors de l'épopée des *Oranje* jusqu'en finale de la Coupe du Monde 2010. C'est toutefois un autre gardien qui reste l'international le plus âgé ainsi que le débutant le plus âgé des Pays-Bas : Sander Boschker avait 39 ans et 256 jours quand il a obtenu sa seule et unique sélection en entrant en deuxième période du match amical contre le Ghana, en juin 2010.

LÉGENDE NATIONALE
DE RETOUR AU COMBAT

Après avoir emmené les Pays-Bas à la troisième place du Mondial 2014, puis avoir vu ses protégés échouer à se qualifier pour l'édition suivante, Louis van Gaal est sorti de sa retraite pour un troisième mandat en août 2021. Il a conduit les *Oranje* jusqu'en quarts en 2022, au Qatar. Les Néerlandais ont finalement été éliminés par les futurs champions argentins aux tirs au but à Lusail, alors qu'ils avaient remonté un retard de 2 buts. C'est le remplaçant **Wout Weghorst** qui a temporairement redonné espoir aux siens avec un doublé en toute fin de match, dont l'égalisation après 11 minutes de temps additionnel. Le gardien Andries Noppert a bien repoussé la tentative d'Enzo Fernández, mais Virgil van Dijk et Steven Berghuis n'ont pas réussi à marquer. 8 cartons jaunes ont été distribués aux Argentins et 7 aux Néerlandais, dont 2 pour le défenseur droit Denzel Dumfries, enragé par la victoire de ses adversaires.

WEGHORST

JOUEUR STAR
VIRGIL RECORD

En janvier 2018, **Virgil van Dijk** est devenu le défenseur le plus cher du monde : il aurait été acheté 85 millions d'euros par Liverpool à son rival de *Premier League*, Southampton. Deux mois plus tard, Van Dijk a été nommé capitaine des Pays-Bas, en remplacement d'Arjen Robben, qui s'est retiré du football international en octobre. En novembre 2018, Van Dijk a égalisé à 2-2 dans le temps additionnel contre l'Allemagne, pour arracher une place en phase finale de la toute première Ligue des Nations de l'UEFA l'année suivante. Il a porté le brassard en demi-finale, remportée 3-1 contre l'Angleterre, ainsi qu'en finale, perdue 1-0 contre le Portugal, champion d'Europe en titre. Il a toutefois dû renoncer à l'Euro 2020 en raison d'une grave blessure au genou subie dans le derby Liverpool-Everton, en octobre 2020. C'est le milieu Georginio Wijnaldum qui a récupéré le brassard de capitaine.

VAN DIJK

LÉGENDE NATIONALE **DU GRAND VAART**

Rafael van der Vaart est le 5ᵉ joueur à jouer 100 fois pour les Pays-Bas. Pourtant, il a bien failli ne pas y arriver : il a terminé l'Euro 2012 avec 99 sélections et l'entraîneur van Marwijk a laissé entendre qu'il pourrait être écarté des futures listes. Le départ de van Marwijk après l'Euro 2012 lui a redonné ses chances et il a disputé son 100ᵉ match en amical contre la Belgique (perdu 4-2), en août 2012. Malheureusement, une blessure au mollet, trois jours avant que Louis van Gaal annonce la liste de ses 23 joueurs, a écarté Rafael van der Vaart de la Coupe du Monde 2014.

RONALD **KOEMAN**

LÉGENDES NATIONALES **LES KOEMAN**

Les frères **Ronald** et Erwin **Koeman** étaient coéquipiers pour les Pays-Bas, contribuant à la victoire lors de l'Euro 1988. Ils ont également fait équipe comme sélectionneurs, l'aîné Erwin étant l'assistant de Ronald pour les clubs anglais de Southampton et Everton. Mais lorsque Ronald a été nommé nouveau patron des Pays-Bas en février 2018, Erwin a préféré ne pas le rejoindre. Après avoir manqué l'Euro 2016 et le Mondial 2018, Ronald a restauré l'aura des Pays-Bas en dominant son groupe de Ligue des Nations devant la France et l'Allemagne. S'il a buté sur la dernière marche de la phase finale en 2019, il a ensuite qualifié son pays pour l'Euro 2020. Quand le tournoi a été repoussé d'un an, il a quitté son poste pour devenir entraîneur du FC Barcelone en août 2020, revenant ainsi dans le club espagnol pour lequel il avait inscrit le but décisif en finale de Coupe d'Europe de l'UEFA en 1992. Après avoir été démis de ses fonctions au Barça, Koeman a annoncé en avril 2022 qu'il reprendrait les rênes de la sélection après la Coupe du Monde au Qatar à la suite de Louis van Gaal, lui-même remplaçant de Frank de Boer.

LÉGENDES NATIONALES **DE BOER POUR LE PRIX D'UN**

Les jumeaux **Frank** et Ronald **De Boer** détiennent le record du nombre de matchs joués par des frères pour les Pays-Bas. Frank compte 112 sélections et Ronald 67. Ce dernier a manqué un penalty crucial lorsque les Néerlandais ont perdu face au Brésil, en demi-finale de la Coupe du Monde 1998. Frank a connu une mésaventure similaire deux ans plus tard, en demi-finale de l'EURO 2000. Frank est devenu l'adjoint de Bert van Marwijk qui a conduit les Pays-Bas en finale du Mondial 2010 et a fini par prendre la tête de l'équipe nationale en septembre 2020, en remplacement de Ronald Koeman. Il est devenu le premier sélectionneur néerlandais à gagner ses quatre premiers matchs, mais n'a pas dépassé les 8ᵉˢ de finale lors du Championnat d'Europe suivant.

FRANK **DE BOER**

ANECDOTE DU TOURNOI **KRUL LE GRAND**

Lors de la Coupe du Monde 2014, Louis van Gaal a réalisé un coup de maître en remplaçant le gardien Cillessen par Tim Krul, à la 119ᵉ minute du quart de finale contre le Costa Rica. Van Gaal estimait que les Néerlandais avaient une meilleure chance de remporter les tirs au but, car Krul mesure cinq centimètres de plus que Cillessen. Krul a effectivement arrêté deux tirs et les Néerlandais ont gagné. En demi-finale contre l'Argentine, certains remplacements nécessaires ont empêché van Gaal de renouveler sa manœuvre, et Cillessen n'a pu rééditer la performance héroïque de Krul. Le deuxième remplaçant, Michel Vorm, a pris la place de Cillessen lors des arrêts de jeu de la petite finale contre le Brésil ; les Pays-Bas sont ainsi devenus le premier pays à avoir envoyé sur le terrain les 23 membres de son équipe en Coupe du Monde.

9 Neuf joueurs ont perdu les finales des Coupes du Monde 1974 (2-1 contre la RFA) et 1978 (3-1 contre l'Argentine).

VAN PERSIE

5

Seuls 4 joueurs ont marqué 5 buts dans un même match pour les Pays-Bas : Jan Vos, Leen Vente, John Bosman et Marco van Basten.

JOUEUR STAR
SUR LA ROUTE DE MEMPHIS

Lorsqu'il a participé à la victoire des siens contre l'Australie, dans le choc du groupe B du Mondial 2014, à Porto Alegre (Brésil), **Memphis Depay** est devenu le plus jeune buteur néerlandais en Coupe du Monde, à 20 ans et 125 jours. Et ce n'est pas son seul record national. Dans les années suivantes, il a inscrit 7 doublés avant de signer son premier triplé pour écraser la Turquie 6-1 à Amsterdam, en septembre 2021, pour le compte des éliminatoires du Mondial 2022. Un autre doublé pendant un autre succès à 6 buts, cette fois contre Gibraltar, a fait de lui le premier Oranje à inscrire 13 buts en une année calendaire. Sa réalisation à la dernière minute contre le pays de Galles, en Ligue des Nations en juin 2022, lui a permis de monter à la 2e place du classement des buteurs de son pays. Il est ensuite passé devant Klaas-Jan Huntelaar avec l'ouverture du score contre les États-Unis (3-1), à la Coupe du Monde 2022.

LÉGENDE NATIONALE
PERSIE A PERCÉ

En 2014, **Robin van Persie** est devenu le premier Néerlandais à marquer dans 3 Coupes du Monde de la FIFA grâce à une tête lobée spectaculaire qui a trompé l'Espagnol Iker Casillas, champion en titre, dans un match largement remporté 5-1. Les Pays-Bas ont terminé à la 3e place de la compétition, après avoir battu le Brésil en petite finale, devenant au passage le premier pays à battre les *Auriverde* trois fois en Coupe du Monde. Van Persie s'est hissé au sommet du classement des buteurs *Oranje* lors d'un match de préparation contre le Ghana. Il a inscrit son dernier but international à l'occasion d'un revers 3-2 contre la République tchèque, qui a privé les Néerlandais d'une place à l'UEFA Euro 2016. Malheureusement, cette 50e réalisation n'a pu compenser son but contre son camp, qui avait offert un break d'avance aux Tchèques.

BUTEURS

1. **Robin van Persie,** 50
2. **Memphis Depay,** 43
3. **Klaas-Jan Huntelaar,** 42
4. **Patrick Kluivert,** 40
5. **Dennis Bergkamp,** 37
   = Arjen Robben, 37

DEPAY

3

L'attaquant Cody Gakpo a ouvert le score dans les 3 matchs du Groupe A du Mondial 2022, lors des succès 2-0 contre le Sénégal et le Qatar et le nul 1-1 contre l'Équateur. Il a fait ses débuts en sélection à l'Euro 2020, en sortie de banc contre la Macédoine du Nord.

LÉGENDE NATIONALE
UN GRAND ADVOCAAT

Dick Advocaat détient deux records en tant que sélectionneur de l'équipe nationale. Lorsqu'il a été nommé une troisième fois en mai 2017, il est devenu, à 69 ans, l'entraîneur national le plus âgé – un an de plus que Guus Hiddink lors de son éviction, en 2015. Advocaat détient aussi le record de victoires en tant que sélectionneur national, grâce aux succès en match amical de novembre 2017 contre l'Écosse et la Roumanie, pour un total de 37 victoires, soit une de plus que l'Anglais Bob Glendenning, qui est resté à son poste de 1925 jusqu'à son décès, en 1940. Après la victoire sur la Roumanie, cependant, Advocaat a été remplacé par l'ancien joueur Ronald Koeman.

ADVOCAAT

ESPAGNE

Les clubs espagnols ont remporté 18 titres de Coupe d'Europe/Ligue des Champions, et le pays a produit certains des meilleurs footballeurs mondiaux. En 2010, l'Espagne a gagné sa première Coupe du Monde de la FIFA.

INIESTA

JOUEUR NATIONAL
ANDRÉS LE GÉANT

Andrés Iniesta a quitté Barcelone en 2018, avec un palmarès de neuf titres de *Liga*, six *Copa Del Rey* et quatre Ligues des Champions, après 17 ans au club. Iniesta a ensuite fait ses adieux au football international après la Coupe du Monde 2018, à l'âge de 34 ans, avec 131 capes et 13 buts – le plus important d'entre eux ayant conduit à la victoire en Coupe du Monde 2010. Fait unique, Iniesta a été nommé Joueur du match en finale de la Ligue des Champions 2015, de l'Euro 2012 et de la Coupe du Monde 2010.

58

Le défenseur central Pau Torres n'a eu besoin que de 58 secondes pour marquer, juste après avoir remplacé Sergio Ramos lors du succès 7-0 contre Malte, en novembre 2019. Dans la même rencontre, un autre novice, Dani Olmo, a trouvé les filets 3 minutes après son entrée en jeu.

4-3

Menée 2-0 puis 3-2 avant de s'imposer 4-3 à Madrid, en mai 1929, l'Espagne est devenue le premier pays non-britannique à battre l'Angleterre.

Membre de la FIFA : 1920

Plus large victoire : 13-0, contre la Bulgarie, en 1933

Meilleur classement FIFA : 1er

Stade : (Rotation)

Palmarès : 1 Coupe du Monde (2010), 3 Championnats d'Europe (1964, 2008, 2012)

ANECDOTE DU TOURNOI
LA *ROJA* PASSE LA TROISIÈME

Le triomphe de l'Espagne à la Coupe du Monde 2010, à Johannesburg (Afrique du Sud), a fait de cette nation le premier champion d'Europe en titre sacré sur la scène mondiale depuis la RFA en 1974. Quand la France a cumulé les deux titres, elle avait remporté d'abord le Mondial, en 1998, avant l'Euro deux ans plus tard. Aucun pays n'avait gagné trois titres majeurs d'affilée avant la victoire de la *Roja* au Championnat d'Europe 2012, écrasant l'Italie 4-0 en finale. Au passage, elle est aussi devenue la première nation à conserver son titre européen. Depuis, les occasions de se réjouir se sont faites plus rares. L'Espagne a été sortie du Mondial 2014 dès la phase de groupes, puis en huitième en 2018 et à l'UEFA Euro 2016. Les Espagnols se sont inclinés aux tirs au but contre les futurs champions italiens en demi-finale de l'Euro 2020 et contre le Maroc en huitièmes de la Coupe du Monde 2022.

XAVI

LÉGENDE NATIONALE
HAPPY XAVI

Le remplaçant espagnol le plus capé (133 sélections) a pris sa retraite internationale après la Coupe du Monde 2014 et a quitté la *Liga* un an plus tard ; il a alors été reconnu comme le joueur le plus titré de son pays. Étonnamment, les premières et dernières apparitions internationales de **Xavi Hernández** ont été des défaites face aux Pays-Bas, entraînés par Louis van Gaal (2-1 en 2000 et 5-1 en 2014). Hernández, meneur de jeu, était plus habitué aux triomphes, ayant été un pilier de l'équipe d'Espagne victorieuse en Coupe du Monde 2010 et aux Euro 2008 et 2012.

TORRES

7

L'Espagne a décroché son plus large succès en Coupe du Monde en écrasant le Costa Rica 7-0 pour son entrée en lice, en 2022. **Ferrán Torres** a signé un doublé dans ce match du groupe E à Doha. Dani Olmo, Marco Asensio, Gavi, Carlos Soler et Álvaro Morata ont également trouvé le chemin des filets.

ANECDOTE DU TOURNOI
ALERTE ROUGE

L'Espagne a boycotté le premier Championnat d'Europe, en 1960, refusant de se rendre en URSS, un pays communiste. En 1964, la nation ibérique organisait et remportait la compétition en s'imposant 2-1 en finale contre... les Soviétiques. Marcelino avait marqué le but de la victoire à 6 minutes du coup de sifflet final. Le capitaine était Fernando Olivella, le buteur star Luis Suárez et le sélectionneur José Villalonga, premier entraîneur à gagner la Coupe européenne avec le Real Madrid en 1956.

ANECDOTE D'ÉQUIPE
PRÊT AU SERVICE

Luis Suárez est le seul joueur né en Espagne à avoir été désigné Meilleur footballeur européen de l'année, en 1960. Cette année-là, son pays avait refusé de disputer le premier Championnat d'Europe de l'UEFA, protestant contre le fait de devoir se rendre dans le pays hôte, l'Union soviétique. Toutefois, Suárez a aidé les Espagnols à décrocher leur premier trophée quatre ans plus tard dans cette même compétition, en battant justement l'URSS 2-1 dans la finale disputée à Madrid, au stade Bernabéu. Le but de la victoire avait été inscrit par Marcelino à 6 minutes de la fin. Suárez a joué toute la rencontre malgré des doutes sur son physique, contrairement à Luis Aragonés, l'attaquant de l'Atlético, blessé. Devenu sélectionneur national, Aragonés a mené l'Espagne à son second titre européen en 2008, un mois avant son 70e anniversaire, devenant l'entraîneur victorieux le plus âgé.

LÉGENDE NATIONALE
LE MEILLEUR DES CAGES

Le gardien espagnol **Iker Casillas** a longtemps été surnommé « San Iker » par ses fans, pour son grand nombre de titres et trophées, individuels et collectifs. C'est l'un des trois seuls joueurs à avoir remporté la Coupe du Monde de la FIFA, le Championnat d'Europe de l'UEFA et la Ligue des Champions de l'UEFA en tant que capitaine, avec l'Allemand Beckenbauer et le Français Didier Deschamps. Outre ses victoires lors des Euro 2008 et 2012 et du Mondial 2010, il est aussi le premier gardien à avoir conservé ses cages inviolées dans 100 matchs internationaux depuis un succès 2-0 en amical contre l'Angleterre, en novembre 2015.

CASILLAS

SÉLECTIONS

1 **Sergio Ramos,** 180
2 **Iker Casillas,** 167
3 **Sergio Busquets,** 137
4 **Xavi Hernández,** 133
5 **Andrés Iniesta,** 131

3

Le jeune talent Ferran Torres a signé un triplé pour écraser l'Allemagne 6-0 en Ligue des Nations de l'UEFA, en novembre 2020. Fernando Torres et David Villa ont, quant à eux, inscrit trois triplés internationaux chacun.

4

Avec sa défaite contre le Maroc en huitièmes du Mondial 2022 (0-0, 3-0 TAB), l'Espagne est devenue le premier pays à perdre 4 séances de tirs au but en Coupe du Monde. Les 3 tireurs ont tous échoué : Pablo Sarabia, Carlos Soler et le capitaine Sergio Busquets. La seule victoire de la *Roja* dans cet exercice remonte au huitième de finale 2002, contre l'Irlande.

VILLA

RECORD DE BUTS
VILLA BIEN DANS SES BOTTES

En 2010, **David Villa** est devenu le meilleur buteur espagnol en Coupe du Monde avec son but en phase de groupes contre le Chili, son 6e au total pour 2006 et 2010. Avant lui, l'Espagne avait marqué ses 14 penaltys précédents (hors tirs au but) en Coupe du Monde. Villa est devenu le meilleur buteur espagnol de tous les temps avec un doublé contre la République tchèque en mars 2011, mais une fracture de la jambe l'a écarté de l'Euro 2012, qu'il n'a pas pu ajouter à ses titres de 2008 et 2010. Villa et Fernando Torres partagent le record espagnol de triplés : 3 chacun, dont un chacun lorsqu'ils ont écrasé Tahiti 10-0 en Coupe des Confédérations, en 2013.

0

L'équipe de l'Euro 2020 choisie par Luis Enrique, ancien joueur du Real Madrid et de Barcelone, ne comptait aucun joueur madrilène – une première pour l'Espagne dans un tournoi majeur.

BUTEURS

1. **David Villa,** 59
2. **Raúl,** 44
3. **Fernando Torres,** 38
4. **David Silva,** 35
5. **Alvaro Morata,** 30

ANECDOTE DU TOURNOI
DURE À BATTRE

L'Espagne partage avec le Brésil le record de la plus longue série de matchs internationaux sans défaite : les Brésiliens ont remporté 35 matchs d'affilée, de 1993 à 1996, un score égalé par l'Espagne de 2007 jusqu'à une demi-finale de la Coupe des Confédérations en 2009, avec une défaite 2-0 face aux États-Unis. À cette époque, l'Espagne est aussi devenue le premier pays à obtenir 30 points sur 30 à l'issue des qualifications pour la Coupe du Monde, avant de remporter la victoire en Afrique du Sud.

JOUEUR STAR
MORATA MALCHANCEUX

Álvaro Morata n'a pas été verni lorsque s'est enfin tenu l'Euro 2020 à l'été 2021. Il a été hué par ses propres supporters lorsque l'Espagne a commencé par un nul 0-0 contre la Suède à Séville, mais il a terminé la compétition avec 3 buts à son actif, doublant son total en Championnat d'Europe. Il a notamment égalisé contre l'Italie en demi-finale pour dépasser le record espagnol de 5 réalisations européennes de Fernando Torres. Morata a ensuite raté sa tentative pendant les tirs au but, empêchant l'Espagne d'accéder à la finale. Il a toutefois marqué dans les trois matchs de la phase de groupes en 2022, bien que ses coéquipiers et lui soient restés muets en huitièmes contre le Maroc.

RAMOS

JOUEUR STAR
SERGIO, VALEUR SÛRE

En mars 2013, **Sergio Ramos** est devenu le plus jeune joueur européen à atteindre les 100 capes, à 26 ans et 358 jours. Il a fêté l'événement en marquant contre la Finlande (1-1). Le Coréen Cha Bum-kun, 24 ans et 139 jours pour sa 100e sélection, détient toujours le record mondial. Ramos, défenseur droit ou central champion du monde en 2010 et d'Europe en 2008 et 2012, est devenu l'Espagnol le plus capé avec sa 168e sélection en octobre 2019, puis le joueur de champ le plus capé du football européen masculin lorsqu'il a dépassé le record du portier italien Gianluigi Buffon. Ramos n'a toutefois pas été sélectionné pour l'Euro 2020, qui aurait été son 11e tournoi consécutif.

LÉGENDE NATIONALE
EL NIÑO

Fernando Torres rêvait d'être gardien, mais il est devenu attaquant. Il était capitaine de l'Atlético Madrid à 19 ans, avant de partir à Liverpool. *El Niño* s'est fait une spécialité de marquer le seul but des finales des grands tournois. Le plus célèbre est celui qu'il a inscrit en finale de l'Euro 2008 contre l'Allemagne. Mais il l'avait déjà réalisé aux Championnats d'Europe des moins de 16 ans (2001) et des moins de 19 ans (2002). Torres est devenu le footballeur espagnol le plus cher quand Chelsea l'a acheté 58,5 millions d'euros à Liverpool, en janvier 2011. Il est parti jouer au Japon en juillet 2018, avant de prendre sa retraite 11 mois plus tard.

TORRES

50

Lorsque l'Espagne a gagné contre l'Arabie saoudite 3-2 en mai 2009, le défenseur central Carlos Marchena est devenu le 1er footballeur à disputer 50 rencontres internationales de suite sans défaite.

LÉGENDE NATIONALE
LOURD HÉRITAGE

Après l'ère de gloire de Luis Aragonés et Vicente Del Bosque entre 2008 et 2016, le rôle de sélectionneur d'Espagne a connu quelques remous. Julen Lopetegui a été remercié la veille de la Coupe du Monde de la FIFA 2018 pour s'être engagé avec le Real Madrid. Le directeur sportif Fernando Hierro l'a remplacé au pied levé, mais la *Roja* a été sortie dès les 8es. L'ancien entraîneur du Barça Luis Enrique a repris le flambeau en juillet 2018, avant de démissionner pour raisons personnelles en juin suivant, puis de revenir en novembre. Entre-temps, l'intérim a été assuré par Robert Moreno, qui a qualifié l'Espagne pour le prochain Championnat d'Europe.

GAVI

JOUEUR STAR
GAVIGOAL

À 17 ans et 62 jours, le milieu barcelonais **Gavi** est devenu le plus jeune international lors de la victoire 2-1 contre l'Italie, en demi-finale de Ligue des Nations de l'UEFA, en octobre 2021. Il est ensuite devenu le plus jeune buteur, à 17 ans et 304 jours, contre la République tchèque en juin suivant. Le record était auparavant détenu par l'un de ses coéquipiers en club, Ansu Fati, 7 jours plus vieux quand il avait marqué contre l'Ukraine en septembre 2020. Le but de Gavi lors du succès 7-0 contre le Costa Rica au Qatar lui a permis d'être le troisième plus jeune joueur à marquer en Coupe du Monde, à 18 ans et 110 jours – il n'est précédé que par le Brésilien Pelé (17 ans et 249 jours en 1958) et le Mexicain Manuel Rosas (18 ans et 93 jours en 1930).

35

Aritz Aduriz est devenu le buteur espagnol le plus âgé le 13 novembre 2016, lors d'une victoire 4-0 sur la Macédoine, en qualification de la Coupe du Monde 2018. Aduriz était âgé de 35 ans et 275 jours – soit 50 jours de plus que José María Peña, qui avait marqué le seul but d'un match amical contre le Portugal, le 30 novembre 1930.

JOUEUR STAR
SORTI DES BOSQUETS

Vicente del Bosque, qui a emmené l'Espagne au sacre à la Coupe du Monde 2010 et au Championnat d'Europe 2012, a dit un jour : « Si j'étais un joueur, j'aimerais être comme Busquets. » Del Bosque a bel et bien joué des centaines de fois comme milieu de terrain du Real Madrid et a été sélectionné 18 fois pour son pays, mais il fait partie des nombreuses personnes qui admirent le travail propre et indispensable abattu par **Sergio Busquets,** qu'il soit aligné comme milieu défensif ou qu'il joue les pompiers de service en défense centrale. Busquets – dont le père, Carles, a parfois défendu les cages du Barça – a joué un rôle clé dans la conquête espagnole des titres de 2010 et 2012. Âgé de 33 ans, il dégageait encore une influence précieuse, au point d'être désigné Meilleur joueur de la Ligue des Nations 2021, malgré la défaite 2-1 contre la France en finale.

BUSQUETS

BELGIQUE

La génération dorée de la Belgique fait des étincelles : les Diables Rouges ont atteint les quarts de finale de la Coupe du Monde 2014, puis se sont surpassés en montant sur la 3e marche du podium, lors de l'édition 2018.

Membre de la FIFA : 1904

Plus large victoire : 10-1 contre Saint-Marin, 2001

Meilleur classement FIFA : 1er

Stade : (Rotation)

Palmarès : –

JOUEUR STAR

LUK À TOUS LES COUPS

Romelu Lukaku, meilleur buteur de l'histoire de la Belgique, a pourtant dû attendre 24 rencontres internationales avant de disputer un match en intégralité pour son pays. Il a été gêné par une blessure lors de la Coupe du Monde 2022 où il est resté muet durant les 3 matchs de la Belgique, éliminée dès le premier tour. Il a toutefois marqué les 3 buts du match suivant, une victoire convaincante en Suède pour les éliminatoires de l'Euro, en mars 2023. 4 jours plus tard, il a porté son total en sélection à 72 buts lors d'un succès 3-0 en Allemagne. Avant cela, il avait inscrit 4 buts au Mondial 2018 et autant à l'Euro 2020. Lukaku avait fait ses débuts professionnels à Anderlecht, à seulement 16 ans et 11 jours, en mai 2009, avant de porter les couleurs de Chelsea, Everton et Manchester United en Angleterre ainsi que de l'Inter en Italie.

ANECDOTE D'ÉQUIPE

LE BEAU PARCOURS BELGE

La Belgique, dirigée par le sélectionneur espagnol Roberto Martínez, a réussi sa plus belle Coupe du Monde en 2018, en Russie, avec une troisième place. En demie, ils se sont inclinés 1-0 contre la France, future championne, avant de battre l'Angleterre 2-0 en petite finale. Les Diables Rouges ont affiché la meilleure attaque de la compétition avec 16 buts. La « Génération dorée » belge a démarré l'Euro 2020 en étant favorite, mais s'est inclinée contre l'Italie dès les quarts. Elle a ensuite échoué à sortir de la phase de groupe du Mondial 2022, affichant une victoire contre le Canada 1-0, une défaite contre le Maroc 2-0 et un nul 0-0 contre la Croatie. Martínez a été remplacé par Domenico Tedesco à la tête de l'équipe.

LUKAKU

9

La Belgique s'est imposée par 9 buts d'écart à quatre reprises, la dernière avec un succès 9-0 contre Saint-Marin, le 10 octobre 2019. Les Belges ont établi un autre record national avec 7 buteurs différents, plus un doublé de Romelu Lukaku et un but contre son camp de Cristian Brolli.

COURTOIS

JOUEUR STAR

LE GARDIEN COURTOIS

Thibaut Courtois est devenu le plus jeune portier des Diables Rouges lorsqu'il a préservé ses cages inviolées dans un match amical contre la France (0-0), en novembre 2011, à seulement 19 ans et 189 jours. Depuis, il a été n° 1 plus souvent que quiconque, atteignant les 100 capes lors du dernier match des Belges au Mondial 2022 au Qatar – un autre 0-0, cette fois contre la Croatie. 4 ans plus tôt, Courtois avait réalisé 27 arrêts à la Coupe du Monde 2018, ce qui lui a valu le titre de meilleur gardien du tournoi. Il a également été désigné Homme du match quand il a aidé le Real Madrid à remporter la finale de Ligue des Champions de l'UEFA 1-0 contre Liverpool avec 9 parades, dont quelques-unes spectaculaires face à Mohamed Salah et Sadio Mané.

BUTEURS

1. **Romelu Lukaku,** 72
2. **Eden Hazard,** 33
3. **Paul Van Himst,** 30
   = Bernard Voorhoof, 30
5. **Marc Wilmots,** 28

ANECDOTE DU TOURNOI
LES ROIS DU *COME-BACK*

La victoire 3-2 de la Belgique sur le Japon à Rostov, en Coupe du Monde 2018, a constitué une première depuis 1970 lorsque l'équipe, menée par deux buts, est revenue pour remporter l'éliminatoire – il avait fallu les prolongations à la RFA pour battre l'Angleterre 3-2 en quart de finale. Jan Vertonghen a marqué le premier but de la Belgique à la 69e minute, suivi de l'égalisation de Marouane Fellaini cinq minutes plus tard. Le remplaçant Nacer Chadli a inscrit le but victorieux quatre minutes après le début des arrêts de jeu. Avec 10 buteurs différents, la Belgique a égalé le record de Coupe du Monde détenu par la France (1982) et l'Italie (2006).

SÉLECTIONS

1. **Jan Vertonghen**, 147
2. **Axel Witsel**, 139
3. **Toby Alderweireld**, 127
4. **Eden Hazard**, 126
5. **Dries Mertens**, 109

11

Le défenseur **Jan Vertonghen**, footballeur le plus capé de Belgique, a joué son 100e match le 2 juin 2018 contre le Portugal, 11 ans jour pour jour après sa première sélection contre le même pays. Sa mère Ria Matthews lui a remis une casquette commémorative pour fêter cette 100e participation.

VERTONGHEN

THYS

LÉGENDE NATIONALE
VOILÀ NOTRE HOMME

Guy Thys était incontestablement le plus grand sélectionneur de Belgique, et le plus capé. Il a mené l'équipe à la finale du Championnat d'Europe 1980 et, six ans plus tard, à la demi-finale de la Coupe du Monde, avec des joueurs comme Enzo Scifo et Nico Claesen. Guy Thys a occupé ses fonctions de 1976 à 1989, puis il les a reprises pendant huit mois, avant son départ définitif. Guy Thys s'est effacé après la Coupe du Monde 1990. Il avait joué comme attaquant pour la Belgique dans les années 1940 et 1950, remportant deux sélections.

19

En 2014, le buteur Divock Origi est devenu le plus jeune buteur en phase finale de Coupe du Monde de la FIFA – à 19 ans et 65 jours – en signant l'unique but de la rencontre contre la Russie après son entrée en fin de match. Il a aussi doublé la mise dans le succès 2-0 de Liverpool contre Tottenham en finale de la Ligue des Champions 2019.

39

Timmy Simons, dixième joueur belge le plus capé, est devenu l'international le plus âgé de son pays en novembre 2016, lors d'un match de qualification pour la Coupe du Monde 2018 contre l'Estonie. Il avait 39 ans et 338 jours.

EDEN HAZARD

DE BRUYNE

JOUEURS STARS
TOUT SAUF UN HAZARD

Eden et Thorgan **Hazard** sont devenus les troisièmes frères à marquer en Championnat d'Europe. Le cadet Thorgan a scoré à l'Euro 2020, cinq ans après Eden au tournoi 2016 en France. Le duo succède à Frank et Ronald De Boer pour les Pays-Bas et Michael et Brian Laudrup pour le Danemark. En 2020, Thorgan a inscrit deux buts, le premier lors du succès 2-1 contre le Danemark et le second lors de la victoire contre les champions sortants portugais. Il est ainsi devenu le premier Belge à marquer dans deux matchs de suite à l'Euro. Leurs parents sont tous deux d'anciens footballeurs : leur père, Thierry, a passé sa carrière au niveau semi-professionnel en deuxième division belge à La Louvière, tandis que leur mère Carine a pris sa retraite sportive lorsqu'elle était enceinte d'Eden. Eden a annoncé sa retraite internationale après la Coupe du Monde 2022. Il a porté le brassard 59 fois, un record pour son pays, et l'a désormais cédé à **Kevin De Bruyne**, le joueur de Manchester City.

BULGARIE

Régulièrement qualifiée pour les compétitions majeures, la Bulgarie, qui a engendré quelques stars du ballon rond, s'est trop souvent pris les pieds dans le tapis dans les grands rendez-vous et n'a pas réussi à laisser son empreinte sur le football mondial.

Membre de la FIFA : 1922

Plus large victoire : 15-0, contre le Ghana, en 1968

Meilleur classement FIFA : 3e

Stade : Stade national Vassil-Levski, Sofia

Palmarès : –

63

La Bulgarie s'est rendue au Qatar en mars 2022. Elle s'y est inclinée 2 fois 2-1, contre le pays hôte et la Croatie. Le capitaine Kiril Despodov, 3 fois meilleur footballeur bulgare de l'année, avait ouvert le score contre la Croatie à la 63e, mais a été sanctionné juste après d'un second carton jaune pour avoir retiré son maillot.

STOITCHKOV

LÉGENDE NATIONALE

STOITCHKOV, L'ÉCORCHÉ VIF

Né à Plovdiv le 8 février 1968, **Hristo Stoitchkov** a partagé le Soulier d'Or de la Coupe du Monde 1994 avec le Russe Oleg Salenko, les deux hommes ayant inscrit 6 buts chacun. Mais le génial Bulgare a bien été le seul lauréat du Ballon d'Or 1994. Cette saison-là, son association avec le Brésilien Romário emmena le FC Barcelone en finale de la Ligue des Champions de l'UEFA.

1994

Yordan Letchkov a donné la victoire aux Bulgares face aux tenants du titre allemands, en quart de finale de la Coupe du Monde 1994. Lors de son exploit, il jouait en Allemagne, à Hambourg. Il est ensuite devenu maire de Sliven, en Bulgarie, sa ville natale.

BERBATOV

LÉGENDE NATIONALE

CHER TRANSFERT

L'attaquant **Dimitar Berbatov**, qui a beaucoup voyagé dans sa carrière, dit avoir appris l'anglais en regardant *Le Parrain*. Berbatov a été transféré de Tottenham à Manchester United en 2008 pour 38 millions d'euros – un record pour le club et pour un joueur bulgare. Avant cela, il avait joué au Bayer Leverkusen, un club qui a manqué de peu le triplé en 2002, en terminant deuxième de *Bundesliga* et en s'inclinant en finales de Coupe d'Allemagne et de Ligue des Champions. En mai 2010, Berbatov a surpris et déçu ses fans en annonçant sa retraite internationale à seulement 29 ans, après un total record de 48 buts en 78 sélections pour la Bulgarie.

BUTEURS

1 **Dimitar Berbatov,** 48
= **Hristo Bonev,** 48
3 **Hristo Stoichkov,** 37
4 **Emil Kostadinov,** 27
5 **Lyubomir Angelov,** 26

LÉGENDE NATIONALE
BONEV LE BOSS

Hristo Bonev a longtemps été seul au sommet des classements des buts et des sélections avec l'équipe de Bulgarie, dont il est l'un des héros nationaux pour sa *vista* et son style sur le terrain. Pilier des Coupes du Monde 1970 et 1974, Bonev a marqué dans le premier match de l'édition 1970 lors de la défaite 3-2 contre le Pérou, puis quatre ans plus tard lors du nul 1-1 contre l'Uruguay. Il a inscrit son 48e et dernier but international à l'occasion de sa dernière sélection (la 96e) en avril 1979 (défaite 2-1 contre l'Argentine). Bonev est le dernier sélectionneur à avoir conduit la Bulgarie en phase finale de Coupe du Monde, en 1998, en France, où il a échoué au premier tour.

BONEV

3

Trois demi-finalistes de la Coupe du Monde 1994 ont ensuite été sélectionneurs de l'équipe nationale : Hristo Stoichkov entre 2004 et 2007, Petar Hubchev entre 2016 et 2019, suivi immédiatement de Krasimir Balakov, mais pour 6 matchs seulement.

LÉGENDES NATIONALES
EN DEUIL

La Bulgarie a perdu deux de ses footballeurs les plus talentueux, les attaquants Georgi Asparoukhov (28 ans) et Nikola Kotkov (32 ans), dans un accident de voiture, en juin 1971. Asparoukhov avait signé 19 réalisations en 50 sélections, dont le tout 1er but bulgare en Coupe du Monde, lors de la défaite 3-1 contre la Hongrie en 1966. Asparoukhov était en lice pour le Ballon d'Or 1965, dont il a finalement pris la 8e place. Plus de 500 000 personnes ont assisté à ses funérailles.

HÉROS NATIONAL
STAN ET LES BURGERS

Stiliyan Petrov – affectueusement surnommé « Stan » par les supporters de son club Aston Villa – a été salué quand il est devenu le 1er joueur de champ bulgare à atteindre les 100 capes, contre la Suisse en mars 2011. L'élégant milieu a été encore plus encouragé après s'être rétabli d'une leucémie diagnostiquée en mars 2012 : les fans de Villa ont applaudi pendant 60 secondes à la 19e minute de chaque rencontre pendant le reste de la saison (le 19 étant son numéro de maillot). Auparavant, il avait joué en Écosse, au Celtic, et avait amélioré son anglais en travaillant comme serveur dans le camion à burger d'un ami. Petrov est devenu le Bulgare le plus capé lors d'un revers 3-1 contre la Suisse en septembre 2011, avant de prendre sa retraite internationale un mois plus tard.

DESPODOV

7

Dimitar Berbatov a été désigné footballeur bulgare de l'année à 7 reprises. Il est suivi de Hristo Stoichkov (5), puis de Hristo Bonev, Ivelin Popov et Kiril Despodov (3 fois chacun). Despodov a été titré en 2018, 2021 et 2022.

HÉROS NATIONAL
LE PATRON

Le deuxième Bulgare le plus capé est le gardien Borislav Mikhailov. Il était capitaine de l'équipe qui s'est hissée en demi-finale du Mondial 1994, en repoussant notamment deux penaltys contre le Mexique en 8e. Il a un temps porté une perruque sur le terrain, avant de se soumettre à une greffe de cheveux. Après sa retraite en 2005, il est devenu président de la Fédération bulgare de football pendant 14 ans. Son père, Bisev, a joué cinq fois dans les cages entre 1962 et 1971, et son fils, Nikolay (un temps sur les tablettes de Liverpool), lui aussi gardien, a obtenu la première de ses 38 sélections en mai 2006, pour une défaite 5-1 contre l'Écosse.

SÉLECTIONS

1 **Stiliyan Petrov,** 105
2 **Borislav Mikhailov,** 102
3 **Hristo Bonev,** 96
4 **Krasimir Balakov,** 92
5 **Dimitar Penev,** 90
= **Ivelin Popov,** 90

PETROV

CROATIE

Le maillot à damier rouge et blanc de la Croatie fait partie des plus connus du monde. La sélection croate a atteint un nouveau sommet en 2018 avec sa première finale de Coupe du Monde.

Membre de la FIFA : 1992
Plus large victoire : 10-0, contre Saint-Marin, en 2014
Meilleur classement FIFA : 3e
Stade : (Rotation)
Palmarès : –

ŠUKER

LÉGENDE NATIONALE
SUPER ŠUKER

Davor Šuker a remporté le Soulier d'Or lors de la Coupe du Monde FIFA 1998 : 6 buts en 7 matchs – la Croatie a terminé à la 3e place. Šuker a marqué le premier but de la demi-finale qui verra son équipe s'incliner 2-1 face à la France, vainqueur du tournoi. Il est aussi l'auteur du but qui permet à la Croatie de battre les Pays-Bas 2-1 et de prendre la 3e place du Mondial. Šuker est de loin le meilleur buteur croate ; il a marqué 3 buts lors de l'Euro 1996, dont un tir lobé qui a trompé Peter Schmeichel, le gardien danois. En juillet 2012, Šuker a été élu président de la fédération croate de football.

BUTEURS

1	**Davor Šuker,** 45
2	**Mario Mandžukić,** 33 **= Ivan Perišić,** 33
4	**Eduardo da Silva,** 29
5	**Andrej Kramarić,** 23 **= Luka Modrić,** 23

MODRIĆ

JOUEUR STAR
MAGIQUE MODRIĆ

En 2018, la Croatie est entrée dans l'histoire avec sa première finale de Coupe du Monde. La star de l'équipe a été le capitaine et meneur de jeu **Luka Modrić**, qui a remporté le Ballon d'Or du Meilleur joueur de la compétition malgré la défaite finale 4-2 face à la France. Modrić a commencé sa carrière au Dinamo Zagreb avant d'intégrer le Tottenham Hotspur, puis de remporter quatre titres de Ligue des Champions avec le Real Madrid. En Russie, la Croatie est devenue le premier pays depuis l'Argentine, en 1990, à remporter deux tirs au but lors d'une Coupe du Monde, battant le Danemark au 2e tour et la Russie, pays hôte, en quart de finale. Modrić, quintuple champion d'Europe en club avec le Real, est devenu le joueur le plus capé de son pays avec sa 135e sélection face à Chypre (1-0), en mars 2021, pour les éliminatoires du Mondial 2022.

GVARDIOL

35

À 37 ans et 197 jours, Luka Modrić est devenu l'international croate le plus âgé le 25 mars 2023, lors d'un match d'éliminatoire de l'Euro contre le pays de Galles (1-1). Il a amélioré son record 3 jours plus tard avec une victoire 2-0 en Turquie. Le record précédent était détenu par le gardien Dražen Ladić, 37 ans et 149 jours pour sa 59e sélection en 2000.

20

Le défenseur central **Joško Gvardiol**, qui a disputé le Mondial 2022 avec un masque après s'être cassé le nez en jouant pour son club allemand RB Leipzig, a ouvert le score contre le Maroc lors de la petite finale remportée 2-1. Il est ainsi devenu le plus jeune buteur croate dans un grand tournoi, à 20 ans et 328 jours.

ANECDOTE D'ÉQUIPE
SCORES FLEUVES

En novembre 2021, à Split, la Croatie s'est qualifiée à la Coupe du Monde 2022 grâce à un but contre son camp du Russe Fedor Kudryashov en toute fin de match, dans le match décisif du Groupe D. Trois jours plus tôt, la Croatie avait égalé sa plus large victoire à l'extérieur en battant Malte 7-1, grâce aux deux premières réalisations de Lovro Majer. La Croatie s'était déjà imposée 6-0 en Andorre en septembre 2007, en éliminatoires de l'Euro, et sur le même score au Kosovo en qualifications pour le Mondial en octobre 2016. Mario Mandžukić avait alors signé un triplé. La plus large victoire du pays reste le succès 10-0 contre Saint-Marin en juin 2016.

JOUEUR STAR
MANDŽUKIĆ LE MALCHANCEUX

En 2018, l'attaquant **Mario Mandžukić** a été le héros de la demi-finale croate, mais sa chance a tourné. En demie, son but, après 19 minutes de temps additionnel, avait permis de battre l'Angleterre 2-1 et d'offrir à la Croatie sa toute première finale mondiale. Mais, 4 jours plus tard, il a détourné un ballon dans ses propres filets après 18 minutes de jeu, donnant l'avantage à la France. Mandžukić a toutefois marqué pour son camp, réduisant le score à 4-2 à 21 minutes de la fin. Il est, au passage, devenu le premier joueur à marquer des 2 côtés en finale de Coupe du Monde. En 2022, Mandžukić était l'adjoint du sélectionneur Zlatko Dalić ; la Croatie a terminé troisième.

MANDŽUKIĆ

22

La Croatie a disputé la Coupe du Monde 2018 avec un groupe de seulement 22 joueurs pendant la majeure partie du tournoi. Zlatko Dalić a renvoyé chez lui l'attaquant Nikola Kalinić, qui aurait refusé d'entrer en cours de jeu lors du match d'ouverture contre le Nigeria.

7

Il ne restait plus que 3 minutes dans les prolongations quand Petković a égalisé pour la Croatie, lors du quart de finale du Mondial 2022 contre le Brésil. Ce but du gauche était son septième en sélection.

2

La victoire de la Croatie 4-0 contre le Cameroun au Mondial 2014 a vu l'attaquant Ivica Olić devenir le premier joueur à marquer pour la Croatie dans deux Coupes du Monde (2002, puis 2014).

PERIŠIĆ

LÉGENDE NATIONALE
À JAMAIS LE PREMIER

L'ailier **Ivan Perišić** est devenu le premier Croate à marquer dans les bons filets en finale de Coupe du Monde de la FIFA, lorsqu'il a égalisé dans les arrêts de jeu de la première période contre la France, en 2018. Son coéquipier Mario Mandžukić avait malencontreusement donné l'avantage aux Bleus un peu plus tôt. Perišić avait déjà égalisé contre l'Angleterre en demi-finale. Ses 10 buts en tournois internationaux sont un record pour la Croatie. Le dernier en date était l'égalisation contre le Japon, en huitièmes de finale du Mondial 2022. Son équipe s'est qualifiée aux tirs au but, avant de rééditer l'exploit au tour suivant contre le Brésil. Précédemment, Perišić avait signé 2 buts et une passe décisive au premier tour de l'Euro 2020 contre la République tchèque et l'Écosse.

SÉLECTIONS

1. **Luka Modrić**, 164
2. **Darijo Srna**, 134
3. **Ivan Perišić**, 125
4. **Stipe Pletikosa**, 114
5. **Ivan Rakitić**, 106

ANECDOTE DU TOURNOI
DOUBLE IDENTITÉ

Robert Jarni et **Robert Prosinečki** ont la particularité d'avoir joué des phases finales de la Coupe du Monde FIFA sous deux maillots différents. Ils ont représenté la Yougoslavie en 1990, en Italie, puis la Croatie en 1998, en France. L'arrière Jarni a même joué pour la Yougoslavie et la Croatie en 1990, puis uniquement la Yougoslavie en 1991 avant de choisir – définitivement – les couleurs croates en 1992, quand la Croatie a rejoint la FIFA et l'UEFA. Prosinečki a marqué lors du succès croate 2-1 contre les Pays-Bas, synonyme de troisième place au Mondial 1998. Il est le seul à avoir marqué en Coupe du Monde pour deux équipes différentes, après son but dans la victoire de la Yougoslavie 4-1 contre les Émirats arabes unis, au premier tour 1990.

PROSINEČKI

RÉPUBLIQUE TCHÈQUE

Parmi les anciens pays de l'Est, la Tchécoslovaquie possédait le meilleur palmarès puisqu'elle fut finaliste des Mondiaux 1934 et 1962. Mais la République tchèque indépendante n'a pas su se qualifier pour les trois dernières Coupes du Monde.

Membre de la FIFA : 1994

Plus large victoire : 11-0, contre le Sénégal, 1966

Meilleur classement FIFA : 2e

Stade : (Rotation)

Palmarès : 1 Championnat d'Europe (1976)

ČECH

LÉGENDE NATIONALE

LE GARDIEN CASQUÉ

Depuis sa fracture du crâne lors d'un match de *Premier League* en octobre 2006, le gardien **Petr Čech** porte un casque de protection. Čech s'est fait remarquer en ne concédant qu'un seul tir au but contre la France en finale du Championnat d'Europe des moins de 21 ans de l'UEFA en 2002, performance qui a permis aux Tchèques d'obtenir le trophée. En 2012, il a remporté la Ligue des Champions de l'UEFA avec Chelsea (et a été désigné homme du match en finale), puis l'UEFA Europa League en 2013. Il a pris sa retraite après la finale de l'Europa League 2019, avant de faire son retour quelques mois plus tard comme gardien… de hockey sur glace. Il a d'ailleurs arrêté une pénalité dès son premier match.

30 MINUTES

Aux JO 1920, la sélection tchécoslovaque a éclipsé la victoire belge en quittant le terrain au bout d'une demi-heure pour protester contre un arbitrage qu'elle jugeait défavorable. Elle est la seule équipe à avoir été disqualifiée d'un tournoi olympique de football.

JOUEUR STAR

LE JARDIN D'ADAM

Le buteur Adam Hložek est devenu le plus jeune international tchèque lors de ses débuts en septembre 2020, à l'occasion d'une victoire 3-1 chez le voisin slovaque en Ligue des Nations de l'UEFA. Il avait 18 ans et 41 jours, trois jours de moins que Jan Polak contre la Pologne en avril 1999. Hložek a ouvert son compteur de buts 13 mois plus tard face à la Biélorussie (2-0) pour les éliminatoires du Mondial. Le joueur le plus âgé du pays demeure Jan Koller, 36 ans et 159 jours lors de sa 91e et dernière sélection, également contre la Slovaquie, en septembre 2009.

NEDVĚD

LÉGENDE NATIONALE

41 ANS PLUS TARD

Le Ballon d'Or *France Football* reçu par **Pavel Nedvěd** en 2003 a mis fin à la longue attente des supporters tchèques, qui ont vu nombre de leurs pépites ignorées depuis la désignation de Josef Masopust en 1962. Ce milieu organisateur avait ouvert le score lors de la finale de la Coupe du Monde chilienne de 1962, avant que le Brésil ne revienne au score pour s'imposer 3-1 à Santiago. Plus de 40 ans plus tard, Pelé le citera dans sa liste des 125 meilleurs footballeurs encore en vie. Masopust a remporté huit championnats de Tchécoslovaquie avec le Dukla Prague, le club de l'armée.

SÉLECTIONS

1. **Petr Čech,** 124
2. **Karel Poborský,** 118
3. **Tomáš Rosický,** 105
4. **Jaroslav Plašil,** 103
5. **Milan Baroš,** 93

7

Le buteur Mojmír Chytil a réussi ses débuts pour la République tchèque avec un triplé dans les 23 premières minutes d'un match amical gagné 5-0 contre les îles Féroé, en novembre 2022. Il est ainsi devenu le septième Tchèque à signer un triplé international.

ANECDOTE D'ÉQUIPE
7 EXTRA

La République tchèque devra encore attendre avant de jouer sa première Coupe du Monde depuis 2006, après sa défaite 1-0 contre la Suède en demi-finale des barrages en mars 2022. En septembre 2021, les Tchèques avaient pourtant égalé leur plus large succès en écrasant le Koweït 7-0 en match amical à Olomouc grâce à un doublé de l'ailier Jakub Pešek et un but du capitaine **Tomáš Souček**. Ils avaient déjà battu Saint-Marin 7-0 en octobre 2006 et septembre 2009, et Andorre 8-1 en juin 2005. L'ex-Tchécoslovaquie avait, quant à elle, écarté la Yougoslavie 7-0 en août 1920. En mars 2021, le milieu défensif Souček est devenu le 6e Tchèque à signer un triplé lors du succès 6-2 contre l'Estonie, en éliminatoires du Mondial.

SOUČEK

LÉGENDE NATIONALE
DIX SUR DIX

Jan Koller est le meilleur buteur tchèque de tous les temps, avec 55 buts en 91 matchs. Dès ses débuts professionnels, il marque contre la Belgique avant de signer 10 buts au cours des 10 matchs internationaux suivants. Il est l'auteur de 6 buts lors des éliminatoires pour les Euro 2000, 2004 et 2008. Jan Koller a commencé au Sparta Prague, qui a transformé le gardien qu'il était en attaquant. Puis, en Belgique, il a fini meilleur buteur du championnat avec Lokeren, avant de signer 42 buts pour Anderlecht sur deux saisons couronnées de titres. Lors d'un match avec le Borussia Dortmund, il jouera gardien suite à l'expulsion de Jens Lehmann et conservera sa cage inviolée... après avoir marqué en tant que buteur en première période !

1934

La finale de la Coupe du Monde 1934, la première avec prolongations, s'est achevée par la défaite 2-1 de la Tchécoslovaquie face au pays hôte, l'Italie.

BUTEURS

1. **Jan Koller,** 55
2. **Milan Baroš,** 41
3. **Vladimír Šmicer,** 27
4. **Tomáš Rosický,** 23
5. **Pavel Kuka,** 22 (plus 7 pour la Tchécoslovaquie)

KOLLER

1976

En 1976, Antonín Panenka tire un penalty avec une petite pichenette au centre des cages. Toujours utilisée aujourd'hui, cette frappe s'appelle une « panenka ».

1

Entré en cours de jeu pour sa première sélection, Zdeněk Ondrášek a marqué sur son premier tir international pour battre l'Angleterre 2-1 à Prague en éliminatoires de l'Euro 2020, en octobre 2019. Sept mois plus tôt, le même adversaire avait infligé la plus lourde défaite des Tchèques depuis l'indépendance, un 5-0 à Wembley.

LÉGENDE NATIONALE
PATRIK A LE CHIC

Le buteur du Bayer Leverkusen **Patrik Schick** a signé 5 buts en phase finale de l'Euro 2020, soit autant que le recordman tchèque Milan Baroš. À l'Euro 2004, Baroš avait remporté le Soulier d'Or et aidé son pays à atteindre les demi-finales. Cette fois, les Croates se sont arrêtés en quart, le but de Schick n'ayant pas suffi à éliminer le Danemark (2-1). Toutefois, il a battu le record du but le plus lointain en Championnat d'Europe lors du succès 2-0 contre l'Écosse, au premier tour : un tir de 49,7 m pour lober le gardien David Marshall, qui était sorti de sa surface. Schick a également trouvé les filets dans le succès surprise 2-0 contre les Pays-Bas en huitième, grâce à une passe de Tomáš Holeš, auteur de l'ouverture du score.

SCHICK

DANEMARK

Le Danemark joue au football depuis 1908, mais a connu son heure de gloire en 1992, lorsqu'il a remporté le Championnat d'Europe de l'UEFA et créé l'une des plus grandes surprises du football international.

Membre de la FIFA : 1908

Plus large victoire : 17-1, contre la France, en 1908

Meilleur classement FIFA : 3e

Stade : Parken Stadium, Copenhague

Palmarès : 1 Championnat d'Europe (1992)

JOUEUR STAR
CHRISTIAN LE MIRACULÉ

À l'aube de l'Euro 2020, tous les espoirs du Danemark reposaient sur la star **Christian Eriksen**. Le joueur, auteur d'un *hat-trick* contre l'Irlande (5-1) en barrage du Mondial 2018 qui avait scellé la qualification des siens pour la Russie, avait même eu l'honneur d'un tee-shirt qui résumait la tactique des Danois : passer le ballon à Eriksen et attendre qu'il marque.

En octobre 2020, Eriksen avait fêté sa 100e sélection avec le seul but du match, sur penalty, contre l'Angleterre en Ligue des Nations, à Wembley. Mais lorsqu'il s'est effondré à la suite d'un arrêt cardiaque, peu avant la pause de son premier match à l'Euro 2020 face à la Finlande à Copenhague, c'est tout le monde du sport qui a retenu son souffle. Et qui a salué le sang-froid du capitaine Simon Kjær et de ses coéquipiers ; ceux-ci ont tout de suite entouré le joueur pendant que les médecins lui sauvaient la vie. Le milieu de l'Inter Milan, ancien joueur de l'Ajax d'Amsterdam et de Tottenham Hotspur, a fini par reprendre conscience. Eriksen s'est fait implanter un défibrillateur automatique et a retrouvé le football de haut niveau en janvier 2022 auprès du club de *Premier League* anglaise Brentford avant de s'engager à Manchester United durant l'été. Entre-temps, en mars, il a trouvé le chemin des filets sur son premier ballon lors de son retour sous la tunique du Danemark, 2 minutes après son entrée en jeu contre les Pays-Bas. Il a porté le brassard lors du troisième et dernier match de son pays, dans le groupe D du Mondial 2022, perdu 1-0 contre l'Australie.

ERIKSEN

16 SECONDES

Ebbe Sand a signé le but le plus rapide inscrit par un remplaçant en Coupe du Monde. Lors de France 1998, il a fait trembler les filets du Nigeria 16 secondes à peine après son entrée en jeu.

2

Le milieu Morten Wieghorst est le seul joueur à avoir été expulsé 2 fois avec le Danemark. Ce qui ne l'a pas empêché de recevoir un prix du fair-play après avoir volontairement raté un penalty accordé par erreur.

LÉGENDES NATIONALES
FRÈRES D'ARMES

Les deux meilleurs footballeurs danois de l'histoire viennent de la même famille. Il s'agit des frères **Laudrup** : **Michael** (104 sélections, 37 buts) et **Brian** (82 sélections, 37 buts). Ils ont affiché leur talent dans toute l'Europe. Michael a joué en Italie avec la Lazio et la Juventus, ainsi qu'en Espagne au Barça et au Real Madrid. Brian a évolué en Italie avec la Fiorentina et l'AC Milan, en Écosse avec les Rangers et en Angleterre avec Chelsea. Pourtant, seul Brian a fait partie de l'épopée victorieuse de l'UEFA Euro 1992 – Michael avait dû temporairement renoncer au football international en raison d'un désaccord avec le sélectionneur Richard Møller Nielsen.

MICHAEL **LAUDRUP**

BRIAN **LAUDRUP**

JOUEUR STAR
SI LE MAILLOT VA

Le Danemark a vécu un Championnat d'Europe 2020 fort en émotions : après l'arrêt cardiaque de Christian Eriksen, les Danois ont su se battre pour atteindre les demi-finales et ont établi plusieurs premières au passage. Ils sont ainsi devenus les premiers à se qualifier au deuxième tour malgré deux défaites initiales (1-0 contre la Finlande puis 2-1 contre la Belgique). Leur succès 4-1, pour la dernière journée du Groupe B, a été suivi d'une victoire 4-0 contre le pays de Galles en huitième, faisant du Danemark la première nation à marquer 4 buts dans deux matchs d'Euro de suite. Leur parcours s'est arrêté avec une défaite 2-1 contre l'Angleterre. Avant la rencontre, le capitaine anglais Harry Kane, ancien coéquipier d'Eriksen à Tottenham, avait remis un maillot dédicacé et floqué « ERIKSEN 10 » à son homologue danois Simon Kjær.

KASPER **SCHMEICHEL**

SÉLECTIONS

1 **Peter Schmeichel**, 129
2 **Dennis Rommedahl**, 126
3 **Simon Kjær**, 124
4 **Christian Eriksen**, 120
5 **Jon Dahl Tomasson**, 112

PETER **SCHMEICHEL**

LÉGENDES NATIONALES
DES GANTS EN OR

Peter Schmeichel, champion d'Europe avec le Danemark en 1992, était considéré comme le meilleur gardien du monde au début des années 1990. Son fils **Kasper** a marché sur ses traces en club anglais, et comme premier portier de l'équipe danoise. Peter Schmeichel a été un ardent supporter dans le stade pendant la Coupe du Monde 2018 lorsque Kasper a arrêté trois tirs, lors de la défaite danoise au 2e tour contre la Croatie (3-2 aux tirs au but). Kasper avait auparavant battu le record d'invincibilité danois détenu par son père avec 533 minutes sans encaisser de but à la Coupe du Monde 2018, avant de tenir 38 minutes de plus jusqu'au penalty de l'Australien Mile Jedinak (1-1).

ANECDOTE DU TOURNOI
IMPOSSIBLE N'EST PAS DANOIS

Le mois de juin 1992 restera gravé dans la mémoire de tous les passionnés de ballon rond. Le Danemark ne s'était pas qualifié pour la phase finale de l'Euro, mais 10 jours avant le coup d'envoi, l'UEFA lui demanda (en tant que 2e du groupe) de remplacer la Yougoslavie, exclue suite aux sanctions internationales entraînées par la guerre des Balkans. Les attentes sont alors minimes, mais l'inconcevable va se produire. En s'appuyant sur son gardien Peter Schmeichel, sa défense et le génie de Brian Laudrup, l'outsider va créer l'une des plus grandes surprises du foot moderne en remportant le tournoi, avec en point d'orgue une victoire 2-0 face aux champions du monde allemands.

LÉGENDE NATIONALE
TOMASSON, AU TOP

Jon Dahl Tomasson, meilleur buteur danois *ex æquo* avec 52 buts, est devenu le sélectionneur adjoint de l'équipe nationale en 2016, aux côtés d'Age Hareide, le titulaire d'origine norvégienne. Tomasson a marqué son dernier but pour son pays lors d'une défaite 3-1 face au Japon, au premier tour de la Coupe du Monde 2010 – il avait récupéré la balle au rebond lors d'un tir arrêté par Eiji Kawashima. Tomasson a décroché 112 capes, tandis que Poul Nielsen, l'autre meilleur buteur, a marqué ses 52 buts en seulement 38 matchs, de 1910 à 1925. Pauli Jørgensen s'est aussi montré prolifique, avec 44 buts en 47 rencontres seulement, de 1925 à 1939.

TOMASSON

20

Mikkel Damsgaard, âgé de 20 ans et 353 jours, est devenu le plus jeune buteur danois en tournoi majeur quand il a ouvert le score contre la Russie (victoire 4-1), au premier tour de l'Euro 2020. Il a ensuite ouvert le score sur coup franc en demi-finale contre l'Angleterre, finalement victorieuse 2-1.

BUTEURS

1 **Poul Nielsen**, 52
= **Jon Dahl Tomasson**, 52
3 **Pauli Jørgensen**, 44
4 **Ole Madsen**, 42
5 **Christian Eriksen**, 39

5

Après l'élimination du Danemark au premier tour du Mondial 2022, les 5 buts suivants ont tous été inscrits par Rasmus Højlund – un triplé en éliminatoires de l'Euro contre la Finlande (3-1), puis un doublé lors de la défaite surprise 3-2 contre le Kazakhstan.

GRÈCE

Il ne fait aucun doute que le jour de gloire de la Grèce a été son triomphe inattendu lors du Championnat d'Europe 2004, l'une des plus grandes surprises de la compétition internationale. Ce n'était alors que sa 2e phase finale de l'Euro.

Membre de la FIFA : 1929

Plus large victoire : 8-0, contre la Syrie, en 1949

Meilleur classement FIFA : 8e

Stade : Stade olympique, Athènes

Palmarès : 1 Championnat d'Europe (2004)

17

Âgé de 17 ans et 241 jours, le gardien de but Stéfanos Kapíno est devenu le plus jeune international grec lors de ses débuts en novembre 2011, en match amical contre la Roumanie. Kapíno avait 80 jours de moins que le précédent détenteur du record, l'attaquant Thomás Mávros, lors de son premier match en février 1972 contre les Pays-Bas.

SAMARÁS

ANECDOTE DU TOURNOI
GLORIEUX GEORGES

Georgios Samarás a transformé le penalty de dernière minute qui a permis à la Grèce de franchir les éliminatoires de la Coupe du Monde 2014 pour la première fois, décrochant une victoire 2-1 contre la Côte d'Ivoire, dans le Groupe C. Le but, dû à une faute de Giovanni Sio, était le 9e que Samarás, ancien attaquant du Celtic Glasgow, marquait pour son pays, son premier but datant de ses débuts en février 2006, contre la Biélorussie. Samarás aurait pu jouer pour l'Australie car son père, Ioannis, était né à Melbourne et s'était installé en Grèce à l'âge de 13 ans. Ionnis a d'ailleurs obtenu 16 capes grecques de 1986 à 1990, mais il est loin derrière son fils, qui compte 81 sélections à son actif.

44

Le buteur Dimítris Salpingídis a signé l'unique but du barrage contre l'Ukraine pour qualifier son équipe à la Coupe du Monde 2010, en Afrique du Sud. Il a ensuite marqué le premier but de la Grèce en Coupe du Monde, trouvant la faille à la 44e minute pour battre le Nigeria 2-1.

77

Durant ses 77 sélections entre 1978 et 1994, le milieu de terrain Tasos Mitropoulos – surnommé « Rambo » – a été capitaine de la Grèce lors de sa première phase finale de Coupe du Monde, une défaite 2-0 dans le groupe D contre le Nigéria, en 1994. Le premier capitaine grec en tournoi international était le milieu Giorgos Koudas – surnommé « Alexandre le Grand ». Il compte 43 sélections entre 1967 et 1982, dont l'Euro 1980 que la Grèce avait aussi quitté au premier tour.

LÉGENDE NATIONALE
THEO LE MAGNIFIQUE

Theódoros Zagorákis, dit « Theo », né près de Kavala, le 27 octobre 1971, capitaine de l'équipe de Grèce lors de la victoire à l'Euro 2004, a reçu à cette occasion le prix du Meilleur joueur de la compétition. Le milieu de terrain défensif est le 2e footballeur grec le plus sélectionné : 120 sélections. Il marque son premier but lors de sa 101e sélection internationale, 10 ans et 5 mois après ses débuts en équipe de Grèce, lors d'un match de qualification pour la Coupe du Monde, face au Danemark, en février 2005. Il arrête sa carrière internationale dans le football après une dernière apparition de 15 minutes dans un match contre l'Espagne en août 2007.

ZAGORÁKIS

LÉGENDE NATIONALE
LE ROI OTTO

L'entraîneur allemand Otto Rehhagel est devenu le premier étranger élu « Personnalité grecque de l'année » en 2004, après avoir mené la sélection nationale à la victoire lors de l'Euro. La Grèce lui a également remis le titre de citoyen d'honneur. Ses neufs années en tant que sélectionneur font de lui l'entraîneur international ayant le plus d'ancienneté au service de la Grèce. Rehhagel avait 65 ans à l'Euro 2004, devenant le sélectionneur le plus âgé à remporter la compétition. Le record a été battu quatre ans plus tard lorsque Luis Aragonés, 69 ans, a soulevé le trophée avec l'Espagne. Rehhagel était également le premier coach à offrir la victoire à un autre pays que le sien, que ce soit en Championnat d'Europe ou en Coupe du Monde.

BUTEURS

1. **Nikos Anastópoulos**, 29
2. **Ángelos Charistéas**, 25
3. **Theofánis Gekas**, 24
4. **Dimítrios Saravákos**, 22
5. **Mímis Papaïoánnou**, 21

CHARISTÉAS

NOUVELLE COULEUR

Les Grecs étaient parés de bleu en 2004, mais sont passés au blanc de leur deuxième maillot, qu'ils portaient lors de leur sacre européen.

ANOSTOPOULOS

LÉGENDE NATIONALE
L'ÁNGELOS GARDIEN

Si Níkos Anastópoulos domine le classement des buteurs grecs, c'est bien **Ángelos Charistéa**s qui a marqué le but le plus important de tous en plaçant sa tête au fond des filets des hôtes portugais, en finale du Championnat d'Europe de l'UEFA 2004. Il avait déjà égalisé contre l'Espagne au premier tour, puis inscrit le but de la victoire contre la France, tenante du titre, en quart. Le buteur a fait ses débuts internationaux en février 2001 avec un triplé lors du nul 3-3 contre la Russie. Il a également inscrit le seul but de son équipe dans l'UEFA Euro 2008, que la Grèce a quitté dès le premier tour.

ANECDOTE D'ÉQUIPE
L'EMPEREUR NIKOS

Le meilleur buteur grec de l'histoire a aussi été le premier à avoir marqué dans un grand tournoi. **Nikos Anostopoulos** avait égalisé de la tête contre les champions en titre tchécoslovaques, qui s'étaient quand même imposés 3-1. C'était aussi le seul but de la Grèce dans cet Euro 1980 en Italie. Anostopoulos a inscrit 29 buts en 74 sélections, de ses débuts contre la Roumanie en septembre 1977 jusqu'à son dernier match contre le Danemark en mai 1989.

1

La Grèce est la seule sélection à avoir battu le tenant du titre et le pays organisateur au cours de son parcours victorieux dans un Euro ou une Coupe du Monde. Les Hellènes ont même battu les hôtes portugais deux fois : en ouverture et en finale. En quart, ils avaient sorti la France, tenante du titre.

KARAGOUNIS

LÉGENDE NATIONALE
RIRE ET LARMES POUR GEORGIOS

Georgios Karagoúnis a égalé le record de sélections en équipe de Grèce (120) lors du dernier match de poule des siens à l'Euro 2012. Il a même inscrit l'unique but de la partie, qui a permis aux Grecs de se qualifier pour les quarts de finale aux dépens des Russes. Hélas, il a récolté au cours de ce match son second carton jaune du tournoi, synonyme de suspension pour la rencontre suivante : défaite 4-2 contre l'Allemagne. Karagoúnis était, avec le milieu de terrain Kóstas Katsouránis et le portier Kóstas Chalkiás, l'un des trois joueurs sélectionnés pour cet Euro à avoir remporté l'édition 2004. Au match précédent, contre la République tchèque, Chalkiás était devenu l'international grec le plus âgé, à 38 ans et 13 jours.

SÉLECTIONS

1. **Georgios Karagoúnis**, 139
2. **Theódoros Zagorákis**, 120
3. **Kóstas Katsouránis**, 116
4. **Vasílis Torosídis**, 101
5. **Ángelos Basinás**, 100

HONGRIE

SZOBOSZLAI

Au début des années 1950, la Hongrie possède la plus talentueuse équipe de football de la planète. Celle-ci remporte l'or olympique à Helsinki, en 1952 et atteint la finale de la Coupe du Monde FIFA en 1954.

Membre de la FIFA : 1902

Plus large victoire : 13-1, contre la France, en 1927

Meilleur classement FIFA : 18e

Stade : Budapest, Hongrie

Palmarès : –

LÉGENDE NATIONALE

DOM DOMINE

La Hongrie a dû patienter 30 ans avant de retrouver la joie d'un tournoi majeur, entre son premier tour du Mondial 1986 et sa qualification pour les 8es de l'Euro 2016, en France. Elle a enchaîné avec l'édition suivante au terme d'un *come-back* retentissant contre l'Islande, lors du barrage retour à la Puskás Arena de Budapest, en novembre 2020. Les visiteurs menaient à deux minutes de la fin, mais les Hongrois ont marqué par deux fois. Le latéral droit Loïc Nego a égalisé et le meneur star **Dominik Szoboszlai** a arraché la victoire à la dernière seconde. Ce dernier est devenu le premier footballeur désigné « sportif hongrois de l'année ». Malheureusement, une blessure à la cuisse l'a privé de la phase finale en 2021. Sans lui, la Hongrie a terminé dernière du « groupe de la mort » malgré des nuls contre la France et l'Allemagne.

5,4
La moyenne de 5,4 buts par match de la Hongrie lors de la Coupe du Monde 1954 est un record qui reste à battre.

109

Balázs Dzsudzsák a établi le record de sélections pour la Hongrie avec sa 109e et dernière cape, lors d'un succès 2-1 contre la Grèce le 20 novembre 2022, dans la Puskás Aréna de Budapest. La victoire est l'œuvre de Zsolt Kalmár, buteur sur coup franc dans le temps additionnel.

RECORD DE BUTS

ANNÉES D'ABONDANCE

L'éblouissante équipe hongroise du début des années 1950 est connue comme l'*Aranycsapat* ou « Équipe en or ». Elle établit un record en restant invaincue durant 31 matchs internationaux consécutifs, entre 1950 et 1954 – elle perd face à la RFA, en finale de la Coupe du Monde FIFA 1954. Durant cette période, la Hongrie obtient la médaille d'or à Helsinki (Finlande), en 1952. Ce record n'a été battu depuis que par le Brésil et l'Espagne.

73

La Hongrie des années 1950 a aussi établi le record de 73 matchs consécutifs à marquer au moins un but.

LÉGENDE NATIONALE
CASQUE D'OR

Meilleur buteur de la Coupe du Monde 1954 avec 11 unités, Sándor Kocsis excellait tellement dans le jeu aérien qu'il était surnommé « L'homme à la tête d'or ». En 68 sélections, il a empilé la bagatelle de 75 buts, dont 7 *hat-tricks* (un record). Il a notamment signé 2 buts décisifs en prolongations de la demi-finale de Suisse 1954 contre l'Uruguay, les Magyars échappant de peu à la défaite.

BUTEURS

1. **Ferenc Puskás,** 84
2. **Sándor Kocsis,** 75
3. **Imre Schlosser,** 59
4. **Lajos Tichy,** 51
5. **György Sárosi,** 42

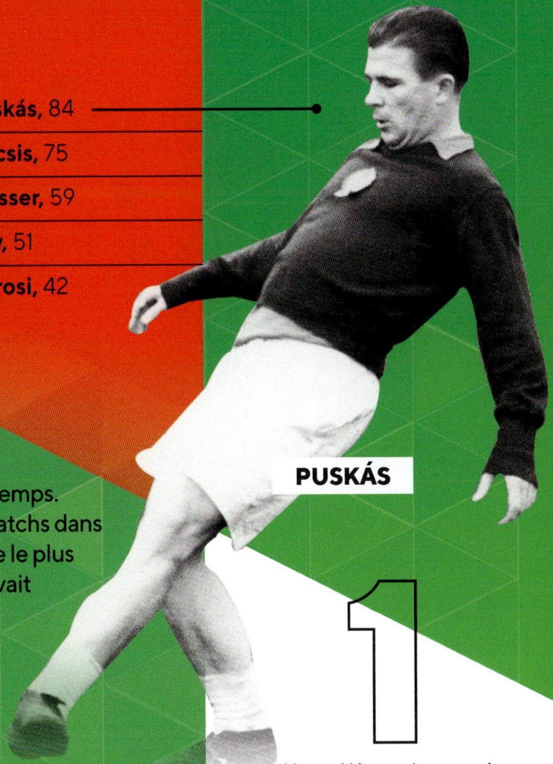
PUSKÁS

LÉGENDE NATIONALE
LE MAJOR GALOPANT

Ferenc Puskás restera l'un des meilleurs footballeurs de tous les temps. Son bilan laisse rêveur : 84 buts en 85 sélections et 514 buts en 529 matchs dans les Championnats de Hongrie et d'Espagne. Doté du pied gauche le plus redoutable de l'histoire du football, le « Major galopant » avait joué dans le club de l'armée, Honved, avant de fuir son pays pour jouer au Real Madrid et avec la sélection espagnole. Pendant les années 1950, il était le meilleur artilleur et le capitaine des légendaires « Magyars magiques » (surnom de la sélection hongroise de l'époque) et de Honved.

1

Un seul Hongrois a gagné le Ballon d'Or : Flórián Albert en 1967.

SALLAI

ANECDOTE D'ÉQUIPE
L'ARMÉE DE SALLAI

Ils ont attendu 60 ans pour battre l'Angleterre… et l'ont fait deux fois de suite. Les Hongrois ont décroché leurs plus larges succès en 1953 et 1954 – un match majestueux remporté 6-3 à Wembley avant une victoire encore plus confortable 7-1 à Budapest. Mais après avoir battu les Anglais 2-1 sur la voie des quarts de finale au Mondial 1962, la Hongrie a dû attendre 6 décennies et 15 confrontations avant de battre de nouveau leurs meilleurs ennemis. En juin 2022, c'est un penalty de Dominik Szoboszlai qui a fait la différence, dans le Groupe A de la Ligue des Nations, à la Puskás Aréna de Budapest. Dix jours plus tard, la Bulgarie a remué le couteau dans la plaie au match retour au stade Molineux de Wolverhampton, gagné 4-0 grâce à un doublé de **Roland Sallai**, dont le père, Sándor, totalise 55 sélections.

10-1

Aucune équipe n'a marqué plus de buts en un match de Coupe du Monde que la Hongrie face au Salvador, en phase finale 1982 en Espagne. László Kiss était devenu le premier remplaçant à marquer un triplé dans la compétition.

SÉLECTIONS

1. **Balázs Dzsudzsák,** 109
2. **Gábor Király,** 108
3. **József Bozsik,** 101
4. **Zoltán Gera,** 97
5. **Ronald Juhász,** 95

LÉGENDE NATIONALE
LE JOGGING DE LA DISCORDE

La carrière internationale du gardien **Gábor Király** a débuté de la plus belle des manières quand il a repoussé un penalty sur la pelouse des voisins autrichiens en mars 1998, avant de s'imposer 3-2. Király se démarquait par ses joggings gris qu'il portait en match, souvent comparé à des pantalons de pyjama. Il détient le record du joueur le plus âgé en Championnat d'Europe : il avait 40 ans et 86 jours quand la Hongrie s'est inclinée 4-0 contre la Belgique en 8e du tournoi 2016. Il a joué plus de matchs que n'importe qui, à l'exception du milieu Balázs Dzsudzsák, qui était non seulement capitaine lors de cette compétition, mais aussi l'auteur des deuxième et troisième buts hongrois lors du 3-3 contre les futurs champions portugais, synonymes de qualification pour la phase suivante.

KIRÁLY

IRLANDE DU NORD

L'Irlande du Nord aligne sa propre sélection depuis 1921 (l'Irlande n'avait qu'une seule équipe auparavant). Sa dernière compétition majeure remonte à 2016, lors de la phase finale du Championnat d'Europe.

Membre de la FIFA : 1921
Plus large victoire : 7-0, contre le pays de Galles, en 1930
Meilleur classement FIFA : 20e
Stade : Windsor Park, Belfast
Palmarès : –

LÉGENDE NATIONALE
GEORGE BEST

Sélectionné à trente-sept reprises, **Best** est l'un des plus grands joueurs à n'avoir jamais disputé la Coupe du Monde. Il a toutefois étoffé son palmarès avec Manchester United, qui lui a notamment permis de remporter un titre européen et le Ballon d'Or *France Football* en 1968. Il a joué aux États-Unis, à Hong Kong et en Australie avant de se retirer en 1984.

BEST

17

En 1982, en Espagne, Norman Whiteside est devenu, à 17 ans et 41 jours, le plus jeune joueur à disputer une Coupe du Monde (devant Pelé).

JOUEUR STAR
STEVEN LE BENJAMIN

En mai 2006, le milieu **Steven Davis** est devenu le plus jeune capitaine d'Irlande du Nord depuis 1945, en menant son équipe contre l'Uruguay : il avait 21 ans, 5 mois et 20 jours. Davis est devenu le joueur le plus capé de son pays en octobre 2020, face à la Bosnie-Herzégovine, avec une 120e sélection. Sa 126e, contre la Bulgarie en mars 2021, lui a permis de dépasser l'ancien portier anglais Peter Shilton pour s'adjuger le record britannique.

2

Bailey Peacock-Farrell a repoussé deux penalties en une semaine, en septembre 2021 lors des éliminatoires de la Coupe du Monde. Le premier pour une victoire 4-1 en Lituanie, le second pendant un nul 0-0 à domicile contre la Suisse. Son pays ne s'est pas qualifié pour la phase finale, terminant 3e du Groupe C, mais grâce à une *clean sheet* lors de la dernière journée, l'Irlande du Nord a aussi privé l'Italie de la première place.

DAVIS

2 MINUTES

Peter Watson a sans doute connu la carrière internationale la plus courte de l'Irlande du Nord, avec deux minutes sur le terrain lors d'une victoire 5-0 contre Chypre aux éliminatoires du Championnat d'Europe, en avril 1971.

LÉGENDE NATIONALE
LE BON BILLY

Billy Bingham jouait pour l'Irlande du Nord lors de sa première participation à une Coupe du Monde, en 1958. Le petit pays s'était hissé en quart avant d'être balayé 4-0 par la France. Bingham est devenu un héros national en devenant sélectionneur deux fois, et en se qualifiant chaque fois au Mondial, en 1982 et 1986. Son équipe est aussi la dernière à avoir remporté le *British Home Championship* – un tournoi annuel réunissant l'Angleterre, l'Écosse et le pays de Galles – en 1984. Il est décédé en juin 2022, à 90 ans. Billy Hamilton, qui avait offert la passe décisive à Gerry Armstrong pour le but de la victoire contre les hôtes espagnols en 1982, a déclaré : « Participer à la Coupe du Monde était notre rêve à tous, et Bingy a été notre source d'inspiration. »

BINGHAM

118

Billy Bingham a dirigé 118 matchs en 2 mandats avec l'Irlande du Nord, un record. Il avait supervisé 20 rencontres entre 1967 et 1971, puis 98 de 1980 à 1993. Il est suivi par l'ancien ailier Michael O'Neill, avec 72 matchs de décembre 2011 à avril 2020, dont ceux de l'Euro 2016. O'Neill a repris son poste en équipe nationale en novembre 2022, après avoir entraîné le club anglais de Stoke City.

36

À la surprise générale, l'expérimenté défenseur central Gareth McAuley, 36 ans, a été le premier à inscrire son nom au tableau d'affichage lorsque l'Irlande du Nord a battu l'Ukraine 2-0 en phase de groupes de l'Euro 2016. Malheureusement, il a également marqué en 8e, cette fois contre son camp, offrant ainsi la victoire 1-0 aux voisins gallois.

SÉLECTIONS

1 **Steven Davis,** 140
2 **Pat Jennings,** 119
3 **Aaron Hughes,** 112
4 **Jonny Evans,** 100
5 **David Healy,** 95

LÉGENDE NATIONALE
HEALY PHÉNOMÉNAL

Le meilleur buteur d'Irlande du Nord, **David Healy**, a connu un début international idéal en réalisant un doublé contre le Luxembourg, en février 2000. Healy a aussi marqué le seul but du match contre l'Angleterre de Sven-Göran Eriksson, en septembre 2005 – offrant ainsi la première victoire de l'Irlande du Nord sur l'Angleterre depuis 1972. Un an plus tard, Healy a réalisé un *hat-trick*, battant l'Espagne (futur champion) 3-2 en qualification de l'Euro 2008.

HEALY

ANECDOTE DU TOURNOI
HÔTES HOSTILES

L'Irlande du Nord a dominé son groupe à la Coupe du Monde 1982 grâce à un succès 1-0 contre l'Espagne dans un stade hostile, au Mestalla de Valence. Le buteur de Watford, Gerry Armstrong, a ouvert la marque, puis les Nord-Irlandais ont tenu bon malgré l'expulsion de Mal Donaghy. En quart, la France s'est imposée 4-1 et a mis fin à l'aventure des Britanniques. L'année suivante, Armstrong s'est engagé à Majorque et a été, sans surprise, régulièrement hué par les supporters adverses.

BUTEURS

1 **David Healy,** 36
2 **Kyle Lafferty,** 20
3 **Colin Clarke,** 13
= **Steven Davis,** 13
= **Billy Gillespie,** 13
6 **Gerry Armstrong,** 12
= **Joe Bambrick,** 12
= **Steven Davis,** 12
= **Iain Dowie,** 12
= **Jimmy Quinn,** 12

LÉGENDE NATIONALE
JENNINGS GÉANT

L'ancien record de sélections (119) de Pat Jennings avec l'Irlande du Nord a un temps été le record du monde. L'ancien portier de Tottenham Hotspur et d'Arsenal a fait ses débuts internationaux à 18 ans contre le pays de Galles, le 15 avril 1964, et a tiré sa révérence à 41 ans, contre le Brésil, lors de la Coupe du Monde 1986. Le 26 février 1983, Jennings est devenu le premier footballeur anglais à disputer 1 000 matchs seniors et a célébré l'occasion en conservant ses cages inviolées pour Arsenal contre West Bromwich Albion.

NORVÈGE

La Norvège a disputé sa première rencontre internationale, contre la Suède, en 1908. Qualifiée pour la Coupe du Monde de 1938, elle a toutefois dû attendre 56 ans et l'arrivée d'un style de football plus direct pour fréquenter de nouveau les compétitions majeures.

Membre de la FIFA : 1908
Plus large victoire : 12-0, contre la Finlande, en 1946
Meilleur classement FIFA : 2e
Stade : Ullevaal Stadion, Oslo
Palmarès : –

SÉLECTIONS

1. **John Arne Riise,** 110
2. **Thorbjørn Svenssen,** 104
3. **Henning Berg,** 100
4. **Erik Thorstvedt,** 97
5. **John Carew,** 91
= **Brede Hangeland,** 91

RIISE

LÉGENDES NATIONALES

RIISE ET RIISE

Ancien de Liverpool, de l'AS Monaco et de l'AS Roma, l'offensif arrière gauche **John Arne Riise** s'est distingué lors du match où il a égalé le record d'apparitions pour la Norvège de Thorbjørn Svenssen, en marquant contre la Grèce, en août 2012 (défaite finale 3-2). Riise a battu ce record lors d'un match perdu 2-0 contre l'Islande le mois suivant, avant de marquer son 16e but international dans son 106e match quatre jours plus tard (victoire 2-1 sur la Slovénie). Le frère cadet de John Arne, le milieu de terrain Bjørn Helge Riise, l'a rejoint au club anglais de Fulham avant de revenir en Norvège, et a connu jusqu'ici 35 apparitions sous le maillot national.

15

Egil Olsen, l'un des entraîneurs les plus excentriques d'Europe, a été recruté à la surprise générale pour un 2e mandat à la tête de la Norvège en 2009, 15 ans après avoir conduit les outsiders scandinaves à l'édition américaine de 1994.

JOUEUR STAR

ØDEGAARD, LA JEUNE GARDE

Le milieu créatif **Martin Ødegaard** est devenu le plus jeune Norvégien en sélection, lorsqu'il est entré en cours du match contre les Émirats arabes unis, en août 2014 à seulement 15 ans et 253 jours. Il a battu le record précédent détenu par Tormod Kjellsen depuis septembre 1910, alors âgé de 15 ans et 351 jours quand il avait foulé la pelouse lors d'un revers 4-0 contre la Suède. Ødegaard, passé du Real Madrid à Arsenal en janvier 2021, a été nommé capitaine de son pays en mars suivant, à seulement 20 ans.

ØDEGAARD

0

La Norvège est le seul pays au monde à ne s'être jamais incliné face au Brésil. Son bilan est de deux victoires et deux nuls.

ERIK THORSTVEDT

9

Le buteur Joshua King a frappé 5 fois en 9 matchs pour la Norvège en 2019, mais a dû attendre mars 2022 pour renouer avec les buts, avec un triplé contre l'Arménie en amical (9-0). La plus large victoire de la Norvège reste le 12-0 infligé à la Finlande, en juin 1946. Sa plus lourde défaite, sur le même score, a été infligée par le Danemark en octobre 1917.

HAALAND

LÉGENDES NATIONALES

ERIK LE VIKING (ET SON FILS)

Erik Thorstvedt – connu des fans anglais comme « Erik le Viking » après son passage à Tottenham, où il jetait ses gants dans les tribunes après chaque match – a joué un rôle clé pour qualifier la Norvège au Mondial 1994, sa première compétition majeure depuis 1938. Il a gardé les cages de sa sélection 97 fois entre 1982 et 1996, record national. Son fils, le milieu Kristian, a connu sa première sélection contre l'Autriche en novembre 2020 et a ouvert son compteur international lors d'un succès 3-0 contre Gibraltar quatre mois plus tard.

93

Il ne détient plus le record norvégien de sélections nationales, mais Thorbjørn Svenssen – surnommé « Klippen », « le Roc » – a été capitaine de son pays plus souvent que tout autre joueur et a disputé 93 matchs avec le brassard.

JOUEUR STAR

LA LA HAALAND

L'étoile montante du football norvégien, **Erling Braut Haaland**, n'a pas de temps à perdre. À seulement 16 ans, il a marqué lors de ses premiers matchs en Coupe et Championnat avec Molde, en avril et juin 2017. Par la suite, il s'est illustré avec un quadruplé en 21 minutes sur la pelouse de Brann, en juillet 2018, 6 buts dans ses 3 premiers matchs de Ligue des Champions de l'UEFA avec les Autrichiens du Red Bull Salzbourg en 2018-2019 et un triplé en 23 minutes dès son premier match avec les Allemands du Borussia Dortmund, en janvier 2020. Né en juillet 2000 à Leeds, Haaland aurait pu jouer pour l'Angleterre – son père Alf-Inge, sélectionné 34 fois pour la Norvège, évoluait dans le pays – mais il en a décidé autrement. Haaland a été sacré Soulier d'Or du Mondial des moins de 20 ans 2019, en Pologne. En juin 2022, il s'est engagé dans l'ancien club de son père, Manchester City, pour la somme de 60 millions d'euros. Le même mois, il a inscrit 2 doublés de suite dans le groupe B de la Ligue des Nations de l'UEFA contre la Suède. Il a terminé l'année calendaire avec 23 buts en seulement 21 sélections. Il a également dépassé les 50 buts avec Manchester City dès sa première saison en Angleterre.

JUVE

LÉGENDE NATIONALE

JUVE EN FORME

Jørgen Juve a décroché son record national avec 33 buts internationaux en 45 sélections, de 1928 à 1937. Il n'a pas marqué lorsque la Norvège a remporté le bronze aux JO de Berlin 1936, mais il jouait quand son pays a battu l'Allemagne 2-0 en quart de finale – Adolf Hitler et d'autres chefs nazis avaient alors quitté les lieux, furieux. Après sa retraite en 1938, Juve a travaillé comme expert juridique, journaliste sportif et auteur de livres sur les JO et le football.

BUTEURS

1. **Jørgen Juve,** 33
2. **Einar Gundersen,** 26
3. **Harald Hennum,** 25
4. **John Carew,** 24
5. **Tore André Flo,** 23
   = **Ole Gunnar Solskjaer,** 23

ANECDOTE DU TOURNOI

CHANGEMENT DE PLAN

La plus haute récompense de la Norvège dans un tournoi international reste une médaille de bronze aux Jeux olympiques d'été de 1936 à Berlin, battue par l'Italie en demi-finale, mais ensuite vainqueur de la Pologne 3-2, grâce à un triplé d'Arne Brustad. L'histoire du football norvégien parle encore de cette « équipe en bronze », ou « *Bronslaget* ». Ironie de l'histoire, les autorités norvégiennes, ne s'attendant pas à ce que leur équipe aille si loin dans la compétition, lui avaient réservé des billets de retour la veille de la demi-finale contre l'Italie.

POLOGNE

La Pologne s'est qualifiée pour sa première Coupe du Monde en 1938, et a terminé troisième en 1974 et 1982. Elle a aussi coorganisé l'Euro 2012 avec l'Ukraine, où elle a été éliminée dès le premier tour.

Membre de la FIFA : 1921
Plus large victoire : 10-0, contre Saint-Marin, en 2009
Meilleur classement FIFA : 5e
Stade : Stadion Narodowy, Varsovie
Palmarès : –

LÉGENDE NATIONALE
GARDIENS DU TEMPLE

En 2022, **Wojciech Szczęsny** est devenu le troisième portier seulement à stopper 2 penaltys en une Coupe du Monde. Les précédents étaient son compatriote Jan Tomaszewski en 1974 et l'Américain Brad Friedel en 2002. Szczęsny a repoussé les tirs de Salem al-Dawsari (Arabie Saoudite) lors de la victoire 2-0, puis de Lionel Messi, futur champion du monde, malgré une défaite 2-0. Ces prestations ont été une forme de rédemption pour Szczęsny, qui avait été expulsé contre la Grèce en ouverture de l'Euro 2012. À l'Euro 2020, également au premier match, il avait inscrit un but contre son camp pour la Finlande. La 66e sélection du portier de la Juventus – un succès 1-0 contre le pays de Galles en Ligue des Nations, en septembre 2022 – l'a propulsé à la première place des gardiens polonais les plus capés.

SZCZĘSNY

LEWANDOWSKI

JOUEUR STAR
LEWA LÈVE LES FOULES

Le meilleur buteur polonais **Robert Lewandowski** a été sacré joueur FIFA The Best en 2020, après avoir guidé le Bayern Munich au sacre européen quelques semaines plus tôt. Mais, en sélection, ses efforts sont restés vains : la Pologne a fini dernière de son groupe, tant au Mondial 2018 qu'à l'Euro 2020. À 16 ans, il avait été rejeté par le Legia Varsovie. Aujourd'hui, il est le seul Polonais à avoir marqué dans 3 phases finales de Championnat d'Europe – en 2012, 2016 et 2020. Il a aussi signé son premier but en Coupe du Monde lors du succès 2-0 contre l'Arabie Saoudite, dans le groupe C de l'édition 2022, au Qatar. Son 78e but était un penalty dans les arrêts de jeu des huitièmes de finale, perdus 3-1 contre la France.

100

Le défenseur central Kamil Glik est devenu le cinquième Polonais à atteindre les 100 capes à l'occasion du premier match du Mondial 2022, un nul 0-0 contre le Mexique, lors duquel le capitaine Robert Lewandowski a vu son penalty être repoussé par le portier mexicain Guillermo Ochoa.

BUTEURS

1	**Robert Lewandowski,** 78
2	**Włodzimierz Lubański,** 48
3	**Grzegorz Lato,** 45
4	**Kazimierz Deyna,** 41
5	**Ernest Pohl,** 39

LÉGENDE NATIONALE
MAUDIT SZCZĘSNY

Arkadiusz Milik est devenu le héros de l'équipe lorsque la Pologne a finalement remporté un match lors de l'Euro 2016, après les trois nuls et les trois défaites des deux éditions précédentes, en 2008 et 2012. Il a ouvert le score contre l'Irlande du Nord, initiant un beau parcours jusqu'aux quarts. Mais ce tournoi ne fut pas aussi heureux pour Wojciech Szczęsny, blessé, qui a manqué le reste de la compétition. Le pauvre gardien avait déjà été expulsé contre la Grèce dans le premier match de l'Euro 2012 et a inscrit un but contre son camp synonyme de défaite contre la Finlande à l'Euro 2020.

4

Ernest Wilimowski est entré dans les annales de la Coupe du Monde FIFA en 1938 en marquant 4 buts face au Brésil. Ce qui n'a pas empêché son équipe de s'incliner 6-5 après les prolongations, lors du premier tour, à Strasbourg.

JOUEUR STAR

TRAGÉDIE ET TRIOMPHE

Jakub Błaszczykowski a été l'un des rares joueurs de son pays à s'être illustré à l'Euro 2012, malgré des circonstances douloureuses : il n'avait rejoint le reste de l'équipe qu'après avoir assisté aux obsèques de son père. À l'âge de 10 ans, Błaszczykowski avait vu sa mère Anna poignardée à mort par son père, qui avait purgé 15 ans de prison. Adolescent, Błaszczykowski a été encouragé à poursuivre le football par son oncle Jerzy Brzęczek, ancien capitaine de la Pologne et médaillé d'argent aux JO de 1992. Błaszczykowski est devenu le 3e Polonais à atteindre 100 sélections, lors de l'entrée en lice de la Pologne contre le Sénégal à la Coupe du Monde 2018.

BŁASZCZYKOWSKI

ANECDOTE D'ÉQUIPE

MASSIF BUKSA

Si Robert Lewandowski détient le record de triplés avec la Pologne – dont un quadruplé contre Gibraltar en septembre 2014 –, le dernier en date a été inscrit par le buteur de 1,91 m **Adam Buksa** dès sa 2e sélection, une victoire 7-1 sur la pelouse de Saint-Marin pour les éliminatoires du Mondial, en septembre 2021. La Pologne a terminé à la 2e place du Groupe I derrière l'Angleterre, puis a validé son ticket pour le Mondial aux barrages. Dispensés de demi-finale contre la Russie des suites de l'invasion de l'Ukraine, les Polonais ont battu la Suède 2-0 en finale grâce à un penalty de Lewandowski et un but de Piotr Zieliński. C'était la 2e rencontre sur le banc pour le coach Czesław Michniewicz.

BUKSA

5

La Pologne a battu le Pérou 5-1 durant la Coupe du Monde 1982 grâce à cinq buteurs : Włodzimierz Smolarek, Grzegorz Lato, Zbigniew Boniek, Andrzej Buncol et Włodzimierz Ciołek.

16

Âgé de seulement 16 ans et 188 jours lors de sa première sélection, Włodzimierz Lubański est devenu le plus jeune buteur de la Pologne en inscrivant le 3e but de son équipe au cours d'une victoire 9-0 sur la Norvège, en 1963.

2000

Lors de la rencontre face à la France, en février 2000, Marcin et Michał Żewłakow sont devenus les premiers jumeaux à être alignés en même temps pour la Pologne.

KOZŁOWSKI

SÉLECTIONS

1. **Robert Lewandowski,** 140
2. **Jakub Błaszczykowski,** 108
3. **Kamil Glik,** 103
4. **Michał Żewłakow,** 102
5. **Grzegorz Lato,** 100

LÉGENDE NATIONALE

KOZ TOUJOURS

Le milieu de terrain anglais Jude Bellingham est devenu le plus jeune joueur d'un Championnat d'Europe lors de son entrée en jeu contre la Croatie à l'Euro 2020, à 17 ans et 349 jours. Mais son record n'a duré que 6 jours, quand **Kacper Kozłowski** a disputé les 35 dernières minutes pour son pays, lors du nul 1-1 contre l'Espagne, à 17 ans et 246 jours. Il avait disputé son premier match, déjà comme remplaçant, en mars 2021 à 17 ans et 163 jours, en éliminatoires du Mondial (victoire 3-0 contre Andorre). Il reste toutefois devancé par Włodzimierz Lubański, qui n'avait que 16 ans et 188 jours quand il a marqué pour sa première sélection avec la Pologne, en septembre 1963 (succès 9-0 contre la Norvège).

PORTUGAL

5

Au Qatar, le penalty de Cristiano Ronaldo contre le Ghana dans le groupe H (victoire 3-2) a fait de lui le premier homme à marquer dans 5 Coupes du Monde de la FIFA.

Bien que le Portugal ait produit quelques-uns des meilleurs joueurs du continent, son histoire internationale a souvent été marquée par les échecs, jusqu'à son triomphe au Championnat d'Europe 2016 et dans la première édition de la Ligue des Nations de l'UEFA.

Membre de la FIFA : 1921

Plus large victoire : 8-0, contre le Liechtenstein, en 1994 et 1999 ; contre le Koweït, en 2003

Meilleur classement FIFA : 3e

Stade : Estádio de Luz, Benfica

Palmarès : 1 Championnat d'Europe (2016), 1 Ligue des Nations (2019)

JOUEUR STAR
POUVOIR PRÉSIDENTIEL

Cristiano Ronaldo dos Santos Aveiro doit son 2e prénom au président américain Ronald Reagan, dont son père était un grand admirateur. Désigné 5 fois Meilleur joueur de l'année par la FIFA, Cristiano Ronaldo a remporté l'Euro 2016 avec son pays. Il a inscrit 5 buts en 3 matchs à l'Euro 2020, devenant le premier homme à disputer 5 Championnats d'Europe de l'UEFA, et a égalé l'Iranien Ali Daei au nombre de buts internationaux (109) avant de s'emparer seul du record en septembre 2021 avec 2 buts de la tête contre la République d'Irlande (2-1) en éliminatoires du Mondial. Le mois suivant, il est devenu le premier homme à inscrire 10 triplés internationaux grâce à son *hat-trick* contre le Luxembourg. En décembre 2022, lors de la Coupe du Monde au Qatar, il était sur le banc pour les 2 matchs à élimination directe du Portugal. Le 23 mars 2023, il est devenu l'homme le plus capé de tous les temps et s'est offert un doublé contre le Liechtenstein pour sa 197e sélection.

2

Le Portugal est devenu la première nation dans l'histoire de la Coupe du Monde et du Championnat d'Europe à encaisser 2 buts contre son camp dans un même match, lors du revers 4-2 contre l'Allemagne à l'Euro 2020.

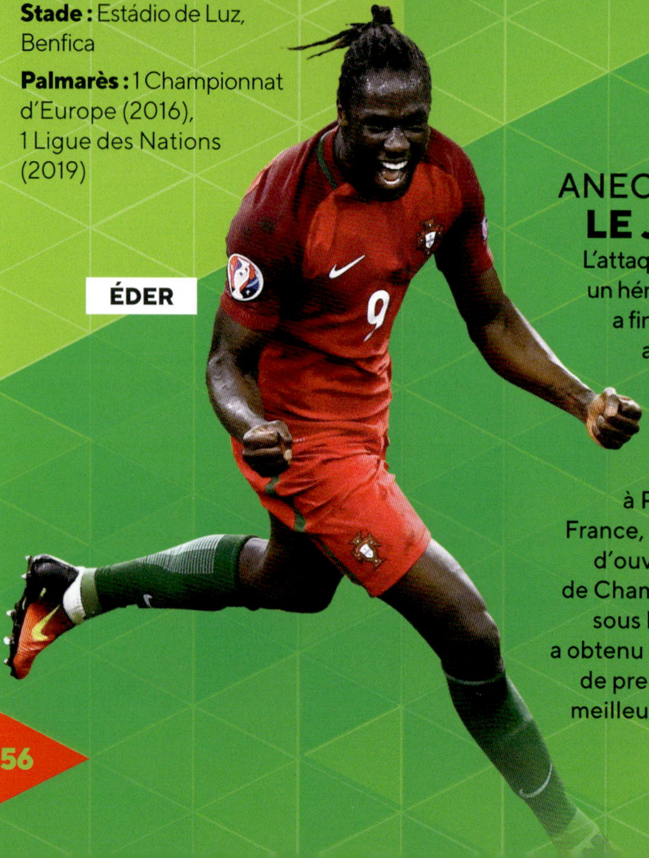

ANECDOTE DU TOURNOI
LE JARDIN D'ÉDER

L'attaquant remplaçant **Éder** est devenu un héros improbable lorsque le Portugal a finalement mis un terme à sa longue attente d'un trophée international, en remportant l'Euro 2016. Éder – qui a été prêté au club de Lille pour la saison 2015-2016 – a marqué le seul but de la finale à Paris, à la 109e minute, battant la France, pays organisateur. C'était le but d'ouverture le plus tardif d'une finale de Championnat d'Europe. Le Portugal, sous la houlette de Fernando Santos, a obtenu des nuls lors de ses trois matchs de premier tour, se qualifiant parmi les meilleures équipes classées troisièmes.

BUTEURS

1	**Cristiano Ronaldo,** 122
2	**Pauleta,** 47
3	**Eusébio,** 41
4	**Luís Figo,** 32
5	**Nuno Gomes,** 29

SÉLECTIONS

1. **Cristiano Ronaldo,** 198
2. **Joao Moutinho,** 146
3. **Pepe,** 133
4. **Luis Figo,** 127
5. **Nani,** 112

PEPE

LÉGENDE NATIONALE
PEPE A DU PEPS

Le défenseur central **Pepe** est devenu l'international portugais le plus âgé en mars 2022, à 39 ans et 31 jours, lors du succès 2-0 contre la Macédoine du Nord en finale de barrages du Mondial à Porto. Il avait manqué la demi-finale remportée 3-1 contre la Turquie 5 jours plus tôt. En phase finale au Qatar, il a marqué lors du large succès 6-1 des Portugais contre la Suisse en huitièmes de finale, devenant le plus âgé à trouver les filets en match à élimination directe de Coupe du Monde : 39 ans et 283 jours. Le plus jeune Portugais demeure Paulo Futre, 17 ans et 204 jours lors de sa première cape contre la Finlande, en septembre 1983.

SANTOS

LÉGENDE NATIONALE
L'INGÉNIEUR DU SUCCÈS

Fernando Santos a conduit les Portugais au sacre au Championnat d'Europe 2016 et à la première Ligue des Nations de l'UEFA en 2019, quand le remplaçant Gonçalo Guedes a inscrit le seul but de la finale contre les Pays-Bas. Santos – diplômé en ingénierie électrique – a été remercié après l'élimination du Portugal en quarts au Mondial 2022. Il a dirigé 109 matchs depuis 2014, pour 67 victoires, 23 nuls et 19 défaites. Avant cela, il avait emmené la Grèce jusqu'aux quarts de l'Euro 2012 et, pour la première fois de l'histoire des Hellènes, au deuxième tour d'une Coupe du Monde, en 2014. Il est le sélectionneur de la Pologne depuis janvier 2023.

1000

En mai 2018, en préparation du Mondial 2018, André Silva a inscrit le 1 000e but du Portugal lors du nul 2-2 contre la Tunisie.

3

En 2022, le buteur de Benfica, Gonçalo Ramos, a fait ses débuts en Coupe du Monde en remplaçant Cristiano Ronaldo à la surprise générale, lors du huitième de finale contre la Suisse. Il a donné raison à son sélectionneur avec un triplé pour une victoire 6-1. C'était le premier *hat-trick* en match à élimination directe depuis celui du Tchécoslovaque Tomáš Skuhravý, contre le Costa Rica, en 1990.

JOUEUR STAR
BIEN JOUÉ, SANCHES

Renato Sanches est le plus jeune joueur portugais en compétition internationale : il avait 18 ans et 301 jours lors du match d'ouverture de l'Euro 2016 contre l'Islande. Sanches a été l'une des stars du tournoi, et a été nommé Meilleur jeune joueur de l'Euro 2016. Sa magnifique frappe longue contre la Pologne, en quart de finale, a fait de lui le plus jeune buteur de la phase à élimination directe du Championnat d'Europe, à 18 ans et 316 jours. Dix jours plus tard, il est devenu le plus jeune joueur à disputer une finale de ce championnat.

LÉGENDE NATIONALE
LA PANTHÈRE NOIRE

Né au Mozambique, **Eusébio da Silva Ferreira** a été nommé « *Golden Player* » du Portugal lors du cinquantenaire de l'UEFA, en 2004. Engagé par Benfica en 1960, à 18 ans, il signe un *hat-trick* dès sa 2e sortie, contre Santos, lors d'un tournoi amical à Paris où il éclipse le jeune Pelé. En 1962, il aide son club à conquérir sa 2e Coupe d'Europe. Ballon d'Or *France Football* en 1965, il mène sa sélection à la 3e place de la Coupe du Monde 1966.

EUSÉBIO

RÉPUBLIQUE D'IRLANDE

Depuis que Jacky Charlton a qualifié la sélection pour l'Euro 1988, l'Irlande est l'une des équipes les plus redoutables du Vieux Continent.

Membre de la FIFA : 1924
Plus large victoire : 8-0, contre Malte, en 1983
Meilleur classement FIFA : 6e
Stade : Aviva Stadium, Dublin
Palmarès : –

LÉGENDES NATIONALES
LE RETOUR DU MICK

Mick McCarthy a été à la fois le 1er homme à être capitaine de la République d'Irlande en Coupe du Monde (en Italie en 1990) et le dernier à l'entraîner en phase finale, lors du Mondial 2002 au Japon et en Corée du Sud. En 2018, il est aussi devenu le seul à avoir été deux fois sélectionneur de son pays. Après un premier passage de 1996 à 2004, il a entamé son second mandat par une victoire 1-0 contre Gibraltar. Né en Angleterre d'un père irlandais, McCarthy a qualifié l'Irlande pour les barrages de l'UEFA Euro 2020 contre la Slovaquie. Il a démissionné en avril 2020 et a cédé la place à son adjoint, **Stephen Kenny**, après le report de la phase finale. Kenny entraîne des clubs depuis qu'il a une vingtaine d'années, en Irlande et en Écosse, et a qualifié les espoirs irlandais au Championnat d'Europe des moins de 21 ans. Avec les A, il a perdu la demi-finale de barrage pour l'Euro 2020 contre la Slovaquie ; au terme d'un match nul et vierge, les Irlandais se sont inclinés 4-2 aux tirs au but après les échecs d'Alan Browne et Matt Doherty.

JOUEUR STAR
BRADY ET SA BANDE

Vers la fin du dernier match du premier tour de l'Euro 2016, les Irlandais ont retrouvé le sourire aux dépens de l'Italie, lorsque **Robbie Brady** a marqué un but victorieux. L'équipe de Martin O'Neill a ainsi obtenu une place au second tour, où elle a pris de l'avance sur la France grâce à un penalty de Brady, avant de succomber 2-1. Ce penalty après 118 secondes était le plus rapide en phase finale de Championnat d'Europe. Brady a été le premier joueur irlandais à marquer dans des matchs successifs de cette compétition ; Robbie Keane, lui, avait réussi cet exploit pendant la Coupe du Monde 2002.

4

Paddy Moore a signé le premier quadruplé de l'histoire des éliminatoires de la Coupe du Monde lors d'un nul 4-4 avec la Belgique, le 25 février 1934. Un exploit réédité par Don Givens en octobre 1975, auteur des 4 buts du match contre la Turquie à Dublin pour les éliminatoires du Championnat d'Europe.

ANECDOTE DU TOURNOI
OÙ EST LE MAILLOT VAINQUEUR ?

En juin 2017, la rappeuse anglaise M.I.A. portait l'un des anciens maillots du gardien irlandais **Packie Bonner** lors d'une séance photo, ce qui a rappelé aux fans d'heureux souvenirs de leurs aventures en Coupe du Monde. Bonner a joué en Championnat d'Europe 1988 et en Coupe du Monde 1990 et 1994. Selon lui, il est possible qu'un styliste de M.I.A. ait récupéré l'un des maillots rouge et jaune qu'il a donnés à des œuvres à l'issue de l'édition 1994. Bonner a renforcé sa gloire nationale en arrêtant le penalty de Daniel Timofte lors d'une victoire de 2e tour aux tirs au but sur la Roumanie, lors de la Coupe du Monde 1990. Par la suite, le défenseur vétéran David O'Leary a marqué un penalty victorieux. L'Irlande est arrivée en quart de finale, où elle a perdu de justesse 1-0 face à l'Italie, pays d'accueil.

CHARLTON

LÉGENDE NATIONALE
CHARLTON CHAMPION

Jack Charlton a remporté la Coupe du Monde 1966 en tant que défenseur central de l'Angleterre, mais la Fédération irlandaise de football lui a rendu un vibrant hommage lorsqu'il est décédé à 85 ans en juillet 2020. Charlton était devenu sélectionneur de l'Irlande en 1986 et lui avait offert sa première participation à un tournoi majeur, le Championnat d'Europe 1988, débuté par une victoire 1-0 contre les Anglais. Il a également disputé deux Coupes du Monde, atteignant même les quarts en 1990 (défaite contre l'Italie) et signant une victoire en phase de groupes contre le même adversaire quatre ans plus tard. Il a remis sa démission en 1996 après n'avoir pu qualifier l'Irlande pour l'Euro en Angleterre.

SÉLECTIONS

1. **Robbie Keane,** 146
2. **Shay Given,** 134
3. **John O'Shea,** 118
4. **Kevin Kilbane,** 110
5. **Steve Staunton,** 102

LÉGENDE NATIONALE
LE ROI ROBBIE

L'attaquant très international **Robbie Keane** est devenu le meilleur buteur irlandais en octobre 2004 et a continué à marquer jusqu'au 31 août 2016, lorsqu'il a effectué sa 146e et dernière apparition avec un 68e but, lors d'une victoire 4-0 en match amical contre Oman. On se souviendra aussi de ses égalisations de dernière minute contre l'Allemagne et l'Espagne lors de la Coupe du Monde 2002. En novembre 2006, il a signé un *hat-trick* lors du dernier match disputé dans le stade de Lansdowne Road, contre Saint-Marin. Quatre ans plus tard, il inaugurait la nouvelle enceinte, rebaptisée Aviva Stadium, avec sa 100e sélection. Keane célébrait ses buts avec une roue et des coups de pistolets mimés.

118 SECONDES

En 2016, le penalty concédé par la France après 118 secondes de jeu était le plus rapide en phase finale de Championnat d'Europe.

ROBBIE **KEANE**

33

Le portier David Forde a enfin disputé son premier match international avec l'Irlande en affrontant la Suède, en éliminatoires de la Coupe du Monde, en mars 2013, à 33 ans – devenant ainsi le débutant le plus âgé de l'histoire du pays.

BUTEURS

1. **Robbie Keane,** 68
2. **Niall Quinn,** 21
3. **Frank Stapleton,** 20
4. **John Aldridge,** 19
   = Tony Cascarino, 19
   = Don Givens, 19

17

Les 3 internationaux les plus jeunes d'Irlande ont tous joué à Tottenham. L'arrière gauche Jimmy Holmes est le cadet : 17 ans et 200 jours contre l'Autriche en mai 1971. Robbie Keane avait fait ses débuts à 17 ans et 259 jours contre la République tchèque en mars 1998. Le troisième est un autre attaquant, **Troy Parrott**, avec une première sélection lors du succès 3-1 contre la Nouvelle-Zélande en novembre 2019, à 17 ans et 282 jours.

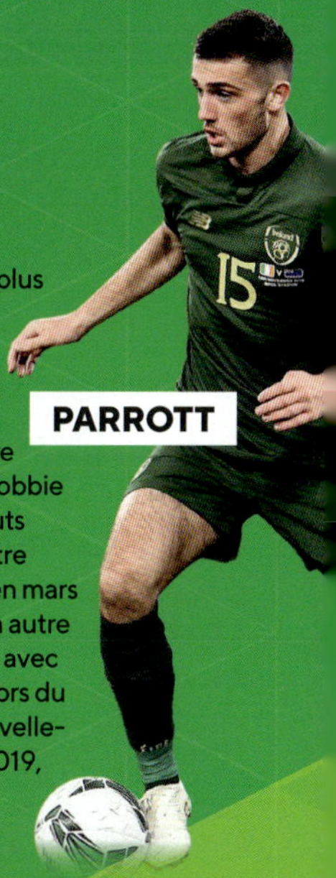

PARROTT

LÉGENDE NATIONALE
KEANE QUITTE

Peu de joueurs vedettes ont quitté leur équipe nationale avec autant de fracas que le capitaine **Roy Keane** en 2002, lors de l'entraînement préliminaire à la Coupe du Monde à Saipan, au Japon. Le fougueux capitaine du Manchester United est parti avant même le début de la compétition, se plaignant du manque de professionnalisme dans la préparation irlandaise – ayant perdu confiance en l'entraîneur Mick McCarthy. L'Irlande est arrivée sans lui au deuxième tour, perdant contre l'Espagne aux tirs au but, mais son comportement a divisé le pays. Au départ de McCarthy, Keane et la fédération irlandaise de football ont conclu une trêve et le joueur a réintégré l'équipe en avril 2004, avec le nouvel entraîneur Brian Kerr. Milieu défensif costaud, Keane totalise 9 buts en 67 sélections, tous en compétitions : 6 en éliminatoires de la Coupe du Monde et 3 en éliminatoires du Championnat d'Europe.

ROY **KEANE**

3

Robbie Keane compte un record de trois triplés pour l'Irlande, le dernier contre Gibraltar en octobre 2014. Le suivant pour l'équipe nationale est arrivé sept ans et un jour plus tard, quand Callum Robinson a frappé trois fois pour battre le Qatar 4-0.

ROUMANIE

Depuis 1938, la Roumanie n'a participé qu'à quatre éditions de l'épreuve suprême sur quatorze tentatives. Le pays a connu son apogée footballistique en 1994 lorsque Gheorghe Hagi et sa bande se sont hissés en quart de finale de la Coupe du Monde.

2

La Roumanie n'a concédé que deux buts pendant tous les éliminatoires de l'Euro 2016 (un record pour cette phase), mais elle en a ensuite encaissé le même nombre dans le seul match d'ouverture, une défaite 2-1 contre la France, pays hôte.

MUTU

Plus large victoire : 9-0, contre la Finlande, en 1973

Meilleur classement FIFA : 3e

Stade : Arena Națională, Bucarest

Palmarès : –

LÉGENDE NATIONALE
MUTU PAS MUET

La Roumanie n'a perdu qu'un seul match dans lequel **Adrian Mutu** a marqué, un exploit d'autant plus remarquable que l'attaquant compte 35 buts, soit autant que Gheorghe Hagi, co-meilleur buteur roumain. Son dernier but en sélection, une égalisation contre la Hongrie en éliminatoires de la Coupe du Monde, en mars 2013, était son premier depuis 21 mois.

LÉGENDE NATIONALE
LE MARADONA DES CARPATES

« Joueur roumain du xxe siècle », **Gheorghe Hagi** a marqué 3 buts et a été élu dans l'équipe type de la Coupe du Monde 1994 aux États-Unis. En quart de finale, son équipe s'est inclinée aux tirs au but contre la Suède après un nul 2-2. Hagi a débuté en sélection en 1983 à tout juste 18 ans et a marqué son 1er but à 19 ans, lors d'une défaite 3-2 contre l'Irlande du Nord. Avec 35 réalisations en 125 matchs, il reste le meilleur buteur de la sélection roumaine. Son fils, Ianis Hagi, est né en 1998. En novembre 2018, l'attaquant a fait ses débuts en sélection comme remplaçant lors d'un succès 3-0 contre la Lituanie en Ligue des Nations de l'UEFA.

HAGI

BUTEURS

1 **Gheorghe Hagi**, 35
= Adrian Mutu, 35
3 **Iuliu Bodola**, 31
4 **Viorel Moldovan**, 25
= Ciprian Marica, 25

ANECDOTE D'ÉQUIPE
PÈRE ET FILS

Anghel Iordănescu a effectué trois mandats à la tête de la Roumanie, lui qui avait déjà inscrit 21 buts en 57 sélections en tant que joueur. Son passage le plus réussi a vu la Roumanie atteindre les quarts de la Coupe du Monde 1994 avec une équipe composée de Florin Răducioiu (4 buts dans ce tournoi), Ilie Dumitrescu (3) et Gheorghe Hagi (2). Les Roumains ont été éliminés aux tirs au but par la Suède. Anghel a gagné 35 de ses 73 matchs en 1993-1998, 2001-2004 et 2014-2016. En janvier 2022, le rôle de sélectionneur a été confié à son fils, Edward. Celui-ci n'a jamais joué pour son pays, mais a lancé sa carrière de joueur et d'entraîneur au Steaua Bucarest, comme son papa.

3

Bien qu'il ait joué en défense centrale ou au milieu, Gheorghe Popescu est l'un des trois hommes à compter plus d'un triplé avec la Roumanie : lui et Florin Răducioiu en ont marqué deux chacun dans les années 1990, tandis que Iuliu Bodola en a réussi trois dans les années 1930.

SÉLECTIONS

1. **Dorinel Munteanu**, 134
2. **Gheorghe Hagi**, 124
3. **Gheorghe Popescu**, 115
4. **Răzvan Raț**, 113
5. **Ladislau Bölöni**, 102

MUNTEANU

BÖLÖNI

LÉGENDE NATIONALE
DORINEL L'ENDURANT

Dorinel Munteanu a joué pour la Roumanie plus que tout autre joueur, batant même le record pourtant bien établi des 124 sélections de son ancien coéquipier, Gheorghe Hagi. Munteanu, un milieu défensif polyvalent, est resté sur 119 capes à cause d'une absence de 18 mois de la scène internationale, avant d'être étonnamment rappelé, à l'âge de 37 ans, par l'entraîneur Victor Pițurcă, en février 2005. Munteanu a mis un terme à sa carrière avec la Roumanie deux ans plus tard, ayant marqué 16 fois en 134 matchs.

102

Le milieu **László Bölöni** est devenu le premier Roumain à atteindre 100 sélections lors d'un revers 2-0 contre l'Irlande en mars 1988. Il compte 23 buts pour son pays, dont celui de la victoire 1-0 contre l'Italie en avril 1983, qui a permis à la Roumanie d'accéder pour la première fois au Championnat d'Europe.

31

Iulia Bodola a inscrit 31 buts en 48 sélections avec la Roumanie entre 1931 et 1939, notamment lors des Coupes du Monde 1934 et 1938. Il en a ensuite marqué 13 pour la Hongrie, entre 1940 et 1948. Bodola est l'un des 14 joueurs à avoir porté le maillot de la Roumanie dans les années 1930 et de la Hongrie dans les années 1940, lorsque la Transylvanie du Nord a été intégrée au Royaume de Hongrie.

ANECDOTE DU TOURNOI
RUDOLF ET LE ROI

La Roumanie a joué pour la 1re Coupe du Monde en Uruguay en 1930, battant le Pérou 3-1, avant d'être éliminée 4-0 par le pays hôte. L'entraîneur Constantin Rădulescu a fait office de juge de touche pour certains matchs où son équipe n'apparaissait pas. L'équipe aurait été choisie par le roi Carol II. Son capitaine était Rudolf Wetzer, le seul Roumain à avoir marqué 5 buts dans un seul match (lors d'une victoire 8-1 contre la Grèce en mai 1930, avant la compétition).

15

Le milieu Enes Sali est devenu le plus jeune Roumain en entrant en jeu en fin de match contre le Liechtenstein en novembre 2021, dans les éliminatoires du Mondial (victoire 2-0). Il avait alors 15 ans et 264 jours seulement.

ANECDOTE DU TOURNOI
PÉRIL BLOND

Bien qu'ayant fini en tête du Groupe G devant l'Angleterre, la Colombie et la Tunisie aux éliminatoires de la Coupe du Monde FIFA 1998, les Roumains sont surtout restés dans les mémoires pour s'être teints en blond pour leur dernier match de qualification. Les blonds Roumains ont lutté pour obtenir un match nul (1-1) face à la Tunisie avant d'être battus par la Croatie (1-0) en huitième de finale.

RUSSIE

Avant son effondrement en 1991, l'Union soviétique (URSS) comptait parmi les grandes nations du football mondial. Depuis août 1992, les résultats de la Russie sont moins convaincants, hormis une place de demi-finaliste à l'Euro 2008.

Membre de la FIFA : 1992

Plus large victoire : 9-0 contre les îles Féroé, 2019

Meilleur classement FIFA : 3e

Stade : Stade Loujniki, Moscou

Palmarès : –

RECORD DE BUTS
L'HEURE D'ARTEM

Le penalty inscrit par le capitaine **Artem Dzyuba** contre le Danemark, à l'Euro 2020 en juin 2021, n'a pas suffi à empêcher la défaite 4-1 et la dernière place du Groupe B, synonyme d'élimination. Mais il a permis au joueur de revenir à hauteur d'Aleksandr Kerzhakov avec 30 buts en sélection. Dzyuba avait notamment contribué à la plus large victoire de la Russie postsoviétique, 9-0 contre les îles Féroé en juin 2019, avec un quadruplé. Il en avait fait de même pour écraser le Luxembourg 7-0 en septembre 2004. À l'Euro 2020, la Russie a signé une unique victoire lors de son deuxième match, contre la Finlande, grâce à un but d'Aleksei Miranchuk dans le temps additionnel de la première période.

LÉGENDE NATIONALE
IGOR ET L'OR

Igor Netto a été le capitaine des plus grands succès de l'URSS : l'or aux JO 1956 de Melbourne et le sacre lors du premier Championnat d'Europe, en France en 1960. Né à Moscou en 1930, il s'est vu remettre l'Ordre de Lénine en 1957. Après sa carrière de footballeur, il est devenu entraîneur de hockey sur glace. Netto totalise 37 buts en 367 rencontres de championnat avec le Spartak Moscou et a remporté cinq fois le championnat soviétique.

NETTO

17

Le benjamin des internationaux soviétiques est Eduard Streltsov (17 ans et 340 jours), auteur d'un triplé pour sa première cape, contre la Suède en juin 1956… et d'un second pour son deuxième match, contre l'Inde.

DZYUBA

109

Le défenseur central Viktor Onopko – qui officie aujourd'hui dans le staff de Valeri Karpin – a été le premier Russe à atteindre les 100 sélections, lors d'une victoire contre Chypre le 2 février 2003. Il a même atteint 109 capes, raccrochant les crampons après un succès 4-3 contre la Lituanie, le 18 août de l'année suivante. Son frère Sergey a été sélectionné 8 fois avec les espoirs ukrainiens. Tous deux sont nés à Louhansk, dans l'est de l'Ukraine, quand celle-ci faisait encore partie de l'Union soviétique.

ANECDOTE DU TOURNOI
HEUREUX HÔTES

Les espoirs de la Russie – pays hôte de la Coupe du Monde 2018 mais le plus faible dans le classement mondial de la FIFA, à la 70e place – n'étaient pas grands. Mais lors du match d'ouverture de la phase finale, la Russie a battu l'Arabie saoudite 5-0 puis a vaincu l'Égypte 3-1, s'assurant une place au 2e tour. Par la suite, la Russie a battu l'Espagne aux tirs au but avant de perdre en quart de finale contre la Croatie, là encore aux tirs au but. Le sélectionneur Stanislav Cherchesov, ancien gardien russe, a exprimé la fierté nationale ressentie devant ces progrès inattendus.

SÉLECTIONS

1. **Sergei Ignashevich**, 127
2. **Igor Akinfeev**, 111
3. **Viktor Onopko**, 109
4. **Yuri Zhirkov**, 104
5. **Vasili Berezutski**, 101

IGNASHEVICH

127

Capitaine à la longévité exceptionnelle, le défenseur **Sergei Ignashevich** est le plus capé de Russie avec 127 sélections. Il a quitté le football international pour la 2e fois après la défaite aux tirs au but contre la Croatie en quart du Mondial 2018 à domicile. Le joueur de 38 ans avait pourtant converti sa tentative. Il s'était déjà éloigné de la sélection après l'Euro 2016, mais s'était laissé convaincre de revenir.

ANECDOTE D'ÉQUIPE
EXIL INTERNATIONAL

Artem Dzyuba et Aleksandr Yerokhin ont été les meilleurs buteurs russes dans la campagne de qualification européenne pour le Mondial 2022. Entraîné par l'ancien attaquant Valeri Karpin, le pays s'est classé deuxième du groupe H, derrière la Croatie. La Russie devait ensuite affronter la Pologne en barrages, avant de défier la Suède ou la République tchèque en finale pour une place au Qatar, mais l'équipe a été suspendue de toutes les compétitions par la FIFA et l'UEFA à la suite de l'invasion militaire de l'Ukraine, en février 2022. En septembre, l'UEFA a annoncé que la Russie n'aurait pas le droit de participer au Championnat d'Europe 2024.

LÉGENDE NATIONALE
CŒUR DE KERZ

Un seul joueur se trouvait dans l'équipe russe en phase finale de la Coupe du Monde 2002 puis 2014 : **Aleksandr Kerzhakov**. Il a découvert la sélection en mars 2002, à 19 ans, mais n'a joué que 8 minutes lors du Mondial trois mois plus tard. Auteur de 5 buts en éliminatoires, il a été l'homme fort de la qualification pour la phase finale 2014. Kerzhakov a égalé le record de buts en sélection de Vladimir Beschastnykh quand il est entré en jeu contre la Corée du Sud pour égaliser à 1-1, dans le premier match du Mondial 2014. Il a inscrit son 30e et dernier but pour la Russie lors d'un amical remporté contre le Belarus en juin 2015.

18

Le gardien du CSKA Moscou Igor Akinfeev est devenu – à 18 ans et 20 jours – le plus jeune footballeur international russe de l'ère post-soviétique à l'occasion de sa première cape, en amical contre la Norvège, le 28 avril 2004.

BUTEURS

1. **Artem Dzyuba**, 30
   = **Aleksandr Kerzhakov**, 30
3. **Vladimir Beschastnykh**, 26
4. **Roman Pavlyuchenko**, 21
5. **Andrey Arshavin**, 17
   = **Valeri Karpin**, 17

KERZHAKOV

4

L'ailier Denis Cheryshev a inscrit 4 buts au Mondial 2018. Il a remplacé Alan Dzagoev contre l'Arabie Saoudite et a marqué, devenant le premier remplaçant à trouver la faille dans un match d'inauguration de la Coupe du Monde.

YASHIN

LÉGENDE NATIONALE
SPIDER-MAN

La FIFA a désigné **Lev Yashin** Meilleur gardien du XXe siècle. C'est tout naturellement que ce joueur légendaire a été inclus dans le onze du siècle. Sur ses 20 ans de carrière, il a disputé 326 matchs de Championnat avec le Dynamo Moscou – son seul et unique club – et a décroché 78 sélections avec l'URSS, concédant moins d'un but par rencontre (70 au total). Avec le Dynamo, il a remporté cinq Championnats et trois coupes soviétiques, la dernière lors de son ultime saison complète, en 1970. Il a arrêté 150 penaltys au cours de sa carrière et rendu 12 copies immaculées en Coupe du Monde.

ÉCOSSE

L'Écosse possède un championnat passionné et une riche tradition footballistique – elle a accueilli le premier match international de l'histoire, contre l'Angleterre, en novembre 1872. Malgré tout, elle n'a jamais réussi à traduire ses ambitions sur la scène internationale.

Membre de la FIFA : 1910
Plus large victoire : 11-0, contre l'Irlande, en 1901
Meilleur classement FIFA : 13e
Stade : Hampden Park, Glasgow
Palmarès : –

20
Le milieu de Chelsea Billy Gilmour a été désigné homme du match à l'issue de la deuxième rencontre du Groupe D de l'Euro 2020, un 0-0 contre le « vieil ennemi » anglais, à Wembley. Il s'agissait alors de son premier match pour son pays, devenant au passage le plus jeune débutant écossais dans un tournoi majeur, à 20 ans et 7 jours.

DALGLISH

LÉGENDE NATIONALE
KING KENNY

Kenny Dalglish est le meilleur buteur *ex æquo* (avec Denis Law) de l'équipe nationale et le seul international à avoir dépassé la centaine de sélections. Avec 102 capes, il dépasse de 11 unités son dauphin, le gardien Jim Leighton. Bien que fan des Rangers dans son enfance (il est né à Glasgow le 4 mars 1951), Dalglish est le fer de lance de la domination du Celtic dans les années 1970 (quatre championnats, quatre Coupes d'Écosse et une Coupe de la Ligue). Il devient ensuite une légende à Liverpool, en remportant trois Coupes d'Europe (1978, 1981 et 1984) et en menant les *Reds* à leur premier doublé coupe-championnat (1986) en tant qu'entraîneur-joueur.

BUTEURS

1 **Kenny Dalglish,** 30
= **Denis Law,** 30
3 **Hughie Gallacher,** 23
4 **Lawrie Reilly,** 22
5 **Ally McCoist,** 19

LAW

4

Denis Law a inscrit deux quadruplés pour l'Écosse : le premier contre l'Irlande du Nord le 7 novembre 1962 – permettant aux Écossais de remporter le Championnat britannique – et le second contre la Norvège, en amical, le 7 novembre 1963.

ANECDOTE DU TOURNOI
LES ÉCOSSAIS À WEMBLEY

L'une des victoires les plus chères au cœur des Écossais est assurément celle du 15 avril 1967 à Wembley contre les Anglais, rivaux de toujours et champions du monde en titre, 3 buts à 2. C'était la première défaite de l'équipe de Sir Alf Ramsey depuis la Coupe du Monde FIFA remportée en 1966. L'homme du match – le premier de l'entraîneur Bobby Brown – est le très habile milieu offensif écossais Jim Baxter. Le 15 avril 1961 est un souvenir moins réjouissant : au même endroit et face aux mêmes adversaires, l'Écosse perdait 9-3.

WEIR

40

Le défenseur central des Rangers **David Weir**, l'international écossais le plus âgé de l'histoire, a pris sa retraite en octobre 2010 après 69 capes, sa dernière à l'âge vénérable de 40 ans et 150 jours.

71

L'ancien footballeur et directeur d'école primaire Craig Brown détient le record de matchs en tant que sélectionneur d'Écosse : 71 entre 1993 et 2001. Il a notamment participé à l'Euro 1996 en Angleterre et à la Coupe du Monde en France deux ans plus tard.

17

Le plus jeune capitaine est John Lambie, qui a mené son équipe à 17 ans et 92 jours contre l'Irlande, en mars 1886 ; le plus jeune depuis 1900 est Darren Fletcher, à 20 ans et 115 jours contre l'Estonie, en mai 2004.

SÉLECTIONS

1. **Kenny Dalglish,** 102
2. **Jim Leighton,** 91
3. **Darren Fletcher,** 80
4. **Alex McLeish,** 77
5. **Paul McStay,** 76

ANECDOTE D'ÉQUIPE
BARRÉE EN BARRAGES

L'Écosse a manqué la Coupe du Monde 2022. Sa dernière phase finale remonte ainsi à 1998. Le pays s'est qualifié 2 fois via les barrages, au détriment du pays de Galles en 1977 et de l'Australie 8 ans plus tard. Mais après sa deuxième place derrière le Danemark dans le groupe H des éliminatoires, et malgré les 4 buts respectifs du buteur Lyndon Dykes et du milieu John McGinn pendant cette campagne, les hommes de Steve Clarke ont été éliminés 3-1 par l'Ukraine, à Glasgow, lors des demies de barrage. John McGinn et son grand frère Paul font partie des 3 fratries à avoir représenté l'Écosse depuis la Seconde Guerre mondiale.

JOUEUR STAR
SCOTT L'ÉCOSSAIS

Le milieu de Manchester United **Scott McTominay** n'avait marqué qu'un but en 37 sélections avant 2023 – offrant la victoire contre Israël dans les arrêts de jeu, en éliminatoires du Mondial 2022. Mais il a ensuite marqué 4 fois en 4 jours en mars 2023 lors des 2 premiers matchs des éliminatoires de l'Euro 2024 : un doublé contre Chypre (3-0), puis un autre à Hampden Park pour battre l'Espagne pour la première fois depuis 1984. McTominay est né à Lancaster, dans le nord de l'Angleterre, mais était sélectionnable pour l'Écosse grâce à son père, Frank, qui vient d'Helensburgh. Ses 4 buts sont arrivés un mois après qu'il a aidé United à gagner la *League Cup* 2023 à Wembley, face à Newcastle.

McTOMINAY

GEMMILL

LÉGENDE NATIONALE
GEMMILL LE DANSEUR

Archie Gemmill a inscrit le plus beau but de l'Écosse sur la scène internationale lors de l'étonnante victoire 3-2 contre les Pays-Bas à la Coupe du Monde 1978. Après avoir leurré 3 défenseurs, il a piqué le ballon au-dessus du gardien néerlandais Jan Jongbloed. En 2008, ce moment magique a été chorégraphié par l'English National Ballet dans *The Beautiful Game*. Le film culte des années 1990, *Trainspotting*, qui se déroule à Édimbourg, y fait également référence.

JOUEUR STAR
MARSHALL FAIT SA LOI

Le gardien de but **David Marshall** a connu sa première sélection en 2004, mais a dû attendre longtemps avant de regoûter aux joies de l'équipe nationale. Pourtant, 16 ans plus tard, il a joué un rôle important pour qualifier l'Écosse à l'Euro 2020, premier tournoi majeur du pays depuis la Coupe du Monde 1998. Marshall a été le héros des tirs au but contre Israël, en demi-finale de barrage en octobre 2020, puis de nouveau un mois plus tard, en finale de barrage contre la Serbie. Il a été moins chanceux en phase finale. Le premier match des Écossais s'est soldé sur une défaite 2-0 contre les Tchèques : Patrik Schick a signé le but du break avec un lob depuis le milieu de terrain. L'Écosse a ensuite obtenu un nul de prestige contre l'Angleterre à Londres avant de concéder un revers 3-1 contre la Croatie à Hampden Park.

MARSHALL

SERBIE

La sélection yougoslave était l'un des fleurons du football d'Europe de l'Est. La Serbie a pris son indépendance du Monténégro en 2006 et a participé à la Coupe du Monde 2018.

Membre de la FIFA : 2006

Plus large victoire : 6-1 contre l'Azerbaïdjan, en 2007, contre la Bulgarie, en 2008, contre le pays de Galles, en 2012

Meilleur classement FIFA : 6e

Stade : Stade Rajko Mitić, Belgrade

Palmarès : –

STOJKOVIĆ

LÉGENDE NATIONALE
LE RÉVEIL DU DRAGAN

Lors de sa dernière participation en Coupe du Monde avant sa dissolution, la Yougoslavie avait atteint les quarts en Italie en 1990 grâce à l'un des footballeurs les plus élégants qui soient, le meneur **Dragan Stojković**. C'est lui qui a inscrit les deux buts pour battre l'Espagne 2-1 en 8e, mais il a échoué aux tirs au but contre les champions en titre et futurs finalistes argentins. Stojković a gagné la Ligue des Champions avec l'Olympique de Marseille en 1993, bien qu'il n'ait pas disputé la finale contre l'AC Milan en raison d'une blessure. Il avait déjà atteint la finale deux ans plus tôt, avec le Red Star Belgrade. Stojković est devenu le 10e sélectionneur serbe en dix ans lorsqu'il a pris les rênes de l'équipe en mars 2021.

BUTEURS

1 **Aleksandar Mitrović,** 52

2 **Stjepan Bobek,** 38

3 **Milan Galić,** 37
= **Blagoje Marjanović,** 37
= **Savo Milošević,** 37

28

Siniša Mihajlović, décédé en décembre 2022, à l'âge de 53 ans des suites d'une leucémie, a inscrit 10 buts en 63 sélections pour la Yougoslavie entre 1991 et 2003, et était membre de l'équipe qui s'est hissée en quarts de l'Euro 2000. Il détient aussi le record du nombre de coups francs inscrits en *Serie A* : 28. Il a été le sélectionneur de la Serbie de mai 2012 à octobre 2013.

1930

Milorad Arsenijević est le 1er footballeur à avoir été capitaine puis sélectionneur de son pays en Coupe du Monde : capitaine de la Yougoslavie qui a atteint le dernier carré de l'édition inaugurale du tournoi en Uruguay en 1930, il a dirigé le groupe au Mondial brésilien 20 ans plus tard.

JOUEUR STAR
NITRO MITROVIĆ

En novembre 2020, le meilleur buteur serbe de l'histoire, **Aleksandar Mitrović**, a manqué son tir au but, offrant la victoire à l'Écosse dans les barrages pour accéder à l'Euro 2020. Mais il a pu se racheter 12 mois plus tard en convertissant le centre de Dušan Tadić dans les arrêts de jeu pour devancer le Portugal dans le groupe A des éliminatoires, et envoyer son pays à la Coupe du Monde 2022. La Serbie n'a marqué qu'un seul point au Qatar, où Mitrović a signé 2 buts, lors du nul 3-3 contre le Cameroun et de la défaite 3-2 contre la Suisse, qui a été suivie d'un revers 2-0 contre le Brésil. Mitrović est toutefois devenu le premier Serbe à marquer plus d'une fois en Coupe du Monde pour la Serbie moderne.

ANECDOTE DU TOURNOI
DOUX DUŠAN

Le 5-0 infligé à la Russie, à Belgrade en novembre 2020 pour la Ligue des Nations de l'UEFA, était la victoire la plus large de la Serbie après un succès sur le même score contre la Roumanie en octobre 2009 et des 6-1 contre l'Azerbaïdjan en octobre 2007, la Bulgarie en novembre 2008 et le pays de Galles en septembre 2012. La gifle contre les Gallois a été marquée par le premier but international de **Dušan Tadić**. Ses 4 réalisations ont aidé les Serbes à valider leur billet pour le Mondial 2018. En phase finale, leur succès 1-0 contre le Costa Rica en ouverture n'a pas suffi à sortir du groupe. Tadić a pris le brassard à partir de 2021.

MITROVIĆ TADIĆ

JOUEUR STAR
MIEUX VAUT TARD...

Branislav Ivanović, qui est devenu le joueur serbe le plus capé avec deux participations en Coupe du Monde 2018, a marqué des buts aussi tardifs qu'importants contre le Portugal. En septembre 2007, il a ainsi égalisé pour son pays à la 88e minute lors d'une qualification pour l'Euro contre le Portugal. Il a aussi marqué de la tête lors des arrêts de jeu, pour Chelsea, battant ainsi le Benfica Lisbonne lors de la finale de la Ligue Europa 2013, un an après la suspension qui l'avait écarté de la victoire avec son club contre le Bayern Munich, en Ligue des Champions.

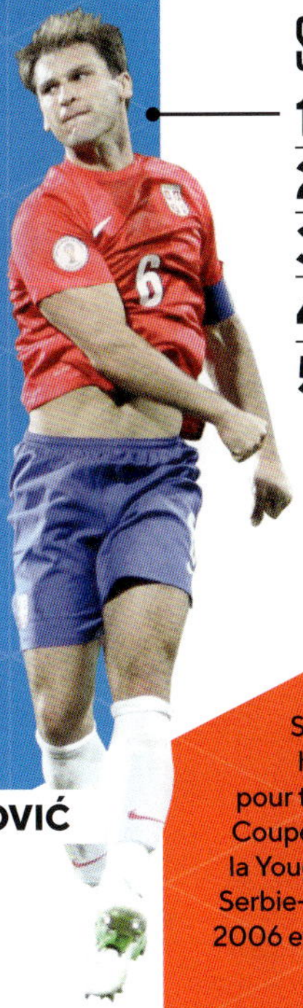
IVANOVIĆ

SÉLECTIONS

1. **Branislav Ivanović,** 105
2. **Dejan Stanković,** 103
3. **Savo Milošević,** 102
4. **Dušan Tadić,** 96
5. **Aleksander Kolarov,** 94

23

Dragan Džajić a été l'un des plus grands talents de l'ex-Yougoslavie, en inscrivant 23 buts en 85 rencontres. L'un de ses buts terrassa l'Angleterre en demi-finales de l'Euro 1968. Il a également marqué lors du match nul 1-1 contre l'Italie, en finale, mais son équipe a perdu 2-0 quand la finale a été rejouée.

3

Le milieu Dejan Stanković est le seul homme à avoir joué pour trois pays dans trois Coupes du Monde FIFA : la Yougoslavie en 1998, la Serbie-et-Monténégro en 2006 et la Serbie en 2010.

ANTIĆ

LÉGENDE NATIONALE
ANTIĆ ACCLAMÉ

En avril 2020, de nombreux hommages ont été rendus à **Radomir Antić**, décédé à 71 ans à Madrid. Antić est le seul homme à avoir entraîné les trois géants espagnols, Barcelone, Real Madrid et Atlético – offrant à ce dernier le doublé coupe-championnat en 1995-1996. Son compatriote Milinko Pantić, buteur pour l'Atlético en finale de la *Copa del Rey* contre le Barça, le considérait comme un père. Antić a également guidé la Serbie à la Coupe du Monde de la FIFA 2010 en Afrique du Sud, la première phase finale pour la nation après l'indépendance du Monténégro. Si les Serbes ont été éliminés dès le premier tour, ils ont néanmoins signé une victoire de prestige 1-0 contre l'Allemagne grâce à un but de l'ailier Milan Jovanović en première période.

LÉGENDE NATIONALE
UN RECORD UNIQUE

Dejan Stanković a inscrit un doublé pour son premier match avec la Yougoslavie, en 1998. Il est aussi célèbre pour ses 2 reprises de volée mémorables du milieu du terrain : la première pour l'Inter contre le Genoa en 2009-2010 – avec une reprise en première intention sur un dégagement du gardien adverse – et la seconde, presque identique, face aux Allemands de Schalke 04 en Ligue des Champions, la saison suivante. Stanković a égalé le record de sélections de Savo Milošević pour l'équipe de Serbie lors de son dernier match international, en octobre 2011, puis l'a surpassé en octobre 2013, jouant les 10 premières minutes d'un match amical contre le Japon, remporté 2-0 à Novi Sad.

STANKOVIĆ

100

Savo Milošević a été le 1er Serbe à atteindre les 100 sélections internationales. Il a joué pour son pays sous quatre maillots différents, représentant la Yougoslavie avant et après sa dissolution, la Serbie-et-Monténégro, et enfin la Serbie seule.

MILOŠEVIĆ

SLOVAQUIE

La Slovaquie n'a désormais plus rien à envier à sa voisine, la République tchèque. Les Slovaques ont décroché en 2010 une première qualification pour la Coupe du Monde et se sont offert les champions du monde italiens 3-2 pour filer en huitième.

Membre de la FIFA : 1994

Plus large victoire : 7-0, contre le Liechtenstein, en 2004 ; contre Saint-Marin, en 2007 et 2009

Meilleur classement FIFA : 14e

Stade : Tehelné pole, Bratislava

Palmarès : –

SÉLECTIONS

1. **Marek Hamšík,** 136
2. **Peter Pekarik,** 117
3. **Miroslav Karhan,** 107
4. **Martin Škrtel,** 104
5. **Juraj Kucka,** 97

4

4 hommes ont inscrit un triplé pour la Slovaquie : Ján Arpáš contre la Croatie en avril 1944, Róbert Vittek contre le Liechtenstein en septembre 2004, Filip Šebo contre Malte en août 2006, et Ondrej Duda contre Malte en novembre 2021.

22

Le buteur Adolf Scherer détient le record de buts pour un joueur né en Slovaquie et représentant la Tchécoslovaquie. Il a signé 22 buts en 36 matchs de 1958 à 1964, dont trois au Mondial 1962 quand le pays s'est incliné en finale contre le Brésil. Il a aussi marqué le but de la victoire en quarts contre la Hongrie et le troisième face à la Yougoslavie, battue 3-1 en demie.

JOUEUR STAR

ŠKRINIAR EST PARTOUT

Le défenseur central **Milan Škriniar** a mis la Slovaquie sur de bons rails à l'Euro 2020, puisqu'il a ouvert le score lors du succès 2-1 contre la Pologne. Pourtant, il avait bien failli être le bourreau des siens, après avoir inscrit un but contre son camp à la dernière minute des barrages éliminatoires contre l'Irlande du Nord, à Belfast. Michal Ďuriš avait sauvé la mise en marquant dans les prolongations. La suite du parcours slovaque en phase finale a été moins glorieuse, avec une défaite 1-0 contre la Suède et un large revers 5-0 contre l'Espagne lors duquel le gardien Martin Dúbravka et le milieu Juraj Kucka ont tous les deux marqué contre leur camp.

ŠKRINIAR

ANECDOTE DU TOURNOI

MAREK MARQUE

La Slovaquie est parvenue trois fois à sa victoire la plus écrasante, 7-0. L'arrière latéral Marek Čech est le seul à avoir joué ces trois matchs : contre le Lichtenstein en septembre 2004 et deux fois contre Saint-Marin, en octobre 2007 et juin 2009. Il a marqué deux fois dans ce dernier match. Quatre de ses cinq buts internationaux, depuis ses débuts en 2004, ont été marqués contre Saint-Marin. Čech a même réalisé un doublé lors de la victoire 5-0 de novembre 2007.

JOUEUR STAR

HAMŠÍK À LA POINTE

Le meneur de jeu **Marek Hamšík** s'est souvent démarqué par sa crête, mais il a tenu sa promesse de la raser lorsque son club, le Napoli, a remporté la *Coppa Italia* 2012. Deux ans plus tôt, il était capitaine de la Slovaquie qui avait éliminé l'Italie, championne en titre, au premier tour du Mondial 2010. Hamšík est devenu le joueur le plus capé de sa sélection avec son 108e match en octobre 2018, célébrant cette occasion avec un but pour battre la République tchèque 2-1. En juin suivant, il a égalé puis rapidement dépassé Róbert Vittek au classement des buteurs slovaques grâce à un doublé contre l'Azerbaïdjan, battu 4-1.

HAMŠÍK

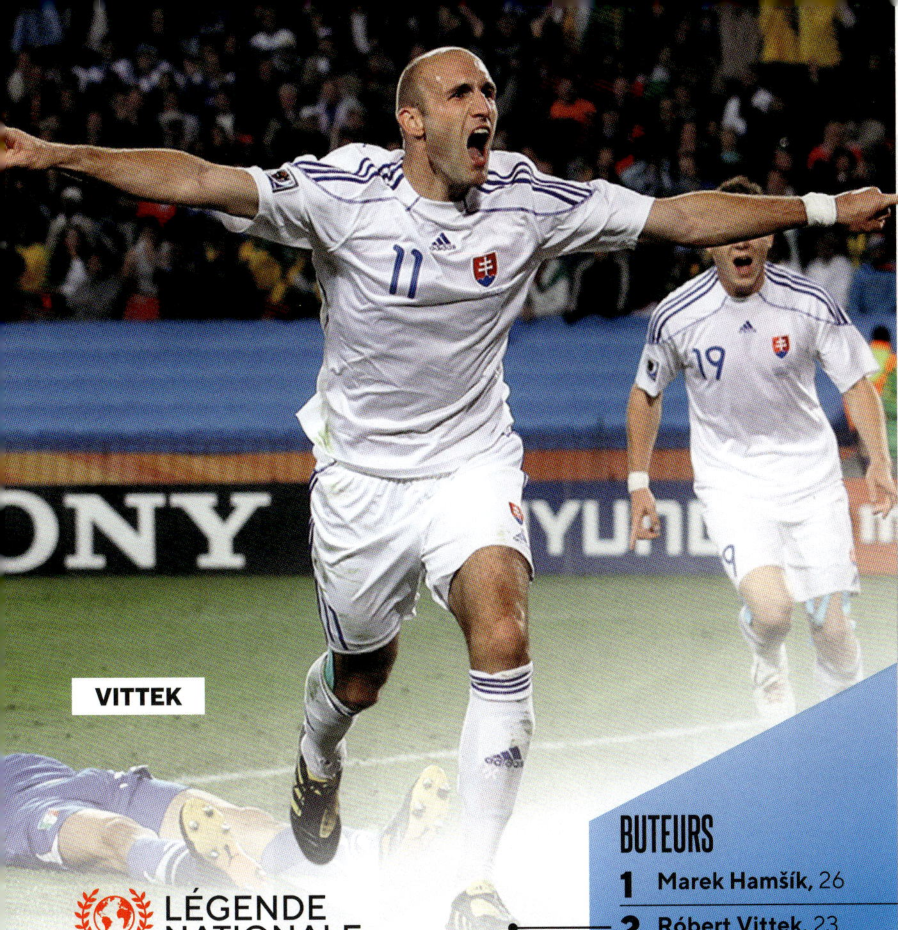

52

Ondrej Duda a inscrit le premier but de la Slovaquie dans un Championnat d'Europe, seulement 52 secondes après son entrée en jeu, lors du revers 2-1 contre le pays de Galles en phase de groupes 2016. Un succès 2-1 contre la Russie et un nul 0-0 contre l'Angleterre ont ensuite permis aux Slovaques de passer au second tour, où ils ont subi la loi des champions du monde allemands (3-0).

LÉGENDE NATIONALE
RÓBERT, CE HÉROS

Le Slovaque **Róbert Vittek** est devenu le 4e joueur seulement, issu d'un pays faisant ses débuts en Coupe du Monde, à marquer pas moins de 4 buts lors d'un unique tournoi, au Mondial 2010 en Afrique du Sud : 1 but contre la Nouvelle-Zélande, 2 contre l'Italie, championne en titre, et 1 penalty contre les Pays-Bas en huitième de finale. Les 3 autres joueurs à avoir égalé ce record sont le Portugais Eusébio en 1966, le Danois Preben Elkjær-Larsen en 1986, et le Croate Davor Šuker en 1998.

BUTEURS

1	**Marek Hamšík,** 26
2	**Róbert Vittek,** 23
3	**Szilárd Németh,** 22
4	**Róbert Mak,** 15
5	**Miroslav Karhan,** 14
	= Marek Mintál, 14

107

Miroslav Karhan est devenu le 1er Slovaque à passer la barre des 100 sélections. Il a pris sa retraite en 2011, après 107 capes.

8

Huit joueurs slovaques se sont illustrés dans l'équipe de Tchécoslovaquie championne de l'Euro 1976 contre l'Allemagne de l'Ouest, dont le capitaine Anton Ondruš et les 2 buteurs de ce match nul 2-2 : Ján Švehlík et Karol Dobiáš.

LÉGENDES NATIONALES
JAMAIS DEUX WEISS SANS TROIS

Trois joueurs du nom de **Vladimír Weiss**, de la même famille, ont été internationaux de football, dont deux lors du Mondial 2010. Le premier Vladimír a porté trois fois le maillot tchécoslovaque, notamment en finale des JO 1964, au cours de laquelle il a marqué contre son camp face à la Hongrie, victorieuse 2-1. Le deuxième Vladimír comptabilise 19 capes pour la Tchécoslovaquie et 12 pour la Slovaquie. Le troisième a atteint les 77 capes en juin 2022, pour 8 buts marqués, dont le seul contre l'Azerbaïdjan dans le Groupe C de Ligue des Nations de l'UEFA.

ANECDOTE D'ÉQUIPE
UN CARTON ET UN ÉCHEC

La Slovaquie est passée à côté de la Coupe du Monde 2022 malgré 2 défaites seulement en 10 rencontres du groupe H des éliminatoires. Entraînés par Štefan Tarkovič jusqu'en juin 2022, les Slovaques avaient démarré sur les chapeaux de roue avec un succès 6-0 à Malte, en novembre 2021, leur plus large victoire à l'extérieur. Le milieu Ondrej Duda avait inscrit un triplé, 3 jours après ce que l'on pensait être le dernier match de la légende Marek Hamšík, lors d'un nul 2-2 contre la Slovénie. Mais Hamšík est revenu pour une 136e sélection en novembre 2022, un nul 2-2 contre le Chili, dans la capitale Bratislava. Duda avait fait ses débuts internationaux en remplaçant Hamšík en deuxième période de l'amical contre la Finlande en novembre 2014.

SUÈDE

Avec douze participations aux phases finales de la Coupe du Monde (dont une place de finaliste de l'édition de 1958 qu'elle a organisée) et trois médailles olympiques (dont l'or à Londres en 1948), la Suède possède un palmarès footballistique riche.

Membre de la FIFA : 1908

Plus large victoire : 12-0, contre la Lettonie, en 1927 ; contre la Corée du Sud, en 1948

Meilleur classement FIFA : 2e

Stade : Friends Arena, Stockholm

Palmarès : –

LÉGENDE NATIONALE

ON REMET ÇA ?

Star du Celtic et du FC Barcelone, **Henrik Larsson** est l'un des footballeurs suédois les plus célèbres, titrés et récompensés de l'ère moderne. Il a pris sa retraite internationale après le Mondial 2002… et de nouveau après Allemagne 2006. Il a fait un second *come-back* pour les éliminatoires d'Afrique du Sud 2010. Chaque fois, supporters et dirigeants ont réclamé le retour de l'attaquant aux 37 buts en 106 sélections (dont 5 au cours de ses 3 Mondiaux). Son fils Jordan, lui aussi attaquant, a disputé ses premières minutes sous le maillot suédois contre l'Estonie en janvier 2018 et a inscrit son premier but international pour battre la Moldavie en match amical deux ans plus tard.

4

Les 4 buts d'Emil Forsberg à l'Euro 2020 constituent un record national en Championnat d'Europe. Tomas Brolin en 1992, et Henrik Larsson en 2004 s'étaient arrêtés à 3 réalisations. Forsberg a marqué son 19e but international dans le nul 1-1 contre la Slovénie en septembre 2022. Ce résultat a scellé la relégation en ligue C de la Suède en Ligue des Nations de l'UEFA, qui est devenue le premier pays relégué 2 fois dans la compétition.

6

Alvin Hallbäck a signé un record suédois avec 6 buts lors d'un même match, un succès 12-0 contre la Lettonie, le 29 mai 1927. Le match le plus prolifique de la Suède remonte au 12 juillet 1908, 11-3 contre la Norvège.

SÉLECTIONS

1. **Anders Svensson**, 148
2. **Thomas Ravelli**, 143
3. **Andreas Isaksson**, 133
   = **Sebastian Larsson**, 133
5. **Kim Källström**, 131

RECORD DE BUTS

ANDERS POUR LONGTEMPS

Le milieu **Anders Svensson** a égalisé le record de sélections en équipe suédoise de Thomas Ravelli. Pour fêter cette performance, il a marqué lors de ses 142e et 143e matchs en équipe nationale : un tir de loin, alors que la Norvège était battue 4-2, puis le but vainqueur contre la République d'Irlande, en qualification pour la Coupe du Monde 2014. Svensson est devenu le joueur le plus capé de son pays, lors d'une victoire 1-0 contre le Kazakhstan, mais sans marquer de but. Il s'est retiré du football international en 2013, à l'âge de 37 ans, après une défaite contre le Portugal lors d'un match éliminatoire en qualification. Il a joué 148 matchs et marqué 21 buts.

LÉGENDE NATIONALE
IBRA-CADABRA

Peu de footballeurs actuels ont autant de succès – et d'ego – que l'attaquant suédois **Zlatan Ibrahimović**. Il a notamment déclaré : « Il n'y a qu'un seul Zlatan », « Je suis comme Mohammed Ali » et, en réponse à des critiques du Norvégien John Carew : « Ce que Carew fait avec un ballon, je peux le faire avec une orange ». En novembre 2012, il a inauguré le nouveau stade de Solna en marquant les quatre buts de la Suède contre l'Angleterre (4-2) en match amical, dont un incroyable retourné acrobatique de 30 mètres qui lui a valu le prix Ferenc Puskás du but de l'année.

IBRAHIMOVIĆ

BUTEURS

1. **Zlatan Ibrahimović**, 62
2. **Sven Rydell**, 49
3. **Gunnar Nordahl**, 43
4. **Henrik Larsson**, 37
5. **Gunnar Gren**, 32

40

En 2021, Zlatan Ibrahimović est sorti d'une retraite internationale de cinq ans. Il détient le record du joueur suédois le plus âgé – 40 ans et 177 jours – depuis qu'il est entré en cours de match lors du barrage à la Coupe du Monde, perdu 2-0 contre la Pologne en mars 2022. Il jouait avec Anthony Elanga, âgé de seulement 19 ans.

JOUEUR STAR
SEB C'EST BIEN

Le milieu Sebastian Larsson, réputé pour ses frappes lointaines, a passé le plus gros de sa carrière en Angleterre en rejoignant Arsenal dès ses 16 ans. Il a aidé la Suède à atteindre les quarts du Mondial 2018 où elle a été battue par l'Angleterre. Larsson a décroché sa 100e cape dans le dernier amical de la Suède avant cette Coupe du Monde, face au Pérou, et a marqué deux fois dans le succès 4-0 contre Malte en octobre 2019, pour aider son pays à se qualifier à l'Euro 2020. Il a également participé au revers 2-1 en prolongations contre l'Ukraine, en huitième de l'Euro. À 36 ans et 23 jours, il est devenu le titulaire suédois le plus âgé en compétition depuis Gunnar Gren, aligné en finale du Mondial 1958 à 37 ans et 241 jours.

17

Alexander Isak est devenu le plus jeune buteur international suédois le 12 janvier 2017, quand il a ouvert le score lors du succès 6-0 contre la Slovaquie à Abu Dhabi, à l'âge de 17 ans et 113 jours.

2e

Le meilleur résultat de la Suède en Coupe du Monde est une place de finaliste. L'Anglais George Raynor, qui a mené l'équipe à l'or olympique en 1948 à Londres, a atteint la 3e place à la Coupe du Monde 1950 et la finale de l'édition 1958.

LÉGENDE NATIONALE
GRE-NO-LI, LES JO ET L'ITALIE

Après avoir mené la sélection suédoise à l'or aux Jeux olympiques de Londres 1948, **Gunnar Gren**, Gunnar Nordahl et Nils Liedholm ont été achetés par l'AC Milan. Le trident offensif « Gre-No-Li » conduira le club lombard au *Scudetto* en 1951. Nordahl, qui a terminé meilleur buteur de la *Serie A* à cinq reprises entre 1950 et 1955, reste le meilleur réalisateur de l'histoire *rossonera* avec 221 réalisations en 268 matchs. Gren et Liedholm disputeront la Coupe du Monde 1958, où la sélection suédoise échouera en finale face au Brésil.

GREN

RAVELLI

LÉGENDES NATIONALES
JOUEURS FURTIFS

Le Suédois Magnus Erlingmark peut prétendre à la carrière la plus courte d'un joueur en phase finale de Coupe du Monde, après être entré en jeu à la 89e minute contre la Russie au premier tour de l'édition 1994. Son seul rival dans cette course au record peu enviable est le Bulgare Petar Mihtarski, lui aussi entré à la dernière minute le même été, lors du succès de son équipe en 8e contre le Mexique aux tirs au but. La Suède et la Bulgarie se sont retrouvées en petite finale, remportée 4-0 par les Scandinaves. Dans les buts suédois se trouvait le gardien le plus capé, **Thomas Ravelli**, qui avait repoussé deux tirs au but roumains en quart de finale. Ravelli a mis un terme à sa carrière internationale après avoir encaissé 143 buts en autant de matchs.

SUISSE

La Suisse n'a jamais réussi à se faire une place parmi les grandes puissances footballistiques, mais elle accueille les sièges de la FIFA et de l'UEFA. La nation helvète a coorganisé l'Euro 2008 avec l'Autriche et a atteint les demi-finales de la première Ligue des Nations en 2019.

Membre de la FIFA : 1905
Plus large victoire : 9-0, contre la Lituanie, en 1924
Meilleur classement FIFA : 3e
Stade : Stade de Suisse Wankdorf, Berne
Palmarès : –

LÉGENDE NATIONALE
LE LAMA FREI

Alexander Frei semblait avoir abandonné tout espoir d'augmenter son record de 42 buts suisses en 84 matchs quand il annonça sa retraite du football international en avril 2011, blâmant l'abus de critiques de ses propres fans lors des derniers matchs, notamment le match nul 0-0 contre Malte, où Frei et Gökhan Inler ratèrent les penaltys. Frei a été rejoint dans sa décision par son coéquipier Marco Streller qui totalise 12 buts en 37 matchs.

ANECDOTE DU TOURNOI
HERMÉTIQUE MAIS ÉLIMINÉE

La Suisse reste la seule équipe à quitter une Coupe du Monde sans avoir pris le moindre but dans le temps réglementaire, lors d'Allemagne 2006. En huitième, après 120 minutes stériles face à l'Ukraine, elle s'est inclinée 3-0 aux tirs au but en manquant toutes ses tentatives. Bien que battu trois fois lors de l'épreuve de vérité, le gardien **Pascal Zuberbühler** a établi le record suisse de matchs consécutifs sans prendre de but dans une compétition internationale.

ZUBERBÜHLER

FREI

2004

Comparé à un lama par un journaliste suisse suite à son crachat sur Steven Gerrard à l'Euro 2004, Alexander Frei, meilleur buteur de l'histoire de la Suisse, a adopté un spécimen de ce camélidé au zoo de Bâle pour se faire pardonner.

3

Yann Sommer est le 3e gardien seulement à marquer contre son camp en Coupe du Monde, après l'Espagnol Zubizarreta, en 1998, et le Hondurien Noel Valladares, en 2014. Face au Costa Rica, un penalty a rebondi sur sa tête avant de rentrer dans les cages.

BUTEURS

1 **Alexander Frei**, 42
2 **Max Abegglen**, 34
= **Kubilay Türkyilmaz**, 34
4 **André Abegglen**, 29
= **Jacques Fatton**, 29

SÉLECTIONS

1	**Heinz Hermann**, 118
2	**Granit Xhaka**, 113
3	**Alain Geiger**, 112 = **Xherdan Shaqiri**, 112
5	**Stephan Lichtsteiner**, 108

22

Jakob Kühn, ancien joueur et sélectionneur suisse de légende, n'avait que 22 ans quand il a été renvoyé de la Coupe du Monde 1966 pour ne pas avoir respecté un couvre-feu.

ANECDOTE D'ÉQUIPE
EMBOLO AU BOULOT

En 2022, **Breel Embolo** est devenu le premier joueur à marquer en Coupe du Monde pour son pays d'adoption contre son pays natal, inscrivant le seul but de la Suisse contre le Cameroun dans le groupe C. Le buteur est né à Yaoundé, mais est venu en Suisse avec sa famille quand il était petit. Il a décidé de ne pas fêter son but. Il a ensuite marqué contre la Serbie (victoire 3-2), mais la Suisse a été éliminée en huitième, en s'inclinant lourdement 6-1 contre le Portugal.
La Suisse avait dominé son groupe des éliminatoires pour le Qatar en devançant les champions d'Europe italiens, grâce notamment à une victoire 4-0 contre la Bulgarie en septembre 2021, quand l'Italie était tenue en échec 0-0 par l'Irlande du Nord.

EMBOLO

JOUEUR STAR
LA LOYAUTÉ DU SHAQ

Né au Kosovo, le meneur de jeu suisse **Xherdan Shaqiri** s'était dit prêt à changer de maillot national en 2016, mais la FIFA s'y est opposée. Avec 8 buts en compétitions majeures, Shaqiri est le joueur Suisse le plus prolifique. Il a ouvert le score pour aider son équipe à battre la Serbie 3-2 dans le groupe C du Mondial 2022. Un but qui s'ajoute aux 3 inscrits à l'Euro 2020 et au triplé contre le Honduras au Mondial 2014, sans oublier une spectaculaire reprise acrobatique lors du nul 1-1 contre la Pologne, en huitièmes de l'Euro 2016 (qualification des Polonais aux tirs au but). L'histoire s'est répétée en 2021 : après son égalisation à 1-1 en quarts contre l'Espagne, son équipe s'est encore inclinée aux tirs au but.

SHAQIRI

LÉGENDE NATIONALE
HERMANN DE PEU

La carrière de Heinz Hermann, joueur le plus capé de Suisse, a malheureusement coïncidé avec la plus longue absence de son pays en compétitions majeures. Le milieu de terrain a marqué 15 buts en 118 matchs, de 1978 à 1991 et a été désigné Meilleur footballeur suisse quatre fois. Sa sélection a connu une traversée du désert entre sa sortie au premier tour de la Coupe du Monde de la FIFA 1966 et sa qualification aux huitièmes du Mondial 1994.

4

La Suisse a perdu les 4 quarts de finale qu'elle a disputés : aux Coupes du Monde 1934, 1938 et 1954, puis à l'Euro 2020.

JOUEUR STAR
HARIS, CAPITAL EN FRANCE

Le buteur **Haris Seferović** a trouvé les filets à trois reprises à l'Euro 2020, devenant le 3e Suisse seulement (après Xherdan Shaqiri et Admir Mehmedi) à marquer en Coupe du Monde et Championnat d'Europe. Il a notamment signé un doublé contre les champions du monde français au deuxième tour, alors que les Suisses étaient menés 3-1 à 9 minutes du coup de sifflet final. Il a réduit le score à 3-2 à la 81e avant que Mario Gavranović n'égalise dans les arrêts de jeu. Le gardien Yann Sommer s'est mué en héros des tirs au but en repoussant la tentative de Kylian Mbappé pour offrir la victoire aux siens 5 tirs à 4. Seferovic a marqué après 55 secondes de jeu lors du succès de la Suisse 1-0 contre le Portugal en juin 2022 – le but le plus rapide dans l'histoire de la Ligue des Nations de l'UEFA.

SEFEROVIĆ

4

Karl Rappan, qui a inventé le pressing défensif et le repositionnement tactique, a effectué quatre mandats à la tête de la Suisse entre 1937 et 1963.

TURQUIE

La Turquie ne s'est qualifiée que pour deux Coupes du Monde au XXe siècle. Mais depuis 2000, les supporters turcs ont eu bien des raisons de se réjouir, avec notamment une 3e place à la Coupe du Monde 2002 au Japon et en Corée du Sud.

Membre de la FIFA : 1923

Plus large victoire : 7-0, contre la Syrie, en 1949 ; contre la Corée du Sud, en 1954 ; contre Saint-Marin, en 1996

Meilleur classement FIFA : 5e

Stade : Stade olympique Atatürk

Palmarès : –

SÉLECTIONS

1. **Rüştü Reçber,** 120
2. **Hakan Şükür,** 112
3. **Bülent Korkmaz,** 102
4. **Emre Belözoğlu,** 101
5. **Arda Turan,** 100

REÇBER

LÉGENDE NATIONALE
LE ROI DU *COME-BACK*

Avec sa queue-de-cheval et ses peintures de guerre noir charbon, **Rüştü Reçber**, l'international turc le plus capé, s'est toujours fait remarquer – mais jamais plus, peut-être, que lors de la Coupe du Monde 2002, où il a tant contribué à la 3e place de la Turquie. Il a été sélectionné dans l'équipe type de la compétition et nommé Meilleur gardien de l'année par la FIFA. Il avait été relégué sur le banc à l'époque où la Turquie jouait les qualifications de l'Euro 2008, mais il avait joué en quart de finale, après l'expulsion et la suspension du gardien titulaire Volkan Demirel. À cette occasion, Reçber était redevenu un héros, arrêtant le tir du Croate Mladen Petrić lors des tirs au but, ce qui a permis à la Turquie d'arriver à sa première demi-finale en Championnat d'Europe, échouant de peu contre l'Allemagne.

JOUEUR STAR
PARCOURS MONDIAL

La Turquie a disputé sa première Coupe du Monde en 1954, sur tirage au sort, au terme d'un nul 2-2 contre l'Espagne en barrages à Rome, après que les deux équipes ont gagné leur match à domicile. Pendant le tournoi en Suisse, les Turcs ont perdu 4-1 contre la RFA, future championne, et ont battu la Corée du Sud 7-0. Leur gardien était Turgay Şeren, qui a totalisé 52 capes entre 1950 et 1966, dont 35 en tant que capitaine. La Turquie a ensuite attendu 2002 pour retrouver la Coupe du Monde. Elle a échoué à se qualifier pour l'édition 2022 après un revers 3-1 en demi-finale de barrages contre le Portugal. Ce jour-là marquait aussi le dernier match international de Burak Yılmaz, auteur du but, mais qui a manqué un penalty qui aurait permis d'égaliser à 2-2.

LÉGENDE NATIONALE
FATIH TERIM

En juillet 2017, la troisième période de **Fatih Terim** aux commandes de l'équipe nationale a pris fin abruptement, mettant un terme à une ère épique. Terim reste le personnage dominant de l'histoire du football turc. Après avoir conduit Galatasaray à la victoire sur Arsenal en finale de la Coupe UEFA 2000 (le premier trophée européen du pays), Terim a emmené la Turquie jusqu'à son parcours épatant à l'Euro 2008. En demi-finale face à l'Allemagne, les Turcs se sont inclinés sur un but de dernière minute. Terim est revenu à Galatasaray en 2009, avant de redevenir sélectionneur national pour la troisième fois en 2013.

TERIM

136

Fatih Terim a dirigé 136 rencontres avec la Turquie pour un bilan de 70 victoires, 34 nuls et 32 défaites.

ANECDOTE DU TOURNOI

UN PETIT TOUR

En 2021, la Turquie a disputé l'Euro 2020 avec un mélange de jeunesse et d'expérience prometteur. Déjà architecte de la troisième place au Mondial 2002, Şenol Güneş, 69 ans, est revenu à la tête de l'équipe 15 ans plus tard, en 2019. L'équipe alignée à l'Euro 2020 était la plus jeune du plateau avec une moyenne d'âge de 24 ans et 353 jours. Mais les Turcs se sont inclinés 3-0 contre l'Italie à Rome pour leur entrée en lice, encaissant autant de buts en une soirée que lors de tous les éliminatoires du Groupe H (où ils avaient notamment battu la France championne du monde 2-0 avant de tenir le nul 1-1 au retour). La Turquie a perdu ses trois matchs de l'Euro, cédant aussi contre les Gallois (2-0) et la Suisse (3-1). L'attaquant phare **Burak Yılmaz**, précédé uniquement par Hakan Şükür au classement des meilleurs buteurs turcs, a inscrit un triplé lors du succès 4-2 contre les Pays-Bas en mars 2021, lors d'un match de qualifications pour le Mondial 2022. Il est toutefois resté muet à l'Euro.

YILMAZ

15

Le 26 octobre 1923, Zeki Riza Sporel marquait le premier but turc en match international, contre la Roumanie. Il réalisait d'ailleurs un doublé ce jour-là, avec un match nul 2-2, premiers buts d'une série de 15 réalisations en 16 matchs.

94

Le dernier « but en or » en Coupe du Monde de la FIFA a été inscrit par le remplaçant turc İlhan Mansız, synonyme de victoire en quart 2002 contre le Sénégal, après quatre minutes de prolongation. Lors de l'édition suivante, en Allemagne, l'ancien système de deux prolongations de 15 minutes, suivies des tirs au but si besoin, a été rétabli.

17

Le meneur de jeu Nuri Şahin est devenu le plus jeune international et le plus jeune buteur turc le même jour. Il avait 17 ans et 32 jours pour son premier match contre l'Allemagne, à Istanbul, le 8 octobre 2005. Son but, à minute de la fin, a offert la victoire 2-1 à la Turquie.

RECORD DE BUTS

SUPER ŞÜKÜR

Hakan Şükür a marqué le but le plus rapide en Coupe du Monde. Il a frappé dès la 11e seconde de la petite finale de l'édition 2002 contre la Corée du Sud. La Turquie a remporté le match 3-2 pour prendre la 3e place, son meilleur résultat dans l'épreuve. Avec 51 buts en 112 sélections, le « Taureau du Bosphore » est loin devant son dauphin au classement des meilleurs buteurs. Il a ouvert son compteur dès sa deuxième sortie, lors d'une victoire 2-1 face au Danemark le 8 avril 1992. Il a signé deux quadruplés : lors d'un succès 6-4 contre le pays de Galles le 20 août 1997, et lors de la correction 5-0 de la Moldavie, le 11 octobre 2006.

ŞÜKÜR

ANECDOTE D'ÉQUIPE

SEPTIÈME CIEL

La Turquie s'est imposée 7-0 à trois reprises, notamment contre la Corée du Sud à la Coupe du Monde 1954 grâce à un triplé de Burhan Surgan, auteur de 7 buts en 8 sélections. Les deux autres fois ont été à domicile, contre la Syrie en novembre 1949 et Saint-Marin en novembre 1996. Les Turcs ont gagné deux fois 6-0 en déplacement – au Kazakhstan en juin 2005 dans les éliminatoires du Mondial et en Lituanie en Ligue des Nations en juin 2022. Ce dernier match a vu le buteur d'origine allemande **Serdar Dursun** signer un doublé. Il a marqué 7 fois dans ses 7 premiers matchs sous le maillot turc, bien qu'il n'ait connu sa première sélection que 9 jours avant son 30e anniversaire.

DURSUN

BUTEURS

1 **Hakan Şükür**, 51
2 **Burak Yilmaz**, 29
3 **Tuncay Şanlı**, 22
4 **Lefter Küçükandonyadis**, 21
5 **Nihat Kahveci**, 19
= **Metin Oktay**, 19
= **Cemil Turan**, 19

11

Hakan Şükür a marqué le but le plus rapide en Coupe du Monde. Il a frappé dès la 11e seconde de la petite finale de l'édition 2002 contre la Corée du Sud.

UKRAINE

YAREMCHUK

Depuis son indépendance en 1991, l'Ukraine s'est imposée comme une grande force du football. Elle a atteint les quarts de la Coupe du Monde 2006 en Allemagne et de l'Euro 2020, et a coorganisé le Championnat d'Europe 2012.

ANECDOTE D'ÉQUIPE
SOUTIEN MONDIAL

Pour la plupart des supporters neutres, l'Ukraine était le grand favori des barrages européens pour l'accession à la Coupe du Monde 2022, dans un contexte d'invasion militaire du pays par la Russie en février 2022. De nombreux joueurs ukrainiens ont été appelés à rejoindre l'armée, mais l'équipe a reçu une dispense spéciale pour se préparer à ces barrages dans un camp d'entraînement à Brdo, en Slovénie. La demi-finale contre l'Écosse, prévue en mars 2022, a été repoussée en juin. Les Ukrainiens se sont imposés 3-1 à Hampden Park grâce à Andriy Yarmolenko, **Roman Yaremchuk** et Artem Dovbyk. Ils se sont toutefois inclinés en finale quatre jours plus tard, 1-0 contre le pays de Galles. Yaremchuk avait déjà inscrit trois buts dans le Groupe D des éliminatoires où l'Ukraine n'avait été devancée que par la France, championne du monde, et avait notamment signé un record de cinq succès d'affilée. Pendant la campagne, en août 2021, le sélectionneur Andriy Shevchenko a démissionné et a été remplacé par Oleksandr Petrakov. Avec ce revers contre les Gallois, les Ukrainiens ont désormais échoué dans six tournois de barrage.

Membre de la FIFA : 1992

Plus large victoire : 9-0, contre Saint-Marin, en 2013

Meilleur classement FIFA : 11e

Stade : (Rotation)

Palmarès : –

YARMOLENKO

93

Andriy Pyatov est devenu le gardien ukrainien le plus capé avec sa 93e sélection lors d'un nul 2-2 en Serbie en novembre 2019, offrant à son pays un billet pour l'Euro 2020. Il avait déjà établi un record national d'invincibilité en gardant ses cages inviolées pendant 752 minutes entre mars et novembre 2013.

BUTEURS

1. **Andriy Shevchenko,** 48
2. **Andriy Yarmolenko,** 45
3. **Yevhen Konoplyanka,** 21
4. **Serhiy Rebrov,** 15
5. **Oleh Husyev,** 13
= **Roman Yaremchuk,** 13

JOUEUR STAR
L'ÉCLAIR YARMOLENKO

À l'Euro 2020, l'ailier **Andriy Yarmolenko** et le buteur Roman Yaremchuk sont devenus le premier duo à marquer dans les 2 premiers matchs d'un même Championnat d'Europe : lors du revers 3-2 contre les Pays-Bas et du succès 2-1 contre la Macédoine du Nord. Seul Andriy Shevchenko a marqué davantage que Yarmolenko en sélection. Ce dernier détient aussi le record national du but le plus rapide : 14 secondes, lors d'une défaite amicale 3-2 contre l'Uruguay en septembre 2011.

LÉGENDE NATIONALE
LE RÊVE DE REB'

En août 1996, Serhiy Rebrov a marqué le tout premier but de l'Ukraine en Coupe du Monde, synonyme de victoire 1-0 sur l'Irlande du Nord lors des éliminatoires pour le Mondial 1998. Rebrov a fait partie du groupe qui a disputé sa première phase finale de Coupe du Monde en 2006 ; il a marqué contre l'Arabie saoudite et a contribué à atteindre les quarts de finale où l'Ukraine a perdu 3-0 contre l'Italie, future championne. Rebrov a été le plus jeune international ukrainien lors du match contre les États-Unis en juin 1992, à 18 ans et 24 jours.

SÉLECTIONS

1. **Anatoliy Tymoshchuk,** 144
2. **Andriy Yarmolenko,** 112
3. **Andriy Shevchenko,** 111
4. **Andriy Pyatov,** 102
5. **Ruslan Rotan,** 100

TYMOSHCHUK

LÉGENDE NATIONALE
UN TEMPS D'AVANCE

Sélectionneur de l'Ukraine pour sa première participation à la Coupe du Monde, Oleg Blokhin a bâti sa réputation en tant que buteur du Dynamo Kiev, le club de sa ville natale. Né en 1952, quand l'Ukraine faisait partie de l'URSS, Blokhin détient le record de buts (211) et de matchs (432) en championnat soviétique. Il est aussi le recordman de réalisations (42) et de capes (112) pour la sélection soviétique. Blokhin a dirigé l'Ukraine lors de la Coupe du Monde 2006. En Allemagne, ses protégés ont perdu 3-0 en quart contre les futurs champions italiens après avoir sorti la Suisse aux tirs au but.

LÉGENDE NATIONALE
EN ORBITE

À la lutte avec son coéquipier **Anatoliy Tymoshchuk**, Andriy Shevchenko fut le 1er footballeur ukrainien à atteindre les 100 sélections. Mais Tymoshchuk, milieu de terrain défensif avec 144 sélections à son actif, a dépassé Shevchenko. Il a pris sa retraite en 2016. Il eut aussi l'honneur de voir son nom dans l'espace : lors de sa mise en orbite en 2007, le cosmonaute ukrainien Yuri Malenchenko portait un maillot du Zenit Saint-Pétersbourg floqué « Tymoshchuk ».

120:37

Le but victorieux d'Artem Dovbyk à la dernière seconde d'Ukraine-Suède, en huitième de l'Euro 2020, est le but le plus tardif de l'histoire du Championnat d'Europe. Enregistré à la 120e minute et 37 secondes, il dépasse le record de Michel Platini à la 118e et 53 secondes qui avait éliminé le Portugal en 1984.

3

Marko Dević est devenu le premier homme à inscrire un triplé pour l'Ukraine, lors du succès 8-0 sur le terrain de Saint-Marin, en octobre 2013. Depuis, le seul à avoir réédité cet exploit est Andriy Yarmolenko, pour une victoire 3-0, au Luxembourg, en novembre de l'année suivante.

8

Huit buteurs ont trouvé le chemin des filets durant l'écrasant succès 9-0 contre Saint-Marin, en éliminatoires du Mondial en 2013 – la victoire la plus large de l'Ukraine.

3

Trois Ukrainiens ont remporté le Ballon d'Or en tant que meilleur footballeur européen de l'année : Oleh Blokhin en 1975 et Igor Belanov en 1986 avec l'Union soviétique, puis Andriy Shevchenko après l'indépendance, en 2004.

SHEVCHENKO

LÉGENDE NATIONALE
SUPER SHEVA

Andriy Shevchenko était un jeune boxeur prometteur avant de se tourner vers le football. Il a remporté des trophées dans tous les clubs où il est passé, dont 5 titres avec le Dynamo Kiev. Il est le deuxième joueur le plus capé et le meilleur buteur d'Ukraine (48 buts en 111 matchs). Il a notamment marqué 2 buts lors du Mondial 2006, où il était le capitaine de la sélection qui disputait son premier tournoi majeur. Pour l'Euro 2012 (coorganisé par son pays), il a inscrit un doublé lors du premier match des siens pour renverser la Suède (2-1). Shevchenko était l'adjoint du sélectionneur ukrainien Mikhail Fomenko à l'Euro 2012 avant de devenir titulaire du poste. Si son équipe n'a pas disputé le Mondial 2018, Sheva a conduit les siens jusqu'aux quarts de l'Euro 2020 où ils ont été éliminés 4-0 par l'Angleterre à Rome.

PAYS DE GALLES

Dans un pays où le rugby a toujours été le sport roi, les progrès récents du football gallois, dont une demi-finale à l'Euro 2016, insufflent un optimisme et un enthousiasme sans précédent.

Membre de la FIFA : 1906
Plus large victoire : 11-0, contre l'Irlande, en 1888
Meilleur classement FIFA : 8e
Stade : Cardiff City Stadium, Cardiff
Palmarès : –

100 MILLIONS
Gareth Bale est devenu le joueur le plus cher du monde en août 2013 lorsque le Real Madrid l'a arraché à Tottenham Hotspur contre 100 millions de dollars.

BALE

LÉGENDE NATIONALE
JEUNE DRAGON

Il semblait prévisible que le meilleur buteur gallois en Coupe du Monde depuis 1958 soit **Gareth Bale**, dont le penalty en fin de match a permis d'arracher le nul (1-1) contre les États-Unis, dans le groupe B de la phase finale au Qatar. Le pays de Galles s'est ensuite incliné 2-0 contre l'Iran et 3-0 contre l'Angleterre, synonyme d'élimination dès le premier tour. Bale a annoncé sa retraite internationale peu après. C'était déjà lui qui avait marqué le premier but des Gallois dans un tournoi majeur depuis 1958, en convertissant un coup franc contre la Slovaquie (victoire 2-1) à l'Euro 2016. Joueur le plus capé et meilleur buteur de sa sélection, Bale a fait des adieux émouvants à son public, au Cardiff City Stadium, le 28 mars 2023. Son équipe s'est ensuite imposée 1-0 contre la Lettonie en éliminatoires de l'Euro 2024.

20

Le milieu Aaron Ramsey est devenu le plus jeune capitaine gallois, à 20 ans et 90 jours, en prenant le brassard contre l'Angleterre en mars 2011. Le record précédent appartenait à Mike England, âgé de 22 ans et 135 jours contre l'Irlande du Nord en avril 1964.

ANECDOTE DU TOURNOI
HISTOIRE DE FAMILLE

La première phase finale de Coupe du Monde disputée par le pays de Galles remonte à 1958. Les Gallois avaient cédé 1-0 devant le Brésil, futur champion, sur le premier but international de Pelé. C'était alors une affaire de famille à plus d'un titre. L'ailier gauche Cliff Jones avait été rejoint dans le groupe par son cousin Ken, gardien remplaçant qui n'a jamais joué pour son pays. Leur père, Ivor, et leur oncle, Bryn, ont aussi porté le maillot national. En 1958, les piliers de l'équipe étaient Mel et **John Charles**. John excellait autant en défense centrale qu'en pointe. Il a inscrit le 1er but des Gallois en Suède, lors du nul 1-1 contre la Hongrie. Mel est l'un des 4 Gallois seulement à avoir marqué 4 fois dans un match international.

LÉGENDE NATIONALE
BILLY L'IDOLE

L'ailier Harris Wilson est devenu le plus jeune international titulaire gallois en octobre 2013, lorsqu'il a remplacé Hal Robson-Kanu dans un match de qualification pour la Coupe du Monde 2014. À l'âge de 16 ans et 207 jours, il avait 108 jours de plus que Gareth Bale, le précédent détenteur du record. L'international gallois le plus âgé est Billy Meredith, qui a disputé son 48e et dernier match à l'âge de 45 ans et 229 jours, en mars 1920. L'Euro 2020 de Wilson s'est terminé avec un carton rouge lors de l'élimination contre les Danois, victorieux 4-0 en huitième.

CHARLES

BUTEURS

1. **Gareth Bale**, 41
2. **Ian Rush**, 28
3. **Ivor Allchurch**, 23
   = Trevor Ford, 23
5. **Dean Saunders**, 22

PAGE

15

L'attaquant Robert Earnshaw a la particularité d'avoir signé des triplés dans les quatre divisions du football anglais, en Coupe d'Angleterre et en Coupe de la Ligue anglaise. Il a également réussi un triplé contre l'Écosse, le 18 février 2004. En matchs internationaux, 15 triplés ont été marqués par 15 Gallois différents.

LÉGENDE NATIONALE
ROBERT À LA PAGE

Aucune nation n'a patienté plus longtemps que le pays de Galles pour retrouver une phase finale de Coupe du Monde. Il s'est qualifié pour le Qatar en éliminant l'Ukraine 1-0 en barrages à Cardiff, en juin 2022, un but marqué par l'inévitable Gareth Bale sur un tir dévié par le malheureux Andriy Yarmolenko. La dernière participation des Gallois remontait à 1958. Avant eux, l'Égypte avait aussi traversé le désert entre 1934 et 1990 et la Norvège entre 1938 et 1994. Le sélectionneur des Gallois était **Robert Page**, arrivé avant l'Euro 2020, qui comptait 41 sélections pour le pays en tant que défenseur. Le gardien Wayne Hennessey a gardé ses cages inviolées contre l'Ukraine pour la première fois en 9 confrontations contre cet adversaire en éliminatoires de Coupe du Monde. Mais la phase finale a mal tourné pour le portier, qui a reçu un carton rouge pour une faute contre l'Iranien Mehdi Teremi. Il est devenu le troisième gardien expulsé en Coupe du Monde.

SPEED

LÉGENDE NATIONALE
LA MORT D'UN GRAND PRO

C'est avec stupeur que les amoureux du ballon rond ont appris le décès soudain du sélectionneur **Gary Speed** en novembre 2011. Ancien milieu de terrain de Leeds, Everton, Newcastle et des Bolton Wanderers, 2e joueur le plus capé du pays de Galles, Speed a été retrouvé mort à son domicile, dans le comté anglais du Cheshire. Âgé de 42 ans, il était en poste depuis 11 mois. Des performances encourageantes avaient fait passer ses hommes de la 116e à la 48e place au classement FIFA, et leur avaient valu le prix de la Meilleure progression en 2011. En février 2012, un match en son honneur opposa le pays de Galles au Costa Rica (nation contre laquelle il avait honoré sa 1re cape en mai 1990).

1906
Pionniers du cinéma, Sagar Mitchell et James Kenyon ont été les premiers à filmer un match international : pays de Galles-Irlande, en mars 1906.

20

Le défenseur du pays de Galles et de Chelsea Ethan Ampadu est le plus jeune joueur à avoir été expulsé directement d'un Championnat d'Europe quand il a reçu un rouge à 20 ans et 279 jours pour une faute sur l'Italien Federico Bernardeschi, lors du dernier match du Groupe A de l'Euro 2020.

LÉGENDE NATIONALE
LE CHOIX IMPOSSIBLE

Chris Gunter avait 29 ans quand il a disputé son 93e match international contre l'Albanie, en novembre 2018. Il est ainsi devenu le Gallois le plus capé, devant l'ancien éboueur reconverti en gardien d'Everton, Neville Southall. Les parents de Gunter ont dû faire face à un dilemme après le succès 3-1 contre la Belgique, en quart de finale de l'UEFA Euro 2016 (buts du capitaine Ashley Williams, d'Hal Robson-Kanu et de Sam Vokes). En effet, son frère Marc devait se marier au Mexique le même jour que la demi-finale contre le Portugal. Ils ont finalement assisté à la rencontre à Lille, où le pays de Galles s'est incliné 2-0, mais a quand même signé le meilleur résultat de son histoire. Gunter est devenu le premier international gallois à atteindre 100 sélections quand le Mexique a été battu 1-0 en amical en mars 2021.

GUNTER

SÉLECTIONS

1. **Gareth Bale**, 111
2. **Chris Gunter**, 109
3. **Wayne Hennessey**, 108
4. **Neville Southall**, 92
5. **Ashley Williams**, 86

EUROPE : LES AUTRES ÉQUIPES

Pour les petits pays européens, la fierté de défendre les couleurs nationales compte bien davantage que les rêves d'hégémonie planétaire.

Pays : Islande
Membre de la FIFA : 1947
Joueur le plus capé : Birkir Bjarnason, 113
Meilleurs buteurs : Eiður Guðjohnsen/Kolbeinn Sigþórsson, 26

Pays : Saint-Marin
Membre de la FIFA : 1988
Joueur le plus capé : Matteo Vitaioli, 77
Meilleur buteur : Andy Selva, 8

Pays : Finlande
Membre de la FIFA : 1908
Joueur le plus capé : Jari Litmanen, 137
Meilleur buteur : Teemu Pukki, 37

Pays : Luxembourg
Membre de la FIFA : 1910
Joueur le plus capé : Mario Mutsch, 102
Meilleur buteur : Léon Mart, 16

Pays : Gibraltar
Membre de la FIFA : 2016
Joueur le plus capé : Liam Walker, 69
Meilleur buteur : Roy Chipolina, 5 = Liam Walker, 5

Pays : Autriche
Membre de la FIFA : 1905
Joueur le plus capé : Marko Arnautović, 106
Meilleur buteur : Toni Polster, 44

Pays : Géorgie
Membre de la FIFA : 1992
Joueur le plus capé : Guram Kashia, 102
Meilleur buteur : Shota Arveladze, 26

Pays : Macédoine du Nord
Membre de la FIFA : 1994
Joueur le plus capé : Goran Pandev, 122
Meilleur buteur : Goran Pandev, 38

Pays : Azerbaïdjan
Membre de la FIFA : 1992
Joueur le plus capé : Rashad Sadygov, 111
Meilleur buteur : Gurban Gurbanov, 14

Pays : Bosnie-Herzégovine
Membre de la FIFA : 1996
Joueur le plus capé : Edin Džeko, 127
Meilleur buteur : Edin Džeko, 64

Pays : Slovénie
Membre de la FIFA : 1992
Joueur le plus capé : Boštjan Cesar, 101
Meilleur buteur : Zlatko Zahovič, 35

Pays : Arménie
Membre de la FIFA : 1992
Joueur le plus capé : Sargis Hovsepyan, 132
Meilleur buteur : Henrikh Mkhitaryan, 32

Pays : Albanie
Membre de la FIFA : 1932
Joueur le plus capé : Lorik Cana, 93
Meilleur buteur : Erjon Bogdani, 18

Pays : Biélorussie
Membre de la FIFA : 1992
Joueur le plus capé : Aliaksandr Kulchy, 102
Meilleur buteur : Maksim Romaschenko, 20

Pays : Andorre
Membre de la FIFA : 1996
Joueur le plus capé : Ildefons Lima, 134
Meilleur buteur : Ildefons Lima, 11

Pays : Monténégro
Membre de la FIFA : 2007
Joueur le plus capé : Fatos Bećiraj, 86
Meilleur buteur : Stevan Jovetić, 31

Pays : Kosovo
Membre de la FIFA : 2015
Joueur le plus capé : Amir Rrahmani, 48
Meilleur buteur : Vedat Muriqi, 20

BJARNASON

ANECDOTE D'ÉQUIPE
LA GLOIRE DES OUTSIDERS

Le premier but de l'Islande dans un grand tournoi a été inscrit par le milieu **Birkir Bjarnason**, devenu aujourd'hui le plus capé de son pays, lors de son premier match de l'UEFA Euro 2016 – le but de l'égalisation 1-1 contre les futurs champions portugais. L'Islande s'est hissée en quart cet été-là, battant l'Angleterre 2-1 en 8e avant de s'incliner devant les hôtes français. En 2018, l'Islande est devenue la plus petite nation à se qualifier à la Coupe du Monde, même si elle n'a pas franchi la phase de groupes en Russie. Son premier but au Mondial a été marqué par Alfreð Finnbogason lors du nul 1-1 contre l'Argentine.

ANECDOTE DU TOURNOI
LA FINLANDE, ENFIN

Teemu Pukki, auteur de 10 buts, a brillé en qualifiant la Finlande pour un premier tournoi majeur en 33 tentatives. Les Finlandais ont accroché la 2e place du Groupe B des éliminatoires de l'UEFA Euro 2020, derrière l'Italie. Seul le Luxembourg a disputé plus d'éliminatoires – 35 – sans jamais se qualifier. Pukki a marqué 10 buts dans ses 59 premières sélections, puis en a ajouté 20 dans ses 31 matchs suivants, avant de se qualifier pour l'Euro à l'été 2021. Son doublé contre le Kazakhstan (2-0) en octobre 2021, en éliminatoires du Mondial, lui a permis de devancer Jari Litmanen (32) au classement des buteurs finlandais. Son équipe a toutefois échoué à se qualifier pour la phase finale, terminant 3e du groupe D derrière la France et l'Ukraine.

PUKKI

SELVA

102

Avec un 101e match en novembre 2022, un amical perdu 3-0 contre le Maroc, le défenseur central Guram Kashia est passé devant le milieu Jaba Kankava et l'ailier Levan Kobiashvili en tant que Géorgien le plus capé. Il a ensuite obtenu sa 102e sélection lors du premier match des éliminatoires de l'Euro 2024, un nul 1-1 à domicile contre la Norvège.

RECORD DE BUTS
SELVA, L'EXCEPTION

Avec moins de 30 000 habitants, Saint-Marin végète en queue du classement FIFA, mais le petit pays a enfin eu une raison de se réjouir en novembre 2014 grâce à un nul 0-0 contre l'Estonie, son tout premier point en qualifications à l'Euro. Il mettait ainsi fin à 61 défaites successives. Sa seule victoire est un succès 1-0 contre le Liechtenstein, en avril 2004, grâce à un but dès la 5e minute d'**Andy Selva**, meilleur buteur de Saint-Marin. Le joueur le plus capé est son compagnon d'attaque Matteo Vitaioli, dont le premier et jusqu'à présent seul but en sélection a été marqué lors d'une défaite contre la Lituanie en septembre 2015. C'était le premier but à l'extérieur de cette nation depuis 14 ans.

RECORD DE BUTS
LE LUXEMBOURG RENAÎT

En septembre 2013, le Luxembourg a mis fin à une longue attente en battant l'Irlande du Nord 3-2. C'était la première victoire à domicile des « Lions Rouges » en qualification pour la Coupe du Monde depuis 41 ans (victoire sur la Turquie 2-0, en octobre 1972), cinq ans jour pour jour après leur dernière victoire en qualification pour la Coupe du Monde, 2-1 en Suisse en 2008. Le Luxembourg a poursuivi sur sa belle lancée avec un succès-surprise 1-0 contre l'Irlande en mars 2021, pour les éliminatoires du Mondial 2022, grâce à un but tardif du milieu Gerson Rodrigues. Trois jours plus tard, le même Rodrigues a récidivé contre les champions d'Europe portugais, malgré la défaite 3-1.

7-0

Le capitaine de l'Islande à l'Euro 2016 et au Mondial 2018 était le milieu de terrain Aron Gunnarson. Il a fêté son 101e match international avec un triplé lors du succès record de l'Islande 7-0, sur la pelouse du Liechtenstein, en mars 2023, comptant pour les éliminatoires de l'Euro 2024.

LÉGENDE NATIONALE
SUPER PAN

La toute première qualification de la Macédoine du Nord pour un grand tournoi est l'œuvre du meilleur buteur de l'histoire de la sélection, près de 20 ans après ses débuts. **Goran Pandev** a marqué le seul but du barrage contre la Géorgie en novembre 2020, décrochant un billet pour le Championnat d'Europe l'été suivant. Il avait atteint les 100 capes un peu plus tôt dans les éliminatoires, lors d'une victoire 3-1 contre la Lettonie en 2019. En août 2019, Pandev avait pris la tête du classement des buteurs devant Georgi Hristov grâce à un doublé contre les champions d'Europe espagnols (défaite 3-2).

PANDEV

15

Le démantèlement de l'URSS a créé 15 nouvelles nations de football, même si la Russie a disputé l'Euro 1992 en tant que CEI (Communauté des États indépendants), qui excluait l'Estonie, la Lettonie et la Lituanie.

LIMA

JOUEUR STAR
JOURS DE GLOIRE POUR ILDEFONS

Ildefons Lima, capitaine vétéran d'Andorre, a éprouvé une double joie le 9 juin 2017. Il a en effet atteint le record d'Óscar Sonejee de 106 capes, et son équipe a battu la Hongrie 1-0 en éliminatoires de la Coupe du Monde 2018. Ce n'était que la 2e victoire des Andorrans en compétition, et la première en 66 matchs. Le but victorieux était l'œuvre du défenseur central Marc Rebés, son premier en 9 matchs pour l'Andorre. La petite nation a mis un terme à une série de 56 défaites en éliminatoires du Championnat d'Europe de l'UEFA, avec un succès 1-0 sur la Moldavie, grâce à un but d'un autre défenseur, Marc Vales.

DŽEKO

JOUEUR STAR
DŽEKO GRAND CŒUR

En septembre 2012, **Edin Džeko** est devenu le meilleur buteur de tous les temps pour la Bosnie-Herzégovine en réalisant un triplé en 2nde mi-temps d'une victoire 8-1 contre le Liechtenstein en éliminatoires de la Coupe du Monde 2014. En marquant ces buts, il a dépassé le record précédent d'Elvir Bolić, mais aussi celui de son coéquipier international Zvjezdan Misimović, qui avait réalisé un doublé en première mi-temps. Les deux hommes ont fait la course en tête jusqu'à ce que Džeko s'envole seul. En septembre 2018, il est devenu le joueur le plus capé du pays et en a profité pour signer le seul but du match contre l'Autriche en Ligue des Nations de l'UEFA.

54

Le latéral kazakh Aybol Abiken a marqué un but de 54 mètres lors du revers 3-1 contre l'Albanie en novembre 2020, le but le plus lointain en Ligue des Nations de l'UEFA. Il a lobé le gardien adverse depuis la ligne médiane.

4

Les îles Féroé, quatrième nation la moins peuplée de l'UEFA, ont réussi une série inédite de 4 matchs sans défaite, en 2022. Les Féroïens ont battu la Lituanie 2-1 à domicile, obtenu des nuls 2-2 au Luxembourg et en Lituanie, avant de battre la Turquie 2-1 à domicile, à la surprise générale. Tous ces matchs comptaient pour la ligue C de la Ligue des Nations de l'UEFA. L'arrière gauche Viljormur Davidsen a ouvert le score dans les 2 matchs gagnés.

POLSTER

ANECDOTE DU TOURNOI
LE KOSOVO EN FÊTE

Le Kosovo a disputé sa 1re compétition internationale en jouant les éliminatoires de la Coupe du Monde de la FIFA 2018. Il a ensuite participé aux qualifications du Championnat d'Europe de l'UEFA, terminant 3e du Groupe A derrière l'Angleterre et la République tchèque, synonyme de barrage contre la Macédoine du Nord. Le meilleur buteur de la sélection de Bernard Challandes était **Vedat Muriqi**. Il a marqué lors de la victoire cruciale 2-0 contre le Monténégro, tout comme le défenseur Amir Rrahmani, qui, en 2022, s'est détaché de son coéquipier, le latéral droit Mërgim Vojvoda, au classement des plus capés du pays. Vojvoda avait marqué lors du 5-0 contre le Burkina Faso en mars 2022, une victoire qui égalait la marge record établie contre Malte en 2018.

MURIQI

LÉGENDE NATIONALE
LE CLUB DES 100

Le défenseur central Aleksandar Dragović est devenu le 2e Autrichien seulement à atteindre les 100 sélections – après le milieu Andreas Herzog – lors du 2-2 contre l'Écosse en mars 2022. Le buteur Marko Arnautović est lui aussi devenu centenaire trois mois plus tard, lors d'une défaite 2-1 contre le Danemark dans le Groupe A de la Ligue des Nations. Trois jours plus tôt, Arnautović avait inscrit son 33e but en sélection pour battre la Croatie 3-0, talonnant ainsi d'une petite longueur Johann Krankl et à 11 unités d'**Anton Polster**, meilleur buteur autrichien.

29

Māris Verpakovskis, le meilleur buteur de la Lettonie avec 29 unités en 104 rencontres, est aussi le seul à avoir trouvé les filets dans une compétition majeure avec son pays – une défaite 2-1 contre la République tchèque au Championnat d'Europe 2004. Avant cela, il avait marqué 6 buts en 10 matchs de qualification pour aider la Lettonie à accéder à la phase finale au Portugal.

JOUEUR STAR
HAMLET, DEUX FOIS

L'attaquant Hamlet Mkhitaryan a joué à deux reprises pour l'Arménie post-soviétique en 1994, mais est décédé deux ans plus tard d'une tumeur au cerveau, âgé de 33 ans à peine. Son fils, **Henrikh Mkhitaryan**, qui avait alors sept ans, est devenu meilleur buteur d'Arménie et rend régulièrement hommage à son père. Mkhitaryan fils avait égalé Artur Petrossian en marquant contre le Danemark, en juin 2013. Si Petrossian avait eu besoin de 69 rencontres pour inscrire ses 11 buts, Mkhitaryan l'a fait en seulement 39 matchs. Il a ensuite pris seul les commandes du classement avec son 12e but international lors d'un nul 2-2 contre l'Italie, en octobre 2013.

MKHITARYAN

VUČINIĆ

JOUEUR STAR
VUČINIĆ, VU

Stevan Jovetic a marqué sept buts en sept matchs pour le Monténégro, de septembre 2016 à juin 2017, dépassant son coéquipier attaquant et capitaine **Mirko Vučinić,** avec 23 buts. Son triplé en qualification à la Coupe du Monde 2018 a contribué à la victoire 4-1 sur l'Arménie, en juin 2017. Parmi les 17 buts de Vučinić figure le tir victorieux contre la Suisse en qualification pour l'Euro 2012, qu'il a fêté en ôtant son short pour se le mettre sur la tête – facétie qui lui a valu un carton jaune.

ANECDOTE DU TOURNOI
JOIE KAZAKHE, TRISTESSE ÉCOSSAISE

En mars 2019, quelque 27 000 supporters kazakhs fêtant la nouvelle année ont eu une raison supplémentaire de se réjouir en suivant le plus bel exploit footballistique du pays. Le Kazakhstan, 117e nation mondiale, battait l'Écosse 3-0 à la surprise générale dans le premier match des éliminatoires de l'Euro 2020 à Astana. Yuriy Pertsukh, Yan Vorogovskiy et Baktiyar Zaynutdinov ont été les trois héros du pays pour la première rencontre du Tchèque Michal Bílek à la tête de l'équipe. Le Kazakhstan avait perdu ses 10 matchs dans la campagne de qualification pour la Coupe du Monde 2018.

100

Boštjan Cesar a joué son 100e match contre l'Écosse en octobre 2017, mais il a été gâché par un carton rouge tardif. Cesar a pris sa retraite après le match suivant.

JOUEURS STARS
LE CLAN XHAKA

Granit et Taulant Xhaka, nés tous deux à Bâle de parents albanais du Kosovo, sont devenus les premiers frères à s'affronter en Championnat d'Europe, le 11 juin 2016 : Granit, milieu de terrain de 23 ans pour la Suisse, et Taulant, défenseur de 25 ans pour l'Albanie. Granit et la Suisse l'ont emporté 1-0, mais l'Albanie a décroché sa première victoire dans une grande compétition en battant la Roumanie 8 jours plus tard.

MIFSUD

LÉGENDE NATIONALE
LA PIQÛRE DU MOUSTIQUE

À 39 ans, **Michael Mifsud** a marqué pour sa 143e et dernière sélection, un succès 3-0 en amical contre le Liechtenstein en novembre 2009. Le plus grand joueur maltais – malgré son mètre 65 qui lui a valu le surnom de « Moustique » – a inscrit 42 buts pour son pays, dont un quintuplé lors d'un succès 7-1 contre le Liechtenstein en mars 2008 (avec 3 buts en 21 minutes). En juin 2013, pour les éliminatoires du Mondial 2014, il a aussi signé le seul but du match qui a offert la première victoire de Malte à l'extérieur en compétition, face à l'Arménie.

AMÉRIQUE DU SUD

L'Amérique du Sud voue une telle passion au football qu'elle peut se targuer de cumuler 10 sacres en Coupe du Monde et d'organiser la plus ancienne compétition de sélections nationales encore disputée, la Copa América, fondée en 1916. Les Sud-Américains ont également accueilli la phase finale du Mondial 5 fois et espèrent recommencer en 2030.

Fondation : 1916

Pays membres : 10

Siège : Luque, Paraguay

Nations les plus titrées en championnat continental : Uruguay, 15 Argentine, 15

10

Le nombre de nations de la CONMEBOL, la Confédération sud-américaine de football, qui participent à la Copa América. Au moins deux autres pays étaient invités entre 1993 et 2019.

La première Coupe du Monde s'est déroulée en Amérique du Sud : l'Uruguay a organisé et remporté le tournoi en 1930.

21

Le Brésil a participé aux 21 phases finales de la Coupe du Monde, plus que tout autre pays, et en a remporté 5, un autre record.

Le premier club de football fondé en Amérique du Sud était le *Lima Cricket and Football Club*, en 1859, au Pérou.

10

La CONMEBOL ne compte que 10 États membres, moins que les autres confédérations de la FIFA.

ARGENTINE

Vainqueur de la Copa América à 15 reprises, sacrée en Coupe des Confédérations en 1992, médaillée d'or aux Jeux olympiques 2004 et 2008, et surtout championne du monde en 1978, 1986 et 2022, l'Argentine est l'une des nations les plus titrées à l'échelle mondiale.

Membre de la FIFA : 1912

Plus large victoire : 12-0, contre l'Équateur, en 1942

Meilleur classement FIFA : 1er

Stade : Estadio Monumental Antonio Vespucio Liberti, Buenos Aires

Palmarès : 3 Coupes du Monde (1978, 1986, 2022), 15 Copa América (1921, 1925, 1927, 1929, 1937, 1941, 1945, 1946, 1947, 1955, 1957, 1959, 1991, 1993, 2021)

JOUEUR STAR
BRAVO LEO

Que **Lionel Messi** soit considéré comme l'un des plus grands joueurs de tous les temps ne faisait aucun doute, mais à la Coupe du Monde 2022 au Qatar, il a enfin imité son compatriote Diego Maradona en soulevant le trophée le plus prestigieux du football. Messi a inscrit 2 buts en finale contre le champion sortant, la France, dans un match qui s'est soldé sur le score de 3-3 après les prolongations. Il a ensuite converti sa tentative aux tirs au but. Messi a été désigné meilleur joueur du tournoi, devenant le premier homme sacré 2 fois. Sa carrière internationale avait pourtant mal commencé : il avait été expulsé 2 minutes après ses premiers pas contre la Hongrie en août 2005. Depuis, il est devenu le meilleur buteur de sa sélection, le plus jeune buteur en Coupe du Monde (en 2006, à 19 ans) et le plus jeune capitaine (à 23 ans, lors de l'édition 2010). Il compte aussi plus de matchs en phase finale que tout autre joueur (26).

MESSI

26

Avec ses 7 buts au Mondial 2022, Lionel Messi compte désormais 26 réalisations en Coupe du Monde et en Copa América (13 dans chaque compétition). Il est ainsi devenu le Sud-Américain le plus prolifique, devançant les 25 unités du Brésilien Ronaldo (15 en Coupe du Monde, 10 en Copa América).

MASCHERANO

JOUEUR STAR
L'ÉCLAT DE MASCHERANO

Avant la création de la Coupe du Monde de la FIFA en 1930, huit Uruguayens avaient remporté l'or aux Jeux olympiques de 1924 et 1928. Un seul autre homme, le Hongrois Dezső Novák en 1964 et 1968, a réussi ce doublé avant le milieu défensif argentin **Javier Mascherano**, à Athènes en 2004 et à Pékin en 2008. Carlos Tévez a marqué le seul but contre le Paraguay, tandis qu'Ángel Di María a offert la victoire contre le Nigeria quatre ans plus tard, sous une chaleur telle que les organisateurs ont dû autoriser des pauses fréquentes pour que les joueurs s'hydratent. Mascherano, surnommé le « Petit chef », est devenu l'Argentin le plus capé au Mondial 2018, avant de prendre sa retraite internationale à la suite du revers 4-3 en huitième contre les futurs champions français. Lionel Messi a dépassé Mascherano en tant que joueur le plus capé du pays lors de la Copa América 2021.

3

L'Argentine est l'un des 3 pays, avec la France et le Brésil, à avoir été sacré en Coupe du Monde, en Coupe des Confédérations et aux Jeux olympiques.

BUTEURS

1. **Lionel Messi**, 98
2. **Gabriel Batistuta**, 54
3. **Sergio Agüero**, 41
4. **Hernán Crespo**, 35
5. **Diego Maradona**, 34

DI MARÍA

14

L'Argentine a terminé 14 fois à la deuxième place de la Copa América, soit trois fois de plus que le Brésil, le plus récemment en 2015 et 2016.

ANECDOTE DU TOURNOI
L'ARCHÁNGEL

Par deux fois, **Ángel Di María** a inscrit le but de la victoire de l'Argentine dans une finale – à 13 ans d'écart. Auteur du seul but en finale du tournoi olympique de Pékin 2008 contre le Nigeria, il a récidivé face au pays hôte de la Copa América 2021, le Brésil. C'était le premier titre majeur de l'*Albiceleste* depuis son succès dans la même compétition en 1993. Entre-temps, les Argentins se sont inclinés deux fois en finale de la Copa, en 2015 et en 2016, chaque fois aux tirs au but contre le Chili après un match nul et vierge. Di María n'a pu disputer la finale 2014 en raison d'une blessure à la cheville en quarts, lorsqu'il avait offert la balle de but à Gonzalo Higuaín contre la Belgique, mais il a inscrit le deuxième but de son équipe lors de la finale remportée contre la France en 2022.

JOUEUR STAR
« DIBU » LES REND MARTEAU

Emiliano Martínez a été le héros de l'Argentine lors de la Coupe du Monde 2022. En finale, il a stoppé le tir au but de Kingsley Coman, avant de voir Aurélien Tchouaméni manquer le cadre. Quelques minutes plus tôt, il avait déjà sorti une parade in extremis devant Randal Kolo Muani, à la fin des prolongations, ce qui lui a valu le titre de meilleur portier de la compétition. Sergio Romero reste le gardien le plus capé d'Argentine avec 96 sélections mais, à l'occasion de son 26e match international, Martínez a rejoint Ubaldo Fillol (58 capes) et Nery Pumpido (36) au rang des champions du monde.

7,1

Le maillot n° 10 que Diego Maradona portait lors de son doublé contre l'Angleterre à la Coupe du Monde 1986 (le premier de la main, le second élu « but du siècle ») a été vendu aux enchères par Sotheby's à Londres en mai 2022 pour la modique somme de 7,1 millions de £.

LÉGENDE NATIONALE
LA CHANCE DU DÉBUTANT

Le sélectionneur le plus jeune de l'histoire de la Coupe du Monde est Juan José Tramutola, qui entame la Coupe du Monde 1930 par une victoire 1-0 sur la France, à l'âge de 27 ans et 267 jours. L'Argentine ira jusqu'en finale et sera finalement battue par l'Uruguay. L'Argentin Guillermo Stábile fut le meilleur buteur de cette Coupe du Monde avec 8 buts en 4 matchs, les seuls matchs internationaux qu'il ait disputés. Il a par la suite remporté 6 titres de la Copa América comme entraîneur, de 1939 à 1960.

LÉGENDE NATIONALE
LE DIVIN DIEGO

Pour nombre d'observateurs, **Diego Maradona** était le meilleur footballeur de l'histoire, et sa mort à l'âge de 60 ans, le 25 novembre 2020, a suscité une vive émotion dans le monde entier. Pelé a ainsi déclaré : « J'ai perdu un grand ami, et le monde a perdu une légende. » Le talent, les buts et les prouesses de Maradona parlent pour lui. Enfant, il se fait remarquer en jonglant à la mi-temps des matchs de l'Argentinos Juniors. S'il n'est pas retenu pour la Coupe du Monde 1978 et se fait expulser lors de l'édition 1982, c'est bien lui qui conduit l'Argentine au sacre mondial en 1986. Brassard au bras, il signe même un but mythique contre l'Angleterre en quart. En finale contre la RFA, il offre le but de la victoire à Jorge Burruchaga. Devenu sélectionneur, il emmènera l'Argentine jusqu'en quart au Mondial 2010.

MARADONA

2 MINUTES

Le milieu Marcelo Trobbiani n'a joué que 2 minutes en Coupe du Monde. Au Mondial 1986, il était entré en jeu à la place du buteur Jorge Burruchaga pour les deux dernières minutes de la finale.

JOUEUR STAR
LA CENTIÈME DU KUN

Seuls Lionel Messi et Gabriel Batistuta ont marqué plus souvent que **Sergio Agüero** sous le maillot de l'Argentine. Il est le 7ᵉ joueur seulement à avoir dépassé les 100 capes, lors du succès 4-1 contre la Bolivie au dernier match de groupe de la Copa América 2021 – tournoi remporté par l'*Albiceleste*. Surnommé « Kun » d'après un personnage de dessin animé censé lui ressembler, Agüero a été le meilleur buteur du Mondial des moins de 20 ans 2007 au Canada remporté par l'Argentine, titrée pour la 6ᵉ fois, un record. Il a été contraint de raccrocher les crampons en décembre 2021, à l'âge de 33 ans, après avoir souffert d'arythmie cardiaque pendant un match.

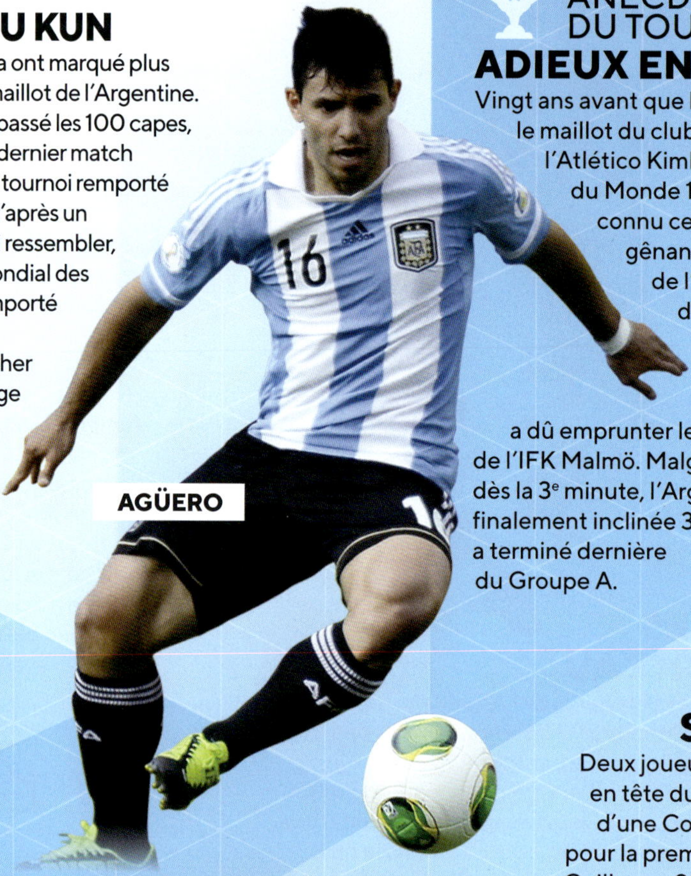

AGÜERO

12

L'Argentine est l'auteur de la victoire la plus large dans l'histoire de la Copa América. En 1942, elle a battu l'Équateur sur le score de 12-0 avec un quintuplé de José Manuel Moreno.

ANECDOTE DU TOURNOI
ADIEUX EN JAUNE

Vingt ans avant que la France n'ait dû porter le maillot du club argentin local de l'Atlético Kimberley, lors de la Coupe du Monde 1978, l'Argentine avait connu cette même situation gênante contre l'Allemagne de l'Ouest, au premier tour du Mondial 1958 en Suède. L'*Albiceleste*, qui n'avait prévu qu'une seule tenue, a dû emprunter le maillot jaune du club de l'IFK Malmö. Malgré l'ouverture du score dès la 3ᵉ minute, l'Argentine s'est finalement inclinée 3-1 et a terminé dernière du Groupe A.

ANECDOTE DU TOURNOI
SUPER MARIO

Deux joueurs argentins ont terminé en tête du classement des buteurs d'une Coupe du Monde. En 1930, pour la première édition en Uruguay, Guillermo Stábile a signé 8 buts pour envoyer l'Argentine en finale, remportée 4-2 par le pays hôte. Ces quatre matchs ont été les seuls pour son pays, mais une fois devenu sélectionneur, Stábile a remporté six Copa América entre 1940 et 1950. **Mario Kempes**, pour sa part, a bien soulevé le trophée mondial grâce à un doublé lors de la finale 1978, à Buenos Aires, pour surclasser les Pays-Bas 3-1 et porter à 6 son total de buts dans la compétition.

5

En Coupe du Monde, l'Argentine a plus souvent triomphé aux tirs au but que n'importe quelle autre nation. En 2022, ses succès contre les Pays-Bas en quarts et contre la France en finale portent son total à 5 victoires en 6 séances ; sa seule défaite ayant été infligée par l'Allemagne, pays hôte, en 2006.

LÉGENDE NATIONALE
L'ANGE GABRIEL

Gabriel Batistuta, surnommé « Batigol », est le seul joueur à avoir inscrit un triplé dans deux Coupes du Monde différentes, respectivement contre la Grèce en 1994 et face à la Jamaïque en 1998. Le Hongrois Sándor Kocsis, le Français Just Fontaine et l'Allemand Gerd Müller ont inscrit, pour leur part, 2 *hat-tricks* dans la même Coupe du Monde. Batistuta a fait trembler les filets de la *Serie A* pendant 11 journées consécutives en 1994-1995 avec la Fiorentina, signant ainsi un nouveau record.

KEMPES

BATISTUTA

LÉGENDE NATIONALE
L'AUTRE LIONEL

Lionel Scaloni, ancien arrière droit, a disputé 7 matchs pour son pays et n'avait qu'une expérience limitée lorsqu'il a été nommé sélectionneur intérimaire de l'*Albiceleste*, en 2018, avec Pablo Aimar (52 capes). Il a été conforté à son poste l'année suivante et, en 2022, a guidé le pays vers son troisième titre en Coupe du Monde. À 44 ans, il est aussi devenu le plus jeune sélectionneur sacré depuis César Luis Menotti, qui avait 39 ans lors du triomphe de l'Argentine, chez elle, en 1978. Scaloni et l'Argentine avaient pourtant raté leurs débuts en phase finale avec une défaite 2-1 contre l'Arabie Saoudite, mais sont finalement devenus les deuxièmes – après l'Espagne en 2010 – à être sacrés malgré une défaite lors du premier match. Scaloni est le troisième entraîneur à gagner la Copa América (en 2021) et la Coupe du Monde, après les Brésiliens Mário Zagalo et Carlos Alberto Parreira. Le tir au but décisif de la finale 2022 a été marqué par le défenseur Gonzalo Montiel, entré en jeu pendant les prolongations et qui avait concédé une main dans la surface permettant à Kylian Mbappé d'égaliser à 3-3.

SCALONI

SÉLECTIONS

1. **Lionel Messi,** 172
2. **Javier Mascherano,** 147
3. **Javier Zanetti,** 143
4. **Ángel Di María,** 129
5. **Roberto Ayala,** 114

ANECDOTE DU TOURNOI
ALPHABÉTIQUE

Lors des Coupes du Monde 1978 et 1982, les numéros des maillots de l'équipe d'Argentine ont été attribués selon l'ordre alphabétique des noms et non le poste des joueurs. Le n° 1 est revenu aux milieux Norberto Alonso en 1978 et Osvaldo Ardiles en 1982. Le seul membre de l'équipe de 1982 dont le numéro ne correspondait pas à l'ordre alphabétique était Diego Maradona, avec son célèbre 10. Naples a rendu hommage à son attaquant fantasque en retirant le numéro 10 de son effectif.

LÉGENDE NATIONALE
CHANGEMENT DE MAILLOT

Luisito Monti est le seul à avoir disputé la finale de la Coupe du Monde pour 2 pays différents. Né à Buenos Aires le 15 mai 1901 de parents italiens, ce milieu de terrain joue un rôle essentiel dans le parcours argentin à la Coupe du Monde de 1930. Les *Albicelestes* s'inclinent 4-2 en finale face à l'Uruguay, alors que le joueur prétend avoir reçu des menaces de mort. Transféré à la Juventus l'année suivante, il est autorisé à jouer pour l'Italie, qui bat la Tchécoslovaquie en finale de la Coupe du Monde 1934. Toujours lors du Mondial 1934, Raimundo Orsi évolue, lui aussi, sous les couleurs italiennes, alors qu'il avait joué pour l'Argentine jusqu'en 1929.

LÉGENDE NATIONALE
JOUEURS À FRANGE

Capitaine exigeant lors du sacre mondial en 1978, **Daniel Passarella** l'était tout autant dans le rôle de sélectionneur. Après avoir pris les rênes de l'Argentine en 1994, il a déclaré qu'il ne retiendrait aucun joueur portant des cheveux longs et a demandé à Claudio Caniggia de se débarrasser de sa « coiffure de fillette ».

PASSARELLA

36

Martín Palermo est le buteur le plus âgé de l'Argentine. Il avait 36 ans et 27 jours quand il a porté le score à 2-0 contre la France, dans les derniers instants du choc du Groupe B de la Coupe du Monde 2010. Moins impressionnant, il a raté 3 penaltys dans un même match, perdu 3-0 contre la Colombie à la Copa América 1999.

BRÉSIL

Aucun pays n'incarne aussi bien l'essence du football que le Brésil. Seule nation à avoir disputé toutes les éditions de la Coupe du Monde, le Brésil est aussi la plus titrée avec ses 5 étoiles.

Membre de la FIFA : 1923

Plus large victoire : 10-1, contre la Bolivie, en 1949

Meilleur classement FIFA : 1er

Stade : Maracanã, Rio de Janeiro

Palmarès : 5 Coupes du Monde (1958, 1962, 1970, 1994, 2002), 9 Copa América (1919, 1922, 1949, 1989, 1997, 1999, 2004, 2007, 2019)

NEYMAR

26

Star du Mondial 1970, Tostão a pris sa retraite trois ans plus tard, à 26 ans, en raison d'une blessure à l'œil.

JOUEUR STAR

NEYMAR GÉANT

Neymar est le plus jeune joueur à atteindre les 100 sélections pour le Brésil. Lors du Mondial 2022, il a dépassé la légende Pelé comme meilleur buteur de l'histoire de son pays. Pourtant, la compétition s'est terminée prématurément pour les *Auriverde*. Neymar avait donné l'avantage aux siens en prolongations des quarts de finale contre la Croatie, pour son 77e but international, mais Bruno Petković est parvenu à égaliser. Aux tirs au but, les échecs de Rodrygo et Marquinhos ont empêché Neymar de prendre sa chance. En 2016, il avait inscrit le but de la victoire sur penalty contre l'Allemagne pour offrir une première médaille d'or olympique au Brésil, 2 ans après une blessure qui l'avait privé de la demi-finale de Coupe du Monde perdue 7-1 contre ces mêmes adversaires.

3

En trouvant la faille contre la Corée du Sud en huitième de finale 2022 (4-1), Neymar est devenu le troisième Brésilien seulement à marquer dans 3 Coupes du Monde, après Pelé et Ronaldo.

SCOLARI

LÉGENDE NATIONALE

FELIPÃO, LE RETOUR

En novembre 2012, le retour de **Luiz Felipe Scolari**, dit Felipão (Phil le grand), comme entraîneur brésilien devait réitérer le succès du pays en Coupe du Monde 2002. Pourtant, malgré une victoire en Coupe des Confédérations 2013, la Coupe du Monde jouée à domicile l'année suivante restera mémorable pour ses records indésirables et les performances gênantes de l'équipe brésilienne, avec une déroute 7-1 contre l'Allemagne en demi-finale, à Belo Horizonte. Scolari a été remercié quelques jours après une défaite 3-0 face aux Pays-Bas, en petite finale.

BUTEURS

1 **Pelé**, 77
= **Neymar**, 77
3 **Ronaldo**, 62
4 **Romário**, 55
5 **Zico**, 48

LÉGENDE NATIONALE
LE ROI

Le monde s'est arrêté quand **Pelé** – souvent considéré comme le plus grand joueur de l'histoire – est décédé le 29 décembre 2022, à l'âge de 82 ans. C'était un homme admiré dans le monde entier, et pas seulement pour ses exploits sur le terrain. Pelé avait par exemple dédicacé son 1 000e but aux enfants défavorisés du Brésil. Plus de 230 000 personnes étaient présentes pour lui dire adieu à Santos, où « *O Rei* » (le Roi) a passé l'essentiel de sa carrière, à l'exception de 2 saisons au New York Cosmos. Pelé avait débuté en club à 15 ans et gagnait sa première Coupe du Monde 2 ans plus tard, en 1958, avec un doublé en finale. Il a également triomphé en 1962 et en 1970, lorsqu'il a ouvert le score de la tête pour battre l'Italie 4-1 en finale. Il est à ce jour le seul joueur triple champion du monde de l'histoire.

PELÉ

7

Pelé a inscrit 7 triplés pour le Brésil et n'est suivi que par Zico et Romário (4), mais un seul joueur a réalisé un quintuplé sous la tunique brésilienne : l'ancien attaquant de Flamengo et du Barça, Evaristo de Macedo, contre la Colombie, en mars 1957.

VINÍCIUS JÚNIOR

JOUEUR STAR
L'EXPÉRIENCE DE JUNIOR

L'ailier vivace **Vinícius Júnior** est devenu le joueur de moins de 19 ans le plus cher du monde lorsque le Real Madrid a accepté de dépenser 45 millions d'euros pour l'arracher à Flamengo, en mai 2017, alors qu'il n'avait pas encore 17 ans. Depuis, il est devenu le plus jeune buteur dans le *Clásico* entre le Real et Barcelone – à 19 ans et 233 jours – quand il a ouvert la marque en mai 2020. Après ses débuts en sélection comme remplaçant, lors d'une défaite 1-0 contre le Pérou en septembre 2019, il a inscrit son premier but international en mars 2022, pour les éliminatoires du Mondial, face au Chili battu 4-0 au Maracanã de Rio.

1954

La tenue bleue et jaune mondialement célèbre n'a été adoptée qu'en 1954, en remplacement de l'ancien maillot blanc.

ANECDOTE DU TOURNOI
LE PAYS DU FOOT

Aucun pays n'est aussi profondément identifié au football que le Brésil, qui a remporté cinq Coupes du Monde, en 1958, 1962, 1970, 1994 et 2002. La *Seleçao* est aussi la seule équipe à avoir disputé toutes les éditions de l'épreuve suprême et à figurer presque toujours parmi les favoris. Après son troisième sacre, au Mexique en 1970, le Brésil a gagné le droit de conserver définitivement le trophée Jules Rimet, lequel a malheureusement disparu du siège de la fédération en 1983.

LÉGENDE NATIONALE
LA JOIE DU PEUPLE

Garrincha, l'une des plus grandes légendes du Brésil, est né Manuel Francisco dos Santos. Son surnom de « Petit oiseau » venait de ses jambes fines et un peu tordues. Malgré cette maladie d'enfance, Garrincha a été ailier droit et star du Botafogo de 1953 à 1965. Nouveaux venus en équipe nationale, Pelé et lui ont fait la différence lors la Coupe du Monde 1958. En 1962, Garrincha a été élu Meilleur joueur de cette compétition. Il est mort en janvier 1983, âgé de seulement 49 ans. Son épitaphe reprend l'expression qui lui était souvent attribuée de son vivant : « La joie du peuple ».

GARRINCHA

ANECDOTE DU TOURNOI
TOUJOURS PRÉSENT

Le Brésil est le seul pays à avoir disputé toutes les Coupes du Monde. Il s'est aisément qualifié pour la phase finale 2022 au Qatar, sa 22e participation, en dominant le classement d'Amérique du Sud, mais s'est incliné aux tirs au but contre la Croatie dès les quarts de finale. Le buteur **Richarlison** a toutefois pu se consoler avec 3 réalisations. Son doublé dans le premier match de la compétition, un succès 2-0 contre la Suisse, a été marqué par un retourné acrobatique qui a été désigné plus beau but du tournoi. L'attaquant de Tottenham a également trouvé la faille contre la Corée du Sud en huitièmes, célébrant son but avec sa célèbre « danse du pigeon » et enjoignant ses coéquipiers et son sélectionneur Tito à en faire autant. C'était toutefois leur dernière danse.

13

En quart du Mondial 2022 contre la Croatie, le Brésil est devenu la 13e équipe à prendre l'avantage 1-0 en prolongation, ainsi que la première à être éliminée. C'était aussi la première à faire jouer 26 joueurs dans une même édition, dont ses 3 gardiens.

ANECDOTE DU TOURNOI
LA COURSE À LA COPA

Si le Brésil n'a gagné que 3 des 33 premières Copa América, les *Auriverde* ont glané 5 titres sur les 9 dernières éditions après leur sacre en 2019. C'était également leur premier succès en 12 ans. En finale, au Maracanã de Rio, les Brésiliens ont battu le Pérou 3-1, malgré l'absence de leur superstar Neymar, blessé, et l'expulsion de Gabriel Jesus. L'avant-centre avait offert l'ouverture du score à Everton, puis doublé la mise avant de rentrer aux vestiaires prématurément. Même à 10, le Brésil a aggravé la marque sur penalty grâce au remplaçant Richarlison, permettant à l'expérimenté Dani Alves de brandir le trophée.

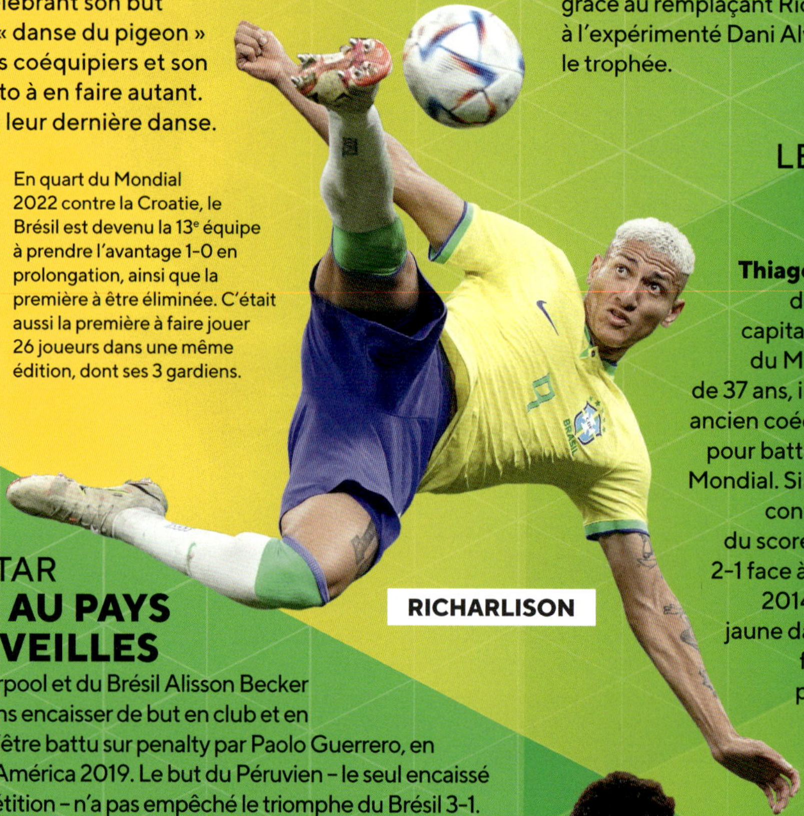

RICHARLISON

LÉGENDE NATIONALE
THIAGO TAILLE PATRON

Thiago Silva a succédé à son camarade de la défense **Lúcio** dans le rôle de capitaine des *Auriverde* après la Coupe du Monde 2010. En mars 2022, à l'âge de 37 ans, il a égalé les 105 sélections de son ancien coéquipier, toujours brassard au bras, pour battre le Chili 4-0 en éliminatoires du Mondial. Silva compte 7 buts internationaux, contre 4 pour Lúcio, dont l'ouverture du score dans le quart de finale remporté 2-1 face à la Colombie pendant le Mondial 2014 à domicile. Un deuxième carton jaune dans le tournoi l'a privé de la demi-finale, une humiliation 7-1 infligée par l'Allemagne. Lúcio, lui, a établi un record au Mondial 2006 en jouant 386 minutes sans commettre de faute – jusqu'à l'élimination du Brésil par la France en quarts (1-0).

JOUEUR STAR
ALISSON AU PAYS DES MERVEILLES

Le portier de Liverpool et du Brésil Alisson Becker a passé 14 h 59 sans encaisser de but en club et en sélection, avant d'être battu sur penalty par Paolo Guerrero, en finale de la Copa América 2019. Le but du Péruvien – le seul encaissé pendant la compétition – n'a pas empêché le triomphe du Brésil 3-1. Alisson a vécu une année 2019 de rêve : il a été élu Meilleur gardien de la FIFA et sacré champion en Copa América, Ligue des Champions de l'UEFA et Coupe du Monde des clubs de la FIFA, tout comme son coéquipier Roberto Firmino.

SILVA

LÚCIO

3

L'arrière droit **Djalma Santos** est l'un des deux seuls joueurs à avoir figuré dans l'équipe type de la Coupe du Monde à trois reprises.

SANTOS

7 Vainqueur du Mondial 2002 à l'âge de 22 ans, **Ronaldinho** avait offert la victoire aux siens face aux Anglais d'un tir lointain en quart de finale – avant d'être expulsé sept minutes plus tard. Suspendu pour la demi-finale, il est revenu pour la finale.

LÉGENDE NATIONALE
LE MYSTÈRE RONALDO

Un seul homme sait ce qui est arrivé à **Ronaldo** quelques heures avant la finale de la Coupe du Monde 1998 : le joueur lui-même. La superstar brésilienne a engendré l'un des plus grands mystères de l'histoire de l'épreuve. Absent de la feuille de match, son nom y réapparaît juste à temps pour le coup d'envoi. Après avoir évoqué une blessure de la cheville, le staff brésilien annonce des problèmes intestinaux. Finalement, le médecin de l'équipe Lídio Toledo a révélé que le buteur avait été admis à l'hôpital en raison de convulsions dans son sommeil, mais qu'il avait été déclaré apte à jouer après des tests neurologiques et cardiaques. Quatre ans plus tard, il inscrit un doublé en finale pour battre l'Allemagne 2-0 et s'offrir le Soulier d'Or pour ses 8 réalisations. Seul l'Allemand Miroslav Klose le devance avec 15 buts en Coupe du Monde.

SÉLECTIONS

1. **Cafu,** 142
2. **Roberto Carlos,** 125
3. **Neymar,** 124
4. **Dani Alves,** 122
5. **Thiago Silva,** 113

JOUEUR STAR
UN MAUVAIS DÉPART

Le défenseur latéral gauche **Marcelo** a eu l'honneur douteux d'être le premier joueur à ouvrir le score en phase finale de la Coupe du Monde 2014 en marquant contre son camp, donnant malencontreusement l'avantage à la Croatie lors du match d'ouverture à São Paulo. Le Brésil est néanmoins revenu pour gagner 3-1, grâce à deux buts de Neymar et un d'Oscar. Marcelo, qui avait marqué pour son club du Real Madrid deux semaines plus tôt dans la finale victorieuse de la Ligue des Champions, est aussi devenu le premier Brésilien à marquer contre son propre gardien en phase finale de la Coupe du Monde.

LÉGENDE NATIONALE
L'EMPEREUR ROMÁRIO

Le buteur suprême brésilien **Romário** est l'un des rares joueurs à affirmer avoir dépassé les 1 000 buts en carrière. Il est aussi le dernier à avoir remporté à la fois la Coupe du Monde et le titre de Meilleur joueur de la compétition, lors de l'édition 1994. Après sa retraite, l'ancien attaquant de Barcelone et de Fluminense s'est lancé en politique et a été élu député, tout comme son partenaire d'attaque **Bebeto**. Avec ce duo, le Brésil est resté invaincu en 23 rencontres, pour un total de 17 victoires, 6 nuls et 33 buts à eux deux, dont 8 au Mondial 1994.

ANECDOTE DU TOURNOI
UN MATCH ÉLECTRIQUE... OU PAS

Le *Superclásico de las Américas*, un match annuel aller-retour entre l'Argentine et le Brésil, a été ajouté au calendrier en 2011. Victorieux de la première édition, le Brésil a conservé sa couronne l'année suivante lors d'une double confrontation sous haute tension. Après la victoire des *Auriverde* 2-1 à l'aller, le retour à Chaco a été reporté en raison d'une coupure de courant. Le match décalé s'est terminé sur le score de 2-1 pour l'Argentine, mais ce sont bien les Brésiliens qui l'ont emporté 4-3 aux tirs au but. Les 2 équipes ne se sont affrontées qu'une fois dans les éliminatoires du Mondial 2022, un nul 0-0 à San Juan. 2 mois plus tard, leur match à São Paulo a été interrompu lorsque 4 Argentins ont été arrêtés pour des manquements aux règles sanitaires anti-COVID. Le match a été annulé et les 2 équipes se sont qualifiées pour la Coupe du Monde. Le bilan de leurs affrontements reste en faveur du Brésil avec 43 victoires pour 40 défaites et 26 nuls.

CHILI

SÁNCHEZ

BUTEURS

1 **Alexis Sánchez,** 50
2 **Eduardo Vargas,** 40
3 **Marcelo Salas,** 37
4 **Iván Zamorano,** 34
5 **Arturo Vidal,** 33

Le Chili est l'un des 4 membres fondateurs de la CONMEBOL, la confédération sud-américaine de football, en 1916. Le pays a connu ses plus belles heures en 1962, avec une troisième place à la Coupe du Monde organisée sur ses terres, puis en 2015 et 2016 en remportant ses deux premiers titres de Copa América.

Membre de la FIFA : 1912
Plus large victoire : 7-0, contre le Venezuela, en 1979 ; l'Arménie, en 1997 ; le Mexique, en 2016
Meilleur classement FIFA : 3ᵉ
Stade : Estadio Nacional Julio Martínez Prádanos, Santiago
Palmarès : 2 Copa América (2015, 2016)

JOUEUR STAR
SÁNCHEZ ET SES RECORDS

C'est l'international **Alexis Sánchez** qui a marqué le but victorieux contre l'Argentine, décrochant la première Copa América chilienne en 2015. Sánchez jouait alors pour Arsenal en Angleterre, après un passage en Italie avec Udinese et en Espagne avec Barcelone. Sánchez détient le record du plus jeune international chilien, après ses débuts contre la Nouvelle-Zélande en avril 2006 à l'âge de 17 ans et 4 mois. Depuis la Coupe des Confédérations 2017, Sánchez a atteint un total de 39 buts, deux de plus que le précédent détenteur du record, Marcelo Salas. En 2018, alors qu'il jouait pour Manchester United, Sánchez est devenu le Chilien le plus capé.

RECORD DE BUTS
« COUP » DE CHANCE

Pendant des années, l'ailier gauche Leonel Sánchez a détenu le record du nombre de sélections internationales, avec 84 matchs (et 23 buts). Pour l'un d'entre eux, il eut de la chance de rester sur le terrain : lors du célèbre Chili-Italie surnommé « la bataille de Santiago », durant la Coupe du Monde 1962, Sánchez donna un coup de poing à l'Italien Humberto Maschio. Ce jour-là, l'arbitre anglais Ken Aston n'expulsa « que » 2 joueurs. Sánchez fut finalement l'un des 6 meilleurs buteurs du tournoi, aux côtés des Brésiliens Garrincha et Vavá, du Russe Valentin Ivanov, du Yougoslave Dražan Jerković et du Hongrois Flórián Albert.

5

Iván Zamorano détient le record chilien du plus de buts en un match international, avec un quintuplé dans le succès 6-0 contre le Venezuela, en avril 1997, pour les éliminatoires du Mondial.

LÉGENDE NATIONALE
L'ÈRE SALAS

Marcelo Salas, 3ᵉ plus grand buteur chilien, formait un duo redoutable avec **Iván Zamorano** à la fin des années 1990 et au début des années 2000. Il marqua 4 buts pour le Chili lors de la Coupe du Monde 1998 en France, sans que son équipe ait remporté un seul match. L'attaquant originaire de Temuco se retira 2 ans de la compétition internationale, de 2005 à 2007, puis revint jouer les éliminatoires de la Coupe du Monde 2010. Il marqua les 2 buts du match nul Chili-Uruguay du 18 novembre 2007, mais mit fin à sa carrière internationale 3 jours plus tard, lors de la défaite 3-0 contre le Paraguay.

SALAS
ZAMORANO

JOUEUR STAR
MÈRE PATRIE

L'une des dernières révélations du Chili est née à Stoke-on-Trent, en Angleterre, en avril 1999. Ben Brereton a aidé son pays natal à remporter le Championnat d'Europe des moins de 17 ans de l'UEFA avec trois buts (meilleur total ex aequo). Il est né d'une mère chilienne, Andrea, et d'un père anglais, Martin. Lorsque les fans du jeu de gestion *Football Manager* ont remarqué qu'il avait la double nationalité, ils ont fait campagne pour qu'il joue dans le pays de sa mère. Ainsi, après avoir changé d'allégeance, il a pris le nom de **Ben Brereton Díaz** et a fait ses débuts pour le Chili à la Copa América 2021, lors d'un nul 1-1 contre l'Argentine en phase de groupes. Le joueur de 22 ans a marqué pour ses deux premières sélections et a ajouté encore trois buts à son compteur en éliminatoires du Mondial 2022, mais le Chili n'est pas parvenu à se qualifier et regardera la compétition à la télé pour la deuxième fois de suite.

BRERETON DÍAZ

48

Le Chili a passé 48 ans sans victoire en Coupe du Monde, depuis son succès en petite finale contre la Yougoslavie le 16 juin 1962 jusqu'à une victoire au premier tour sur le même score face au Honduras, le 16 juin 2010.

BEAUSEJOUR

1930

L'attaquant Carlos Vidal, surnommé « Petit Renard », a été le premier joueur à manquer un penalty en Coupe du Monde, lorsque le gardien français Alex Thépot l'a arrêté.

150

L'attaquant Alexis Sánchez et le milieu défensif Gary Medel ont tous les deux disputé leur 150e match pour le Chili lors d'un amical contre le Qatar (2-2), en novembre 2022, à Vienne. Sánchez a inscrit son 50e but en sélection en ouvrant le score.

SÉLECTIONS

1	**Gary Medel,** 152
	= Alexis Sánchez, 152
3	**Claudio Bravo,** 144
4	**Arturo Vidal,** 137
5	**Mauricio Isla,** 136

JOUEUR STAR
ENCORE BRAVO

Attendre 90 ans pour remporter une première Copa América, puis doubler la mise 12 mois plus tard : c'était le destin du Chili. Comme en 2015, les Chiliens ont battu l'Argentine en finale l'année suivante, cette fois aux États-Unis, à l'occasion de la Copa América Centenario, marquant le 100e anniversaire de la compétition. Les deux finales se sont jouées aux tirs au but après un score nul et vierge. Le Chili s'est imposé 4-1 en 2015 et 4-2 un an plus tard. Le capitaine **Claudio Bravo** a été désigné Meilleur gardien les deux fois, de même qu'en Coupe des Confédérations de la FIFA, en 2017 en Russie. À cette occasion, le Chili s'est incliné 1-0 en finale contre l'Allemagne, mais Bravo a encore brillé dans l'épreuve de vérité au tour précédent en arrêtant trois tentatives portugaises, après un 0-0 dans le temps réglementaire.

BRAVO

RECORD DE BUTS
BRAVO, BEAUSEJOUR !

Le premier but victorieux du Chili en Coupe du Monde est dû à **Jean Beausejour**, lors d'une victoire 1-0 contre le Honduras en 2010. Il a inscrit ensuite le 3e but chilien de la victoire 3-1 sur l'Australie, 4 ans plus tard au Brésil. Il est donc le premier Chilien à avoir marqué dans plus d'une Coupe du Monde. Le gardien et capitaine lors des deux dernières Coupes était Claudio Bravo, le Chilien le plus capé.

VARGAS

4

En juin 2016, **Eduardo Vargas** a marqué quatre buts lors d'une victoire record du Chili (et sa plus grande en compétition) en battant le Mexique 7-0 en quart de finale de la Copa América Centenario.

URUGUAY

SÉLECTIONS

1 **Diego Godín,** 161
2 **Luis Suárez,** 137
3 **Edinson Cavani,** 136
4 **Fernando Muslera,** 133
5 **Maxi Pereira,** 125

L'Uruguay a été le premier vainqueur de la Coupe du Monde, en 1930, et reste le plus petit pays à l'avoir remportée, avec moins de 4 millions d'habitants. La nation a été sacrée une deuxième fois, en 1950.

Membre de la FIFA : 1916

Plus large victoire : 9-0, contre le Pérou, en 1927

Meilleur classement FIFA : 2e

Stade : Estadio Centenario, Montevideo

Palmarès : 2 Coupes du Monde (1930, 1950), 15 Copa América (1916, 1917, 1920, 1923, 1924, 1926, 1935, 1942, 1956, 1959, 1967, 1983, 1987, 1995, 2011)

FORLÁN

32

L'Uruguay a été la dernière des 32 équipes engagées à la Coupe du Monde 2022 à trouver les filets. Le doublé de Giorgian de Arrascaeta a scellé la victoire contre le Ghana (2-0), dans le dernier match du groupe H, mais l'Uruguay a malgré tout été éliminé, terminant troisième derrière la Corée du Sud. Les 2 nations avaient le même nombre de points et la même différence de but, mais les Coréens présentaient une meilleure attaque.

LÉGENDE NATIONALE

FORLÁN, CE HÉROS

Au Mondial 2010, en Afrique du Sud, l'Uruguay a atteint son meilleur classement en Coupe du Monde depuis 1970. L'attaquant **Diego Forlán** est reparti avec le titre de meilleur joueur et meilleur buteur avec 5 réalisations. Il fait mieux que son père, Pablo, membre de l'équipe éliminée au premier tour en 1974. L'année suivante, Forlán est devenu l'Uruguayen le plus capé, mais a aussi égalé les 31 buts internationaux d'Héctor Scarone – un record qui tenait depuis 1930 – grâce à un doublé pour battre le Paraguay 3-0 en finale de Copa América. Son grand-père, Juan Carlos Corazzo, était sélectionneur de l'Uruguay lors du titre mondial en 1959.

JEUNESSE

Le défenseur central José Giménez est devenu le plus jeune Uruguayen en Coupe du Monde quand il est entré contre l'Angleterre à 19 ans et 149 jours, lors du tournoi 2014 au Brésil.

LÉGENDE NATIONALE

UNE CLASSE AU-DESSUS

Óscar Washington Tabárez, un ancien instituteur surnommé « Le Maestro », a emmené l'Uruguay au deuxième tour de la Coupe du Monde de la FIFA 1990, puis est revenu pour un second mandat en 2006. Il a qualifié la *Celeste* au Mondial 2010 et a atteint la 4e place. Lors de son 168e match en tant que sélectionneur de l'Uruguay en 2016, il a dépassé le record de l'Allemand Sepp Herberger en nombre de matchs entraînés pour la même équipe. En octobre 2019, à l'Estadio Centenario de Montévidéo, Tabárez est devenu le premier sélectionneur à diriger 200 matchs, ce qu'il a fêté par une victoire 1-0 en amical contre le Pérou, grâce à son ailier Brian Rodríguez. Il a été remercié en novembre 2021, après un total de 228 matchs, dont 111 victoires, 57 nuls et 60 défaites.

TABÁREZ

228

Quand Óscar Tabárez a été démis de ses fonctions de sélectionneur de l'Uruguay en novembre 2021, à la suite des mauvais résultats aux éliminatoires du Mondial 2022, son bilan sur ses deux mandats était de 228 matchs supervisés pour 111 victoires, 57 nuls et 60 défaites. Il a dirigé 34 rencontres en 1988 et 1990, puis 194 entre 2006 et 2021.

ANECDOTE DU TOURNOI
UNE FINALE ET DEUX BALLONS

L'Uruguay fut le 1er pays organisateur et le 1er vainqueur de la Coupe du Monde FIFA en 1930, après avoir été médaillé d'or aux JO de 1924 à Paris et de 1928 à Amsterdam. Lors de la finale de 1930, où l'Uruguay a battu l'Argentine, son ennemi juré, deux ballons furent utilisés : l'Argentine choisit le premier et menait alors 2-1 ; l'Uruguay choisit le second et l'emporta 4-2. L'Uruguay n'a pas voulu défendre son titre en 1934, refusant de se déplacer en Italie, pays hôte, marquant ainsi son mécontentement que seuls quatre pays européens soient venus en 1930.

JOUEUR STAR
GO, GODÍN

Le défenseur **Diego Godín** a été le troisième Uruguayen à franchir la barre des 100 sélections, avant de devenir le joueur le plus capé de son pays en finale de la *China Cup* 2019, quand l'Uruguay a battu la Thaïlande 4-0. Godín a le chic pour inscrire des buts décisifs, notamment ses trois réalisations en mai et juin 2014. Son premier but a offert un premier titre de champion d'Espagne en 18 ans à l'Atlético Madrid, le second a donné l'avantage à son club en finale de Ligue des Champions de l'UEFA (finalement perdue 4-1 contre le Real Madrid) et le dernier a permis de battre l'Italie en fin de match pour accéder aux 8es de la Coupe du Monde de la FIFA.

GODÍN

17

Aucun joueur n'a disputé plus de rencontres de Coupe du Monde avec l'Uruguay que le gardien Fernando Muslera, qui totalise 17 matchs dans les éditions 2010, 2014, 2018 et 2022. Le buteur Edinson Cavani en compte autant depuis la phase finale 2022, alors que Muslera était sur le banc. Le portier, auteur de 2 arrêts pendant les tirs au but, avait été le grand artisan de la victoire contre le Ghana, en quarts 2010.

MUSLERA

1901

Le premier match international officiel en dehors du Royaume-Uni s'est soldé par la défaite 3-2 de l'Uruguay à domicile, contre l'Argentine, le 16 mai 1901.

ANECDOTE DU TOURNOI
UN BEAU CINQUANTENAIRE

Une mini-Coupe du Monde (*Mundialito*) s'est déroulée en décembre 1980 et janvier 1981, pour célébrer le 50e anniversaire de la Coupe du Monde FIFA et, comme en 1930, l'Uruguay l'a remporté. Ce *Mundialito* devait accueillir les six nations ayant alors remporté la Coupe du Monde, mais l'Angleterre, sacrée en 1966, déclina l'invitation et fut remplacée par les Pays-Bas, finalistes en 1978. L'Uruguay a battu le Brésil 2-1 en finale, une réédition de la finale de la Coupe du Monde 1950. Le capitaine de l'équipe uruguayenne était alors le portier Rodolfo Rodriguez. Leur entraîneur, Roque Máspoli, avait participé en tant que joueur à la finale de 1950.

JOUEUR STAR
SUÁREZ A LES CROCS

La carrière de **Luis Suárez** comporte de nombreuses zones d'ombre. Il s'est forgé une réputation douteuse en quart du Mondial 2010 face au Ghana, d'abord en égalisant de la main à la dernière seconde, puis en explosant de joie quand Asamoah Gyan a manqué le penalty. Pire encore, en 2014, Suárez a mordu l'épaule du défenseur italien Giorgio Chiellini, ce qui lui a valu une suspension de quatre mois. Son instinct de buteur est nettement plus admirable : il a notamment signé quatre buts lors de la campagne victorieuse de l'Uruguay en Copa América 2011. Suárez a inscrit le premier but des éliminatoires sud-américains au Mondial 2022 sur un penalty, permettant de battre le Chili 2-1 à Montevideo en octobre 2010. Il en avait fait de même pour les campagnes 2010 et 2014. Pour l'édition 2018, c'était son coéquipier Martín Cáceres qui avait eu cet honneur.

SUÁREZ

BUTEURS

1. **Luis Suárez,** 68
2. **Edinson Cavani,** 58
3. **Diego Forlán,** 36
4. **Héctor Scarone,** 31
5. **Ángel Romano,** 28

AMÉRIQUE DU SUD : LES AUTRES ÉQUIPES

Constituée de seulement dix nations en Amérique du Sud, la CONMEBOL est plus que relevée. Si tous les pays n'ont pas le pedigree du Brésil ou de l'Argentine, le sous-continent a écrit de belles pages du football.

Pays : Colombie
Membre de la FIFA : 1938
Joueur le plus capé : David Ospina, 127
Meilleur buteur : Radamel Falcao, 36
Palmarès : 1 Copa América (2001)

Pays : Pérou
Membre de la FIFA : 1925
Joueur le plus capé : Roberto Palacios, 128
Meilleur buteur : Paolo Guerrero, 38
Palmarès : 2 Copa América (1939, 1975)

Pays : Bolivie
Membre de la FIFA : 1926
Joueur le plus capé : Ronald Raldes, 102
Meilleur buteur : Marcelo Moreno / Marcelo Martins, 30
Palmarès : 1 Copa América (1963)

Pays : Paraguay
Membre de la FIFA : 1925
Joueur le plus capé : Paulo da Silva, 148
Meilleur buteur : Roque Santa Cruz, 32
Palmarès : 2 Copa América (1953, 1979)

Pays : Équateur
Membre de la FIFA : 1930
Joueur le plus capé : Iván Hurtado, 168
Meilleur buteur : Enner Valencia, 38
Palmarès : –

Pays : Venezuela
Membre de la FIFA : 1952
Joueur le plus capé : Juan Arango, 129
Meilleur buteur : Salomón Rondón, 38
Palmarès : –

JOUEUR STAR
LE HÉROS GUERRERO

L'expérimenté meneur de jeu Paolo Guerrero a pris son mal en patience avant de conduire le Pérou à la Coupe du Monde de la FIFA 2018, sa première participation à la phase finale en 36 ans. Guerrero a marqué lors d'une victoire 2-0 sur l'Australie, mais son équipe a été éliminée dès la phase de groupes. Ce 35e but a amélioré le record de Guerrero, 14 ans après sa première cape. Il a fait encore mieux lors de la Copa América 2019 : avec trois réalisations, il a terminé co-meilleur buteur et a hissé le Pérou en finale, perdue 3-1 contre le Brésil.

26
Le buteur Salomón Rondón a mis 26 minutes pour inscrire un triplé et offrir la victoire au Venezuela en Kirin Cup 2019, avec un succès 4-1 contre le Japon à Suita.

DÍAZ

JOUEUR STAR
GRÂCE À DÍAZ

Si Lionel Messi a décroché le titre de Soulier d'Or de la Copa América 2019 grâce à un nombre supérieur de passes décisives, le Colombien **Luis Díaz** a lui aussi marqué trois buts pour arriver jusqu'aux demies. La Colombie a fini par s'incliner devant les futurs champions argentins (1-1, 3-2 aux tirs au but), mais a remporté la petite finale 3-2 contre le Pérou. Díaz a marqué les deux derniers buts contre les Péruviens. Il avait également signé une reprise acrobatique spectaculaire contre le Brésil. Il a commencé sa carrière à Barranquilla avant de passer à l'Atlético Junior dans son pays, puis a été recruté par Porto en juillet 2019. Il a signé à Liverpool au mercato de janvier 2022.

MARTINS

4

Le seul succès de la Bolivie en Copa América est arrivé sur ses terres, en 1963. Elle a mené 2-0 puis 4-2 contre le Brésil en finale, avant que Máximo Alcócer ne valide le succès 5-4, à 4 minutes de la fin.

ANECDOTE D'ÉQUIPE

PROLIFIQUE MARCELO

La Bolivie a achevé la campagne de qualifications au Mondial 2022 à l'avant-dernière place, juste devant le Venezuela. Mais le meilleur marqueur bolivien **Marcelo Martins** (aussi connu sous le nom de Marcelo Moreno) a fini meilleur buteur du tournoi avec 10 réalisations, deux de plus que le Brésilien Neymar et l'Uruguayen Luis Suárez. Il totalise 30 buts en 96 sélections. S'il a porté les couleurs du Brésil chez les moins de 18 ans, grâce à son père Mauro Martins, lui aussi footballeur, il a toutefois choisi la Bolivie chez les A. Au début de sa carrière, il avait ouvert le score lors de la déroute 6-1 de l'Argentine en avril 2009. Son coéquipier d'attaque Joaquín Botero avait signé un triplé.

ANECDOTE D'ÉQUIPE

NATIONALITÉ DOUTEUSE

En 2022, l'Équateur s'est qualifié pour sa première phase finale mondiale en 8 ans grâce à sa quatrième place dans le groupe CONMEBOL. Sa participation a toutefois été remise en question quand le Pérou et le Chili ont déposé une réclamation, l'accusant d'avoir aligné un joueur inéligible, l'arrière droit Byron Castillo. Les plaignants ont soutenu qu'il était né à Tumaco, en Colombie, et non à Playas, en Équateur, comme il l'avait affirmé. La FIFA et le Tribunal arbitral du sport ont jugé qu'il pouvait avoir la nationalité équatorienne, mais ont toutefois infligé une sanction de 3 points à l'Équateur pour la campagne de qualification au Mondial 2026 pour usage de faux.

44

À la Coupe du Monde 1982, le Pérou était dirigé par le Brésilien Tim, qui a dû attendre 44 ans (un record) pour retrouver l'épreuve suprême. L'attaquant avait disputé l'édition 1938 avec la *Seleção*.

39

Auteur de sept réalisations au total, le buteur Juan Enrique García est l'international vénézuélien le plus âgé. Il avait 39 ans et 51 jours lors de sa 49e et dernière sélection, une victoire 1-0 en Bolivie, comptant pour les éliminatoires de la Coupe du Monde, en juin 2009.

ANECDOTE D'ÉQUIPE

MATCHS EN ALTITUDE

La Bolivie et l'Équateur jouent leurs matchs à domicile à des altitudes plus élevées que toutes les autres équipes de la planète. Dans la capitale bolivienne de La Paz, le stade Hernando Siles est à 3 637 mètres au-dessus du niveau de la mer, tandis que, en Équateur, le stade Olímpico Atahualpa de Quito se trouve à 2 800 mètres d'altitude. Les adversaires se plaignent de l'air raréfié qui rend la respiration difficile, sans parler du jeu. La FIFA a interdit les rencontres internationales à plus de 2 500 mètres en mai 2007. L'interdiction a été complètement levée un an plus tard, en mai 2008.

VALDERRAMA

LÉGENDE NATIONALE

VALDERRAMA AU MICRO

Le gardien et capitaine David Ospina est devenu le Colombien le plus capé avec sa 112e sélection en quarts de la Copa América 2021 contre l'Uruguay. Il a repoussé deux tirs au but pour offrir la victoire 4-2 à son équipe après un match nul et vierge. Mais l'homme qu'il a surpassé, le milieu **Carlos Valderrama**, reste une idole nationale. Il a joué 11 fois pour les *Cafeteros*, marquant 11 buts, de 1985 à 1998. Valderrama a été capitaine de la Colombie à l'époque dorée de l'équipe nationale. Il a été désigné Meilleur joueur sud-américain de l'année en 1987 et 1993, et a participé aux phases finales de la Coupe du Monde en 1990, 1994 et 1998.

HURTADO

LÉGENDE NATIONALE
LE PARAGUAY GAGNE

Les deux Paraguayens les plus capés, le défenseur Paulo da Silva (148 participations, la première contre la Bolivie le 27 juillet 2000) et le gardien Justo Villar (120 participations, la première contre le Guatemala le 3 mars 1999) ont grandement contribué à la meilleure performance de leur pays en Coupe du Monde : le Paraguay est sorti premier de son groupe en 2010 pour atteindre les quarts de finale et ne perdre que contre l'Espagne, futur champion. Da Silva et Villar jouaient toujours dans l'équipe en octobre 2016, favorisant la victoire de leur pays lors d'une qualification à la Coupe du Monde en Argentine, pour la première fois – grâce à un but de Derlis González.

RECORD DE BUTS
PAS SI FABULEUX

Le défenseur colombien Frank Fabra a connu une première Copa América douce-amère avec l'édition 2016, lorsqu'il a marqué pour les deux équipes en un seul match : aucun autre joueur ne l'avait fait en 100 ans de cette compétition. Fabra a marqué des deux côtés, et son équipe a perdu 3-2 contre le Costa Rica au premier tour, mais elle s'est ressaisie ensuite et a réussi à se qualifier pour la phase suivante, parvenant finalement en demi-finale.

168

Iván Hurtado est le footballeur sud-américain le plus capé, avec 168 sélections.

RONDÓN

LÉGENDE NATIONALE
RON VAINQUEUR

Le Bolivien le plus capé, le défenseur central Ronald Raldes, a marqué son 2ᵉ but international contre l'Équateur, en Copa América 2015, offrant une première victoire de la Bolivie dans cette compétition depuis 1997. La Bolivie a échoué à se qualifier pour le Mondial 2018 et n'a donc disputé qu'une seule phase finale, en 1994. Toutefois, lors des éliminatoires 2018, elle a remporté deux matchs de suite pour la première fois depuis 20 ans et notamment un 2-0 surprise contre l'Argentine, grâce à un doublé de Marcelo Moreno, qui avait enchaîné 10 matchs internationaux sans un seul but auparavant.

SANTA CRUZ

BÉBÉ BUT

Le buteur Roque Santa Cruz a été surnommé « *Baby Goal* » lors de sa première sélection, à seulement 17 ans, en 1998. Il est le meilleur buteur paraguayen de l'histoire.

ANECDOTE D'ÉQUIPE
TOUS *CARACAS* DE FOOT

Le Venezuela est le seul pays de la CONMEBOL à ne s'être jamais qualifié pour une Coupe du Monde de la FIFA. Il occupait pourtant la 25ᵉ place au classement mondial de la FIFA, en novembre 2019, bien que le baseball et la boxe soient traditionnellement plus populaires. Après des investissements importants pour construire de nouveaux stades, le Venezuela a accueilli sa première Copa América en 2007. Juan Arango, le capitaine et joueur le plus capé, a guidé ses troupes jusqu'au 2ᵉ tour pour la toute première fois. Le buteur **Salomón Rondón**, qui a sillonné le monde, a été le premier Vénézuélien à atteindre les 30 buts, avec un triplé lors du succès 4-1 au Japon, en novembre 2019.

RECORD DE BUTS

LA REVANCHE DE FALCAO

Le capitaine et meilleur buteur de la Colombie **Radamel Falcao** s'est remarquablement rétabli pour disputer la Coupe du Monde de l'UEFA 2018 en Russie. Quatre ans plus tôt, une blessure au genou avait failli mettre fin prématurément à sa brillante carrière de buteur. En 2009, le FC Porto avait acheté Falcao pour 2 millions d'euros, ce qui s'est révélé une affaire : en 2011, Falcao les a conduits à un triplé Coupe, Championnat et *Europa League*. Il a conservé son titre européen 12 mois plus tard, cette fois avec les Espagnols de l'Atlético Madrid. Il a ensuite signé à l'AS Monaco, où il a terminé meilleur buteur de Ligue 1 l'année du sacre, en 2016-2017.

FALCAO

8

Le gardien paraguayen haut en couleur José Luis Chilavert aimait aussi tirer les coups francs. Il a inscrit 67 buts dans sa carrière, dont 8 pour son pays – un record international. Sept de ceux-ci ont été marqués en éliminatoires de la Coupe du Monde entre 1989 et 2001. Le dernier était l'ouverture du score lors du nul 1-1 contre l'Argentine en Copa América 1997.

ANECDOTE DU TOURNOI

RUDE RUIDÍAZ

Le Pérou aura attendu 31 ans pour battre de nouveau le Brésil, avec une victoire 1-0 au premier tour de la Copa América 2016. L'équipe de Ricardo Gareca est ainsi parvenue au second tour, éliminant les Brésiliens de Dunga. Le but a été controversé, cependant, car il semblait que Raúl Ruidíaz avait projeté le ballon de la main, en reprenant la frappe croisée d'Andy Polo. Ruidíaz a répété qu'il avait utilisé sa cuisse, rejetant les comparaisons avec le but « main de Dieu » de Maradona en Coupe du Monde 1986, et affirmant que sa frappe était « grâce à Dieu ». La victoire précédente du Pérou sur le Brésil – celle de 2016 n'était que la quatrième de l'histoire – avait eu lieu en avril 1985, avec un seul but marqué par Julio César Uribe, lors d'un match amical à Brasilia. En Copa América, le Pérou n'avait battu le Brésil qu'en 1953 et 1975.

36

Fin 2022, dans les 32 matchs lors desquels sa star, Radamel Falcao, a marqué l'un de ses 36 buts internationaux, la Colombie n'a perdu que 2 fois : un amical 2-1 contre le Venezuela en août 2009 et un match de qualification à la Coupe du Monde, perdu 2-1 contre le Paraguay, en octobre 2017.

LÉGENDE NATIONALE

LOLO AU-DESSUS DU LOT

Teodoro « Lolo » Fernández marqua 6 buts en 2 matchs pour le Pérou aux JO d'été de Berlin en 1936 (5 contre la Finlande battue 7-3, le 6e durant les prolongations contre l'Autriche battue 4-2). Le Pérou fut cependant scandalisé quand des fans autrichiens déchaînés envahirent le terrain, et encore plus outré quand les autorités olympiques ordonnèrent que le match soit rejoué. En signe de protestation, les Péruviens quittèrent la compétition, rejoints par la Colombie. L'Autriche, elle, décrocha finalement l'argent. Fernández et ses coéquipiers remportèrent toutefois la Copa América 3 ans plus tard, Fernández terminant Meilleur buteur de la compétition, avec 7 buts.

RECORD DE BUTS

D'ENNER D'ACIER

Le meilleur buteur équatorien, **Enner Valencia**, a inscrit 6 des 7 derniers buts de son équipe en Coupe du Monde : 3 en 2014 et 3 autres en 2022 au Qatar. Parmi ceux-ci, il a signé un doublé pour battre le pays hôte en ouverture du tournoi, puis l'égalisation lors du nul 1-1 contre les Pays-Bas. Avant lui, le Portugais Eusébio en 1966, l'Italien Paolo Rossi en 1982, et le Russe Oleg Salenko en 1994 avaient également marqué 6 buts d'affilée pour leur pays en Coupe du Monde. En 2022, Moises Caicedo avait égalisé contre le Sénégal dans le dernier match du groupe A, mais l'Équateur s'est incliné 2-1 et a été éliminé. L'ouverture du score de Valencia contre le Qatar marquait la première fois que le premier but d'une Coupe du Monde était inscrit sur penalty.

VALENCIA

AFRIQUE

La confédération africaine est l'une des plus grandes au monde avec ses 54 associations membres de la FIFA. Depuis sa création au cœur des années 1950 et le lancement de la Coupe d'Afrique des Nations en 1957, de plus en plus de nations ont demandé à s'asseoir à la table du football international. L'Afrique du Sud a été la première à accueillir la Coupe du Monde sur le continent, en 2010.

Fondation : 1957

Pays membres : Pays membres : 54 (+ 1 non-membre de la FIFA)

Siège : Le Caire, Égypte

Nation la plus titrée en championnat continental : Égypte, 7 (1957, 1959, 1986, 1998, 2006, 2008, 2010)

5

L'Afrique est divisée en cinq fédérations régionales, auxquelles s'ajoute un membre non régional, la Réunion.

9

Un nombre record de nations africaines participeront à la prochaine Coupe du Monde de la FIFA élargie en 2026. Jusqu'à présent, le maximum était de six représentants, lors de la phase finale en Afrique du Sud en 2010.

ETO'O

18

Samuel Eto'o est le meilleur buteur de l'histoire de la Coupe d'Afrique des Nations (18).

En Italie, en 1990, le Cameroun est devenu la première nation africaine à atteindre les quarts de finale d'un Mondial. Ils ont perdu 3-2 en prolongations face à l'Angleterre, à Naples.

2

Le Nigeria est la première équipe africaine à se qualifier pour les 8es de la Coupe du Monde deux fois de suite : en 1994 et 1998.

AFRIQUE DU NORD

La fédération régionale d'Afrique du Nord est sans conteste celle qui a connu le plus de succès au niveau continental, grâce à ses fers de lance. L'Égypte est le pays le plus titré en Coupe d'Afrique des Nations, tandis que la Tunisie est la première sélection du continent à avoir remporté un match de Coupe du Monde.

Pays : Algérie
Membre de la FIFA : 1964
Joueur le plus capé : Lakhdar Belloumi, 100
Meilleur buteur : Islam Slimani, 41
Palmarès : 2 Coupes d'Afrique des Nations (1990, 2019)

Pays : Égypte
Membre de la FIFA : 1923
Joueur le plus capé : Ahmed Hassan, 184
Meilleur buteur : Hossam Hassan, 68
Palmarès : 7 Coupes d'Afrique des Nations (1957, 1959, 1986, 1998, 2006, 2008, 2010)

Pays : Libye
Membre de la FIFA : 1964
Joueur le plus capé : Muhammad Nashnoush, 72 = Ahmed Saad Osman, 72
Meilleur buteur : Ali Al-Biski, 35
Palmarès : –

Pays : Maroc
Membre de la FIFA : 1960
Joueur le plus capé : Noureddine Naybet, 115
Meilleur buteur : Ahmed Faras, 36
Palmarès : 1 Coupe d'Afrique des Nations (1976)

Pays : Soudan
Membre de la FIFA : 1948
Joueur le plus capé : Haitham Mustafa, 111
Meilleur buteur : Nasr Eddin Abbas, 27
Palmarès : 1 Coupe d'Afrique des Nations (1970)

Pays : Tunisie
Membre de la FIFA : 1960
Joueur le plus capé : Radhi Jaïdi, 105
Meilleur buteur : Issam Jemâa, 36
Palmarès : 1 Coupe d'Afrique des Nations (2004)

ANECDOTE DU TOURNOI
UN FESTIVAL DE BUTS

L'Égypte n'a eu que deux matchs à jouer pour se qualifier en Coupe du Monde FIFA 1934, devenant le 1er représentant africain de ce tournoi. Ces matchs aller-retour furent joués contre la Palestine (alors sous mandat britannique) et remportés par l'Égypte de belle manière (7-1 au Caire et 4-1 en Palestine). Mahmoud Mokhtar est l'auteur d'un coup du chapeau à l'aller et d'un doublé au retour. La Turquie devait participer à ces éliminatoires ; en se retirant, elle a ouvert la voie à l'Égypte.

MAHREZ

4

Quatre nations ont fondé la CAF, mais l'Afrique du Sud a été expulsée avant de pouvoir disputer la première Coupe d'Afrique des Nations en raison de l'apartheid. Seuls l'Égypte, l'Éthiopie et le Soudan y ont donc participé.

ANECDOTE DU TOURNOI
HYSTÉRIE ALGÉRIENNE

Le meneur de jeu **Riyad Mahrez** a été la star de la Coupe d'Afrique des Nations 2019 et figure naturellement parmi les quatre Algériens désignés dans l'équipe type de la compétition. Mais c'est bien le buteur Baghdad Bounedjah qui s'est mué en héros. Son tir lointain dévié a scellé la victoire de l'Algérie contre le Sénégal, en finale en Égypte. Le sélectionneur et ancien milieu international Djamel Belmadi n'était arrivé en poste qu'en août précédent. Il s'agit du second titre de l'Algérie dans la compétition après celui de 1990, obtenu grâce à la star Rabah Madjer. En 2016, Mahrez est devenu le premier Africain désigné Meilleur joueur d'Angleterre par ses pairs après avoir aidé Leicester à décrocher la *Premier League*. La même année, il a été élu Meilleur joueur africain, mais les récompenses de la CAN 2019 sont allées à ses coéquipiers Ismaël Bennacer, Meilleur joueur, et Raïs M'Bolhi, Meilleur gardien.

JOUEUR STAR
SALAH, LE PHARAON DU FOOTBALL

L'ailier égyptien **Mohamed Salah** s'est affirmé comme l'un des joueurs mondiaux les plus remarquables lors des éliminatoires du Mondial 2018. Avant cela, il avait inscrit un triplé contre le Zimbabwe lors des qualifications 2014, avant que ses buts pour l'Égypte et le club suisse de Bâle ne lui valent un transfert de 11 millions de livres à Chelsea. En 2017, Salah est recruté par Liverpool et reçoit le prix de footballeur de l'année par l'association des journalistes spécialisés et celle des joueurs professionnels. S'il aurait pu remporter la Ligue des Champions 2018 sans une blessure à l'épaule subie en début de finale contre le Real Madrid, il a finalement été sacré en 2019, inscrivant même son nom au tableau d'affichage contre Tottenham.

SALAH

5

Les 5 buts de **Mohamed Salah** dans les éliminatoires du Mondial 2018 ont permis à l'Égypte de disputer sa première phase finale depuis 38 ans. Salah a inscrit les 2 buts de son équipe dans le match décisif contre le Congo (2-1), dont un penalty à la dernière minute.

ANECDOTE DU TOURNOI
LA 15e TUNISIENNE

La Coupe d'Afrique des Nations 2021 était la 15e de suite disputée par la Tunisie, dépassant ainsi les 14 CAN de l'Égypte. L'un des joueurs clés était l'attaquant Wahbi Khazri, dont le doublé dans le succès 4-0 contre la Mauritanie a permis aux Aigles de Carthage de se qualifier en huitième. Ils ont ensuite été battus 1-0 par le Burkina Faso en quart. Grâce à ces deux buts, Khazri en totalise 24 pour son pays. À la Coupe du Monde 2018, il avait inscrit le but de la victoire contre le Panama, mais les deux équipes avaient été éliminées en phase de groupes. Deux mois après le revers à la CAN, la Tunisie s'est qualifiée pour sa 6e Coupe du Monde en battant le Mali 1-0 sur leurs deux matchs de barrage.

15

Le succès 3-1 du Soudan sur la pelouse du Tchad, en septembre 2019, était sa première victoire en 15 matchs de qualification de la Coupe du Monde de la FIFA (après 3 nuls et 11 défaites). Le buteur Ramad Agab a inscrit le tout premier triplé de la nation dans la compétition.

ANECDOTE DU TOURNOI
ÇA ROULE POUR LE MAROC

Au Mexique en 1986, le Maroc était devenu la première nation africaine à dominer son groupe en Coupe du Monde, devançant l'Angleterre, la Pologne, et le Portugal. En 2022, il est devenu le premier pays africain à atteindre les demi-finales, éliminant sur son chemin l'Espagne puis le Portugal. Le gardien **Yassine Bounou** a été la star des quarts en arrêtant 2 tirs au but espagnols après un match nul (0-0). Il est au passage devenu le premier portier africain à signer 3 *clean sheets* en une même Coupe du Monde. Il en a même réussi une quatrième face au Portugal, battu 1-0 grâce à une tête de Youssef En-Nesyri. Les Marocains se sont ensuite inclinés 2-0 en demie contre la France, puis 2-1 en petite finale contre la Croatie. Tous leurs gains remportés lors du tournoi ont été reversés à des associations caritatives pour les enfants défavorisés.

RECORD DE BUTS
SLIMANI PREND LA MAIN

Le buteur de l'Algérie **Islam Slimani** a dominé le classement des buteurs lors des éliminatoires africains à la Coupe du Monde de la FIFA 2022, avec 8 réalisations. Il est aussi devenu le meilleur marqueur de sa sélection, surpassant le record précédent de 36 buts détenu par Abdelhafid Tasfaout. Slimani a inscrit un quadruplé lors du 8-0 infligé à Djibouti en septembre 2021, un doublé pour battre le Niger 6-1 le mois suivant, et l'unique but du match en barrage aller contre le Cameroun. Vaincus 2-1 au retour, les Fennecs seront toutefois privés du voyage au Qatar. Le défenseur Rafik Halliche a disputé le plus de matchs pour l'Algérie en phase finale du Mondial (7).

SLIMANI

BOUNOU

JAÏDI

ANECDOTE DU TOURNOI
LA TUNISIE AU TOP

La Tunisie est devenue la première équipe africaine à remporter un match de phase finale de Coupe du Monde en battant le Mexique 3-1 à Rosario (Argentine), en 1978, grâce à des buts d'Ali Kaabi, Néjib Ghommidh et Mokhtar Dhouib. La Tunisie a ensuite participé à trois Mondiaux de suite, en 1998, 2002 et 2006, et a remporté sa seule Coupe d'Afrique des Nations en 2004, chez elle, après une victoire 2-1 contre le Maroc en finale. **Radhi Jaïdi** a participé à ces quatre tournois. En club, le défenseur central aux 105 sélections a joué pour l'Espérance de Tunis et pour Bolton Wanderers, Birmingham City et Southampton en Angleterre.

4-2

Le seul triomphe de l'Éthiopie à la CAN remonte à la troisième édition, dont elle était l'hôte, en 1962. Seules quatre nations étaient qualifiées et n'ont joué que deux matchs chacune. Les Éthiopiens ont gagné leurs deux rencontres sur le score de 4-2 : en demie contre la Tunisie et en finale contre l'Égypte, après prolongations.

ANECDOTE DU TOURNOI
MAUVAIS PERDANTS

La Libye peut prétendre au record de la plus large victoire d'une nation africaine après son succès 21-0 contre Oman lors de la Coupe arabe des Nations d'avril 1966 – mais les joueurs d'Oman sont sortis du terrain 10 minutes avant la fin, pour protester contre l'attribution d'un penalty à la Libye. Ils n'ont plus participé à la compétition. Un an plus tôt, le Soudan signait sa plus large victoire officielle 15-0 face à Mascate et Oman.

ANECDOTE DU TOURNOI
SOUDAIN SOUDAN

Le coup d'envoi de la première Coupe d'Afrique des Nations a eu lieu à Khartoum, au Soudan, le 10 février 1957. Seules trois équipes y participaient : le Soudan, l'Éthiopie et l'Égypte. En 1970, le Soudan est devenu le dernier des fondateurs de la CAN à remporter le trophée, grâce à Hasubu El-Sagheir, auteur de l'unique but de la finale contre le Ghana. Lors de l'édition 2021 (décalée à 2022 en raison de la pandémie), le Soudan a fait son retour dans la compétition après neuf ans d'absence, mais a été éliminé au premier tour.

39

Le premier homme à avoir remporté la CAN comme joueur puis entraîneur est l'Égyptien Mahmoud Al-Gohary. Meilleur buteur de l'édition 1959 à trois équipes, grâce à un triplé contre l'Éthiopie (4-0), il était sélectionneur 39 ans plus tard quand son équipe a battu l'Afrique du Sud 2-0 en finale 2008, au Burkina Faso.

JOUEUR STAR
LES HASSAN EN HAUT

Ahmed et Hossam partagent le même nom de famille et des records avec l'Égypte, mais aucun lien de parenté. **Ahmed Hassan** est l'homme le plus capé du monde : il a pris sa retraite internationale après 184 sélections et 33 buts, le 12 mars 2012 à l'issue d'un amical contre le Kenya, 17 ans après ses débuts. Hossam Hassan détenait le record de sélections égyptiennes avant lui, avec 170 capes, et ses 68 buts restent inatteignables. Il a joué aux côtés d'un autre Hassan, son frère Ibrahim, arrière-droit, sélectionné 131 fois pour l'Égypte, notamment lors de la Coupe du Monde 1990.

AHMED HASSAN

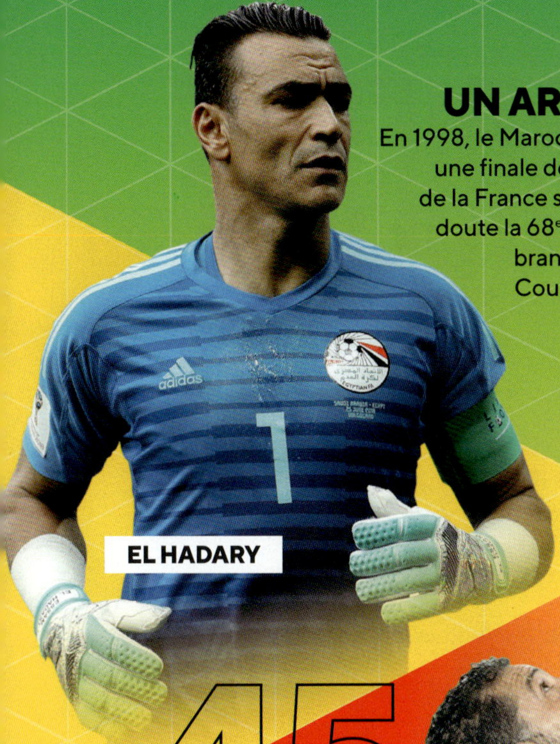

EL HADARY

ANECDOTE DU TOURNOI
UN ARBITRAGE PRESTIGIEUX

En 1998, le Marocain Saïd Belqola fut le premier Africain à arbitrer une finale de Coupe du Monde FIFA. Ce match vit la victoire de la France sur le Brésil, 3-0. Son plus grand moment fut sans doute la 68e minute, où il expulsa le Français Marcel Desailly, brandissant un carton rouge – le 3e dans une finale de Coupe du Monde FIFA. Belqola est mort d'un cancer quatre ans plus tard, à l'âge de 44 ans.

115

Le joueur le plus capé du Maroc, le défenseur et ancien capitaine Nourredine Naybet, est devenu le premier Marocain à atteindre 100 sélections lors d'un nul 1-1 contre l'Afrique du Sud pendant la CAN 2004. Il a été averti en finale et son pays s'est incliné 2-1 contre la Tunisie. Sa 115e et dernière sélection remonte à un nul 0-0 contre la Libye dans l'édition suivante, en 2006. Depuis, aucun autre Marocain n'a atteint les 100 sélections.

1934

Abdelrahman Fawzi est devenu le premier footballeur africain à marquer en Coupe du Monde FIFA en égalisant pour l'Égypte contre la Hongrie, au 1er tour du tournoi 1934.

45

À l'âge de 45 ans et 161 jours, le gardien égyptien **Essam El-Hadary** est devenu le joueur le plus âgé de l'histoire de la Coupe du Monde lorsqu'il a participé à la défaite 2-1 contre l'Arabie saoudite en 2018.

ABOUD

ANECDOTE DU TOURNOI
ABOUD N'EST PAS À BOUT

Après les événements survenus en Libye en 2011, personne n'attendait d'exploits de la sélection nationale lors de la CAN 2012. Ils auront toutefois donné du plaisir à leurs supporters en se défaisant du Sénégal 2-1 au cours de leur premier match de poule – première victoire libyenne en phase finale de la CAN à l'extérieur. Les maillots des joueurs arboraient le drapeau du Conseil national de transition. On retiendra Ihaab Boussefi, auteur d'un doublé face au Sénégal, ainsi que le portier et capitaine **Samir Aboud**, doyen du tournoi à 39 ans.

LÉGENDE NATIONALE
FANTASTIQUE FARAS

Ahmed Faras n'est pas seulement le meilleur buteur marocain de tous les temps, avec 42 buts entre 1965 et 1979 ; c'est aussi le capitaine qui a remporté le seul trophée de la Coupe d'Afrique des Nations de son pays, en 1976 ; il a aussi été désigné Meilleur joueur de la compétition avec trois buts en six matchs. Faras avait déjà joué deux fois remplaçant pour la première phase finale du Maroc en Coupe du Monde, en 1970 (son équipe étant la première à représenter l'Afrique depuis 1934).

KHAZRI

LÉGENDE NATIONALE
KHAZRI RACCROCHE

Né à Ajaccio, **Wahbi Khazri** a joué un match avec les Espoirs français en 2012 avant de représenter la Tunisie chez les A. Malgré une élimination au premier tour, il a terminé sa campagne mondiale 2022 en beauté, en marquant le but victorieux contre son pays natal. C'était sa 3e réalisation en Coupe du Monde – il avait déjà offert la victoire à la Tunisie dans son dernier match de groupe en Russie 4 ans plus tôt, un succès 2-1 contre le Panama. Khazri a annoncé sa retraite internationale après le Mondial 2022. Il met fin à une carrière riche de 74 sélections et 25 buts. Seul Issam Jemâa, auteur de 36 buts en 84 matchs de 2005 à 2014, a été plus prolifique que lui pour la Tunisie.

AFRIQUE SUBSAHARIENNE

Des *Super Eagles* aux *Black Stars*, des *Bafana Bafana* aux Éléphants, le football subsaharien a produit quelques-unes des plus grandes stars du continent. La première Coupe du Monde sur le sol africain s'est tenue en Afrique du Sud, en 2010.

Pays : Afrique du Sud
Membre de la FIFA : 1992
Joueur le plus capé : Aaron Mokoena, 107
Meilleur buteur : Benni McCarthy, 31
Palmarès : 1 Coupe d'Afrique des Nations (1996)

Pays : Ghana
Membre de la FIFA : 1958
Joueur le plus capé : André Ayew, 113
Meilleur buteur : Asamoah Gyan, 51
Palmarès : 4 Coupes d'Afrique des Nations (1963, 1965, 1978 et 1982)

Pays : Cameroun
Membre de la FIFA : 1962
Joueur le plus capé : Rigobert Song, 137
Meilleur buteur : Samuel Eto'o, 56
Palmarès : 5 Coupes d'Afrique des Nations (1984, 1988, 2000, 2002, 2017)

Pays : Nigeria
Membre de la FIFA : 1960
Joueur le plus capé : Ahmed Musa, 107
Meilleur buteur : Rashidi Yekini, 37
Palmarès : 3 Coupes d'Afrique des Nations (1980, 1994, 2013) 1 Jeux olympiques (1996)

Pays : Gabon
Membre de la FIFA : 1966
Joueur le plus capé : Didier Ovono, 112
Meilleur buteur : Pierre-Emerick Aubameyang, 30
Palmarès : –

Pays : Mali
Membre de la FIFA : 1964
Joueur le plus capé : Seydou Keita, 102
Meilleur buteur : Seydou Keita, 25
Palmarès : –

Pays : Sénégal
Membre de la FIFA : 1964
Joueur le plus capé : Henri Camara/Idrissa Gueye, 99
Meilleur buteur : Sadio Mané, 34
Palmarès : 1 Coupe d'Afrique des Nations (2021)

Pays : Liberia
Membre de la FIFA : 1964
Joueur le plus capé : Joe Nagbe, 77
Meilleur buteur : George Weah, 18
Palmarès : –

Pays : Zimbabwe
Membre de la FIFA : 1965
Joueur le plus capé : Peter Ndlovu, 81
Meilleur buteur : Peter Ndlovu, 37
Palmarès : –

Pays : Côte d'Ivoire
Membre de la FIFA : 1964
Joueur le plus capé : Didier Zokora, 123
Meilleur buteur : Didier Drogba, 65
Palmarès : 2 Coupes d'Afrique des Nations (1992, 2015)

Pays : Zambie
Membre de la FIFA : 1964
Joueur le plus capé : Kennedy Mweene, 122
Meilleur buteur : Godfrey Chitalu, 79
Palmarès : 1 Coupe d'Afrique des Nations (2012)

Pays : Togo
Membre de la FIFA : 1964
Joueur le plus capé : Emmanuel Adebayor, 85
Meilleur buteur : Emmanuel Adebayor, 32
Palmarès : –

Pays : Botswana
Membre de la FIFA : 1978
Joueur le plus capé : Joel Mogorosi, 92
Meilleur buteur : Jerome Ramatlhakwane, 24
Palmarès : –

JOUEUR STAR
MUSA FOIS QUATRE

L'ailier Ahmed Musa est le meilleur buteur nigérian en Coupe du Monde. Il a inscrit un doublé lors de la défaite 3-2 contre les futurs finalistes argentins en 2014 au Brésil. Le Nigeria a ensuite été battu 2-0 par la France en huitième, après des éliminations au même stade en 1994 et 1998. Musa a également signé un doublé dans le tournoi 2018 en Russie pour battre l'Islande 2-0, un résultat toutefois insuffisant pour se qualifier. Musa est devenu le joueur le plus capé de son pays devant le gardien Vincent Enyeama et le défenseur Joseph Yobo lors de son 102e match. Il était entré en fin de match à la place de Kelechi Iheanacho contre le Liberia en novembre 2021.

1985
Le premier pays africain à remporter une compétition officielle de la FIFA est le Nigeria, victorieux 2-0 face à l'Allemagne en 1985 en finale de la Coupe du Monde des moins de 17 ans.

MANÉ

JOUEUR STAR
MANÉ MÈNE LA DANSE

La star des Lions de la Teranga, **Sadio Mané**, a raté un penalty à la 7e minute de la finale de la Coupe d'Afrique des Nations 2021 contre l'Égypte, en février 2022, mais il n'a pas manqué le tir au but décisif après un match nul et vierge. Le Sénégal a ainsi décroché son tout premier titre dans la compétition. Les deux équipes se sont retrouvées le mois suivant en barrages de la Coupe du Monde 2022. Le match s'est aussi soldé aux tirs au but, après un score cumulé de 1-1, et c'est encore Mané qui a délivré les siens. C'était donc un crève-cœur quand une blessure contractée avec le Bayern Munich l'a empêché de disputer la phase finale. Le Sénégal s'est qualifié pour les huitièmes pour la deuxième fois en 3 participations avant de s'incliner 3-0 contre l'Angleterre.

JOUEUR STAR
GYAN LE GÉANT

Le Ghanéen **Asamoah Gyan** a inscrit plus de buts en Coupe du Monde que tout autre joueur représentant une nation africaine. Il a porté son total à 6 réalisations avec deux buts au Mondial 2014 au Brésil, devançant d'une unité le Camerounais Roger Milla. Il est aussi devenu le premier Africain à marquer dans 3 Coupes du Monde. Gyan avait la possibilité d'emmener le Ghana pour la première fois en demi-finale, mais il a raté son penalty, à l'ultime minute des prolongations en quarts 2010. S'il s'est rattrapé quelques minutes plus tard pendant les tirs au but, c'est bien l'Uruguay qui s'est qualifié.

GYAN

2010

Les frères Boateng sont entrés dans l'histoire de la Coupe du Monde en s'affrontant lors de la phase finale 2010 en Afrique du Sud. Jerome était arrière-gauche pour l'Allemagne qui a battu le Ghana de son demi-frère aîné, Kevin-Prince.

LÉGENDE NATIONALE
RIGOBERT NE RIGOLE PAS

La légende du Cameroun, Rigobert Song, est le joueur le plus capé de son pays avec 137 sélections, mais il a connu des fortunes diverses en Coupe du Monde. En 1994, il est devenu le plus jeune joueur à être expulsé en Coupe du Monde (à 17 ans et 358 jours, contre le Brésil). 4 ans plus tard, il est devenu le premier à recevoir 2 cartons rouges en Mondial (avant d'être imité par Zinedine Zidane). Mais Song a aussi été plus heureux en 2022 : passé sélectionneur de son pays, il a réussi à battre le Brésil 1-0, même si son équipe était déjà éliminée, avec un but tardif du capitaine Vincent Aboubakar dans le dernier match du groupe G. Song avait pris les rênes de la sélection en mars 2022, notamment en éliminant l'Algérie lors des barrages.

MILLA

LÉGENDE NATIONALE
INOUBLIABLE MILLA

L'attaquant camerounais **Roger Milla**, qui fêtait ses réalisations en dansant autour du poteau de corner, est devenu en 1994 le plus vieux buteur de l'histoire de la Coupe du Monde. À 42 ans et 39 jours, avec le nom « Milla » écrit à la main sur son maillot, il a surgi du banc pour marquer contre la Russie. Né à Yaoundé le 20 mai 1952, Milla avait quitté le football professionnel un an plus tôt, avant que le Président du Cameroun, Paul Biya, ne le persuade de rejoindre les Lions Indomptables pour la Coupe du Monde 1990. Milla a finalement mis un point final à sa carrière internationale après le Mondial 1994 aux États-Unis, avec 77 sélections et 43 buts à son actif.

116

Les Zambiens estiment que le meilleur buteur en année calendaire n'est pas Lionel Messi, mais leur joueur Godfrey Chitalu. En 2012, Messi a marqué 91 buts pour l'Argentine et Barcelone, mais la fédération zambienne soutient que Chitalu en avait inscrit 116 en 1972 (apparemment sans que cela soit remarqué à l'étranger).

15

Samuel Kuffour est devenu le plus jeune médaillé olympique en football lorsque le Ghana s'est adjugé le bronze à Barcelone en 1992, à 27 jours de son 16e anniversaire.

ANECDOTE D'ÉQUIPE

LE CHOC DES COMORES

Les Comores ne se sont pas seulement qualifiées pour leur première Coupe d'Afrique des Nations en validant leur ticket pour l'édition 2021 (décalée à janvier et février 2022), ils ont aussi créé la sensation avant d'être éliminés. En phase de groupes, ils ont sorti les poids lourds ghanéens 3-2. L'ouverture du score est venue du meilleur buteur national, Ben Nabouhane, avant un doublé d'**Ahmed Mogni**, ses premiers buts internationaux pour sa 18e sélection. Nabouhane avait déjà signé le seul but du match contre le Botswana en 2016, synonyme de première victoire en compétition pour le pays. Le parcours des Comores à la CAN 2021 s'est terminé en huitième, avec une défaite 2-1 contre le Cameroun. Dans ce match, le latéral gauche Chaker Alhadhur a dû jouer dans les cages, le gardien titulaire Ali Ahamada ne pouvant être aligné en raison du Covid. Le joueur le plus capé, **Youssouf M'Changama**, avait entretenu l'espoir, en vain, en marquant un coup franc de 27 mètres.

LÉGENDES NATIONALES

QUATRE ET QUATRE

Les deux seuls footballeurs africains à avoir joué dans quatre Coupes du Monde sont camerounais. L'attaquant Samuel Eto'o est le plus récent, en 2014, après 1998, 2002 et 2010. Il a ainsi égalé le défenseur Rigobert Song, membre de l'équipe camerounaise en 1994, 1998, 2002 et 2010. Le gardien camerounais Jacques Songo'o a aussi été sélectionné en équipe nationale pour les quatre Coupes du Monde de 1990-2002, mais il n'a joué que dans les éditions 1994 et 1998.

1996

Pendant l'apartheid, l'instance mondiale du football, la FIFA, a suspendu l'Afrique du Sud pendant 32 ans. Le pays a fait son retour en 1992 avec un succès 1-0 contre le Cameroun. Quatre ans plus tard, il remportait la Coupe d'Afrique des Nations chez lui en battant la Tunisie 2-0 en finale.

1992

Peter Ndlovu, le meilleur buteur zimbabwéen, a été le premier joueur africain à intégrer la *Premier League* anglaise, lors de ses débuts à Coventry City, en août 1992.

LÉGENDE NATIONALE

SUPER FRED

Frédéric Kanouté est devenu le premier joueur non né en Afrique à être élu Joueur africain de l'année, en 2007. Né à Lyon, Kanouté a joué pour l'équipe française des moins de 21 ans. Mais ce fils d'une Française et d'un Malien a finalement choisi de défendre les couleurs du Mali en 2004. Il a inscrit 23 buts en 37 sélections avant de prendre sa retraite internationale après la CAN 2010. En club, il reste le chouchou des fans du FC Séville, avec ses 143 buts inscrits et ses deux Coupes de l'UEFA remportées. Seuls trois joueurs ont marqué davantage pour ce club.

LÉGENDE NATIONALE

LE PRÉSIDENT GEORGE

George Weah est entré dans l'histoire en décembre 2017, lorsqu'il est devenu la première star du football africaine à devenir président de son pays, lors de la première alternance démocratique libérienne depuis des décennies, en succédant à Ellen Johnson Sirleaf, la première présidente élue en Afrique. Weah, qui a grandi dans un bidonville de la capitale Monrovia, est le seul ancien Footballeur de l'année de la FIFA dont le pays ne s'est jamais qualifié pour la phase finale de la Coupe du Monde. Weah a brillé comme attaquant pour Monaco, le PSG, Milan, Chelsea et Manchester City, puis il a puisé dans ses fonds propres pour payer les voyages et l'équipement de son équipe nationale.

LÉGENDE NATIONALE
ALLEZ ADE !

Emmanuel Adebayor, meilleur buteur togolais de tous les temps – et Joueur africain de l'année 2008 – a été capitaine lors de l'unique participation de son pays à la phase finale de la Coupe du Monde 2006, en Allemagne. L'équipe n'a pas remporté un seul match, mais la carrière d'Adebayor en club européen s'est révélée plus aboutie, avec des passages à Metz et Monaco, en Espagne avec le Real Madrid et en Angleterre avec Arsenal, Manchester City, Tottenham et Crystal Palace.

22

En 2022, l'attaquant ghanéen Mohammed Kudus est devenu le deuxième Africain le plus jeune à signer un doublé en Coupe du Monde, à 22 ans et 118 jours. Ses buts ont permis de battre la Corée du Nord 3-2. Il n'est précédé que par Ahmed Musa, qui avait 21 ans et 254 jours quand il a marqué 2 buts pour le Nigeria contre l'Argentine, 8 ans plus tôt.

8

Les 8 réalisations de Vincent Aboubakar pour les hôtes camerounais à la CAN 2021 constituent le meilleur total individuel depuis les 9 buts de Ndaye Mulamba (Zaïre/RD Congo) en 1974. L'Ivoirien Laurent Pokou est le seul autre joueur à avoir inscrit huit buts en un tournoi, en 1970.

DISCIPLINE
UNE LEÇON HISTORIQUE

Le Sénégal a bien involontairement marqué l'histoire de la Coupe du Monde en phase finale 2018, lorsqu'il est devenu le premier pays à être éliminé aux cartons jaunes. Le Sénégal et le Japon ont terminé à 4 points dans leur groupe, mais c'est une nouvelle règle de « *fair-play* » qui les a départagés. Les 2 pays ont fait un nul 2-2 et ont terminé à égalité de points, de différence de buts et de buts marqués. Mais le Sénégal a « perdu » 6-5 aux cartons jaunes : le Japon est allé au 2e tour… et le Sénégal est reparti.

LÉGENDE NATIONALE
BENNI SOIT-IL

Le meilleur buteur sud-africain, **Benni McCarthy**, est aussi le premier homme à avoir marqué pour son pays en Coupe du Monde. Il a égalisé contre le Danemark (1-1), dans le deuxième match du tournoi 1998 en France, avant une défaite 3-0 contre les Bleus. McCarthy compte 31 buts en 79 sélections après ses débuts contre les Pays-Bas en 1997. Ce sont 2 buts de plus que Shaun Bartlett. Malheureusement pour lui, des problèmes de santé l'ont privé du Mondial 2010 à domicile.

McCARTHY

LÉGENDES NATIONALES
AYEW, AYEW ET AYEW

Les trois frères Ayew qui ont défendu les couleurs du Ghana ces dernières années présentent un pedigree impressionnant. Leur père, Abedi Pelé, est considéré comme une légende de son pays ; il a disputé plus de CAN que n'importe quel autre joueur (9) et a soulevé le trophée en 1982. **André Ayew**, désormais le joueur le plus capé du Ghana, était absent lors du match contre le Nigeria en mars 2022, qui a envoyé son équipe au Mondial. Mais il était bien présent au Qatar, avec le brassard de capitaine, et a marqué le premier but lors de la défaite 3-2 contre le Portugal. Son petit frère, Jordan, a disputé les Coupes du Monde 2014 et 2022, tandis que leur aîné, Ibrahim, était avec de la partie en 2010 avec André.

DROGBA

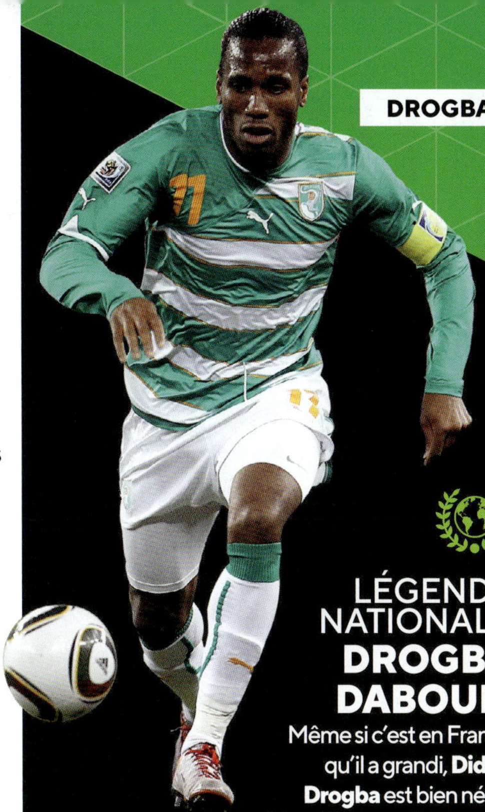

LÉGENDE NATIONALE
DROGBA DABOUM

Même si c'est en France qu'il a grandi, **Didier Drogba** est bien né en Côte d'Ivoire, et il demeure l'un des enfants chéris du pays, tant pour ses performances footballistiques que pour ses actions en dehors du terrain. Capitaine des Éléphants, il a inscrit 65 buts en 104 sélections (un record). À côté de cela, il a appelé à un cessez-le-feu lorsque son pays était ravagé par une guerre civile. Il a également obtenu qu'un match qualificatif pour la CAN contre Madagascar soit joué non pas dans la capitale Abidjan mais dans le fief rebelle de Bouaké, pour favoriser la réconciliation nationale.

ANDRÉ AYEW

ASIE ET OCÉANIE

La confédération régionale asiatique a été fondée en 1954. Sa première compétition continentale, la Coupe d'Asie AFC, a été organisée 2 ans plus tard. L'Asie a désormais organisé 2 Coupes du Monde. Sa voisine, l'Océanie, a obtenu son indépendance avec la création de l'OFC en 1966 et a lancé son tournoi régional en 1973.

AFC

Fondation : 1954

Pays membres : 46 (+ 1 non-membre de la FIFA)

Siège : Bukit Jalil, Kuala Lumpur, Malaisie

Nation la plus titrée en championnat continental : Japon, 4

OFC

Fondation : 1966

Pays membres : 11 (+ 9 non-membres de la FIFA)

Siège : Auckland, Nouvelle-Zélande

Nation la plus titrée en championnat continental : Nouvelle-Zélande, 5

88

En 2022, **le Qatar** a joué sa première phase finale de Coupe du Monde de la FIFA sur son sol. Cela n'était plus arrivé depuis 88 ans, avec l'Italie en 1934.

L'Inde se passionne de plus en plus pour le football, comme l'a prouvé l'enthousiasme des supporters locaux lors de la Coupe du Monde des moins de 17 ans de la FIFA.

DAEI

10

Pour le 60e anniversaire de sa création en 2014, l'AFC a créé un panthéon des joueurs asiatiques. Parmi les dix premiers joueurs intronisés figurent **Ali Daei** (Iran), **Harry Kewell** (Australie) et Yasuhiko Okudera (Japon).

KEWELL

1964

En 1964, Israël a remporté la Coupe d'Asie. La nation a ensuite été exclue de la confédération et a rejoint l'UEFA.

12

La Confédération asiatique de football comptait 12 membres fondateurs et en totalise aujourd'hui 47.

AUSTRALIE

Emmenée par de nouvelles générations de joueurs, dont beaucoup évoluent dans les meilleurs clubs européens, l'Australie parvient régulièrement à se qualifier pour la Coupe du Monde. En 2015, elle a organisé et remporté la Coupe d'Asie pour la première fois.

Membre de la FIFA : 1922

Plus large victoire : 31-0, contre les Samoa américaines, en 2001

Meilleur classement FIFA : 14e

Stade : Stade Australia, Sydney

Palmarès : 4 Coupes des Nations OFC (1980, 1996, 2000, 2004), 1 Coupe d'Asie (2015)

KUOL

ANECDOTE DU TOURNOI
DEUX À LA SUITE

Au Qatar, en 2022, l'Australie a gagné son premier match de phase finale depuis 2010, avant de doubler la mise pour se qualifier en huitièmes pour la seconde fois de son histoire seulement. Malgré l'ouverture du score de Craig Goodwin contre les Français, tenants du titre, les *Aussies* se sont inclinés 4-1 avant de se reprendre face à la Tunisie et le Danemark, avec 2 victoires 1-0, grâce à Mitchell Duke et Mathew Leckie. Entré en cours de jeu contre les Tricolores, **Garang Kuol** est devenu le plus jeune joueur australien en Coupe du Monde, à 18 ans et 68 jours. En huitièmes, il a bien failli égaliser en fin de match contre l'Argentine, future championne, mais n'a pu éviter la défaite 2-1. Il est le deuxième plus jeune joueur à disputer une phase à élimination directe en Coupe du monde, après le Brésilien Pelé, en Suède, en 1958.

WILLIAMS

LÉGENDE NATIONALE
HÉROS DU PAYS

Harry Williams est le premier joueur australien aborigène à avoir représenté son pays au niveau international. Il a fait ses débuts en 1970 et a fait partie, en 1974, de la 1re équipe australienne à disputer une phase finale de Coupe du Monde, en RFA. Malgré un nul contre le Chili, l'Australie a terminé dernière de son groupe après des revers contre l'Allemagne de l'Est et le futur vainqueur, l'Allemagne de l'Ouest.

JOUEUR STAR
LE MILLIÈME DE MILE

Le capitaine australien Mile Jedinak a marqué les trois derniers buts de son pays en Coupe du Monde – toujours en surface de réparation. Il a inscrit un but lors d'une défaite 3-2 face aux Pays-Bas en 2014, puis a retrouvé les filets quatre ans après lors d'une défaite 2-1 face à la France et à l'occasion d'un nul 1-1 contre le Danemark, avant l'élimination de l'Australie à l'issue du premier tour. En novembre 2017, Jedinak, milieu de terrain, a réalisé un triplé, décrochant une place en phase finale en battant le Honduras 3-1 après un match aller 0-0.

3

Avant la phase finale de 2022, l'ancien capitaine australien Mile Jedinak avait inscrit les 3 derniers buts de son équipe en Coupe du Monde : contre les Pays-Bas en 2014, puis contre la France et le Danemark en 2018, à chaque fois sur penalty.

CAHILL

LÉGENDE NATIONALE
CAHILL ENTRE DANS L'HISTOIRE

En 2006, **Tim Cahill** a inscrit les deux premiers buts de l'Australie en Coupe du Monde, aux 84e et 89e minutes d'une remontée face au Japon, pour une victoire 3-1. Cahill a gardé le plus spectaculaire pour la fin : une volée en première intention lors d'une défaite 3-2 contre les Pays-Bas en 2014. Il a aussi reçu son 2e carton jaune de la compétition plus tard dans ce match, manquant donc la dernière rencontre de son pays. Il a marqué deux fois en 2006, une fois en 2010 (recevant aussi un carton rouge) et deux fois en 2014. Il a pris sa retraite internationale en novembre 2018 après 108 sélections et 50 buts – dont plus de la moitié (26) de la tête.

SÉLECTIONS

1. **Mark Schwarzer**, 109
2. **Tim Cahill**, 108
3. **Lucas Neill**, 96
4. **Brett Emerton**, 95
5. **Alex Tobin**, 87

29

L'ancien record australien de 29 buts par l'Australien Damian Mori, en seulement 45 matchs internationaux, comprend des triplés contre les îles Fidji et Tahiti, des quadruplés contre les îles Cook et Tonga, et un quintuplé lors du 13-0 infligé aux îles Salomon en éliminatoires du Mondial 1998.

BUTEURS

1. **Tim Cahill**, 50
2. **Damian Mori**, 29
3. **Archie Thompson**, 28
4. **John Aloisi**, 27
5. **Attila Abonyi**, 25
   = **John Kosmina**, 25

RECORD DE BUTS
AUSSIES AUX PENALTYS

L'Australie a été la première nation à se qualifier pour une Coupe du Monde de la FIFA aux tirs au but, puis, 16 ans et demi plus tard, la seconde. Le joueur le plus capé du pays, le gardien **Mark Schwarzer**, a réalisé des arrêts décisifs pour éliminer l'Uruguay 4-2 aux tirs au but lors d'un duel aller-retour soldé sur le score de 1-1. En juin 2022, le barrage en une seule manche contre le Pérou, au Qatar, s'est terminé sans but après les prolongations. Le héros n'était pas le portier titulaire Maty Ryan, mais l'expert en penaltys Andrew Redmayne, entré dans les dernières secondes de jeu pour sa troisième sélection seulement. Il n'a pas hésité à danser sur sa ligne pour déstabiliser les tireurs péruviens, et ses efforts ont payé. Il a repoussé la tentative décisive d'Alex Valera pour sceller la victoire des Australiens 5-4, synonyme de qualification pour leur cinquième phase finale de suite.

61

Peter Wilson et Lucas Neill co-détiennent le record de capitanats avec l'Australie : 61. Dur sur l'homme, le défenseur Neill a dû attendre sa 91e sélection pour marquer son premier but international, clôturant le score à 4-0 contre la Jordanie, en juin 2013.

3,69

Damian Mori n'aura jamais disputé la Coupe du Monde, mais il détient le record du but le plus rapide, marqué après 3,69 secondes de jeu lors d'un match entre son club d'Adelaide City et Sydney United en 1996.

1000

En mars 2015, Jedinak a marqué le 1 000e but international de l'Australie, un coup franc incroyable lors d'un match amical 2-2 contre l'Allemagne, championne du monde.

SCHWARZER

RECORD DE BUTS
ARCHIE FORT

Le 9 avril 2001, l'Australie a établi un record international en écrasant Tonga 22-0 en éliminatoires de la Coupe du Monde de la FIFA 2002. Elle a fait encore mieux deux jours plus tard en massacrant les Samoa américaines 31-0. Le buteur **Archie Thompson** a notamment signé 13 buts, un record, tandis que son coéquipier David Zdrilic n'a marqué « que » huit fois. Tous deux font mieux que le précédent record de sept buts en un match par l'Iranien Karim Bagheri. Avec un but contre le Tonga pour sa première sélection, puis son carton au match suivant, Thompson a signé 14 buts en deux matchs, soit autant que dans ses 51 sélections suivantes.

THOMPSON

3

Graham Poll, en 2006, ne fut pas le 1er arbitre de la Coupe du Monde FIFA à infliger 3 cartons jaunes au même joueur. La chose s'était déjà produite lors d'un match de l'Australie en Coupe du Monde 1974, quand le milieu de terrain Ray Richards fut expulsé tardivement face au Chili.

JAPON

Le Japon a accueilli, avec la Corée du Sud, la Coupe du Monde 2002, l'équipe nippone se qualifiant pour la 1re fois au 2e tour. Les victoires du Japon en Coupe d'Asie des Nations en 1992, 2000, 2004 et 2011 ont prouvé son talent.

Membre de la FIFA : 1950
Plus large victoire : 15-0, contre les Philippines, en 1967
Meilleur classement FIFA : 9e
Stade : (Rotation)
Palmarès : 4 Coupes d'Asie (1992, 2000, 2004, 2011)

50
Parmi les 50 buts de Shinji Okazaki pour son pays figurent des triplés dans deux matchs de suite, contre Hong Kong et le Togo, en octobre 2009.

HONDA

LÉGENDE NATIONALE
HONDA INSPIRÉ

Le talentueux meneur de jeu **Keisuke Honda** est le meilleur buteur japonais en Coupe du Monde – avec quatre unités – et le seul à avoir marqué lors de trois phases finales. Il a commencé en Afrique du Sud, en 2010, lors des victoires sur le Cameroun et le Danemark, et a continué avec un but lors d'une défaite contre le Costa Rica au Brésil, quatre ans plus tard. Honda a été élu deux fois Homme du match pendant le Mondial 2010 et Meilleur joueur de la compétition lorsque le Japon a remporté la Coupe d'Asie 2011. Après l'élimination du Mondial russe en 2018, Honda s'est retiré du football international.

SÉLECTIONS

1	**Yasuhito Endō,** 152
2	**Yuto Nagatomo,** 142
3	**Maya Yoshida,** 126
4	**Masami Ihara,** 122
5	**Shinji Okazaki,** 119

JOUEUR STAR
DŌAN, COPIE CONFORME

DŌAN

Au Mondial 2022, il y a eu comme un air de déjà-vu pour le joker de luxe japonais **Ritsu Dōan**. Le joueur du PSV Eindhoven est sorti du banc alors que son équipe était menée 1-0 dans le premier match du groupe E contre l'Allemagne et a rapidement égalisé, avant que Takuma Asano n'offre une victoire surprise aux Asiatiques. Après une défaite 1-0 contre le Costa Rica, Dōan a réédité sa performance contre l'Espagne : entré en cours de jeu, il a égalisé pour le Japon avant qu'un penalty, confirmé par la VAR et converti par Ao Tanaka, n'envoie les *Samurai Blue* en huitièmes. Le Japon n'est que la troisième équipe à avoir gagné 2 fois après avoir été mené à la mi-temps dans une même édition de Coupe du Monde. La victoire contre l'Allemagne était d'autant plus belle que 8 joueurs évoluaient dans des clubs allemands, contre seulement 7 au Japon. Leur beau parcours s'est achevé par une défaite 3-1 aux tirs au but après un nul 1-1 contre la Croatie.

11

Après ses débuts en sélection, en phase de groupes de la Coupe d'Asie 2011 contre la Jordanie, le buteur Tadanari Lee a parfaitement choisi son moment pour débloquer son compteur de buts internationaux : à 11 minutes de la fin des prolongations de la finale contre l'Australie.

ANECDOTE DU TOURNOI
FOOT ET POLITIQUE

Le Japon a décroché une médaille de bronze surprise aux JO de Mexico en 1968, et l'attaquant star Kunishige Kamamoto a été désigné Meilleur buteur de la compétition avec 7 buts. Il reste le meilleur buteur japonais de tous les temps, avec 75 buts en 76 matchs (le Japon considère les matchs olympiques comme des rencontres officielles). Aujourd'hui à la retraite, il est devenu entraîneur, vice-président de la fédération de football de son pays et… membre du Parlement japonais.

BUTEURS

1 **Kunishige Kamamoto,** 75
2 **Kazuyoshi Miura,** 55
3 **Shinji Okazaki,** 50
4 **Hiromi Hara,** 37
= **Keisuke Honda,** 37

39

Gardien titulaire aux Mondiaux 2010, 2014 et 2018, Eiji Kawashima est devenu l'international le plus âgé du Japon lors des éliminatoires de la Coupe du Monde 2022, contre le Vietnam en mars (1-1). Sa 94e sélection est arrivée neuf jours après son 39e anniversaire.

KAMAMOTO

LÉGENDE NATIONALE
PAS TROP TÔT, YUTO

Le défenseur Yūto Nagatomo, vainqueur de la Coupe d'Asie AFC 2011 et plus tard capitaine de l'Inter Milan, a pris le brassard du Japon lorsqu'il est devenu le 7e Japonais à atteindre les 100 capes, à l'occasion d'un amical perdu 3-1 contre le Brésil en novembre 2017. Il a égalé les 122 sélections de Masami Ihara (capitaine lors du 1er triomphe en Coupe d'Asie en 1992) avec une victoire contre le Kirghizistan en novembre 2019. Un mois plus tôt, Nagatomo avait inscrit son 5e but international, et son premier en 10 ans, lors d'un succès 6-0 contre la Mongolie. En 2022, Nagatomo est devenu le premier Japonais à participer à 4 phases finales de Coupe du Monde, pour un total de 15 matchs. C'est plus que Makoto Hasebe et Eiji Kawashima (11 chacun).

8

Aucun homme n'a marqué plus de triplés pour le Japon que **Kunishige Kamamoto** (8). Il a notamment inscrit un sextuplé lors de la plus large victoire du pays : 15-0 contre les Philippines, à Tokyo en septembre 1967. Par la suite, Kazuyoshi Miura a aussi marqué six buts en un match, lors du succès 10-0 contre Macao en juin 1997.

ENDŌ

21

Aucune équipe n'a inscrit plus de buts que le Japon au cours d'une unique Coupe d'Asie AFC, avec 21 réalisations en 6 matchs au Liban en 2000. Neuf joueurs ont marqué. Akinori Nishizawa et Naohiro Takahara en ont signé 5 chacun, dont des triplés contre l'Ouzbékistan au premier tour (8-1). Un seul but a scellé la victoire en finale contre l'Arabie saoudite, signé Shigeyoshi Mochizuki.

LÉGENDE NATIONALE
KEN LE SURVIVANT

Le sélectionneur au mandat le plus long au Japon avait auparavant servi son pays comme joueur avant de devenir président de la fédération nationale. Ken Naganuma a été sélectionné quatre fois comme attaquant entre 1954 et 1961. Il a dirigé la sélection deux fois, entre 1962 et 1969, puis de 1972 à 1976. Il a notamment décroché le bronze aux JO 1968. Il a été élu président de la JFA de 1995 à 1998. Au total, il a supervisé 73 rencontres, soit 2 de plus que la légende brésilienne Zico (71, entre 2002 et 2006), bien que ce dernier ait obtenu trois victoires de plus.

LÉGENDE NATIONALE
HAPPY ENDŌ

Le milieu de terrain **Yasuhito Endō** a marqué le but d'ouverture des défenseurs japonais lors de leur triomphe en Coupe d'Asie : l'équipe a débuté l'édition 2015 en battant les débutants de la Palestine 4-0. Cependant, après avoir remporté ses trois matchs de groupes sans encaisser de but, le Japon a perdu la rencontre suivante, un quart de finale contre les Émirats arabes unis, après un 1-1 suivi de tirs au but. C'était leur pire performance en Coupe d'Asie depuis 19 ans. Endō a eu la consolation de devenir le premier international japonais à obtenir 150 capes, mais il a quitté la scène internationale après la phase finale, avec 15 buts en 152 matchs.

2018

Les joueurs et supporters japonais en ont impressionné beaucoup à la Coupe du Monde 2018, par leurs performances et leur tenue. Les fans japonais ont été filmés en train de nettoyer méticuleusement derrière eux dans les tribunes après les matchs, et le staff en faisait de même dans les vestiaires, y compris après la défaite 3-2, malgré un avantage de 0-2, contre la Belgique en huitième.

CORÉE DU SUD

« *Be the Reds !* » (« Soyez rouges ! ») était le cri de ralliement des supporters sud-coréens lorsque le pays a coorganisé la Coupe du Monde 2002. La Corée du Sud est alors devenue la 1re nation asiatique à atteindre les demi-finales, se classant finalement 4e.

Membre de la FIFA : 1948
Plus large victoire : 16-0, contre le Népal, en 2003
Meilleur classement FIFA : 17e
Stade : Stade de la Coupe du Monde, Séoul
Palmarès : 2 Coupes d'Asie (1956, 1960)

4 Le défenseur sud-coréen Hong Myung-Bo a été le 1er footballeur asiatique à participer à 4 phases finales de Coupe du Monde de suite, de 1990 à 2002.

BUTEURS

1. **Cha Bum-kun,** 58
2. **Hwang Sun-hong,** 50
3. **Park Lee-chun,** 36
4. **Son Heung-min,** 35
5. **Kim Jae-han,** 33
= **Lee Dong-gook,** 33

HONG

LÉGENDE NATIONALE
HONG MYUNG-BO, CAPITAINE RECORDMAN

Le défenseur **Hong Myung-bo** a été le capitaine de son équipe à domicile quand il a mené la Corée du Sud à la 4e place du Mondial 2002, où il a été désigné troisième meilleur joueur du tournoi. En tant que sélectionneur des moins de 23 ans, Hong a décroché la médaille d'argent aux Jeux olympiques 2002 grâce à une victoire 2-0 contre le Japon en petite finale. Hong est devenu sélectionneur des A en juin 2013, dirigeant l'équipe pour la Coupe du Monde 2014. Lors d'un match de groupes, il a rencontré la Belgique dont il avait affronté l'entraîneur, Marc Wilmots, comme joueur, en phase finale en 1998.

29
Le 0-0 à Pyongyang en octobre 2019, valant pour les éliminatoires du Mondial 2022, était le premier match opposant les deux Corées depuis 29 ans.

56 Depuis la création du classement mondial de la FIFA en 1992, aucun leader ne s'était incliné contre une nation classée 56 places plus bas, jusqu'à ce que l'Allemagne, championne en titre, perde 2-0 contre la Corée du Sud au Mondial 2018.

LÉGENDE NATIONALE
LES RUINES DE AHN

Ahn Jung-hwan est passé de zéro à héros en huitième de finale de la Coupe du Monde 2002 à domicile, face à l'Italie. Après avoir manqué un penalty, il a inscrit le but en or qui a éliminé les Italiens. En représailles, le président du club de Pérouse, Luciano Gaucci, a annoncé qu'il mettait un terme au prêt du Coréen, accusé d'avoir « ruiné le football italien ». Ahn partage le record national de buts en Coupe du Monde (3) avec Son Heung-min et Park Ji-sung. Ce dernier est, quant à lui, devenu le premier Asiatique champion d'Europe en remportant la Ligue des Champions avec Manchester United contre Chelsea en 2008.

AHN

JOUEUR STAR
SON EST BON

Le héros sud-coréen **Son Heung-min** a marqué le but de consolation contre le Mexique et le second but contre l'Allemagne lors du Mondial 2018, quelques minutes après l'ouverture du score de Kim Young-gwon dans le temps additionnel. Son a poussé le ballon dans les cages vides, profitant d'une sortie du portier allemand, Manuel Neuer, à l'autre bout du terrain. Son marquait alors son 23e but en 70 matchs internationaux, dont trois en Coupe du Monde, comme Park Ji-sung et Ahn Jung-hwan. Icône de son pays, Son a été le capitaine de sa sélection au Mondial 2022, le visage caché derrière un masque après une fracture de l'arcade subie avec Tottenham, en Ligue des Champions, peu avant le tournoi.

7

En 2020, le capitaine de la Corée du Sud Son Heung-min a gagné le prix Puskás de la FIFA récompensant le plus beau but de l'année. En décembre 2019, quand son club de Tottenham recevait Burnley en *Premier League*, il a passé 7 adversaires avant de marquer à l'autre bout du terrain.

ANECDOTE DU TOURNOI
LA CORÉE COMPTE

Aucune nation asiatique ne s'est qualifiée plus souvent au Mondial de la FIFA que la Corée du Sud. Sa première participation à la phase finale, en 1954, s'est terminée prématurément et douloureusement avec une gifle 9-0 contre les futurs finalistes hongrois et un revers 7-0 contre la Turquie. Depuis leur retour en 1986, les Coréens ont disputé toutes les autres éditions. Celle de 2022 au Qatar était leur 10e phase finale de suite ; ils y ont atteint la phase à élimination directe pour la troisième fois, après 2002 et 2010. **Cho Gue-sung** est devenu le premier Sud-Coréen à marquer plus d'une fois dans un match de Coupe du Monde, avec un doublé pour battre le Ghana 2-1 dans le groupe H. Il est aussi devenu le premier Asiatique à inscrire 2 buts de la tête dans un match mondial. Le but de Hwang Hee-chan, dans le temps additionnel, a ensuite permis à la Corée de battre le Portugal, leader du groupe, et de valider sa présence en huitièmes, où elle s'est inclinée 4-1 contre le Brésil.

LÉGENDE NATIONALE
CHASSEUR D'ARAIGNÉES

Le gardien de but **Lee Woon-jae**, appelé « mains d'araignée », devint un héros national en arrêtant le tir au but de l'Espagnol Joaquín Sánchez Rodríguez, envoyant ainsi son équipe en demi-finale de la Coupe du Monde 2002. Lee, qui a joué durant la Coupe du Monde 1994, et qui participa également aux éditions 2006 et 2010, a sauvé d'autres tirs au but – 3 notamment durant la Coupe d'Asie des Nations 2007, qui a vu son pays prendre la 3e place. Le remplaçant de Lee, Kim Byung-ji, n'a joué que 62 matchs internationaux.

LÉGENDE NATIONALE
AVEC CHA BOOM, ÇA FAIT BOOM !

Avant même que la Corée du Sud ne se fasse une réputation en Coupe du Monde sous l'égide de Guus Hiddink, le pays avait déjà son héros en pleine gloire, le fougueux attaquant **Cha Bum-kun**, connu pour ses frappes canon et surnommé « Cha Boom ». Il permit à d'autres joueurs asiatiques de se faire un nom en Europe, en signant notamment avec l'Eintracht de Francfort en 1979, et en jouant plus tard pour le Bayer Leverkusen. Au nombre de ses exploits allemands, on compte 2 victoires en Coupe de l'UEFA – avec Francfort en 1980, et son rival en *Bundesliga*, le Bayer Leverkusen, 8 ans plus tard. Il deviendra l'idole de futurs internationaux allemands comme Jürgen Klinsmann et Michael Ballack.

SÉLECTIONS

1	**Hong Myung-bo**, 136
	= **Cha Bum-kun**, 136
3	**Lee Woon-jae**, 133
4	**Lee Young-pyo**, 127
5	**Kim Ho-kon**, 124
	= **Yoo Sang-chui**, 124

5

En 2020, le capitaine de la Corée du Sud Son Heung-min a gagné le prix Puskás de la FIFA récompensant le plus beau but de l'année. En décembre 2019, quand son club de Tottenham recevait Burnley en *Premier League*, il est parti de l'entrée de sa surface et s'est offert un raid solitaire jusqu'à conclure à l'autre bout du terrain.

ASIE : LES AUTRES ÉQUIPES

13 L'Iran a remporté trois Coupes d'Asie de suite en gagnant la totalité de ses 13 matchs en 1968, 1972 et 1976.

Si les sélections asiatiques et océaniennes mineures ne sont pas encore animées d'une passion obsessionnelle pour le ballon rond, cela n'enlève rien à l'intensité des rivalités entre pays et au niveau de performance atteint.

Pays : Irak
Membre de la FIFA : 1950
Joueur le plus capé : Younis Mahmoud, 148
Meilleur buteur : Hussein Saeed, 78
Palmarès : 1 Coupe d'Asie (2007)

Pays : Chine
Membre de la FIFA : 1931
Joueur le plus capé : Li Weifeng, 112
Meilleur buteur : Hao Haidong, 41
Palmarès : –

Pays : Qatar
Membre de la FIFA : 1970
Joueur le plus capé : Hassan Al-Haydos, 172
Meilleur buteur : Mansoor Muftah/ Almeoz Ali, 42
Palmarès : 1 Coupe d'Asie (2019)

Pays : Arabie saoudite
Membre de la FIFA : 1956
Joueur le plus capé : Mohamed Al-Deayea, 178
Meilleur buteur : Majed Abdullah, 72
Palmarès : 3 Coupes d'Asie (1984, 1988, 1996)

Pays : Iran
Membre de la FIFA : 1948
Joueur le plus capé : Javad Nekounam, 151
Meilleur buteur : Ali Daei, 109
Palmarès : 3 Coupes d'Asie (1968, 1972, 1976)

Pays : Ouzbékistan
Membre de la FIFA : 1994
Joueur le plus capé : Server Djeparov, 128
Meilleur buteur : Maksim Shatskikh, 34
Palmarès : –

Pays : Syrie
Membre de la FIFA : 1937
Joueur le plus capé : Maher Al-Sayed, 109
Meilleur buteur : Firas Al-Khatib, 36
Palmarès : –

ANECDOTE DU TOURNOI
L'IRAK RELÈVE LA TÊTE

L'une des plus grandes et belles surprises du football international fut la victoire irakienne lors de la Coupe d'Asie 2007, un an à peine après la fin de la guerre qui avait ravagé le pays, et obligé la sélection à disputer ses rencontres à domicile à l'étranger. Les Irakiens ont éliminé le Vietnam et la Corée du Sud pour se hisser en finale, lors de laquelle le capitaine Younis Mahmoud a inscrit le but décisif face à l'Arabie saoudite. Quatre ans plus tard, ils ne purent conserver leur bien, s'inclinant en quart de finale contre l'Australie.

AL-HAYDOS

ANECDOTE DU TOURNOI
LES STARS DU QATAR

Le Qatar, pays hôte de la Coupe du Monde 2022, a été sacré champion continental pour la première fois en 2019, soulevant la Coupe d'Asie AFC après son succès 3-1 contre le Japon en finale à Abou Dhabi. L'un des buteurs ce jour-là était Almoez Ali, d'une splendide reprise acrobatique. Ali a terminé le tournoi avec 9 buts, record de la compétition, dont un quadruplé en 51 minutes face à la Corée du Nord (6-0). Le but marqué par le Japon en finale est le seul concédé par le Qatar (contre 19 marqués), entraîné par l'Espagnol Félix Sánchez. Le capitaine était l'attaquant **Hassan Al-Haydos**, joueur le plus capé de la sélection.

130 000
La plus grosse affluence pour un match de qualification à domicile a été enregistrée le 22 novembre 1997, lors d'un nul 1-1 entre l'Iran et l'Australie, au stade Azadi de Téhéran : 130 000 personnes.

RECORD DE BUTS
LE MEILLEUR POUR LA FIN

Un seul homme a marqué cinq buts en un match pour l'Arabie saoudite : l'attaquant Mohammad Al-Sahlawi a inscrit la moitié des buts de son équipe dans le succès 10-0 sur le terrain du Timor-Leste en novembre 2015, deux mois après un triplé ayant permis de battre les mêmes adversaires 7-0. Sahlawi, qui a mis un terme à sa carrière internationale après 28 buts en 42 sélections, était membre de l'équipe saoudienne de 2018 qui avait mis fin à une série de 12 matchs de Coupe du Monde sans victoire en battant l'Égypte 2-1 dans la dernière rencontre du groupe. Le but décisif a été inscrit par l'ailier **Salem Al-Dawsari** après cinq minutes de temps additionnel.

AL-DAWSARI

RECORD DE COUPES
L'AFC EN CHIFFRES

L'Iran domine le palmarès de la Coupe d'Asie, même s'il n'a atteint « que » le dernier carré en 2019, battu par les Émirats arabes unis. L'Iran compte le plus de matchs joués (131), de victoires (41), de nuls (19) et de buts marqués (131). Avec un seul but en deux participations, la Palestine est l'équipe la moins prolifique, tandis que la Chine affiche le plus de buts concédés (65), loin devant le Myanmar et Singapour (4 en une participation). Le Japon est le plus titré avec 4 sacres, devant l'Iran et l'Arabie saoudite (3).

26

La Coupe d'Asie 2015 a établi un record remarquable de matchs consécutifs sans résultat nul en compétition internationale. Les 26 rencontres de phase de groupes, puis les deux premiers quarts de finale, ont tous produit des vainqueurs au bout de 90 minutes.

LÉGENDE NATIONALE
LE GRAND SALEM SAOUDIEN

En 2022, l'Arabie saoudite a non seulement signé la plus grande victoire de son histoire, mais aussi l'une des plus grandes surprises de la Coupe du Monde. Menée 1-0 après un penalty de Lionel Messi dans le premier match du groupe C, elle a réussi à renverser la vapeur contre les futurs champions. Le buteur Saleh Al-Shehri a égalisé peu après le retour des vestiaires ; 5 minutes plus tard, l'ailier Salem Al-Dawsari donne l'avantage définitif aux Saoudiens. Al-Dawsari avait déjà signé le but de la victoire 2-1 dans un match décisif contre l'Égypte, au Mondial 2018. Au Qatar, les Saoudiens n'ont pas passé le premier tour, mais Al-Dawsari a quand même marqué un autre but, lors de la défaite 2-1 contre le Mexique, devenant ainsi le deuxième meilleur buteur de son pays en Coupe du Monde, avec 3 réalisations, à égalité avec Sami Al-Jaber.

KHARBIN

LÉGENDE NATIONALE
LA FIERTÉ DE LA SYRIE

En 2017, **Omar Kharbin** est devenu le premier Syrien désigné Meilleur joueur d'Asie de l'année. L'ailier a aidé son club saoudien Al-Hilal à remporter son premier championnat en six ans et à atteindre la finale de la Ligue des Champions de l'AFC, perdue contre les Japonais des *Urawa Red Diamonds*. Kharbin, qui avait fait ses débuts à 15 ans avec Al-Wahda, dans sa ville natale de Damas, a aussi égalisé pour la Syrie malgré la défaite contre les champions sortants australiens au 1er tour de la Coupe d'Asie 2019, remporté par le Qatar. Le titre de Meilleur joueur d'Asie a été remporté par des Qataris en 2018 et 2019, l'ailier Akram Afif succédant au défenseur Abdelkarim Hassan. Le prix a été annulé en 2020 en raison de la pandémie de COVID-19.

LÉGENDE NATIONALE
DAEI : LE MEILLEUR D'ENTRE TOUS

Ali Daei a terminé sa carrière avec 109 buts en 149 sélections, entre 1993 et 2006 – cela sans avoir marqué durant les Coupes du Monde FIFA 1998 et 2006. Il est aussi, avec 14 buts, le meilleur buteur de la Coupe d'Asie des Nations, qu'il n'a pourtant jamais remportée. Sa carrière de sélectionneur a été moins prolifique, puisqu'elle n'a duré qu'un an, de mars 2008 à mars 2009. Il a été remercié après le parcours laborieux de l'Iran en éliminatoires de la Coupe du Monde 2010.

DAEI

4

Almoez Ali est devenu le premier joueur hors Amérique centrale à remporter le Soulier d'Or en *Gold Cup* de la CONCACAF. Ses quatre buts ont permis au Qatar, pays invité de l'édition 2021 aux États-Unis, de prendre le bronze. Il a notamment signé un doublé dans le succès 3-2 contre le Salvador en demi-finale.

1938

L'Indonésie (à l'époque les Indes orientales néerlandaises) est le 1er pays asiatique à avoir participé à une Coupe du Monde, en France en 1938. Le 5 juin à Reims, la Hongrie l'a emporté 6-0 dans ce tournoi par élimination directe.

ANECDOTE DU TOURNOI
LE BHOUTAN BAT TOUT

En mars 2015, le Bhoutan a connu une série de victoires sans précédent. Cette nation, alors la moins bien classée au monde, n'avait remporté que deux matchs internationaux officiels en 34 ans avant de battre le Sri Lanka deux fois lors d'une qualification en match double pour la Coupe du Monde 2018. Le seul but du premier match était l'œuvre de Tshering Dorji, et c'est Chencho Gyeltshen – seul joueur professionnel du pays – qui a marqué les deux buts du Bhoutan une semaine plus tard, dans une victoire 2-1. La nation himalayenne est parvenue pour la première fois au 2e tour des qualifications en Coupe d'Asie, mais elle a perdu ses huit matchs, avec une différence de buts de -52.

LÉGENDE NATIONALE
L'AS DU BARÇA

Le 1er Asiatique à avoir joué pour un club européen a aussi été, pendant près d'un siècle, le plus prolifique buteur du FC Barcelone, avant d'être surpassé par Messi en mars 2014. Paulino Alcántara, originaire des Philippines, marqua 369 buts en 357 matchs pour le Barça entre 1912 et 1927. Il avait commencé sa carrière à 15 ans, un autre record du club. Né aux Philippines, mais de père espagnol, il disputa des matchs internationaux pour la Catalogne et pour les Philippines, avec qui il joua le match qui fut aussi la plus cuisante défaite du Japon (15-2).

4-0

Le 30 juin 2002, le jour où le Brésil et l'Allemagne se disputaient la finale de la Coupe du Monde, les deux pays les plus mal classés à la FIFA s'affrontaient également. Le Bhoutan a battu Montserrat, équipe de la zone CONCACAF, 4-0.

CHHETRI

ANECDOTE DU TOURNOI
DES PREMIÈRES AU PREMIER TOUR

En janvier 2019, l'Inde a mis fin à 55 ans de disette en phase finale de la Coupe d'Asie en s'imposant 4-1 face à la Thaïlande. Grâce à son doublé, **Sunil Chhetri** a porté son total de buts internationaux à 67, un record à l'époque. Il en est aujourd'hui à 84 buts et 131 sélections, record national. Toutefois, ce furent les seuls points glanés par l'Inde dans le tournoi. La Thaïlande a réagi en remerciant son sélectionneur serbe Milovan Rajevac, remplacé par Sirisak Yodyardthai, puis s'est qualifiée pour le second tour pour la première fois en 47 ans, avant d'être éliminée 2-1 par la Chine.

90+13

L'Iranien Mehdi Taremi a marqué le but le plus tardif en Coupe du Monde, hors prolongation, après 13 minutes d'arrêts de jeu. C'était le second but de son équipe, battue 6-2 par l'Angleterre dans l'édition 2022. Dans le match suivant du groupe B, l'Iran a battu le Pays de Galles avec des buts inscrits après 8 et 11 minutes de temps additionnel.

LÉGENDE NATIONALE
MABKHOUT LE GRAND

Ali Mabkhout ne s'est pas contenté de dominer le classement des buteurs dans les éliminatoires asiatiques au Mondial 2022 – ses 14 réalisations constituent un record mondial pour cette édition. Ce n'était toutefois pas son premier coup d'éclat : en 2019, il avait signé 19 buts en 13 matchs, un record sur l'année calendaire. Ses derniers exploits lui ont permis de creuser l'écart en tête du classement des buteurs émiratis. Mabkhout a aussi inscrit le but le plus rapide en Coupe d'Asie des Nations AFC, après seulement 14 secondes, lors du succès 2-1 au premier tour 2015. Il a ensuite remporté le Soulier d'Or et les Émirats arabes unis ont obtenu la troisième place. Grâce à ses performances en éliminatoires 2022, son pays s'est qualifié pour un barrage contre l'Australie qui s'est tenu le 7 juin 2022 au Qatar. Les Australiens l'ont emporté 2-1, privant les Émirats arabes unis de Mondial.

SHATSKIKH

LÉGENDE NATIONALE
LES RECORDS OUZBEKS

Le meilleur buteur ouzbek **Maksim Shatskikh** s'est retiré du football international après sa 61e sélection, lors d'un match amical contre Oman en mai 2014. Il avait égalé le record de 31 buts de Mirjalol Qosimov lors d'une victoire 7-3 face à Singapour, en juin 2008, et détient aussi le record national de buts en un seul match depuis son quintuplé contre Taïwan, en octobre 2007. Avec le club ukrainien du Dynamo de Kiev, il est devenu le 2e Ouzbek – après Qosimov avec l'Alania Vladikvkaz – à marquer dans une compétition de l'UEFA. Qosimov a été deux fois sélectionneur de l'Ouzbékistan atteignant les quarts de finale de la Coupe d'Asie en 2015. Le joueur le plus capé du pays est l'attaquant Serjer Deparov, qui a raccroché en 2017 après 128 sélections.

1934
La Palestine, alors sous mandat britannique, a été le 1er pays asiatique à jouer les éliminatoires de la Coupe du Monde. Le 16 mars 1934, elle a perdu 7-1 en Égypte.

ANECDOTE D'ÉQUIPE
LA SURPRISE DU CHEF

La Corée du Nord avait fait sensation à la Coupe du Monde 1966 en battant l'Italie 1-0 à Middlesbrough (Angleterre), éliminant ainsi les doubles champions du monde. Pak Doo-ik avait inscrit le but victorieux à la 42e minute. C'était la première fois qu'une équipe asiatique se hissait en quart de finale. Contre le Portugal d'Eusébio, les Nord-Coréens ont même mené 3-0 avant de s'incliner 5-3. Depuis, ils n'ont disputé qu'une seule phase finale, en 2010. Le joueur désormais le plus capé, le gardien **Ri Myong-guk**, avait réussi à contenir les assauts du Brésil, ne concédant qu'une courte défaite 2-1 en match d'ouverture. Toutefois, la Corée du Nord a été éliminée avec trois revers. Le pays s'est retiré des éliminatoires du Mondial 2022 dès le second tour en raison d'inquiétudes vis-à-vis de la pandémie de Covid-19.

MABKHOUT

JOUEUR STAR
AL-JABER PUISSANCE QUATRE

Sami Al-Jaber est l'un des plus grands joueurs d'Arabie saoudite. Il est non seulement le 2e meilleur buteur de son pays avec 44 unités, mais il est aussi devenu le 2e joueur asiatique à avoir disputé 4 Coupes du Monde lorsqu'il a été titularisé le 14 juin 2006 contre la Tunisie à Munich. Il a célébré l'occasion en marquant son 3e but en Coupe du Monde, après ses réalisations en 1994 et 1998. Al-Jaber était aussi un homme clé de la sélection saoudienne titrée en Coupe d'Asie en 1996, victorieuse en finale des Émirats arabes unis, pays hôte, aux tirs au but.

RI MYONG-GUK

OCÉANIE

Le football océanien détient quelques records saisissants, mais bien peu dont il pourrait se vanter. Les gardiens des petites îles sont notamment en souffrance avec un nombre de buts encaissés digne des scores de cricket…

Pays : Nouvelle-Zélande
Membre de la FIFA : 1948
Joueur le plus capé : Ivan Vicelich, 88
Meilleur buteur : Chris Wood, 33
Palmarès : 5 Coupes des Nations OFC (1973, 1998, 2002, 2008 et 2016)

Pays : Fidji
Membre de la FIFA : 1964
Joueur le plus capé : Roy Krishna, 48
Meilleur buteur : Roy Krishna, 32
Palmarès : –

Pays : Tahiti
Membre de la FIFA : 1989
Joueur le plus capé : Angelo Tchen, 34
Meilleur buteur : Teaonui Tehau, 24
Palmarès : 1 Coupe des Nations OFC (2012)

WOOD

JOUEUR STAR
WOOD STOCKE LES BUTS

Non seulement la Coupe des Nations de l'OCF 2020 a été annulée en raison de l'épidémie de Covid-19, mais en plus, la campagne continentale de qualifications pour la Coupe du Monde 2022 a été réduite à un simple tournoi au Qatar en mars 2022. Le Néo-Zélandais **Chris Wood** en est ressorti meilleur buteur avec 5 unités, permettant à son pays de battre les îles Salomon en finale et de s'offrir un barrage contre le Costa Rica. Son doublé contre les Fidji, en phase de groupes, lui avait permis de dépasser Vaughan Coveny en tant que joueur le plus prolifique de son pays. Il avait inscrit son premier but international en octobre 2010 contre le Honduras, et avait été sanctionné dans la foulée pour avoir montré un sous-vêtement portant son surnom, « Woodzee ». Lors des barrages du Mondial 2022, en juin au Qatar, la Nouvelle-Zélande a frôlé la qualification, mais le but de Wood a été annulé pour faute et le Costa Rica s'est imposé 1-0.

3

Ricki Herbert est l'un des trois Néo-Zélandais à avoir été sélectionneur de l'équipe nationale, avec Barrie Truman, entre 1970 et 1976, et Danny Hay, en 2019.

LÉGENDE NATIONALE
UN BEAU DOUBLÉ

Ricki Herbert est le seul joueur néo-zélandais à avoir participé à deux Coupes du Monde de la FIFA. Arrière gauche dans l'édition 1982 en Espagne, il est revenu en tant que sélectionneur en 2010. La Nouvelle-Zélande s'est qualifiée pour ce Mondial à l'issue d'un match de barrage contre le Bahreïn, représentant la fédération d'Asie. Herbert a démissionné en novembre 2013, et s'est occupé brièvement des Maldives. En août 2019, l'ancien défenseur de Leeds United, Danny Hay (31 sélections entre 1996 et 2007), est devenu sélectionneur des *All Whites*. Herbert et lui sont les seuls à avoir été capitaines puis sélectionneurs de la Nouvelle-Zélande. Cependant, Hay a remis sa démission à l'automne 2022 quand les instances néo-zélandaises lui ont demandé de candidater de nouveau pour le poste – une offre qu'il a refusée.

HERBERT

ANECDOTE DU TOURNOI
DES NULS INSUFFISANTS

Bien qu'il ne s'agisse que de sa 2e participation en Coupe du Monde FIFA – et la 1re depuis 1982 –, la Nouvelle-Zélande n'a pas perdu un seul match en 2010. Au 1er tour, elle a concédé 3 nuls face à la Slovaquie, l'Italie et au Paraguay. Mais les 3 points accumulés n'ont pas suffi à placer l'équipe parmi les 2 premiers du Groupe F. Elle a terminé cependant 3e devant l'Italie, tenante du titre. Trois autres équipes ont été éliminées sans avoir perdu un seul match : l'Écosse en 1974, le Cameroun en 1982 et la Belgique en 1998.

JOUEUR STAR
QUATRE ÉTOILES

Les îles Salomon ont été battues en finale des éliminatoires OFC de la Coupe du Monde 2022 en mars, mais ont aussi fait naître l'une des stars du tournoi : le buteur de 18 ans **Raphael Lea'i.** Auteur de quatre buts pour ses quatre premières sélections, il a notamment réussi un *hat-trick* contre Tahiti (3-1) au premier tour, avant de marquer contre la Papouasie-Nouvelle-Guinée (3-2) en demie. En 2018, en ouverture du Championnat OFC des moins de 16 ans, il avait fêté son 15e anniversaire d'un quadruplé contre le même adversaire.

34

Commins Menapi est le meilleur buteur des îles Salomon, avec 34 buts en 37 matchs, de 2000 à 2009.

24

Tahiti a concédé pas moins de 24 buts en trois rencontres de la Coupe des Confédérations FIFA 2013, dont dix contre l'Espagne.

31-0

Les Samoa américaines ont établi un record international peu envié : une défaite 31-0 contre l'Australie en avril 2001, deux jours après la défaite écrasante des Tonga contre l'Australie (22-0).

ANECDOTE DU TOURNOI
TEHAU TOUT EN HAUT

Tahiti, outsider de la région pacifique, a fini par briser l'hégémonie de l'Australie et de la Nouvelle-Zélande sur la Coupe des Nations OFC en remportant la neuvième édition du tournoi en 2012. Tahiti a inscrit 20 buts lors de ses cinq rencontres aux îles Salomon, dont 15 marqués par la famille Tehau : les frères Lorenzo (5), Alvin et Jonathan (4 chacun) ainsi que leur cousin Teaonui (2). Steevy Chong Hue a inscrit l'unique but de la finale contre la Nouvelle-Calédonie pour décrocher le titre et une place en Coupe des Confédérations 2013. Teaonui Tehau est le meilleur buteur de la nation avec 24 réalisations en 33 sélections.

STAR PLAYER
FIJI FIREPOWER

Roy Krishna compte plus de sélections (48) que tout autre Fidjien. Il a aussi pris la tête du classement des buteurs avec une 32e réalisation lors du nul 2-2 contre les îles Salomon, en septembre 2022. Auparavant, il avait égalé Esala Masi avec un doublé contre Vanuatu (2-1), au Qatar, en mars 2022, juste après que les Fidjiens aient été éliminés et que Vanuatu se soit retiré des éliminatoires OFC en raison de cas de COVID. Le meilleur résultat international des Fidji remonte à la Coupe des Nations OFC 1998 : Masi avait inscrit un doublé pour arracher la victoire 4-2 contre Tahiti, et la médaille de bronze.

65

Le défenseur central Ivan Vicelich a amélioré le record néo-zélandais de 64 sélections de Vaughan Coveny au match retour des barrages d'accession à la Coupe du Monde 2010 contre le Bahreïn. Il a ainsi aidé ses coéquipiers à valider leur billet pour la phase finale en Afrique du Sud.

CONCACAF

Le Canada, le Mexique et les États-Unis écriront une page d'histoire lorsqu'ils accueilleront la Coupe du Monde 2026 au nom de la CONCACAF. Ce sera la première fois que 3 pays organiseront la phase finale, qui regroupera 48 équipes.
La Confédération d'Amérique centrale, du nord et des Caraïbes a été fondée en 1961.

Fondation : 1961

Pays membres : 35 (+ 6 non-membres de la FIFA)

Siège : Miami, États-Unis

Nation la plus titrée en championnat continental : Mexique, 11

3

En 2026, le Mexique aura organisé ou coorganisé la Coupe du Monde trois fois, plus que toute autre nation.

4

Il existe 4 zones CONCACAF : Amérique du Nord, Amérique centrale, Caraïbes et Amérique du Sud.

2000

Le Mexique et les États-Unis ont raflé 15 des 16 *Gold Cup* disputées depuis le lancement du nouveau championnat CONCACAF en 1991. Seul le Canada a brisé leur hégémonie en 2000.

La meilleure prestation d'une équipe de la CONCACAF en Coupe du Monde remonte à la première édition, en 1930, avec la 3e place des États-Unis.

L'équipe nationale mexicaine est la seule nation de la CONCACAF à avoir remporté un tournoi masculin officiel de la FIFA : la Coupe des Confédérations de la FIFA 1999.

MEXIQUE

Le Mexique a beau être un ogre de la CONCACAF – il n'a manqué que cinq Coupes du Monde (en 1934, 1938, 1974, 1982 et 1990) –, il a toujours eu du mal à imposer sa marque sur la scène internationale.

Membre de la FIFA : 1927

Plus large victoire : 13-0, contre les Bahamas, 1987

Meilleur classement FIFA : 4e

Stade : Estadio Azteca, Mexico

Palmarès : 11 CONCACAF (1965, 1971, 1977, 1993, 1996, 1998, 2003, 2009, 2011, 2015, 2019)

SÉLECTIONS

1. **Andrés Guardado,** 179
2. **Claudio Suárez,** 177
3. **Rafael Márquez,** 147
4. **Pável Pardo,** 146
5. **Gerardo Torrado,** 144

SÁNCHEZ

3

Hugo Sánchez a disputé trois Coupes du Monde (1978, 1986 et 1994) et aurait certainement participé à celles de 1982 et 1990 si son pays s'était qualifié.

LÉGENDE NATIONALE
« HUGOAL »

Javier Hernández est peut-être devenu le meilleur buteur mexicain devant Jared Borgetti, mais l'attaquant le plus mythique de la sélection mexicaine est sans doute **Hugo Sánchez**, célèbre notamment pour ses saltos acrobatiques après ses buts. Lors de son passage à l'Atlético et au Real Madrid, il fut désigné 5 fois Meilleur buteur de la *Liga* (1985 à 1988 et 1990). Sélectionneur du Mexique de 2006 à 2008, il déçut, avec comme meilleur résultat une 3e place à la Copa América 2007.

39

Hugo Sánchez, auteur de 29 buts en 58 matchs avec le Mexique, avait 39 ans et 251 jours lors de son match d'adieu, contre le Paraguay, en mars 1998. C'était toutefois quatre ans après sa dernière sélection, et il n'a joué que la première minute avant d'être remplacé par Luis García.

MÁRQUEZ

LÉGENDE NATIONALE
LE RECORD DE MÁRQUEZ

Le défenseur **Rafael Márquez** cumule les records mexicains en Coupe du Monde. Avec 19 matchs en phase finale, il en a disputé sept de plus que Javier Hernández. Il est le seul – avec Cuauhtémoc Blanco et Hernández – à avoir marqué dans trois Coupes du Monde. Enfin, à l'âge de 39 ans et 139 jours, Márquez est devenu le deuxième joueur de champ le plus âgé titulaire dans un match à élimination directe de Coupe du Monde. Il n'est devancé que par l'Anglais Stanley Matthews contre l'Uruguay, en 1954, alors âgé de six jours de plus.

LÉGENDE NATIONALE
L'INSPIRATION D'IGNACIO

Le football mexicain a pleuré son sélectionneur mythique Ignacio Trelles, décédé d'une crise cardiaque à 103 ans en avril 2020. Trelles détient le record de rencontres dirigées à la tête du Mexique. Il a décroché 50 victoires en 106 matchs entre 1958 et 1976. C'est grâce à lui que le Mexique a remporté son 1er succès en Coupe du Monde, 3-1 contre la Tchécoslovaquie en 1962, même si les Mexicains ont quitté la compétition dès le premier tour au Chili et en Angleterre 4 ans plus tard. Trelles, aussi surnommé « Don Nacho », a supervisé un record de 1 083 matchs d'élite au Mexique. Seuls lui et Victor Manuel Vucetich (sélectionneur du Mexique pendant 35 jours seulement) ont remporté le championnat national avec 4 clubs différents. Bora Milutinović a été sélectionneur pendant 104 matchs, de 1983 à 1986, puis de 1995 à 1997, notamment lors du parcours jusqu'en quart dans le Mondial à domicile en 1986.

BUTEURS

1 **Javier Hernández**, 52

2 **Jared Borghetti**, 46

3 **Cuauhtémoc Blanco**, 39

4 **Carlos Hermosillo**, 35
= **Luis Hernández**, 35

HERNÁNDEZ

JOUEUR STAR
TROIS GÉNÉRATIONS

Avec son but contre le Costa Rica, le 24 mars 2017, **Javier Hernández** a égalé le record mexicain de Jared Borgetti : 46 buts en 89 matchs. D'autres buts ont suivi, ainsi que la 100e cape de Hernández, qui a atteint 50 buts avec un tir contre la Corée du Sud en Coupe du Monde 2018. En juin 2010, lors d'un match d'ouverture contre l'Afrique du Sud, Hernández a représenté la 3e génération familiale jouant en Coupe du Monde.

42

Le Mexicain Manuel Rosas a inscrit le tout premier penalty sifflé en Coupe du Monde, à la 42e minute du match contre l'Argentine en 1930.

OCHOA

LÉGENDE NATIONALE
MEMO INOUBLIABLE

Aucun homme n'a gardé les cages du Mexique plus souvent que **Guillermo Ochoa** depuis sa première sélection en décembre 2005 (victoire 2-0 contre la Hongrie). Il a également fêté sa 134e cape avec un succès 2-1 contre l'Arabie saoudite au Mondial 2022. Toutefois, le Mexique n'a pas passé le premier tour pour la première fois depuis 1978 (sans compter les éditions 1982 et 1990 où il n'était pas qualifié). Il a terminé troisième du groupe C derrière la Pologne à la différence de buts. En ouverture du tournoi, Ochoa – surnommé « Memo » – a arrêté un penalty du buteur polonais Robert Lewandowski. Les deux équipes se sont séparées sur un nul, 0-0.

11

Le record de buts marqués par un joueur en une édition de la *Gold Cup* est de 11, par le Mexicain Luis Roberto Alves, aussi connu sous les noms de Zague ou Zaguinho, dans le tournoi 1993. Son pays, coorganisateur avec les États-Unis, avait été sacré champion. Alves en avait inscrit 7 dans la même rencontre, un succès 9-0 contre la Martinique pour l'entrée en lice du Mexique. Il avait aussi marqué le troisième but de son équipe lors de la finale remportée 4-0 contre les États-Unis, au stade Azteca de Mexico.

GUARDADO

ANECDOTE DU TOURNOI
GUARDADO EN GARDE

En 2022, le capitaine mexicain **Andrés Guardado** est devenu le sixième homme à disputer cinq phases finales de Coupe du Monde, et le troisième Mexicain à le faire après le gardien Antonio Carbajal (1950, 1954, 1958, 1962 et 1966) et le défenseur Rafael Márquez (2002, 2006, 2010, 2014 et 2018). Guardado avait guidé les siens à la victoire en *Gold Cup* de la CONCACAF 2019, en repoussant un tir de l'Américain Jonathan Dos Santos sur sa ligne à 2 minutes de la fin. Son seul match du Mondial 2022 – un revers 2-0 contre l'Argentine – était sa 179e sélection. Il avait battu le record de 177 capes de Claudio Suárez 10 jours plus tôt, lors d'un match amical perdu 2-1 contre la Suède.

22

En quart de finale de la Copa América 2016, le Mexique a subi une défaite écrasante 7-0 contre le Chili, la pire qu'il ait connue en compétition officielle, et qui a mis fin à une série d'invincibilité de 22 matchs, un record pour la sélection.

ÉTATS-UNIS

De Pelé à David Beckham, de grands joueurs ont évolué dans le Championnat américain. Les États-Unis font partie des 17 nations à avoir accueilli la Coupe du Monde.

Membre de la FIFA : 1913

Plus large victoire : 8-0, contre la Barbade, en 2008

Meilleur classement FIFA : 4^{e}

Stade : (Rotation)

Palmarès : 7 CONCACAF (1991, 2002, 2005, 2007, 2013, 2017, 2021)

DONOVAN

LÉGENDE NATIONALE
DONOVAN, LE BUTEUR

Landon Donovan, meilleur buteur américain, a été le joueur vedette de l'édition 2010. Il a inscrit 3 buts en 4 matchs, dont un coup franc direct qui a permis à son équipe de l'emporter contre l'Algérie et de terminer en tête du Groupe C. Il a participé à 13 rencontres de Coupe du Monde pour les États-Unis, deux de plus que ses compatriotes Earnie Stewart, Cobi Jones et DaMarcus Beasley. Le but marqué dans le match perdu face au Ghana en 8e de finale fait de lui le meilleur buteur américain de la compétition avec 5 buts (un de plus que Bert Patenaude, auteur d'un triplé en 1930, et que Clint Dempsey, auteur de deux buts en 2014).

30

Clint Dempsey, surnommé « Deuce », a mis seulement 30 secondes pour ouvrir le score contre le Ghana à la Coupe du Monde 2014. C'était le 5e but le plus rapide de l'histoire de la compétition.

BUTEURS

1. **Landon Donovan,** 57 = **Clint Dempsey,** 57
3. **Jozy Altidore,** 42
4. **Eric Wynalda,** 34
5. **Brian McBride,** 30

HOWARD

LÉGENDE NATIONALE
HISTOIRE DE GANTS

Cinq gardiens ont gagné plus de 25 matchs avec les États-Unis. **Tim Howard** ouvre la marche avec 62 succès, suivi de Kasey Keller (53), Tony Meola (37), Brad Guzan (34) et Brad Friedel (27). En matière de *clean sheets*, le classement est un peu différent : Keller arrive premier (47), cinq longueurs devant Howard et dix devant Meola. Friedel (24) et Guzan (20) complètent le top 5. Keller est le plus titré en *Gold Cup* de la CONCACAF avec trois sacres.

148

Bruce Arena, qui s'est retiré en octobre 2017 après l'échec des États-Unis aux éliminatoires de la Coupe du Monde 2018, détient le record de longévité comme entraîneur de cette équipe. Arena est resté en poste pendant 148 matchs.

19

Jozy Altidore est devenu le plus jeune Américain à réaliser un triplé en match international, lors d'une victoire 3-0 contre Trinité-et-Tobago, le 1er avril 2009, à l'âge de 19 ans et 146 jours.

JOUEUR STAR
MAGIQUE CHRISTIAN

Natif de Philadelphie, **Christian Pulisic** est parti en Allemagne à l'âge de 16 ans, en 2015, pour signer avec le Borussia Dortmund. Moins de 4 ans plus tard, il est devenu le footballeur américain le plus cher lorsque le club londonien de Chelsea l'a recruté pour 64 millions d'euros au mercato d'été. En mars 2017, il a marqué le but américain le plus rapide en 2e mi-temps, 12 secondes seulement après la reprise, pour une victoire 6-0 sur le Honduras. En novembre de l'année suivante, il est devenu le plus jeune capitaine de son pays, à 20 ans et 63 jours, face à l'Italie. Pulisic a marqué le seul but des États-Unis dans le dernier match du groupe B au Mondial 2022 pour battre l'Iran et se qualifier en huitièmes. Il a ensuite offert le but de la consolation à Haji Wright lors de la défaite 3-1 contre les Pays-Bas en huitièmes.

PULISIC

SÉLECTIONS

1. **Cobi Jones,** 164
2. **Landon Donovan,** 157
3. **Michael Bradley,** 151
4. **Clint Dempsey,** 141
5. **Jeff Agoos,** 134

DEMPSEY

ANECDOTE DU TOURNOI
GAETJENS SURPREND L'ANGLETERRE

La victoire 1-0 contre l'Angleterre, le 29 juin 1950, fait partie des immenses surprises de la Coupe du Monde. Avec les Brésiliens, les Anglais faisaient figure de favoris. Les Américains, eux, avaient perdu leurs 7 derniers matchs en ne marquant que 2 buts. Pourtant, à la 37e minute, Joe Gaetjens reprend d'une tête plongeante le centre de Walter Bahr et bat Bert Williams. Face à la domination anglaise, le portier Frank Borghi multiplie les prouesses. Les Américains seront éliminés à la suite des défaites contre le Chili et l'Espagne, mais ce succès reste le plus grand exploit de leur histoire footballistique.

3-2

Les États-Unis sont devenus les premiers champions du nouveau tournoi continental, la Ligue des Nations CONCACAF, regroupant les pays de la région dans une série de matchs amicaux et qualificatifs pour la Coupe du Monde. Les États-Unis ont battu le Mexique 3-2 en prolongations dans la finale de juin 2021 à Denver. Le capitaine Christian Pulisic a scellé la victoire des siens sur penalty.

ANECDOTE DU TOURNOI
ROBINSON SURNAGE

Seuls deux hommes ont disputé chaque minute de la *Gold Cup* 2021 pour les États-Unis, contribuant au 7e titre de leur pays dans la compétition après le succès contre le Mexique en finale. Ces deux mêmes joueurs ont aussi reçu des récompenses individuelles. Le gardien Matt Turner n'a concédé qu'un seul but dans le tournoi, sur penalty, et a été désigné Gant d'Or. Le défenseur Miles Robinson a quant à lui marqué l'unique but de la finale, trois minutes avant la fin des prolongations. Quelque 61 114 supporters s'étaient massés dans les travées du stade Allegiant au Nevada en août 2021, après la levée des restrictions liées au Covid-19.

WEAH

36

Le buteur **Tim Weah**, fils de la légende du Liberia devenu président du pays George Weah, est né à New York et a choisi de porter les couleurs des États-Unis. Il a inscrit le premier but des Américains au Mondial 2022 à la 36e minute du premier match, un nul 1-1 contre le pays de Galles.

JOUEUR STAR
AFFAIRE DE FAMILLE

La famille Reyna est devenue la première de l'histoire des États-Unis à compter trois membres en sélection nationale quand le milieu du Borussia Dortmund, **Giovanni Reyna**, a été appelé la veille de ses 18 ans pour un match nul et vierge contre le pays de Galles en novembre 2020. Son père a totalisé 112 capes entre 1994 et 2006 et a été capitaine lors du Mondial 2006 en Allemagne. Sa mère a joué 6 matchs de l'équipe féminine en 1993. Pour sa deuxième sélection 4 jours plus tard, Giovanni est devenu le 3e plus jeune buteur américain avec un doublé lors du succès 6-2 contre le Panama. En mai 2018, Josh Sargent est devenu, quant à lui, le 4e plus jeune buteur, à la 52e minute du match contre la Bolivie. Il n'a pu en profiter que sept minutes, puisque son coéquipier Tim Weah, né deux jours après lui, a marqué à la 59e.

REYNA

CONCACAF : LES AUTRES ÉQUIPES

Le Mexique et les États-Unis sont assurément les nations dominantes de la zone CONCACAF, mais avec les bonnes prestations du Costa Rica en Coupe du Monde, ou même du Panama qui a accédé à la phase finale 2018, la région dispose d'un grand vivier de talents.

Pays : Costa Rica
Membre de la FIFA : 1927
Joueur le plus capé : Celso Borges, 158
Meilleur buteur : Rolando Fonseca, 47
Palmarès : 3 CONCACAF (1963, 1969, 1989)

Pays : Honduras
Membre de la FIFA : 1946
Joueur le plus capé : Maynor Figueroa, 181
Meilleur buteur : Carlos Pavón, 57
Palmarès : 1 CONCACAF (1981)

Pays : Canada
Membre de la FIFA : 1912
Joueur le plus capé : Atiba Hutchinson, 101
Meilleur buteur : Cyle Larin, 25
Palmarès : 2 *Gold Cup* (1985, 2000)

Pays : Salvador
Membre de la FIFA : 1938
Joueur le plus capé : Darwin Cerén, 89
Meilleur buteur : Raúl Díaz Arce, 39
Palmarès : -

Pays : Trinité-et-Tobago
Membre de la FIFA : 1964
Joueur le plus capé : Angus Eve, 117
Meilleur buteur : Stern John, 70
Palmarès : -

Pays : Panama
Membre de la FIFA : 1938
Joueur le plus capé : Gabriel Gómez, 149
Meilleur buteur : Luis Tejada, 43
Palmarès : -

TORRES

LÉGENDE NATIONALE

TORRES, LE TOUR DE FORCE

Le Panama a effectué ses débuts en phase finale de la Coupe du Monde lors de l'édition 2018, sous la houlette du puissant arrière central **Róman Torres**, dont le but à trois minutes de la fin a scellé la victoire de son équipe 2-1 sur le Costa Rica, lui assurant une place aux dépens des États-Unis, qui ont perdu sur le même score face à Trinité-et-Tobago ce même soir. Le président panaméen Juan Carlos Varela a décrété un jour férié pour fêter cet exploit. Le Panama a perdu ses trois matchs en Russie (3-0 face à la Tunisie, 6-1 contre l'Angleterre et 2-1 contre la Tunisie) mais les fans ont fêté leur équipe avec exubérance à Nijni Novgorod lorsque le remplaçant Felipe Baloy a marqué le tout premier but du Panama en Coupe du Monde, contre l'Angleterre.

40

Le joueur le plus capé du Canada, Atiba Hutchinson, est devenu le premier de son pays à atteindre les 100 sélections à l'occasion de la défaite 4-1 contre la Croatie au Mondial 2022. Le milieu de 40 ans était également le joueur le plus âgé de la compétition.

ANECDOTE DU TOURNOI

TOUT POUR LE SALVADOR

Le Salvador est le premier pays d'Amérique centrale – hormis le Mexique – à s'être qualifié deux fois pour la Coupe du Monde, en 1970 et 1982. Les dernières années se sont révélées plus difficiles, même si le défenseur Alfredo Pacheco a fait honneur à son pays et est devenu le joueur le plus capé avec 86 participations de 2002 à 2013.

JOHN

70

Ils ne sont que 17 joueurs à avoir dépassé es 70 buts internationaux – en 115 sélections – du Trinidadien **Stern John** entre ses débuts en 1995 et son dernier match en 2011.

JOUEUR STAR
KEYLOR D'ABORD

En 1990, le Costa Rica a effectué ses débuts en phase finale de Coupe du Monde, et le gardien Luis Gabelo Conejo a reçu le titre de Meilleur gardien avec l'Argentin Sergio Goycochea, pour avoir aidé son équipe à atteindre la phase à élimination directe. *Los Ticos* ont encore amélioré leur performance en 2014. Les buteurs Joel Campbell et Bryan Ruiz se sont révélés impressionnants, mais là encore, c'est un gardien qui a joué un rôle crucial : **Keylor Navas** a été élu Homme du match quatre fois en cinq rencontres. De l'autre côté du terrain, le premier joueur à inscrire deux buts pour le Costa Rica en Coupe du Monde a été Paulo Wanchope, auteur d'un doublé dans le match d'ouverture de l'édition 2006 perdu 4-2 contre l'Allemagne, pays hôte. Son total record de 45 buts en sélection a finalement été dépassé par Rolando Fonseca et ses 47 unités.

NAVAS

ANECDOTE D'EQUIPE
VASTE CANADA

Le plus jeune international canadien, **Alphonso Davies**, est le premier à marquer pour son pays en Coupe du Monde. Il a ouvert le score dès la deuxième minute du deuxième match de la phase finale 2022. Une joie de courte durée puisque la Croatie s'est imposée 4-1. Dirigé par l'Anglais John Herdman, le Canada s'était auparavant incliné 1-0 contre la Belgique et a ensuite perdu 2-1 contre le Maroc (avec un but contre son camp des Marocains). Les Canadiens ont donc perdu leurs 6 rencontres de Coupe du Monde, après avoir concédé 3 défaites lors de leur participation précédente en 1986. Davies, qui a signé au Bayern Munich en 2018, est né dans un camp de réfugiés au Ghana, de parents libériens fuyant la guerre civile. La famille s'est installée au Canada quand Alphonso avait cinq ans. Il a reçu la nationalité canadienne une semaine avant sa première sélection contre Curaçao, le 13 juin 2017, et n'avait que 16 ans et 225 jours quand il est entré sur le terrain.

DAVIES

ANECDOTE DU TOURNOI
AFFAIRE DE FAMILLE

Le joueur le plus capé du Salvador, Darwin Cerén, vient d'une famille de footballeurs. Son petit frère, Óscar Cerén, a joué 38 fois pour leur pays, tandis que leurs sœurs, Brenda et Paola, figurent également en équipe nationale féminine. Darwin et Óscar étaient tous deux membres de l'équipe du Salvador qui a disputé la *Gold Cup* 2017 et 2019, atteignant même les quarts, en 2017. Le meilleur buteur national est Raúl Díaz Arce, auteur de 39 buts en 72 sélections, de 1991 à 2000, devant Jorge González (26 en 32 matchs). Ce dernier, surnommé « *El Mágico* », a aidé le Salvador à se qualifier à la Coupe du Monde 1982.

3 Le Canada, Haïti, la Jamaïque, le Panama et Trinité-et-Tobago ont tous joué trois matchs de Coupe du Monde lors de leur unique participation. La Jamaïque en a gagné un, Trinité a décroché un nul. Toutes les autres rencontres ont été perdues.

5 En 1938, Cuba a marqué 5 buts pour devenir le premier État insulaire de la région CONCACAF à atteindre les quarts de finale de la Coupe du Monde.

3 Joel Campbell a marqué le but le plus rapide en barrages intercontinentaux de Coupe du Monde pour valider le billet du Costa Rica au tournoi 2022. C'était aussi le seul but du match, après seulement 3 minutes de jeu contre la Nouvelle-Zélande, en juin, pour sa 117e sélection.

WHITMORE

LÉGENDE NATIONALE
LES « REGGAE BOYZ »

En 1998, la Jamaïque est devenue la première équipe des Caraïbes anglophones à se qualifier pour la Coupe du Monde. Plusieurs de ces « Reggae Boyz » évoluaient en Angleterre, comme Frank Sinclair (Chelsea) et Robbie Earl (Wimbledon). La Jamaïque n'a pas passé la phase de groupes, mais a battu le Japon 2-1 lors de son dernier match, grâce à un doublé de **Theodore Whitmore**, 3e joueur le plus capé après Ian Goodison (128) et Linval Dixon (127). Whitmore est devenu le sélectionneur national en 2006.

LA COUPE DU MONDE FIFA

La phase finale de la Coupe du Monde FIFA au Qatar, en novembre et décembre 2022, a été la première organisée en l'hiver dans l'hémisphère nord. C'était aussi la première dans le monde arabe. L'Argentine a été sacrée pour la troisième fois en battant la France, championne 2018.

Première édition :
1930

Champion en titre :
Argentine

Record de titres :
Brésil, 5

Prochaine édition :
Canada, Mexique, États-Unis, 2026

211

Les 211 membres de la FIFA ont tous participé aux qualifications, y compris le Qatar, pays hôte, qualifié d'office pour la phase finale. En Asie, les éliminatoires de la Coupe d'Asie servaient aussi de voie d'accès au tournoi.

Les stades ont été remplis à 94 % lors du Mondial 2022. Les matchs ont été retransmis sur toute la planète grâce à 236 contrats de diffusion et ont battu de nombreux records d'audience. En France, la finale a été suivie par 24,1 millions de téléspectateurs, presque 5 millions de plus que la finale 2018, gagnée par les Bleus contre la Croatie.

FIFA WORLD CUP
Qatar2022

26

Leo Messi a dominé l'édition 2022 de la Coupe du Monde, menant l'Argentine à la gloire malgré une défaite retentissante contre l'Arabie saoudite, dans son premier match du tournoi. Le triomphe contre la France était le 26e match mondial du capitaine de l'*Albiceleste*, un record absolu, devant les Allemands Lothar Matthäus (25) et Miroslav Klose (24).

172

172 buts ont été marqués au Qatar, soit une moyenne de 2,68 buts par match.

Le stade **Azteca de Mexico** est le seul stade à avoir accueilli deux finales de Coupe du Monde. Le Maracanã, au Brésil, a aussi été le théâtre de deux matchs décisifs mais, en 1950, la compétition se jouait en groupes, sans véritable finale.

LA COUPE DU MONDE FIFA

BILAN 2022

La Coupe du Monde FIFA 2022 au Qatar a écrit plusieurs pages d'histoire. Ce pays du Golfe est la plus petite nation à avoir accueilli l'élite mondiale du football. Peuplé de 2,9 millions d'habitants sur une superficie de 11 571 km², ce pays est plus petit que l'Uruguay, hôte de l'édition 1930. La phase finale a été ponctuée de moments mémorables pour le football international, le Maroc devenant la première nation africaine et arabe à atteindre les demi-finales d'une Coupe du Monde.

MAROC

ANECDOTE DU TOURNOI
À LA SECONDE PRÈS

Au Qatar, la FIFA a pris les spectateurs, les sélectionneurs et les joueurs de court, en instaurant une nouvelle politique plus stricte pour le calcul du temps additionnel, tenant compte des arrêts de jeu pour blessures, célébrations, consultations de la VAR et remplacements. Lors de la phase de groupes, les arbitres ont fait jouer 563 minutes de temps additionnel, soit plus de 9 heures. La victoire 6-2 de l'Angleterre contre l'Iran a duré un total record de 117 minutes. Pourtant, la phase finale s'est étalée sur 29 jours seulement, du 20 novembre au 18 décembre, faisant de cette édition la plus courte de l'histoire depuis 1978. Le format est resté inchangé avec 8 groupes au premier tour, puis 4 tours à élimination directe incluant prolongations et tirs au but si nécessaire.

22

La phase finale au Qatar était la 22e de l'histoire. L'État du Golfe succède ainsi à l'Uruguay, l'Italie (2 fois), la France (2), le Brésil (2), la Suisse, la Suède, le Chili, l'Angleterre, le Mexique (2), l'Allemagne (2), l'Argentine, l'Espagne, les États-Unis, le Japon et la Corée du Sud, l'Afrique du Sud et la Russie.

ANECDOTE DU TOURNOI
GRANDS DÉBUTS

Le Qatar a été la première nation, depuis l'Uruguay à la première Coupe du Monde en 1930, à accueillir le Mondial sans avoir jamais disputé la compétition. L'organisation a été attribuée au pays du Golfe en décembre 2010 par la Fédération internationale (FIFA), qui a par la suite renoncé à la période traditionnelle en début d'été pour protéger les joueurs, les arbitres et les supporters des chaleurs intenses. C'est la dernière fois que le tournoi s'est joué avec 32 équipes ; à partir de la prochaine édition, en 2026 au Canada, Mexique et États-Unis, 48 nations seront qualifiées.

2

Comme le Qatar est un petit pays, les fans pouvaient assister à 2 matchs en une même journée. Un contraste saisissant avec les éditions 2014 au Brésil et 2018 en Russie où plusieurs heures de vol séparaient les stades. Les équipes ont aussi pu demeurer dans le même camp de base tout au long de la compétition.

NOYAU

Le cœur de la phase finale 2022 a été la ville de Doha, où est concentrée la majorité de la population qatarie. La ville a été fondée dans les années 1820 avant de devenir la capitale officielle du pays à la proclamation d'indépendance du protectorat britannique en 1971.

ANECDOTE DU TOURNOI
HÔTES HISTORIQUES

Le Qatar accueille des compétitions internationales depuis 1985, quand il s'était proposé à la dernière minute pour organiser la *FIFA Youth Cup*. Depuis, il a été le théâtre de la Coupe du Monde des clubs en 2019 et 2020 et de la Coupe arabe FIFA en décembre 2021. L'un des plus remarquables stades du pays est le Stadium 974, construit à partir de conteneurs d'expédition et baptisé d'après le préfixe téléphonique du Qatar.

LES STADES

LUSAIL STADIUM
Capacité : 88 996
10 matchs, dont une demi-finale et la finale

STADE AL BAYT
Capacité : 68 895
9 matchs, dont une demi-finale et le match d'inauguration

STADIUM 974
Capacité : 44 089
7 matchs, dont un huitième de finale

STADE AL THUMAMA
Capacité : 44 400
8 matchs, dont un quart de finale

EDUCATION CITY STADIUM
Capacité : 44 667
8 matchs, dont un quart de finale

STADE AHMAD BIN ALI
Capacité : 45 032
7 matchs, dont un huitième de finale

KHALIFA INTERNATIONAL STADIUM
Capacité : 45 857
8 matchs, dont la petite finale

STADE AL JANOUB
Capacité : 44 325
7 matchs, dont un huitième de finale

ANECDOTE DU TOURNOI
TOUT NOUVEAU, TOUT BEAU

Outre le stade international Khalifa rénové, les 7 autres enceintes sont toutes sorties de terre pour cette édition. Le match d'ouverture, disputé par le Qatar dans le groupe A, s'est joué au stade Al Bayt de 68 895 places, à Al-Khor. À l'origine, le premier match devait opposer le Sénégal aux Pays-Bas, mais le programme a été modifié et la rencontre du Qatar a été avancée de 24 heures. La finale, qui a vu l'Argentine battre la France aux tirs au but, s'est disputée dans le tout nouveau stade Lusail Iconic, le 18 décembre, date de la fête nationale. Le Lusail, comme tous les autres stades à l'exception du 974, était rafraîchi à l'énergie solaire. Sa capacité devrait être réduite à 40 000 spectateurs après le Mondial.

LA COUPE DU MONDE FIFA
LES RECORDS COLLECTIFS

Des nations les plus titrées sur la scène internationale à celles qui n'ont disputé qu'un seul match, en passant par toutes les autres.

ANECDOTE DU TOURNOI
HÉROS AFRICAINS

Le Maroc a fait lever toute l'Asie et le monde arabe à la Coupe du Monde 2022, en devenant la toute première équipe africaine à atteindre les demi-finales. C'est la première nation africaine à dominer son groupe durant ce siècle et a joué un mauvais tour à 2 mastodontes européens en match à élimination directe. Le gardien **Yassine Bounou** est devenu un héros national en stoppant deux tirs au but lors de la séance remportée 3-0 contre l'Espagne. Au tour suivant, c'est un but de Youssef En-Nesyri qui a permis d'écarter le Portugal 1-0. Le podium était la marche de trop, puisque les Lions de l'Atlas se sont inclinés 2-1 contre l'expérimentée Croatie en petite finale. Ce n'était toutefois pas le premier coup d'éclat du Maroc, qui était déjà sorti de son groupe en 1986.

BOUNOU

7 Avec sept succès lors de l'édition 2002 – un bilan parfait –, le Brésil a battu le record de victoires dans une phase finale.

ANECDOTE DU TOURNOI
CUL-DE-SAC ANGLAIS

Tenue en échec 0-0 par les États-Unis en phase de groupes, l'Angleterre a signé son 22e match nul en phase finale. Elle devance l'Italie, avec 21 égalités. Les Anglais ont retrouvé le chemin de la victoire au match suivant, un succès 3-0 contre leurs voisins gallois. Le deuxième but de Marcus Rashford était le 100e inscrit par les *Three Lions* en Coupe du Monde. Le premier remonte à Brésil 1950, marqué par Stan Mortensen. L'avant-centre de Blackpool avait ouvert la marque à la 39e minute contre le Chili. Wilf Mannion avait doublé la mise 6 minutes après le retour des vestiaires. C'était toutefois le dernier but des Anglais dans ce tournoi, puisque des défaites 1-0 contre les États-Unis et l'Espagne avaient scellé leur élimination.

LÉGENDE NATIONALE
LE BRÉSIL CHANGE DE COULEUR

Les maillots jaunes du Brésil sont célèbres dans le monde entier. Pourtant, la *Seleção* était vêtue de blanc lors des quatre premières éditions de la Coupe du Monde. La défaite 2-1 contre l'Uruguay, qui a coûté le titre au Brésil en 1950, a été un tel traumatisme que la fédération a décidé de changer les couleurs. En 2014, la Confédération brésilienne a déclaré que la déroute en demi-finale (7-1) contre l'Allemagne, puis en petite finale (3-0) contre les Pays-Bas, n'entraînerait aucun autre changement de couleur.

AFRIQUE DU SUD
L'Afrique du Sud est la seule nation hôte à ne pas s'être qualifiée pour le 2e tour de la compétition.

PARTICIPATIONS À LA FINALE DE LA COUPE DU MONDE FIFA

1 Allemagne/RFA – 8
2 Brésil – 7
3 Argentine – 6
= Italie – 6
5 France – 4
6 Pays-Bas – 3

PARTICIPATIONS EN PHASE FINALE

1 Brésil – 22
2 Allemagne/RFA – 20
3 Italie – 18
= Argentine – 18
5 Mexique – 17

FRANCE

En 2002, la France a offert la plus mauvaise prestation d'un champion sortant : les Bleus n'ont marqué aucun but et n'ont arraché qu'un match nul.

MODRIĆ

TENUE DU TOURNOI
DU ROUGE TOUJOURS

La seule et unique victoire de l'Angleterre en 1966 en Coupe du Monde FIFA est aussi la première et la dernière fois (à ce jour) que la finale a été gagnée par des joueurs en rouge. Les Espagnols ont opté pour le bleu lors de leur victoire de 2010 contre les Pays-Bas, pour éviter un choc chromatique. **Luka Modrić** et ses coéquipiers de Croatie ont porté leur tenue rouge et blanche distinctive pour la finale de 2018, perdue contre la France. Le rouge s'est aussi révélé malheureux pour la Tchécoslovaquie, perdante de la finale en 1934, puis la Hongrie, en 1938 et 1954.

ANECDOTE DU TOURNOI
LES LIONS RUGISSENT TOUJOURS

Le Cameroun est devenu la première nation africaine à battre le Brésil en Coupe du Monde, en clôture du groupe G du Mondial 2022. Les quintuples champions du monde étaient déjà qualifiés pour les huitièmes avant de concéder un but de Vincent Aboubakar dans les arrêts de jeu. Le capitaine des Lions Indomptables en a déchiré son maillot de plaisir et, alors qu'il était félicité par ses coéquipiers, a été expulsé pour un deuxième carton jaune. Aboubakar est ainsi le premier joueur à marquer et être expulsé depuis Zinedine Zidane, en finale en 2006, contre l'Italie.

GAVI

RECORD NATIONAL
GAVI ET LA NOUVELLE GÉNÉRATION

L'Espagne a établi un record national avec sa victoire 7-0 contre le Costa Rica en phase de groupes 2022. Le cinquième but a été inscrit par le milieu barcelonais **Gavi**, plus jeune buteur au Qatar, à 18 ans et 110 jours. Le sélectionneur était l'ancien milieu international Luis Enrique, qui a disputé 3 Coupes du Monde pour l'Espagne en 1994, 1998 et 2002. L'un de ses prédécesseurs, Vicente Del Bosque, est l'un des deux entraîneurs à avoir remporté la Coupe du Monde et la Ligue des Champions (avec le Real Madrid). L'autre est Marcello Lippi, champion avec l'Italie en 2006, et avec la Juventus en 1996.

0

La Suisse détient le record du moins de buts concédés en une édition (2006), avant d'avoir été éliminée aux tirs au but par l'Ukraine au tour suivant.

3

En 2022, la Tunisie a eu la fierté de voir Wahbi Khazri devenir le premier Africain à marquer lors de 3 titularisations de suite en Coupe du Monde.

ANECDOTE DU TOURNOI
L'ALLEMAGNE PROLONGE

En battant l'Argentine 1-0 au Maracanã en 2014, l'Allemagne est devenue la 5e nation à remporter la Coupe du Monde de la FIFA en prolongation après l'Italie (1934), l'Angleterre (1966), l'Argentine (1978) et l'Espagne (2010). En 2010 et 2014, le score était encore nul et vierge au bout de 90 minutes. L'Espagnol Andrés Iniesta et l'Allemand Mario Götze, à Rio de Janeiro, ont tous les deux marqué en 2e période des prolongations. Celles-ci n'avaient pas suffi en 1994 et en 2006, quand les tirs au but avaient été remportés respectivement par le Brésil et l'Italie.

ZENGA

RECORD DÉFENSIF
LE VERROU ITALIEN

L'Italie a établi le record de la plus longue série sans encaisser de buts en phase finale de Coupe du Monde. En 1990, elle a enchaîné 5 matchs, à commencer par un succès 1-0 en phase de groupes contre l'Autriche. Le gardien **Walter Zenga** n'a été battu que par l'Argentin Claudio Caniggia, qui a égalisé en demi-finale. Cette défense de fer n'aura pas permis aux Italiens d'aller au bout : ce sont les Argentins qui ont accédé à la finale en s'imposant 4-3 aux tirs au but.

1

Le Qatar, pays hôte, est le seul pays à avoir découvert le Mondial 2022. En 2018, ils étaient 2 : l'Islande et le Panama.

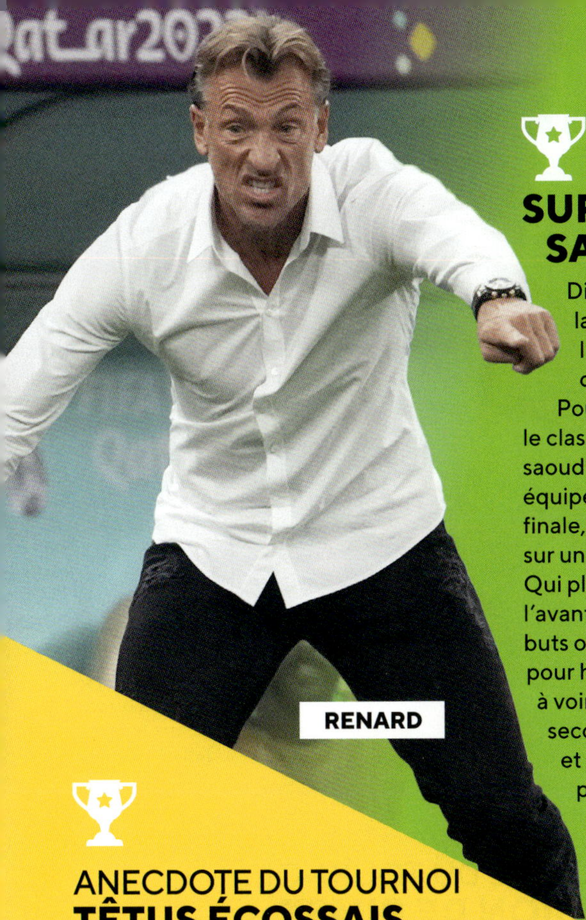

RENARD

ANECDOTE DU TOURNOI
SURPRISE SAOUDIENNE

Dire que l'Arabie saoudite a créé la surprise en s'imposant contre l'Argentine, dans son premier match du Mondial 2022, est un euphémisme. Pour s'en convaincre, il suffit de regarder le classement des équipes : l'Arabie saoudite, 53e mondiale, était la deuxième équipe la moins bien classée de la phase finale, tandis que l'Argentine, 4e, restait sur une série d'invincibilité de 36 matchs. Qui plus est, Lionel Messi avait donné l'avantage aux siens sur penalty. Plusieurs buts ont ensuite été refusés à l'*Albiceleste* pour hors-jeu, mais personne ne s'attendait à voir les Saoudiens prendre l'avantage en seconde période grâce à Saleh Al-Shehri et Salem Al-Dawsari. L'équipe, entraînée par **Hervé Renard**, a ensuite résisté pendant les 40 dernières minutes pour écrire l'une des pages les plus étonnantes de la compétition.

RECORD DÉFENSIF
PÉNURIE DE BUTS

Les champions français (1998), italiens (2006) et espagnols (2010) détiennent le record du moins de buts encaissés jusqu'à leur triomphe. Ces trois équipes n'en ont concédé que deux chacune. L'Espagne est aussi le champion le moins prolifique avec 8 petits buts marqués en 2010, bien moins que les 11 de l'Italie en 1938, de l'Angleterre en 1966 et du Brésil en 1994.

73

Le Brésil a remporté plus de matchs – 73 – que toute autre nation. C'est aussi le seul pays à n'avoir manqué aucune édition.

ANECDOTE DU TOURNOI
TÊTUS ÉCOSSAIS

L'Angleterre et l'Écosse ont beau être le berceau du football, aucune nation du Royaume (y compris le pays de Galles et l'Irlande du Nord) n'a participé à une Coupe du Monde avant 1950, puisqu'elles n'étaient pas encore membres de la FIFA. L'Angleterre et l'Écosse se sont qualifiées pour la phase finale 1950, mais les Écossais ont refusé de partir au Brésil par principe, parce qu'ils n'avaient fini que deuxièmes des qualifications britanniques.

ÁLVAREZ

RECORD DE BUTS
VICTOIRE COLLECTIVE

Les 15 buts argentins, jusqu'à leur victoire finale au Mondial 2022 au Qatar, ont été inscrits par 6 joueurs : Leo Messi (7), **Julián Álvarez** (4), Enzo Fernández, Alex Mac Allister, Nahuel Molina et Ángel di María. C'était aussi le nombre de buteurs français en 2018, les 12 unités étant réparties entre Antoine Griezmann et Kylian Mbappé (4 chacun), Benjamin Pavard, Paul Pogba, Samuel Umtiti et Raphaël Varane. En 2006, les champions italiens avaient aussi inscrit 12 buts, mais grâce à 10 joueurs, un record : Marco Materazzi et Luca Toni (2 chacun), Alessandro del Piero, Alberto Gilardino, Fabio Grosso, Vincenzo Iaquinta, Filippo Inzaghi, Andrea Pirlo, Francesco Totti et Gianluca Zambrotta.

ANECDOTE
DU TOURNOI
LE MAL DU PAYS

L'Afrique du Sud a été le premier pays hôte à sortir dès la phase de groupes d'une Coupe du Monde, en 2010. Son bilan d'une victoire, un nul et une défaite est seulement inférieur à la différence de buts que celui affiché par l'Espagne en 1982 et les États-Unis en 1994, deux organisateurs pourtant qualifiés au deuxième tour. La victoire 3-0 de l'Uruguay à Pretoria, le 16 juin 2010, est la deuxième plus lourde défaite d'un pays hôte en Coupe du Monde, suivie de celle de la Suède 5-2 contre le Brésil en finale 1958 et du Mexique 4-1 contre l'Italie en quart 1970.

10

Ivan Perišić est le meilleur buteur croate en grand tournoi avec 10 réalisations, depuis son égalisation contre le Japon au Qatar. La Croatie s'est imposée 3-1 aux tirs au but.

ANECDOTE DU TOURNOI
LA VISION DE RIMET

Jules Rimet, président de la FIFA de 1921 à 1954, a été l'instigateur de la première Coupe du Monde, en 1930. Le tournoi, en Uruguay, n'était pas très populaire, avec seulement 13 nations participantes. Le long voyage en bateau a découragé de nombreuses équipes européennes, seules la Belgique, la France, la Roumanie et la Yougoslavie ayant fait le déplacement. Le rêve de Rimet s'est depuis réalisé et la Coupe du Monde est devenue un événement planétaire. Le Brésil est l'équipe la plus titrée de la compétition avec 5 sacres, et la seule à avoir joué toutes les phases finales. Il compte aussi plus de victoires (73) que tout autre pays et devance désormais l'Allemagne en nombre de matchs disputés, 114 contre 112. L'Allemagne et l'Italie sont les pays européens les plus titrés avec 4 victoires chacun. L'Argentine les talonne depuis son troisième sacre au Qatar. Viennent ensuite l'Uruguay, hôte du premier tournoi, et la France, tous deux doubles champions. L'Angleterre a triomphé une fois, à domicile en 1966. L'Espagne a échoué à en faire autant en 1982, mais elle s'est imposée en Afrique du Sud en 2010.

RECORD DÉFENSIF
DÉFENSE PERMÉABLE

Les 14 buts concédés par le Brésil en phase finale 2014 sont un record pour un pays organisateur. Le record absolu est de 16 buts subis par la Corée du Sud en Suisse en 1954. Cette année-là, l'Allemagne de l'Ouest en avait encaissé 14, mais s'était néanmoins imposée au bout du compte. Les Allemands en avaient notamment concédé 8 en phase de groupes contre la Hongrie, avant de les battre en finale.

RIMET

ANECDOTE DU TOURNOI
ILS ONT CRASHÉ INTERNET

L'Argentine a battu tous les records d'Instagram quand Leo Messi a publié son premier post en tant que champion du monde, après la finale au Qatar. En 24 heures, il a reçu près de 70 millions de *likes*, ce qui en fait la publication la plus *likée* dans l'histoire de l'application. L'importance du football sur les réseaux sociaux avait déjà été observée un peu plus tôt, quand la France a égalisé dans le temps réglementaire, générant 24 000 tweets par seconde, un record pour une Coupe du Monde. Les principaux réseaux sociaux ont indiqué que l'Argentine avait reçu près de 2 fois plus de mentions que la France, et 57 % des mentions parmi les 32 équipes en lice. Lionel Messi a été le joueur le plus tagué pendant la phase finale, juste devant **Kylian Mbappé**.

BUTS EN PHASE FINALE

1	**Brésil,** 237
2	**Allemagne/RFA,** 232
3	**Argentine,** 152
4	**France,** 136
5	**Italie,** 128

MBAPPÉ

ANECDOTE DE MAILLOT
DES VERTES ET DES PAS MÛRES

En 1978, en Argentine, l'équipe de France avait dû porter le maillot vert et blanc du club local de Kimberley. Les Bleus s'étaient mélangé les pinceaux et avaient oublié d'emporter leur deuxième maillot à Mar del Plata pour affronter la Hongrie. La France a gagné 3-1, mais les 2 équipes ont été éliminées, devancées par l'Italie et l'Argentine.

ANECDOTE DU TOURNOI
PRIVÉS DE BALLON

Le Japon a écrit une page d'histoire de la Coupe du Monde moderne au Qatar quand il a battu l'Espagne 2-1, dans le groupe E. L'Espagne a largement dominé la rencontre, ne laissant le ballon aux Japonais que 17,7 % du temps – la possession la plus faible pour un vainqueur. Les *Samurai Blue*, qui n'ont plus manqué une phase finale depuis 1998, étaient menés 1-0 à la mi-temps avant que Ritsu Dōan et **Ao Tanaka** ne renversent la vapeur. Grâce à ce succès, ils ont terminé en tête de leur groupe, tandis que l'Espagne a devancé l'Allemagne à la différence de but.

TANAKA

13

Seules 13 nations ont participé à la toute première Coupe du Monde de la FIFA. Imaginée par Jules Rimet, elle a été organisée en Uruguay en 1930.

LA COUPE DU MONDE FIFA
LES BUTS

Les buts sont les moments qui marquent le plus les esprits en Coupe du Monde. Au fil des ans, les plus grands joueurs du monde ont affiché l'étendue de leurs talents sur la scène internationale.

11

Hakan Şükür détient le record du but le plus rapide en Coupe du Monde. Le Turc a frappé après 11 secondes contre la Corée du Sud en 2002.

9

Le Brésil a marqué plus de buts (9) en match d'ouverture de la Coupe du Monde que toute autre nation.

7-5

Le plus gros score en Coupe du Monde a été enregistré en quart de l'édition 1954 entre l'Autriche et la Suisse, le 26 juin, avec un succès 7-5 des Autrichiens.

2 500

En 2018, le Tunisien Fakhreddine Ben Youssef a marqué contre le Panama le 2 500e but des phases finales de la Coupe du Monde.

ANECDOTE DU TOURNOI
PROGRÈS DES PENALTYS

Avec quatre rencontres à élimination directe décidées aux tirs au but, le Mondial 2018 en Russie a égalé le record de 1990, 2006 et 2014. La Croatie est devenue la 2e équipe seulement, après l'Argentine en 1990, à remporter deux séances consécutives, contre le Danemark et la Russie. C'était aussi la première équipe à disputer les prolongations dans ses trois rencontres à élimination directe, ce qui signifie que les Croates avaient joué 90 minutes de plus que les Français, leurs adversaires en finale.

ANECDOTE DU TOURNOI
LE RECORD DE RONALDO

Grâce à son but sur penalty lors de la victoire du Portugal contre le Ghana, **Cristiano Ronaldo** est devenu le seul joueur à avoir marqué au moins 1 but dans 5 phases finales, après 2006, 2010, 2014 et 2018. À 37 ans et 292 jours, il est aussi devenu le Portugais le plus âgé à trouver les filets en Coupe du Monde. Il était déjà le plus jeune, à 21 ans et 132 jours, en 2006. 3 joueurs ont marqué dans 4 éditions : Pelé en 1958, 1962, 1966, 1970, Uwe Seeler pour la RFA en 1958, 1962, 1966 et 1970, et Leo Messi en 2006, 2014, 2018 et 2022.

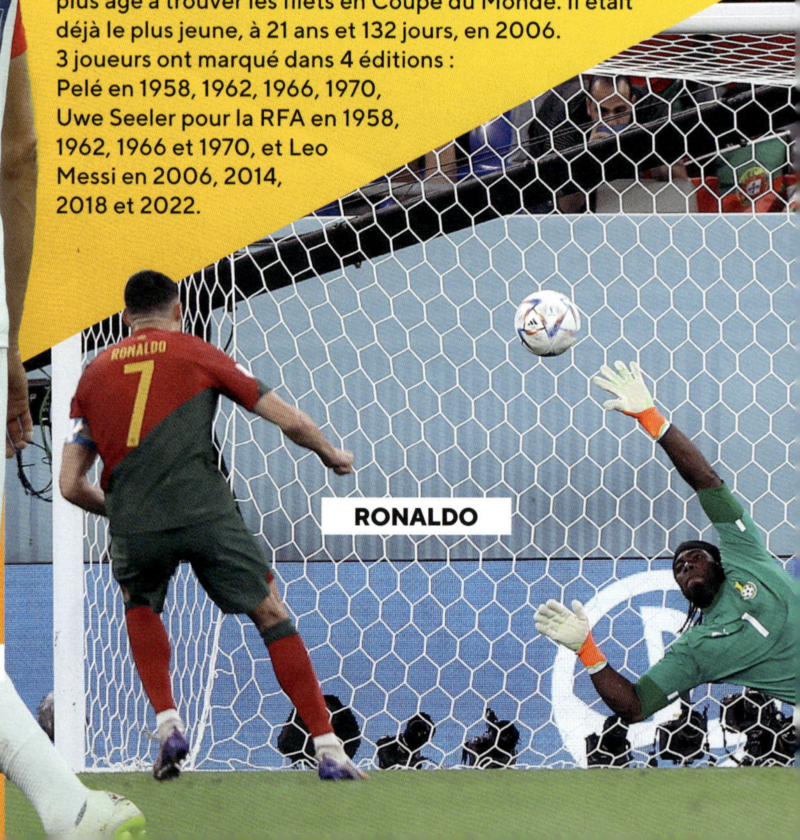

RONALDO

ANECDOTE DU TOURNOI
GÉNÉREUX ADVERSAIRES

Le Chili a été le premier pays à profiter d'un but contre son camp en Coupe du Monde. Le Mexicain Manuel Rosas avait mis le ballon dans ses propres filets lors du succès 3-0 des Chiliens en Uruguay (1930). La France, grâce notamment à deux CSC en 2014 et autant en 2018, détient le record du plus grand nombre de buts offerts (6) devant l'Italie et l'Allemagne (4 chacune). En 2018, le Croate **Mario Mandžukić** a inscrit le premier but contre son camp en finale de la Coupe du Monde, l'autre but en faveur de la France ayant été marqué par l'Australien Aziz Behich lors d'un match de groupes.

MANDŽUKIĆ

PELÉ

MEILLEURS BUTEURS DES PHASES FINALES DES COUPES DU MONDE FIFA

1. **Miroslav Klose, Allemagne – 16** (2002, 2006, 2010, 2014)
2. **Ronaldo, Brésil – 15** (1998, 2002, 2006)
3. **Gerd Müller, RFA – 14** (1970, 1974)
4. **Just Fontaine, France – 13** (1958)
= Lionel Messi, Argentine – 13
(2006, 2014, 2018, 2022)

GLORIEUX GONÇALO

Gonçalo Ramos, remplaçant attitré de Cristiano Ronaldo, a signé le premier triplé de la phase finale 2022, lors du succès 6-1 du Portugal contre la Suisse.

KLOSE

LÉGENDE NATIONALE

PELÉ MALCHANCEUX

Pelé serait sans doute devenu le meilleur buteur de l'histoire de la Coupe du Monde si sa carrière n'avait pas été minée par les blessures. Il était, en effet, sur le flanc pendant les phases finales 1962 et 1966. Il avait inscrit six buts lors du sacre du Brésil en 1958, dont un doublé en finale contre la Suède (5-2). C'est également lui qui a signé le 100e but *auriverde* en Coupe du Monde, lors de la victoire 4-1 contre l'Italie en finale 1970. Malgré ses blessures à répétition, Pelé, décédé à 82 ans, seulement 11 jours après la finale 2022, est le seul homme à avoir contribué à 3 sacres mondiaux.

LÉGENDE NATIONALE

KLOSE COMBAT

Sacré champion avec l'Allemagne en 2014, **Miroslav Klose** est le meilleur buteur de tous les temps en phase finale avec 16 buts (en 2002, 2006, 2010 et 2014). Il est suivi du Brésilien Ronaldo Luís Nazário de Lima (15, en 1994, 1998, 2002 et 2006), de Gerd Müller avec la RFA (14, en 1970 et 1974) et enfin du Français Just Fontaine et de l'Argentin Lionel Messi (13 chacun). Fontaine, décédé en mars 2023, détient le record de buts en une seule édition, avec ses 13 réalisations offrant la troisième place à la France en Suède, en 1958. Son exploit est tel que Messi a eu besoin de 5 éditions pour égaler son total.

BUTS SUR UNE COUPE DU MONDE

1. **Hongrie – 27** (1954)
2. **RFA – 25** (1954)
3. **France – 23** (1958)
4. **Brésil – 22** (1950)
5. **Brésil – 19** (1970)

RECORD DE BUTS

MBAPPÉ COMME HURST

Au Qatar, Kylian Mbappé a fait aussi bien que l'Anglais Geoff Hurst, en 1966, en inscrivant 3 buts en finale de Coupe du Monde pour la France contre l'Argentine. Les 2 joueurs ont eu besoin des prolongations pour cela. Mbappé a marqué à la 80e, 81e et 118e minute de jeu. Son trophée de meilleur buteur du tournoi avec 8 buts n'a été qu'une maigre consolation après la défaite des Bleus aux tirs au but. Il est le cinquième homme à marquer dans plus d'une finale de Coupe du Monde, en compagnie des Brésiliens Vavá et Pelé, de l'Allemand Paul Breitner et de son compatriote Zinedine Zidane.

LA COUPE DU MONDE FIFA
LES PARTICIPATIONS

Depuis la naissance de la Coupe du Monde, de nombreux joueurs ont marqué la compétition de leur empreinte. Mais certains sont entrés dans les annales à jamais…

MARADONA

LÉGENDE NATIONALE
RECORDS DE CAPITANAT

Ils sont 5 à avoir porté le brassard de capitaine dans 2 finales de Coupe du Monde : **Diego Maradona** a soulevé le trophée en 1986 avant une défaite en 1990. Ça a été l'inverse pour Leo Messi, finaliste en 2014 et champion en 2022. Le Brésilien Dunga a gagné en 1994 avant de perdre 4 ans plus tard. Hugo Lloris a conduit la France au succès en 2018, mais n'a pu éviter la défaite en 2022. Enfin, Karl-Heinz Rummenigge a perdu 2 finales avec la RFA, en 1982 et 1986.

ANECDOTE DU TOURNOI
DOUBLES CHAMPIONS

Lors de la phase finale de la Coupe du Monde 2018, **Didier Deschamps** est entré dans l'histoire du football, égalant Franz Beckenbauer et Mário Zagallo. Zagallo et Beckenbauer étaient les seuls à avoir remporté la Coupe du Monde en tant que joueurs et sélectionneurs, jusqu'à la victoire française sous la houlette de Deschamps, qui avait été le capitaine lors de la victoire de 1998. Zagallo, ailier gauche, a remporté la Coupe du Monde avec le Brésil en 1958 et 1962. Il a pris sa retraite de joueur en 1965. Cinq ans plus tard, Zagallo a remplacé en urgence le sélectionneur João Saldanha et a obtenu sa 3e victoire en Coupe du Monde en 1970, au Mexique. Beckenbauer a joué cette même phase finale en 1970 pour la RFA dont il était capitaine, conduisant son équipe à la victoire en 1974, à domicile. Beckenbauer a été nommé sélectionneur en 1984 et a gagné la Coupe du Monde en 1990.

DESCHAMPS

LÉGENDE NATIONALE
LE RECORD DE PROSINEČKI

Robert Prosinečki est le seul joueur à avoir marqué pour 2 pays différents en Coupe du Monde. Il a marqué pour la Yougoslavie lors de sa victoire 4-1 contre les Émirats arabes unis en Italie en 1990. Huit ans plus tard, avec la jeune Croatie, il a fait trembler les filets lors d'un succès 3-0 au 1er tour face à la Jamaïque, avant d'ouvrir le score lors de la victoire 2-1 en petite finale contre les Pays-Bas.

PROSINEČKI

RECORD DE MATCHS DE PHASE FINALE DE LA COUPE DU MONDE FIFA

1. **Lionel Messi** (Argentine) **– 26**
2. **Lothar Matthäus** (Allemagne) **– 25**
3. **Miroslav Klose** (Allemagne) **– 24**
4. **Paolo Maldini** (Italie) **– 23**

GLOIRE PARTAGÉE

Le portugais Cristiano Ronaldo et l'Argentin Lionel Messi ont peut-être été de grands rivaux sur le terrain, mais ils partagent plusieurs records. En 2022, ils ont rejoint l'Allemand Lothar Matthäus et les Mexicains Antonio Carbajal, Rafael Márquez et Andrés Guardado au rang des joueurs ayant participé à 5 Coupes du Monde.

ANECDOTE DU TOURNOI
FRÈRES ENNEMIS

Iñaki Williams (Ghana) et **Nico Williams** (Espagne) sont entrés dans l'histoire du Mondial en devenant les premiers frères à représenter des pays différents pendant une même phase finale. Toutefois, ils ne se sont pas croisés. En 2010 et 2014, les demi-frères Jerome et Kevin-Prince Boateng s'étaient affrontés 2 fois. En Afrique du Sud, Jerome s'était imposé avec l'Allemagne contre le Ghana de Kevin-Prince. Lors de la phase de groupes au Brésil, ils s'étaient quittés bons amis sur un score de 2-2.

4

Les trois remplacements les plus précoces en Coupe du Monde sont tous intervenus à la 4e minute : Steve Hodge (Angleterre, 1986), Giuseppe Bergomi (Italie, 1998) et Peter Crouch (Angleterre, 2006).

17

L'attaquant nord-irlandais Norman Whiteside est devenu le plus jeune joueur en phase finale de Coupe du Monde lorsqu'il a été titularisé contre la Yougoslavie en 1982, à 17 ans et 41 jours.

16

Manchester City comptait 16 représentants en phase finale en 2018 et autant en 2022. C'était le club le plus présent en Russie. Mais le Bayern Munich a battu ce record en envoyant 17 joueurs au Qatar.

4

Le record d'expulsions en une rencontre de Coupe du Monde a été établi entre le Portugal et les Pays-Bas, un match arbitré par le Russe Valentin Ivanov, en 2006.

HISTORIQUE DES FÉDÉRATIONS
L'ALLEMAGNE RÉUNIE

L'Allemagne et la RFA sont comptabilisées ensemble dans les records de la Coupe du Monde car la fédération allemande (le *Deutscher Fussball-Bund*), fondée en 1900 et active jusqu'à l'avant-Seconde Guerre mondiale, est restée l'institution chargée du football national pendant la séparation Est-Ouest et après la réunification. Les équipes allemandes ont remporté la Coupe du Monde à quatre reprises et ont participé à la finale huit fois, un record. En 2014, les remplaçants André Schürrle et Mario Götze, qui ont joué un rôle décisif dans le match, ont été les premiers vainqueurs de la Coupe du Monde nés en Allemagne après la réunification ; leur coéquipier Toni Kroos était le seul membre de l'équipe de 2014 né dans l'ancienne Allemagne de l'Est. Kroos est ainsi le premier joueur de l'ancienne RDA à remporter la Coupe du Monde.

LES CARTONS ROUGES LES PLUS RAPIDES EN COUPE DU MONDE

1. **José Batista** (Uruguay) **vs Écosse, 1986 – 1 min**
2. **Carlos Sánchez** (Colombie) **vs Japon, 2018 – 4 min**
3. **Giorgio Ferrini** (Italie) **vs Chili, 1962 – 8 min**
4. **Zezé Procópio** (Brésil) **vs Tchécoslovaquie, 1938 – 14 min**
5. **Mohammed Al Khilaiwi** (Arabie saoudite) **vs France 1998 – 19 min**
   = Miguel Bossio (Uruguay) **vs Danemark, 1986 – 19 min**

LÉGENDE NATIONALE
LA FIERTÉ DE PEPE

Pepe, le défenseur portugais de 39 ans, est devenu le deuxième joueur de champ le plus âgé à disputer une phase finale de Coupe du Monde, lors du succès 2-0 contre l'Uruguay en phase de groupe. Il est aussi le deuxième joueur le plus âgé à marquer dans un Mondial depuis le succès 6-1 contre la Suisse. Le Camerounais Roger Milla reste le plus vieux buteur : il avait 42 ans en 1994, aux États-Unis. Le record absolu est toutefois la propriété du gardien égyptien Essam El-Hadary, qui avait 45 ans en 2018.

LA COUPE DU MONDE FIFA
LES GARDIENS

La Coupe du Monde de la FIFA a fait émerger quelques légendes dans les cages. Des anciens briscards aux portiers les plus débridés, nombreux ont écrit leur nom dans les livres d'Histoire.

RICARDO DU BON CÔTÉ

L'Espagnol Ricardo Zamora est le premier gardien à avoir arrêté un penalty en Coupe du Monde, lorsqu'il s'est interposé devant le Brésilien Waldemar de Brito en 1934. L'Espagne l'a emporté 3-1.

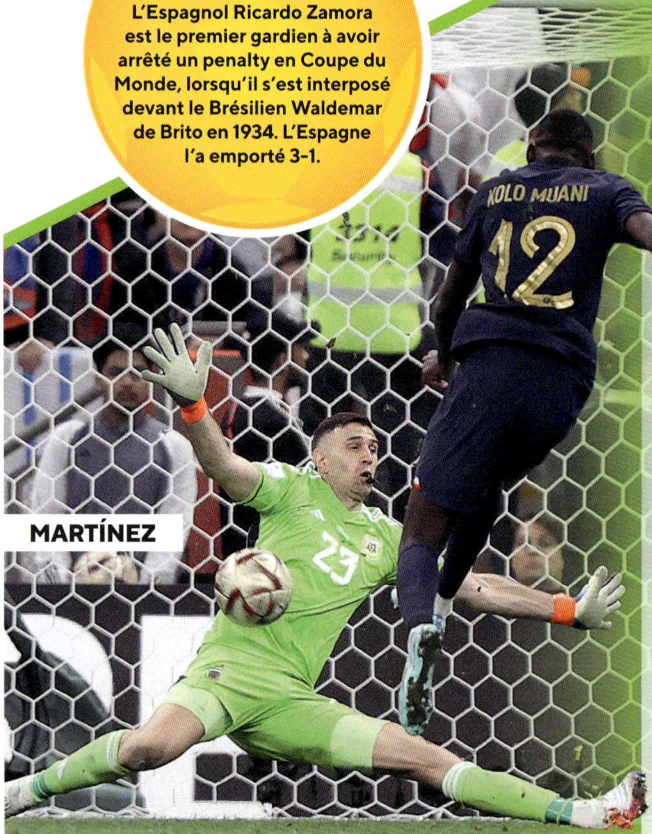

MARTÍNEZ

MEILLEURS GARDIENS DES DIFFÉRENTES COUPES DU MONDE

2022 – Emiliano Martínez, Argentine
2018 – Thibaut Courtois, Belgique
2014 – Manuel Neuer, Allemagne
2010 – Iker Casillas, Espagne
2006 – Gianluigi Buffon, Italie
2002 – Oliver Kahn, Allemagne
1998 – Fabian Barthez, France
1994 – Michel Preud'homme, Belgique
1990 – Sergio Goycoechea, Argentine
Luis Gabelo Conejo, Costa Rica

BEIRANVAND

HISTOIRE RÉCENTE
PROTOCOLE COMMOTION

Le gardien de l'Iran Hossein Hosseini est le premier joueur désigné « remplaçant commotion » lorsqu'il a remplacé **Alireza Beiranvand** lors de la défaite contre l'Angleterre en Coupe du Monde 2022. En première mi-temps, Beiranvand avait heurté son coéquipier Majid Hosseini. Après plusieurs minutes de soins, il avait repris le jeu, mais avait fini par abandonner et être remplacé. Conformément au nouveau protocole relatif aux commotions cérébrales, l'Iran a bénéficié d'un remplacement « gratuit » en plus des 5 autorisés. Beiranvand était le portier titulaire de l'Iran au Mondial 2018 ; il avait notamment repoussé un penalty de Cristiano Ronaldo. Au Qatar, il n'a pu être aligné contre le pays de Galles, mais a fait son retour face aux États-Unis, pour une défaite 1-0.

LÉGENDE NATIONALE
EMI-EUX VAUT TARD QUE JAMAIS

Emiliano Martínez a conclu 2 années remarquables en recevant le trophée de meilleur gardien de la Coupe du Monde 2022, après le sacre de l'Argentine contre les tenants du titre français. Le portier d'Aston Villa est le premier Sud-américain à remporter ce trophée, grâce à 3 *clean sheets* et seulement 7 buts encaissés. Pourtant, il n'est titulaire en *Premier League* que depuis son départ d'Arsenal, en 2020. Il a fait ses débuts en sélection 1 an plus tard, 10 ans après avoir été appelé une première fois sans jouer.

LÉGENDE NATIONALE
LONGÉVITÉ BLEUE

Les gardiens **Hugo Lloris** et Steve Mandanda ont tous les deux marqué l'histoire du football français au Mondial 2022. Le n° 1 de Tottenham, Lloris, a décroché sa 143e sélection, record de France devant Lilian Thuram, lors de la victoire en quarts contre l'Angleterre. Il a ensuite obtenu sa 144e sélection contre le Maroc, puis sa 145e contre l'Argentine en finale, avant d'annoncer sa retraite internationale. En phase de groupes, lors de la défaite 1-0 contre la Tunisie, Mandanda était devenu le Français le plus âgé en phase finale à 37 ans et 247 jours.

LLORIS

NEUER

3 3 gardiens ont gardé leurs cages inviolées pendant au moins un match au Qatar : l'Argentin Emiliano Martínez, l'Anglais Jordan Pickford et le Marocain Yassine Bounou.

4 Au Qatar, le Croate Dominik Livaković a égalé le record de tirs au but arrêtés en une édition de Coupe du Monde : 4.

16 En 2014, l'Américain Tim Howard a stoppé pas moins de 16 tirs contre la Belgique, en 8e de finale.

YES, HE KAHN

L'Allemand Oliver Kahn est le seul gardien à avoir été élu Meilleur joueur d'une Coupe du Monde, lors de l'édition 2002, et ce même si sa responsabilité est engagée sur les buts brésiliens en finale.

LÉGENDE NATIONALE
RAMÓN FAIT JASER

La victoire 6-0 de l'Argentine contre le Pérou à la Coupe du Monde 1978 a éveillé les soupçons car les Argentins devaient s'imposer de 4 buts pour atteindre la finale aux dépens de l'ennemi brésilien. De plus, le gardien inca Ramón Quiroga était né en Argentine... Ce dernier martela pourtant qu'il avait évité une défaite encore plus embarrassante. Au début de la compétition, Quiroga avait été averti pour avoir commis une faute sur Grzegorz Lato... dans le camp polonais.

ANECDOTE DU TOURNOI
RETOUR SUR TERRE

Le portier **Manuel Neuer** a déchanté plus d'une fois lors de la Coupe du Monde 2022. Sacré avec l'Allemagne, en 2014, au Brésil, il n'a pu empêcher les quadruples champions de quitter la compétition dès la phase de groupes en 2018 et 2022. Neuer est reparti du Qatar avec 117 sélections à son actif, 6e meilleur total Allemagne. Durant ses vacances, il a été victime d'un accident de ski et a souffert de fracture à la jambe droite et à la main gauche, synonyme de fin de saison.

LÉGENDE NATIONALE
LE DOYEN

Dino Zoff est devenu à la fois le joueur et le capitaine le plus âgé à remporter la Coupe du Monde, en 1982 avec l'Italie. Il avait 40 ans et 133 jours. L'un de ses prédécesseurs comme gardien et capitaine de l'Italie et de la Juventus, Gianpiero Combi, avait aussi conduit l'Italie à la victoire en Coupe du Monde 1934. Zoff détient en outre le record (1 142 minutes) d'invincibilité pour un gardien international, établi entre 1972 et 1974.

ZOFF

LA COUPE DU MONDE FIFA
LES SÉLECTIONNEURS

Derrière chaque grande équipe se trouve un génie tactique. La Coupe du Monde de la FIFA a révélé quelques-uns des plus grands techniciens que la planète football ait connus.

27

Juan José Tramutola est le plus jeune sélectionneur de Coupe du Monde. Il a mené l'Argentine en finale de l'édition 1930, à l'âge de 27 ans et 267 jours.

HERDMAN

LÉGENDE NATIONALE
SUR TOUS LES FRONTS

John Herdman s'est démarqué de ses homologues lors du Mondial 2022 au Qatar en étant le seul sélectionneur à avoir aussi dirigé une équipe féminine en Coupe du Monde. Né dans le nord-est de l'Angleterre, Herdman est parti en Nouvelle-Zélande où la fédération l'a désigné directeur du développement. Il a mené les Néo-Zélandaises aux Mondiaux 2007 et 2011, avant de prendre les rênes de l'équipe féminine canadienne. Médaillé de bronze au JO 2012 et 2016, le Canada a aussi atteint les quarts du Mondial 2015 à domicile. En 2018, Herdman a pris en charge l'équipe masculine du Canada, qui a disputé sa première phase finale en 36 ans au Qatar.

SCALONI

LÉGENDE NATIONALE
RETROUVAILLES TRIOMPHALES

Lionel Scaloni ne pouvait se douter de la gloire qui l'attendait quand Leo Messi et lui ont quitté le terrain ensemble après un succès contre le Mexique, en huitièmes de finale de l'édition 2006. Scaloni était alors un défenseur au sommet de sa forme, tandis que Messi n'était qu'à l'aube de sa carrière. Tous deux ont joué en Espagne – Scaloni à La Corogne et Messi au Barça. Les deux Lionel ont été séparés pendant 12 ans. En 2018, Scaloni, alors sélectionneur des moins de 20 ans argentins, a été promu chez les A et a renoué avec Messi. Leur duo s'est avéré très efficace, avec un sacre en Copa América 2021 et à la Coupe du Monde 2022.

ANECDOTE DU TOURNOI
LES VICTOIRES DE VITTORIO

L'Italien Vittorio Pozzo continue de détenir un record depuis 1938 : il est le seul sélectionneur à avoir remporté 2 Coupes du Monde de suite. Grand admirateur de Manchester United depuis un séjour en Angleterre dans les années 1920, Pozzo est revenu au pays et est devenu une figure majeure de la fédération. En 1929, il a pris la tête de l'équipe nationale et a bâti un collectif capable de gagner le Mondial en 1934 et 1938, ainsi que les JO entre les deux, à Berlin en 1936. Pozzo a démissionné après une gifle 4-0 contre l'Angleterre à Turin, en 1948. Didier Deschamps a longtemps cru pouvoir égaler Pozzo, mais les Bleus se sont inclinés aux tirs au but lors de la finale 2022.

LÉGENDE NATIONALE
BORA L'EXPLORATEUR

Avec un seul tournoi de retard sur Carlos Alberto Parreira, **Bora Milutinović** a participé à 5 Coupes du Monde avec 5 sélections différentes. Après le Mexique en 1986 et les États-Unis en 1994, tous deux organisateurs, il a entraîné le Costa Rica (1990), le Nigeria (1998) et la Chine (2002). Chaque fois, il a atteint la phase à élimination directe, sauf en 2002, où la Chine n'a pas marqué un but.

MILUTINOVIĆ

ANECDOTE DU TOURNOI
COIN FUMEURS

Les entraîneurs des 2 équipes finalistes de la Coupe du Monde 1978, l'Argentin César Luis Menotti et le Néerlandais Ernst Happel, étaient de si gros fumeurs qu'un immense cendrier avait été placé au bord du terrain, pour qu'ils puissent le partager. Menotti, le vainqueur du jour, a également dirigé Barcelone et l'Atlético Madrid au cours de sa longue et fructueuse carrière sur le banc.

TITE

LÉGENDE NATIONALE
LA DERNIÈRE VALSE DE TITE

Le coach du Brésil **Tite** s'est prêté au jeu de la petite danse rituelle de ses stars lors du succès 4-1 contre la Corée du Sud, en huitièmes du Mondial 2022. Sur la touche, l'homme de 61 ans a imité la « danse du pigeon » de Richarlison après le but de l'attaquant de Tottenham. « Ça montre le lien que j'ai avec la jeune génération, a-t-il expliqué. J'ai 61 ans et je travaille avec des joueurs qui ont 21 ou 22 ans. Ils pourraient être mes petits-fils. Si je dois danser pour être proche d'eux, je continuerai à le faire. » Malheureusement pour lui, les quintuples champions du monde ont été éliminés au match suivant, par la Croatie aux tirs au but.

71

Le sélectionneur le plus âgé en phase finale est l'Allemand Otto Rehhagel, âgé de 71 ans et 307 jours lorsqu'il a conduit la Grèce à l'édition 2010 en Afrique du Sud.

25

L'Allemand de l'Ouest Helmut Schön détient le record de matchs dirigés en Coupe du Monde : 25 au fil des éditions 1966, 1970, 1974 et 1978.

7

7 sélectionneurs ont été démis de leurs fonctions ou ont démissionné juste après leur élimination à la Coupe du Monde 2022.

6

Carlos Alberto Parreira est le seul sélectionneur à avoir participé à 6 Coupes du Monde. Avec le Brésil, il a été titré en 1994 et a atteint les quarts en 2006, mais il a aussi dirigé le Koweït (1982), les Émirats arabes unis (1990), l'Arabie saoudite (1998) et l'Afrique du Sud à domicile (2010).

LES DIX DERNIERS SÉLECTIONNEURS CHAMPIONS DU MONDE

- **2022 : Lionel Scaloni, Argentine**
- **2018 : Didier Deschamps, France**
- **2014 : Joachim Löw, Allemagne**
- **2010 : Vicente Del Bosque, Espagne**
- **2006 : Marcelo Lippi, Italie**
- **2002 : Luiz Felipe Scolari, Brésil**
- **1998 : Aimé Jacquet, France**
- **1994 : Carlos Alberto Parreira, Brésil**
- **1990 : Franz Beckenbauer, Allemagne**
- **1986 : Carlos Bilardo, Argentine**

LA COUPE DU MONDE FIFA
LES AFFLUENCES

De quelques centaines de spectateurs en 1930 aux millions de fans d'aujourd'hui, la Coupe du Monde rassemble les foules. Tous les quatre ans, des centaines de milliers d'amateurs se massent dans les travées des stades pour assister au plus grand spectacle de la planète.

FUTURS TOURNOIS
LES TROIS GAGNANTS

La Coupe du Monde 2026 écrira l'histoire par deux fois. Tout d'abord, la phase finale rassemblera 48 pays pour 80 matchs, conformément à la décision de l'instance dirigeante du football d'élargir le plateau par rapport aux 32 qualifiés au Qatar en 2022. De plus, l'organisation sera partagée entre 3 pays : les États-Unis, le Canada et le Mexique ont été choisis lors du Congrès de la FIFA à Moscou, en juin 2018. Le Canada et le Mexique accueilleront 10 rencontres chacun, et les États-Unis les 60 autres, dont tous les matchs à partir des quarts.

1,8 MILLION

Plus de 1,8 million de supporters se sont rendus au FIFA Fan Festival de l'Al Bidda Park, à Doha, lors du Mondial 2022. Tous les matchs étaient diffusés, en plus de concerts de Diplo, Maluma, Kizz Daniel, Nora Fatehi, Trinidad Cardona ou encore Calvin Harris.

RECORD D'AFFLUENCE
MORBIDE MARACANÃ

C'est la finale de l'édition 1950 qui a attiré le public le plus nombreux de l'histoire de la Coupe du Monde. D'après les chiffres officiels, ils sont 173 850 à s'être rassemblés au Maracanã de Rio de Janeiro pour la finale Brésil-Uruguay, mais on parle officieusement de 210 000 spectateurs. La tension était telle au coup de sifflet final que le capitaine uruguayen Obdulio Varela s'est vu remettre le trophée subrepticement. Évoquant l'attitude du public, Jules Rimet, le président de la FIFA, a parlé plus tard d'un silence « morbide, quasiment insupportable ». Les nouveaux champions du monde se sont barricadés pendant plusieurs heures dans leur vestiaire avant de juger que les conditions de sécurité étaient réunies.

STADE NATIONAL
PERDU DANS LE DÉSERT

Le Qatar, pays hôte de la Coupe du Monde 2022, est le premier organisateur à perdre toutes ses rencontres, dont le match inaugural. Un bilan qui s'est traduit par une élimination au premier tour avec 7 buts encaissés et 1 seul marqué. En 2018, l'Afrique du Sud était devenue la première nation à ne pas se qualifier pour le deuxième tour. Le Qatar a commencé avec un revers 2-0 contre l'Équateur, avant de s'incliner contre le Sénégal et les Pays-Bas. C'était malgré tout une surprise, les Qataris étant champions d'Asie en titre. Le seul joueur à avoir réussi sa compétition est Mohammed Muntari, devenu premier buteur qatari en Coupe du Monde, en réduisant l'écart à 3-1 contre le Sénégal, 4 minutes après son entrée en jeu.

3 Bien qu'épaulé par le Canada et les États-Unis en 2026, le Mexique sera le pays hôte pour la 3e fois, un record. Il avait organisé seul les éditions de 1970 et de 1986.

18 18 pays ont organisé la Coupe du Monde : l'Afrique du Sud, l'Allemagne (2 fois), l'Angleterre, l'Argentine, le Brésil, le Chili, la Corée du Sud, l'Espagne, les États-Unis, la France (2 fois), l'Italie (2 fois), le Japon, le Mexique (2 fois), le Qatar, la Russie, la Suède, la Suisse et l'Uruguay.

RECORD D'AFFLUENCE
LA QUEUE AU QATAR

La Coupe du Monde 2022 est la troisième la plus suivie de l'histoire. Les 64 rencontres ont regroupé 3 404 252 spectateurs, soit une moyenne de 52 191 par match. Plus d'un million de billets ont été vendus aux fans qataris. Les supporters venaient ensuite des États-Unis, d'Arabie saoudite, d'Angleterre, du Mexique, des Émirats arabes unis, d'Argentine, de France, du Brésil ou encore d'Allemagne. Les statistiques ont fait mentir les inquiétudes nées avant le tournoi concernant l'absence des supporters internationaux, en raison notamment de la période du Mondial, en novembre-décembre. Les États-Unis détiennent toujours le record d'affluence lors de l'édition 1994, avec 3 587 538 spectateurs au total.

300

Les 300 spectateurs qui ont assisté à la victoire de la Roumanie contre le Pérou 3-1, en 1930 à l'Estadio Pocitos de Montevideo, formaient la plus petite affluence en phase finale de Coupe du Monde. La veille, dix fois plus de personnes étaient présentes pour voir la France battre le Mexique 4-1.

RECORD D'AFFLUENCE
HONGROIS ABSENTS

Seuls 2 823 spectateurs ont assisté au match à rejouer du 1er tour de la Coupe du Monde 1958, entre le pays de Galles et la Hongrie. La première rencontre entre les 2 pays avait attiré plus de 15 000 personnes, mais l'exécution d'Imre Nagy, leader de l'insurrection hongroise, avait entraîné un boycott. Ce n'est pas l'affluence la plus faible pour un match de Coupe du Monde : la palme revient au Roumanie-Pérou de 1930, à l'Estadio Pocitos de Montevideo, en Uruguay. À peine 300 spectateurs étaient venus.

AFFLUENCES RECORD DE LA COUPE DU MONDE

1. **173 850 – Estádio do Maracanã,** Rio de Janeiro, Brésil, 1950
2. **114 600 – Estadio Azteca,** Mexico, Mexique, 1986
3. **107 412 – Estadio Azteca,** Mexico, Mexique, 1970
4. **98 000 – Wembley Stadium,** Londres, Angleterre, 1966
5. **94 194 – Rose Bowl,** Pasadena, États-Unis, 1994
6. **93 000 – Estadio Centenario,** Montevideo, Uruguay, 1930
7. **90 000 – Estadio Santiago Bernabéu,** Madrid, Espagne, 1982
8. **88 966 – Lusail Iconic Stadium,** Lusail, Qatar, 2022
9. **88 668 – Lusail Iconic Stadium,** Lusail, Qatar, 2022
10. **88 235 – Lusail Iconic Stadium,** Lusail, Qatar, 2022

172

172 buts ont été marqués dans les stades climatisés du Qatar, soit 1 de plus qu'en France en 1998 et qu'au Brésil en 2014. Les Bleus, finalistes malheureux, présentent la meilleure attaque avec 16 réalisations, 1 de plus que les champions argentins.

ANECDOTE DU TOURNOI
ÉGALITÉ DES GENRES

Seuls deux stades ont accueilli des finales des Coupes du Monde masculine et féminine. Le Rose Bowl de Pasadena, en Californie, a été le théâtre de la finale masculine en 1994 – quand le Brésil a battu l'Italie – et de son équivalent féminin cinq ans plus tard, quand les Américaines ont battu les Chinoises, devant 90 185 spectateurs. Mais la Suède avait ouvert la voie, au Råsunda Stadium de Stockholm, même s'il a fallu attendre bien longtemps entre la finale homme en 1958 et celle des femmes en 1995.

LA COUPE DU MONDE FIFA
LES TIRS AU BUT

La séance de tirs au but, véritable guerre des nerfs à 11 mètres, est à la fois l'un des moments les plus attendus d'une Coupe du Monde, mais aussi l'un des plus redoutés, selon le passé de l'équipe…

35
Les matchs sont particulièrement serrés en Coupe du Monde : il y a eu 35 séances de tirs au but depuis la première édition, en 1982. 5 ont eu lieu rien qu'au Qatar, un record.

ANECDOTE DU TOURNOI
MALHEUREUX GYAN

Asamoah Gyan, le buteur ghanéen, est le seul joueur à avoir raté deux penaltys dans l'histoire de la Coupe du Monde. En 2006, il a tiré sur le poteau, manquant un penalty contre la République tchèque. Quatre ans plus tard, il heurte la barre transversale lors d'un penalty tiré à la toute fin de la seconde prolongation du quart de finale contre l'Uruguay. Si le tir était rentré, Gyan aurait donné la victoire à son pays (2-1) et une première participation pour l'Afrique à une demi-finale de Coupe du Monde FIFA. Malgré cet échec traumatisant, durant la séance de tirs au but, Gyan est le premier à tirer, en hauteur à nouveau, et le ballon pénètre dans la cage. Mais le Ghana perd 4 tirs au but à 2.

5 DERNIÈRES SÉANCES DE TIRS AU BUT EN COUPE DU MONDE FIFA

1	**Argentine 4-2 France, Finale, 2022** (3-3 AP)
2	**Argentine 4-3 Pays-Bas, Demi-finale, 2022** (2-2 AP)
3	**Croatie 4-2 Brésil, Quart de finale, 2022** (0-0 AP)
4	**Maroc 3-0 Espagne, Huitième de finale, 2022** (0-0 AP)
5	**Croatie 3-1 Japon, Huitième de finale, 2022** (1-1 AP)

BUT RECORD
L'EFFICACITÉ ALLEMANDE

L'Allemagne a remporté ses 4 séances de tirs au but en Coupe du Monde. Sa première était également la toute première séance, puisqu'aucune n'avait eu lieu à l'introduction de cette règle en 1978. En demie à Séville (Espagne), en 1982, la RFA et la France s'étaient séparées sur un score de 3-3, après les prolongations. Les Allemands l'avaient emporté 5-4 aux tirs au but. Le Tricolore Michel Platini était donc du côté des perdants, alors qu'il avait converti 2 tentatives – une dans le temps réglementaire en plus de son tir au but. Il aura fallu 12 tirs pour départager les 2 équipes, record partagé avec le succès de la Suède 5-4 contre la Roumanie en quarts 1994. Les séances les plus courtes se sont décidées en 7 tentatives, quand la RFA a battu le Mexique en 1986 et le Maroc a éliminé l'Espagne en 2022.

8
Les huitièmes de finale ont été dévastateurs pour l'Espagne en 2018 et 2022. La *Roja* a été sortie à chaque fois aux tirs au but. En 2018, elle avait perdu 4-3 après un nul 1-1 contre les hôtes russes. 4 ans plus tard, ce sera face au Maroc (0-0, 3-0 TAB).

KANE

ANECDOTE DU TOURNOI
CRUEL POUR KANE

Au fil des ans, l'Anglais **Harry Kane** s'est forgé la réputation d'être l'un des meilleurs tireurs de penalty en club et en sélection. Mais personne n'est infaillible dans un duel face à un portier, surtout quand la victoire et la qualification sont en jeu. L'Angleterre s'en est souvenue face à la France, alors championne du monde, pendant les quarts du Mondial 2022. Les Bleus avaient ouvert le score, mais Kane avait égalisé aux 11 mètres, lui permettant de rejoindre Wayne Rooney comme co-meilleur buteur de son pays (53 unités). Mais quelques minutes plus tard, face à son coéquipier en club, Hugo Lloris, Kane a expédié un autre penalty dans les tribunes. La France s'est finalement imposée 2-1 et l'Angleterre a été éliminée. Kane reste toutefois sur un beau bilan de 17 penaltys réussis en 21 tentatives.

LIVAKOVIĆ

SÉANCES DE TIRS AU BUT PAR PAYS

- 7 – Argentine (6 victoires, 1 défaite)
- 5 – Brésil (3 victoires, 2 défaites)
- 5 – France (2 victoires, 3 défaites)
- 5 – Espagne (1 victoire, 4 défaites)
- 4 – Allemagne (4 victoires, 0 défaite)
- 4 – Croatie (4 victoires, 0 défaite)
- 4 – Italie (1 victoire, 3 défaites)
- 4 – Angleterre (1 victoire, 3 défaites)

5
Aucune équipe n'a marqué plus de cinq fois lors d'une séance de tirs au but en Coupe du Monde.

ANECDOTE DU TOURNOI
DOMINIK DOMINE

Le gardien de la Croatie **Dominik Livaković** est devenu un héros national au Qatar, en arrêtant le plus de tirs au but, aussi bien en une même séance que sur toute la phase finale 2022. Le joueur du Dinamo Zagreb a été décisif en huitièmes contre le Japon. Après un nul 1-1, il a repoussé les tirs de Maya Yoshida, Kaory Mitoma et Takumi Minamino. Il a ainsi fait aussi bien que son compatriote Danijel Subašić en 2018, face au Danemark, et que le Portugais Ricardo contre l'Angleterre en 2006. En écartant la tentative de Rodrygo en quart pour battre le Brésil, il a rejoint Subašić, l'Allemand Toni Schumacher et l'Argentine Sergio Goycochea avec 4 parades en une édition.

29

29 penaltys ont été sifflés aux Coupes du Monde 2018 en Russie et 2022 au Qatar, un record. Cette augmentation nette depuis 2014 (13 penaltys) est notamment due à l'introduction de l'arbitrage vidéo.

3-0

Le succès le plus large aux tirs au but a été réalisé en huitièmes par l'Ukraine contre la Suisse en 2006 et par le Maroc contre l'Espagne en 2022.

ANECDOTE DU TOURNOI
UNE COUPE POUR TROIS

La finale de Coupe du Monde s'est décidée aux tirs au but à trois reprises. Aux États-Unis, en 1994, le Brésil a été sacré face à l'Italie (0-0, 3-2 TAB). Les *Azzurri* se sont vengés contre la France en 2006, à Berlin (1-1, 5-3 TAB). La troisième victoire est revenue à l'Argentine, qui a battu la France 4-2 après un nul 3-3 à Lusail (Qatar), en 2022. C'était la septième séance de tirs au but disputée par l'Argentine dans son histoire, un record. Elle n'a subi qu'une seule défaite, en quarts de finale 2006 face à l'Allemagne, pays hôte. **Roberto Baggio** est l'un des Italiens à avoir échoué lors de la finale 1994. Il a connu 2 autres défaites aux tirs au but : contre l'Argentine en 1990 et contre la France en 1998, mais en marquant à chaque fois.

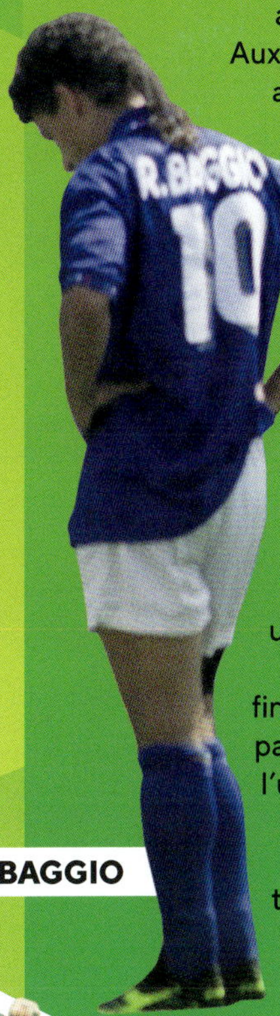

BAGGIO

ANECDOTE DU TOURNOI
JOHAN PREMIER

La Coupe du Monde a dû attendre 44 ans pour son premier penalty, et celui-ci est arrivé de manière spectaculaire, quand la RFA a accueilli les Pays-Bas au stade olympique de Munich, lors de la finale 1974. Les Néerlandais venaient de donner le coup d'envoi et monopolisaient le ballon depuis 40 secondes quand le capitaine Johan Cruyff a été fauché dans la surface. L'arbitre anglais n'a pas hésité en désignant le point de penalty, converti par **Johan Neeskens**. Taylor a accordé un deuxième penalty à la 26e minute quand Wim Jansen a commis une faute sur l'Allemand Bernd Holzenbein. Paul Breitner a pu égaliser des 11 mètres, et les Allemands se sont imposés 2–1.

NEESKENS

LA COUPE DU MONDE FIFA
LES ÉLIMINATOIRES

Pour accéder à la grand-messe du football, les nations doivent d'abord obtenir leur ticket au sein de leur confédération régionale.

RECORD NATIONAL DES QUALIFICATIONS
MESSI MONTRE LA VOIE

Le capitaine Lionel Messi a inspiré toute son équipe pour envoyer l'Argentine au Mondial 2022. Peu distrait par l'actualité brûlante de son transfert de Barcelone au Paris Saint-Germain à l'été 2021, il a inscrit les trois buts de son équipe contre la Bolivie et a terminé les éliminatoires avec 7 réalisations, autant que son coéquipier Lautaro Martínez. C'est toutefois le Bolivien Marcelo Moreno qui a terminé meilleur buteur sud-américain avec 10 unités, suivi des anciens coéquipiers au Barça de Messi, Neymar (Brésil) et Luis Suárez (Uruguay) avec 8 buts.

KANE

PLUS LARGES VICTOIRES EN ÉLIMINATOIRES :

1 **Australie 31-0 Samoa américaines,** 11 avril 2001
2 **Australie 22-0 Tonga,** 9 avril 2001
3 **Iran 19-0 Guam,** 24 novembre 2000
4 **Maldives 0-17 Iran,** 2 juin 1997
5 **Tadjikistan 16-0 Guam,** 11 juin 1997
= **Fidji 16-0 Tuvalu,** 27 août 2007
7 **Vanuatu 15-0 Samoa américaines,** 30 août 2007
= **Qatar 15-0 Bhoutan,** 3 septembre 2015
9 **Iran 14-0 Cambodge,** 10 octobre 2019
= **Mongolie 0-14 Japon,** 30 mars 2021

17,7 SECONDES

Le 13 juillet 2001, l'Égyptien Abdel Hamid Bassiouny a inscrit le triplé le plus rapide des éliminatoires lors de la victoire 8-2 contre la Namibie.

RECORD DE BUTS
HEUREUX COMME HARRY

Harry Kane, meilleur buteur de la phase finale 2018 en Russie avec 6 buts, est reparti sur les mêmes bases dans les éliminatoires. Le capitaine de l'Angleterre a inscrit un triplé dans la victoire 5-0 à la maison contre l'Albanie, puis un quadruplé sur la pelouse de Saint-Marin (10-0), permettant aux *Three Lions* de finir en tête de leur groupe. Grâce à ses 12 réalisations, Kane a fini co-meilleur buteur européen avec le Néerlandais Memphis Depay. Ils sont suivis du Polonais Robert Lewandowski, auteur de 9 buts : 8 en éliminatoires et un en barrages.

32

Seuls 32 pays ont participé aux éliminatoires de la Coupe du Monde 1934. La Suède et l'Estonie ont disputé le premier match le 11 juin 1933.

1

Les hôtes du Mondial 2022 sont les seuls des 32 qualifiés à n'avoir jamais atteint ce stade auparavant.

41

À 41 ans, le Zambien Kalusha Bwalya est le joueur le plus âgé à avoir inscrit un but victorieux en éliminatoires.

RECORD NATIONAL DES QUALIFICATIONS
L'HEURE DU CHANGEMENT

L'Allemagne était la première nation européenne à valider son billet pour la phase finale 2022. Les quadruples champions se sont qualifiés pour leur 20e phase finale de suite après avoir battu la Macédoine du Nord 4-0 dans le Groupe J, alors qu'il restait encore deux journées. L'ancien international anglais chez les juniors, **Jamal Musiala**, avait ouvert le score. Le lendemain, les Danois ont imité les Allemands en battant l'Autriche 1-0 à Copenhague, dans le Groupe F, grâce à un but en seconde période de Joakim Mæhle.

MUSIALA

QUALIFICATIONS PAR CONFÉDÉRATION RÉGIONALE

1 **Europe – 259**
2 **Amérique du Sud – 89**
3 **Afrique – 49**
4 **Amérique centrale/du Nord & Caraïbes – 46**
5 **Asie – 43**
6 **Océanie – 4**

COUP D'ENVOI

Norjmoogiin Tsedenbal, de la Mongolie, a inscrit le tout premier but des éliminatoires de la Coupe du Monde 2022 lors du succès 2-0 contre Brunei, le 6 juin 2019.

RECORD NATIONAL DES QUALIFICATIONS
ABSENTS DE MARQUE

Le tournoi 2022 s'est joué sans les champions d'Europe et d'Océanie en titre. Les Italiens, vainqueurs de l'Euro 2020, ont échoué à se qualifier pour la 3e fois de leur histoire. Ils ont terminé derrière les Suisses dans leur groupe, avant d'être battus par la Macédoine du Nord en demi-finale des barrages. La Nouvelle-Zélande, championne d'Océanie, a également atteint les barrages intercontinentaux au Qatar, où elle s'est inclinée 1-0 contre le Costa Rica. Les champions régionaux qui ont réussi à se qualifier sont l'Argentine (Amérique du Sud), les États-Unis (Amérique du Nord et centrale), le Sénégal (Afrique) et le Qatar (Asie).

RECORD NATIONAL DES QUALIFICATIONS
GUERRE ET FOOTBALL

Le 26 juin 1969, le Salvador s'impose 3-2 face au Honduras dans un barrage qualificatif pour l'édition 1970. Alors qu'une tension extrême règne entre les deux pays en raison d'un conflit frontalier, la rencontre est suivie d'émeutes. En phase finale du Mondial 1970, le Salvador a perdu ses 3 matchs et est sorti sans marquer un seul but.

RECORD NATIONAL DES QUALIFICATIONS
LE RETOUR DES DRAGONS

L'Ukraine était à 90 minutes de créer l'exploit. L'invasion militaire du pays par la Russie en février 2022 a interrompu toutes les activités sportives, et la sélection nationale a dû préparer son barrage, décalé de plusieurs mois, en Slovénie. Les buts d'Andriy Yarmolenko, Roman Yaremchuk et Artem Dovbyk ont permis à l'Ukraine de gagner la demi-finale contre l'Écosse 3-1 à Glasgow. Mais en finale, Yarmolenko a propulsé le ballon dans ses propres filets, face au pays de Galles à Cardiff. Poussés par son capitaine charismatique Gareth Bale, les Gallois ont ensuite résisté pour s'offrir leur première phase finale depuis 1958.

LE CHAMPIONNAT D'EUROPE DE L'UEFA

En juin 2024, l'Allemagne accueillera son deuxième Championnat d'Europe de l'UEFA, après avoir organisé la première édition en tant que RFA, en 1988. Cet événement, l'un des plus grands au monde, est suivi par des millions de fans bien au-delà de l'Europe. Quelque 5,23 milliards de téléspectateurs ont regardé la phase finale 2021, décalée d'un an, à la télévision.

Première édition : 1960

Champion en titre : Italie

Équipes les plus titrées : Allemagne, Espagne (3)

Prochaine édition : Allemagne, 2024

1968

La phase finale 1968 en Italie a servi de contexte à un célèbre film, *L'Or se barre* avec Michael Caine, où des voleurs britanniques se servent de la compétition pour réaliser un cambriolage à Turin.

142

Le tournoi à 24 équipes de l'été 2021 a totalisé plus de buts que tout autre Championnat d'Europe : 142. Par ailleurs, le taux de 2,78 buts par match est également le plus élevé de l'histoire de la compétition.

9

Michel Platini a marqué plus que tout autre joueur en une seule édition de l'Euro, lors de la phase finale 1984.

PLATINI

3

La France a organisé le tournoi à trois reprises, plus que toute autre nation.

BIERHOFF

L'Allemand **Oliver Bierhoff** a inscrit le premier but en or de l'histoire de la compétition, pour battre la République tchèque en finale de l'Euro 1996, le 30 juin, à Wembley.

LE CHAMPIONNAT D'EUROPE DE L'UEFA 2024 PRÉSENTATION

La phase finale de l'Euro en Allemagne marquera le 70e anniversaire de la création de l'instance dirigeante européenne, en 1954. Un quatuor de pays nordiques, un duo Estonie/Russie, ainsi que l'Allemagne, les Pays-Bas et la Turquie étaient candidats à l'organisation. Au moment de la décision, seules les candidatures de l'Allemagne et de la Turquie étaient encore en lice. Le comité exécutif de la FIFA a choisi l'Allemagne à 12 voix contre 4.

1000

Les hôtes, qualifiés d'office pour la phase finale, ont joué des matchs de préparation à la place des qualifications. L'un de ceux-ci était la 1 000e rencontre officielle disputée par la *Mannschaft*, un nul 3-3 contre l'Ukraine.

2

Le titre le plus convoité d'Europe a été remporté 2 fois lors d'une séance de tirs au but : par la Tchécoslovaquie en 1976 et par l'Italie en 2020.

ANECDOTE DU TOURNOI

RETOUR À BERLIN

Le 14 juillet, le Stade olympique de Berlin (**Berlin Olympiastadion**) accueillera sa troisième grande finale de football. L'enceinte, construite pour les Jeux olympiques de 1936, a été le théâtre de la finale de la Coupe du Monde en 2006 et de la Ligue des Champions en 2015. C'est aussi là que se joue chaque année la finale de la Coupe d'Allemagne, ainsi que les matchs de *Bundesliga* du Hertha Berlin. Le match d'inauguration se tiendra à Munich le 14 juin – c'était déjà dans ce stade que la phase finale 1988 s'était disputée, mais au stade olympique, remplacé par la nouvelle Allianz Arena en 2005. Pour les compétitions internationales, l'écrin doit se conformer aux règlements de l'UEFA et de la FIFA sur le nom des stades et sera baptisé Munich Football Arena. Le premier match de la Coupe du Monde 2006 s'était joué ici. La ville de Gelsenkirchen proposera également un nouveau stade par rapport à 1988, puisque les matchs s'étaient disputés au Parkstadion, depuis remplacé par l'Arena AufSchalke.

BERLIN OLYMPIASTADION

3

L'Allemagne et l'Espagne ont toutes les deux été sacrées championnes d'Europe à 3 reprises, devant l'Italie et la France, 2 titres chacune.

LAHM

ANECDOTE DU TOURNOI
LAHM DU TOURNOI

Le directeur du tournoi **Philipp Lahm** en sait long sur les grandes occasions, que ce soit sur le terrain ou en dehors. Le défenseur a remporté 21 trophées avec le Bayern Munich et a disputé 113 matchs en sélection. Il était même capitaine lors de l'épopée victorieuse de l'Allemagne à la Coupe du Monde 2014, au Brésil. En 2017, il a été désigné ambassadeur de la candidature allemande à l'Euro, puis directeur du tournoi. « En Allemagne, nous repensons tous à 2006, quand l'organisation du Mondial nous a rapprochés tout en nous permettant d'accueillir le monde chez nous, a déclaré Lahm. Nous espérons recommencer, dans une version plus moderne : 2006 était très spécial pour nous, l'Euro 2024 est l'occasion de revivre ces instants. »

ANECDOTE DU TOURNOI
DOUDOU DE L'EURO

À chaque édition de l'Euro depuis 1980, une mascotte est créée pour les opérations de marketing et de promotion de la compétition. En 1988, c'était un lapin dénommé Berni qui incarnait la phase finale en Allemagne de l'Ouest. En 2024, c'est un ours qui a été choisi – en hommage aux ours en peluche qui seraient nés en Allemagne et aux États-Unis, il y a plus d'un siècle. Les fans doivent choisir son nom parmi 4 propositions : Albärt, Bärnardo, Bärnheart et Herzi von Bär.

LES FINALES DE L'EURO

1960, FRANCE
URSS 2-1 Yougoslavie (A.P.)

1964, ESPAGNE
Espagne 2-1 URSS

1968, ITALIE
Italie 1-1 Yougoslavie (A.P.)
Replay : Italie 2-0 Yougoslavie

1972, BELGIQUE
RFA 3-0 URSS

1976, YOUGOSLAVIE
Tchécoslovaquie 2-2 (5-3 TAB) RFA

1980, ITALIE
RFA 2-1 Belgique

1984, FRANCE
France 2-0 Espagne

1988, RFA
Pays-Bas 2-0 URSS

1992, SUÈDE
Danemark 2-0 Allemagne

1996, ANGLETERRE
Allemagne 2-1 (but en or)
République tchèque

2000, BELGIQUE/PAYS-BAS
France 2-1 (but en or) Italie

2004, PORTUGAL
Grèce 1-0 Portugal

2008, AUTRICHE/SUISSE
Espagne 1-0 Allemagne

2012, POLOGNE/UKRAINE
Espagne 4-0 Italie

2016, FRANCE
Portugal 1-0 (A.P.) France

2020*
Italie 1-1 (3-2 TAB) Angleterre

*La phase finale 2020 a été décalée à 2021 en raison de l'épidémie de COVID-19. Les matchs ont été disputés dans 11 villes de 11 pays à travers l'Europe.

LES STADES

BERLIN OLYMPIASTADION
Capacité : 70 000
Phase de groupes : trois matchs
Élimination directe : huitième, quart, finale

COLOGNE STADIUM
Capacité : 47 000
Phase de groupes : quatre matchs
Élimination directe : huitième

BVB STADION DORTMUND
Capacité : 66 000
Phase de groupes : quatre matchs
Élimination directe : huitième, demi-finale

DÜSSELDORF ARENA
Capacité : 47 000
Phase de groupes : trois matchs
Élimination directe : huitième, quart

FRANKFURT ARENA
Capacité : 46 000
Phase de groupes : quatre matchs
Élimination directe : huitième

GELSENKIRCHEN ARENA AUFSCHALKE
Capacité : 50 000
Phase de groupes : trois matchs
Élimination directe : huitième

HAMBURG VOLKSPARKSTADION
Capacité : 50 000
Phase de groupes : quatre matchs
Élimination directe : quart

LEIPZIG STADIUM
Capacité : 42 000
Phase de groupes : trois matchs
Élimination directe : huitième

MUNICH FOOTBALL ARENA
Capacité : 67 000
Phase de groupes : quatre matchs
Élimination directe : huitième, demi-finale

STUTTGART ARENA
Capacity: 54,000
Phase de groupes : quatre matchs
Élimination directe : quart

9 BUTS

Michel Platini détient le record de buts en une édition. Le Français a inscrit 9 buts en seulement 5 matchs pour mener les Bleus à la victoire à domicile, en 1984. Il devance de 3 unités son compatriote Antoine Griezmann, auteur de 6 buts en 2016, quand la France a organisé la compétition pour la 3e fois, un record.

LE CHAMPIONNAT D'EUROPE DE L'UEFA
LES RECORDS COLLECTIFS

Au cours des six dernières décennies, en près de 60 ans d'histoire, le Championnat d'Europe est sans conteste devenu la plus grande compétition internationale de football après la Coupe du Monde.

RECORD DU TOURNOI
LA FRANCE FAIT CARTON PLEIN

Sur ses terres, la France de 1984 est la seule équipe à avoir remporté tous ses matchs dans un Euro depuis que la compétition concerne plus de 4 équipes, et sans jamais passer par les tirs au but. Les Bleus ont battu le Danemark 1-0, la Belgique 5-0 et la Yougoslavie 3-2 en groupe. En demie, ils ont éliminé le Portugal 3-2 (après prolongations) avant de dominer l'Espagne 2-0 en finale. Michel Platini a été la star du tournoi pour les Français avec 9 buts inscrits, ce qui l'a conduit tout droit à son deuxième Ballon d'Or cette année-là.

4-5

La France et la Yougoslavie ont totalisé 9 buts lors de leur affrontement, un record jamais égalé. Les Slaves avaient pris le meilleur sur le pays hôte lors des demies 1960.

17

Seuls 17 pays ont participé à la première édition en 1958-1960, dont la phase finale a vu la victoire de l'Union soviétique. En comparaison, 55 pays membres de l'UEFA ont disputé les éliminatoires de l'Euro 2020, avant la deuxième phase finale à 24 qualifiés.

À PILE OU FACE

Chez elle, l'Italie a atteint la finale de l'édition 1968 sur un jet de pièce – le seul de l'histoire de l'Euro. Le score était toujours de 0-0 après les prolongations entre l'Italie et l'Union soviétique à Naples, le 5 juin 1968.

KLUIVERT

ANECDOTE DU TOURNOI
TOUJOURS L'ESPAGNE

L'Espagne n'a pas seulement signé la plus large victoire en finale de Championnat d'Europe en écrasant l'Italie 4-0 lors du sommet de 2012, elle est aussi devenue la première nation à conserver son titre après son sacre de 2008. Les Espagnols comptent également le record de la plus large victoire (5-0 contre la Slovaquie, en phase de groupes à Séville de l'Euro 2020). Quatre autres pays ont déjà gagné avec une telle marge : la France (en 1984 contre la Belgique), le Danemark (en 1984 contre la Yougoslavie), la Suède (en 2004 contre la Bulgarie) et enfin les Pays-Bas, seul pays à avoir inscrit 6 buts en un match, pour battre la Yougoslavie 6-1 en 2000, grâce à un triplé de **Patrick Kluivert**.

ANECDOTE DU TOURNOI
COMME ON SE RETROUVE

L'Espagne et l'Italie se sont retrouvées en finale de l'Euro 2012 : c'était la 4e fois que les deux pays se rencontraient deux fois dans la même compétition – toujours après un match de 1er tour. Les Pays-Bas avaient perdu contre l'Union soviétique, avant de la vaincre en finale, en 1988 ; l'Allemagne avait battu la République tchèque à deux reprises à l'Euro 1996, y compris en finale ; et la Grèce avait fait de même avec le Portugal, en 2004. L'Espagne et l'Italie figuraient dans le Groupe C de l'Euro 2012, Cesc Fàbregas répliquant au but d'ouverture marqué par Di Natale pour l'Italie. Le 2e match fut nettement moins équilibré (4-0).

VOGTS

ANECDOTE DU TOURNOI
L'HÉRITAGE ALLEMAND

L'Allemagne (ancienne RFA) et l'Espagne ont chacune remporté trois fois le titre, mais les Allemands ont joué (53) et gagné (27) le plus de matchs. Ils ont aussi marqué plus de buts (78) que toute autre nation, tout en en concédant davantage (55). Ils ont enfin disputé le plus de phases finales (13). L'ancien défenseur **Berti Vogts** reste le seul joueur à avoir remporté le tournoi comme joueur (1972) et sélectionneur (1996). Après sa défaite en finale de l'Euro 2020, l'Angleterre est l'équipe qui a disputé le plus de matchs (38) sans jamais soulever la coupe Henri Delaunay.

DÉLLAS

RECORD DE BUTS
DÉLLAS, SON UNIVERS IMPITOYABLE

En demie de l'Euro 2004, la Grèce a remporté la seule victoire par « but en argent » de l'histoire de l'Euro. De la tête, **Traïanós Déllas** a donné la victoire aux siens à deux secondes de la fin de la première mi-temps de la prolongation contre la République tchèque, à Porto le 1er juillet. Les buts en or et en argent ont été abandonnés à l'Euro 2008 et les matchs par élimination directe se décident désormais par deux prolongations de quinze minutes, éventuellement suivies de tirs au but.

LES VAINQUEURS DE L'EURO

1	**3 - RFA/Allemagne** **= 3 - Espagne**
3	**2 - France** **= 2 - Italie**
5	**1 - Union soviétique** **= 1 - Tchécoslovaquie** **= 1 - Pays-Bas** **= 1 - Danemark** **= 1 - Grèce** **= 1 - Portugal**

3

La victoire 3-1 de la Tchécoslovaquie contre les Pays-Bas le 16 juin 1976 a établi un record de cartons rouges dans l'épreuve : 3.

142

142 buts - un record - ont été marqués en phase finale 2020, soit bien plus que l'édition précédente à 24 équipes, en 2016, qui totalisait 108 buts.

ANECDOTE DU TOURNOI
SURPRISE DANOISE

Le Danemark a créé la surprise en gagnant l'UEFA Euro 1992. Deuxième de son groupe qualificatif, il n'était même pas censé participer, mais il avait été invité à compléter le tableau de 8 équipes après la suspension de la Yougoslavie pour cause de guerre. Le gardien **Peter Schmeichel** a été le héros de cette épopée, grâce à ses exploits lors de la séance de tirs au but contre les Pays-Bas en demi-finale et lors de la finale contre l'Allemagne, remportée 2-0 avec des buts de John Jensen et de Kim Vilfort.

SCHMEICHEL

LE CHAMPIONNAT D'EUROPE DE L'UEFA
LES RECORDS INDIVIDUELS

Le Championnat d'Europe de l'UEFA nous a offert quelques-uns des moments les plus marquants de l'histoire du football, signés par les plus grands joueurs du continent.

RECORD DE BUTS
LA VALEUR N'ATTEND PAS LES ANNÉES

À 17 ans et 246 jours, le milieu polonais **Kacper Kozłowski** est devenu le plus jeune joueur en phase finale de l'Euro lorsqu'il a remplacé Mateusz Klich en phase de groupes 2020 contre l'Espagne. Le record avait été établi seulement 6 jours plus tôt par l'Anglais Jude Bellingham (17 ans et 349 jours), entré en jeu à la place de Harry Kane pour le succès 1-0 contre la Croatie. D'autres records de précocité ont été battus dans ce tournoi : Pedri est le plus jeune titulaire d'un match à élimination directe (18 ans et 215 jours contre la Croatie en huitième). Le lendemain, l'Allemand Jamal Musiala (18 ans et 117 jours), entré en jeu contre l'Angleterre, est devenu le plus jeune en match à élimination directe. Musiala avait joué avec les espoirs anglais avant d'opter pour l'Allemagne en A.

KOZŁOWSKI

37

À 37 ans et 321 jours, Goran Pandev est le 2e buteur le plus âgé en phase finale, avec la Macédoine du Nord face à l'Autriche à l'Euro 2020. L'Autrichien Ivica Vastić, buteur à 38 ans et 257 jours contre la Pologne en 2008, conserve son record.

SHEARER

RECORD DU TOURNOI
FRAPPE D'OR

Le buteur espagnol Fernando Torres a reçu le Soulier d'Or en 2012, bien qu'il ait marqué le même nombre de buts (trois) que l'Italien Mario Balotelli, le Russe Alan Dzagoev, l'Allemand Mario Gómez, le Croate Mario Mandžukić et le Portugais Cristiano Ronaldo. La décision s'est basée sur le nombre de passes décisives – Torres et Gómez étant *ex æquo* – puis sur le temps joué. Avec 92 minutes passées sur le terrain par Torres, ce dernier a reçu le titre, devant Gómez.

LÉGENDE NATIONALE
SHEARER : UN ANGLAIS AU TOP

Alan Shearer est le seul joueur anglais à dominer les grilles de scores de l'Euro, terminant meilleur buteur de l'édition 1996 avec 5 buts en 5 matchs, contre la Suisse, l'Écosse et les Pays-Bas (2 buts) dans le Groupe A, puis contre l'Espagne aux tirs au but en quart de finale, et l'Allemagne en demi-finale à Wembley. Il ajoutera encore 2 buts durant l'Euro 2000, se plaçant 2e meilleur buteur de tous les temps derrière Michel Platini et Cristiano Ronaldo.

4

Karim Benzema a fêté ses débuts à l'Euro avec quatre buts pour la France à l'Euro 2020. Il entre directement à la 5e place des meilleurs buteurs français dans la compétition derrière Michel Platini (9), Antoine Griezmann (7), Thierry Henry (6) et Zinédine Zidane (5).

10

L'édition 2000 fut la plus prolifique en cartons rouges, avec 10 joueurs expulsés, dont le Roumain Gheorghe Hagi, le Portugais Nuno Gomes, l'Italien Gianluca Zambrotta et le Tchèque Radoslav Látal. Ce dernier était un récidiviste, puisqu'il avait écopé de la même peine lors de l'Euro 1996. Il est le seul à avoir été expulsé de deux Championnats d'Europe.

RECORD DE BUTS
VONLANTHEN, MIEUX QUE ROONEY

Le plus jeune buteur des phases finales de l'Euro est le milieu de terrain suisse **Johan Vonlanthen**. Il avait 18 ans et 141 jours, le 21 juin 2004, lorsqu'il inscrivit le seul but des siens, défaits 3-1 par la France. Il battit le record établi par Wayne Rooney quatre jours plus tôt : l'Anglais avait 18 ans et 229 jours quand il marqua le 1er but du 3-0 contre la Suisse. Vonlanthen a dû se retirer des terrains à l'âge de 26 ans, en mai 2012, suite à une blessure au genou.

VONLANTHEN

RECORD DE BUTS
ÇA VA COMME UN LUNDI

Le 10 juillet 1960, lors du 1er Euro, l'attaquant soviétique Viktor Ponedelnik donna la victoire (2-1) à son pays contre la Yougoslavie. Mais il fit les gros titres de la presse russe, car le coup d'envoi du match ayant été donné à Paris le dimanche à 22 heures, heure de Moscou, lorsque Ponedelnik marqua (à la 113e minute), on était lundi matin en Russie. Ponedelnik (« lundi » en russe) expliqua : « Quand j'ai marqué, les journalistes ont titré : *Ponedelnik zabivayet v Ponedelnik.* » (Lundi marque un lundi.) Ce but reste le plus tardif en finale de Championnat d'Europe/Coupe des Nations.

ILYN DANS L'HISTOIRE

Le Soviétique Anatoli Ilyin est devenu le 1er buteur de la phase finale du Championnat d'Europe de l'UEFA lorsqu'il a marqué à la 4e minute contre la Hongrie, le 29 septembre 1958.

1

Un seul joueur a été exclu en finale de l'Euro : le défenseur français Yvon Le Roux a, en effet, reçu un second carton jaune à cinq minutes du coup de sifflet final en 1984 (victoire des Bleus 2-0 contre l'Espagne).

LÉGENDE NATIONALE
OLIVIER ÉTONNE

L'Allemand **Oliver Bierhoff** a inscrit le 1er but en or de l'histoire de la compétition en finale de l'Euro 1996 contre la République tchèque, à Wembley, le 30 juin (avec cette règle, la première équipe marquant en prolongations gagnait le match). Bierhoff a marqué à la 5e minute des prolongations. Déviée par le défenseur Michal Horňák, sa frappe de vingt mètres échappa au gardien Petr Kouba.

BIERHOFF

MEILLEURS BUTEURS DE L'HISTOIRE DE L'EURO

1 **Cristiano Ronaldo,** Portugal, 14

2 **Michel Platini,** France, 9

3 **Antoine Griezmann,** France, 7
= **Alan Shearer,** Angleterre, 7

5 **Nuno Gomes,** Portugal, 6
= **Thierry Henry,** France, 6
= **Zlatan Ibrahimović,** Suède, 6
= **Patrick Kluivert,** Pays-Bas, 6
= **Romelu Lukaku,** Belgique, 6
= **Alvaro Morata,** Espagne, 6
= **Wayne Rooney,** Angleterre, 6
= **Ruud van Nistelrooy,** Pays-Bas, 6

LE CHAMPIONNAT D'EUROPE DE L'UEFA
LES AUTRES RECORDS

Le Championnat d'Europe a fait naître de nombreuses statistiques intéressantes, qui concernent aussi bien les pannes de but que les pays organisateurs.

KJÆR

HISTOIRE RÉCENTE
LES BUTS NE FONT PAS TOUT

Le Championnat d'Europe 2020 a établi un nouveau record en nombre de buts par match depuis que la phase de groupes a été introduite lors de l'édition 1980 en Italie. Les 142 buts inscrits en 2021 correspondent à un taux de 2,78 buts par match. C'est mieux que les 2,74 de l'édition 2000 en Belgique et aux Pays-Bas. Toutefois, c'est bien moins que les 4,75 buts par match de 1976, mais cette édition ne comptait que quatre équipes et 19 buts. La phase finale 2020 s'est aussi distinguée avec 11 buts contre son camp, soit plus que lors de toutes les autres éditions réunies (9). Le premier malchanceux a été le Turc Merih Demiral dans le match inaugural contre l'Italie, le dernier le capitaine danois **Simon Kjær** en demi-finale contre l'Angleterre.

6 Six cartons rouges ont été distribués à l'Euro 2020, dont deux pour les Gallois Harry Wilson et Ethan Ampadu. Les arbitres ont sorti 151 cartons jaunes. L'Anglais Alan Mullery était le premier joueur expulsé en phase finale, face à la Yougoslavie, en 1968 à Florence.

LES 10 DERNIERS ARBITRES DES FINALES DE L'EURO

2020 – Björn Kuipers (Pays-Bas)
2016 – Mark Clattenburg (Angleterre)
2012 – Pedro Proenca (Portugal)
2008 – Roberto Rosetti (Italie)
2004 – Markus Merk (Allemagne)
2000 – Anders Frisk (Suède)
1996 – Pierluigi Palretto (Italie)
1992 – Bruno Galler (Suisse)
1988 – Michel Vautrot (France)
1984 – Vojtech Christob (Tchécoslovaquie)

ALONSO

RECORD DU TOURNOI
ILS ATTENDENT QUOI ?

Entre le penalty transformé par **Xabi Alonso** dans le temps additionnel du quart de finale Espagne-France (2-0) et le but de Mario Balotelli à la 20e minute de la demi-finale Italie-Allemagne (2-1), 260 minutes se sont écoulées dans cet Euro 2012 sans que tremblent les filets, un record de la compétition. Dans cet intervalle, l'Italie a signé un nul 0-0 contre l'Angleterre avant de s'imposer aux tirs au but, et l'Espagne en a fait autant contre le Portugal.

3-0

Lors des éliminatoires 1964, la Grèce avait déclaré forfait contre l'Albanie car les deux pays étaient encore techniquement en guerre. L'Albanie l'a donc emporté 3-0 sur tapis vert. La Grèce a officiellement annoncé la fin de la guerre en 1987 seulement.

LÉGENDE NATIONALE
LÖW L'ENDURANT

Joachim Löw, qui a quitté son poste de sélectionneur d'Allemagne après l'Euro 2020, détient le record du nombre de matchs supervisés et remportés en Championnat d'Europe. La défaite contre l'Angleterre en huitième était son 21e match sur les quatre éditions de 2008, 2012, 2016 et 2020, pour 13 victoires. Durant ses 15 années de mandat, l'Allemagne n'a pu faire mieux qu'une finale européenne, contre l'Espagne en 2008. Löw a toutefois remporté la Coupe du Monde 2014 au Brésil et la Coupe des Confédérations 2017 en Russie. Entre juillet 2010 et juin 2012, l'Allemagne a gagné 15 matchs internationaux de suite, un record.

LÖW

ANECDOTE D'ARBITRAGE
PROENÇA PROENÇA

En 2012, le Portugais Pedro Proença a réussi le double exploit d'arbitrer une finale de la Ligue des Champions entre Chelsea et le Bayern Munich, et la finale de l'Euro cet été-là, entre l'Espagne et l'Italie. L'arbitre anglais **Mark Clattenburg** a amélioré ce record en 2016, avec la finale de la *FA Cup* entre Manchester United et Crystal Palace en mai, la finale de la Ligue des Champions en juin, entre le Real Madrid et l'Atlético Madrid, et la finale de l'Euro en juillet, entre la France et le Portugal.

CLATTENBURG

2020

La finale du Championnat d'Europe 2020 entre l'Italie et l'Angleterre, pays hôte, était la 7e à arriver aux prolongations et la 1re à se décider aux tirs au but. L'Italie s'est imposée 3-2 après un nul 1-1.

HISTORIQUE DES PAYS HÔTES
LES ORGANISATEURS

Dix stades français ont accueilli l'Euro 2016, égalisant le record du Portugal en 2004, avec deux de plus que les huit stades utilisés dans les trois éditions coorganisées (quatre dans chaque pays) : la Belgique et les Pays-Bas en 2000, l'Autriche et la Suisse en 2008, et la Pologne et l'Ukraine en 2012. Tout cela a changé en 2021 cependant, car, pour la première fois, la première phase de groupes et les deux premiers tours d'éliminatoires ont été joués dans 11 pays différents. L'Angleterre a eu l'honneur de recevoir les demi-finales et la finale, qui ont toutes les trois été jouées au Wembley de Londres.

HISTORIQUE DES PAYS HÔTES
RETOUR AUX SOURCES EN 2024

L'Allemagne organisera la phase finale 2024, qui se disputera de nouveau dans un seul pays. L'édition 2020 s'est quant à elle tenue dans 11 lieux à travers l'Europe. La Fédération européenne avait en effet décidé en 2012 de marquer les 60 ans du Championnat d'Europe avec une compétition itinérante, de l'Azerbaïdjan à l'est à l'Espagne à l'ouest, et de Saint-Pétersbourg au nord à l'Italie au sud. Ces 11 sites dépassent les 10 stades utilisés par le seul Portugal en 2004. Wembley, en Angleterre, a été l'enceinte la plus fréquentée avec trois matchs du premier tour et six à élimination directe, dont les deux demi-finales et la finale.

79 115

La plus grande affluence pour une finale d'Euro était à l'Estadio Santiago Bernabéu de Madrid, en 1964, quand l'Espagne avait battu l'Union soviétique 2-1.

1992

C'est à l'Euro 1992 que les noms des joueurs ont été floqués pour la première fois sur les maillots. Auparavant, seuls les numéros permettaient d'identifier les joueurs.

LA LIGUE DES NATIONS DE L'UEFA

L'UEFA, la fédération européenne, est partie en éclaireur avec la création de la Ligue des Nations. Cette nouvelle compétition a remplacé les matchs amicaux peu populaires pour offrir un nouveau chemin de qualification pour les grands tournois.

LÉGENDE NATIONALE
SACRÉE ANNÉE

Rodri et Aymeric Laporte ont tous les deux décroché un quatrième titre en un mois lorsqu'ils ont remporté la Ligue des Nations 2023 avec l'Espagne. Les semaines précédentes, les joueurs de Manchester City avaient fêté un triplé retentissant avec la coupe et le championnat d'Angleterre, puis la Ligue des Champions de l'UEFA.

RODRI

JACKPOT

L'UEFA était tellement satisfaite de l'accueil des diffuseurs et des sponsors qu'elle a rapidement augmenté les récompenses de la Ligue des Nations. En 2019, le champion recevait 7,5 M€. En 2023, le vainqueur a décroché 10,5 M€ et le finaliste 9 M€.

HISTOIRE DU TOURNOI
QUI, QUAND, COMMENT

La Ligue des Nations a été créée par l'UEFA pour intégrer une compétition génératrice de revenus dans les trêves internationales, initialement occupées par des matchs amicaux peu populaires. Imaginé en 2011, le tournoi a été dévoilé en 2017. Les 55 nations européennes ont été classées selon leur coefficient et réparties entre plusieurs ligues : la Ligue A regroupe les 12 meilleures équipes, la Ligue B les 12 suivantes, la Ligue C les 15 suivantes et la Ligue D les 16 dernières. Ces ligues ont ensuite été séparées en 4 groupes de 3 ou 4 équipes. Un système de promotion et de relégation définit la composition de chaque groupe pour l'édition suivante. La Ligue des Nations a aussi servi de voie de qualification pour les phases finales de l'Euro 2020 et 2024.

ANECDOTE DU TOURNOI
L'ESPAGNE RÈGNE À ROTTERDAM

Avec sa victoire en Ligue des Nations de l'UEFA 2023, l'Espagne a rejoint la France au rang des champions d'Europe, du Monde et de Ligue des Nations. L'arrière droit du Real Madrid, Dani Carvajal, a inscrit le tir au but décisif pour écarter la Croatie (0-0, 5-4 TAB) en finale à Rotterdam. Un succès qui apaise la douleur de l'élimination face au Maroc lors du Mondial au Qatar. Le sélectionneur espagnol Luis de la Fuente, 61 ans, n'a donc eu besoin que de 6 matchs pour gagner un titre avec la *Roja* et se hisser en compagnie de José Villalonga (Euro 1964), Luis Aragonés (Euro 2008) et Vicente del Bosque (Mondial 2010 et Euro 2012).

6

Avec 6 buts, le Norvégien Erling Haaland est le co-meilleur buteur des groupes de Ligue des Nations 2023 avec le Serbe Aleksandar Mitrović. Ils sont suivis du Géorgien Khvicha Kvaratskhelia, du Kosovar Vedat Muriqi et du Letton Vladislavs Gutkovskis (5 chacun).

LÉGENDE NATIONALE
LA COUPE À LA MAISON

Le Portugal, pays hôte, a remporté la première Ligue des Nations de l'UEFA en juin 2019, prenant sa revanche après la défaite devant son public lors de la finale de l'Euro 2004. À l'époque, un jeune Cristiano Ronaldo avait fondu en larmes. 15 ans plus tard, avec le brassard de capitaine, il a signé 3 buts dans la compétition et a aidé les siens à vaincre les Pays-Bas 1-0 en finale à Porto. **Gonçalo Guedes** est l'auteur du but de la victoire, synonyme de deuxième titre en 3 ans après le sacre à l'Euro 2016 en France.

LÉGENDE NATIONALE
PICKFORD À POINT NOMMÉ

Jordan Pickford a été le double héros de l'Angleterre, qui a battu la Suisse en petite finale de la première édition, en 2019. Après un match nul et vierge à Guimarães, la rencontre s'est jouée aux tirs au but. Le portier d'Everton a non seulement repoussé le tir de Josip Drmić, mais il a également converti sa tentative pour offrir la victoire 6-5 aux Anglais. C'était la première fois que l'Angleterre se hissait sur le podium d'une grande compétition depuis l'Euro 1968. Elle avait atteint la phase finale après avoir dominé son groupe avec un succès 2-1 contre la Croatie.

PHASE FINALE 2023 (PAYS-BAS)

Demi-finales : Pays-Bas 2-4 (AP) Croatie
Espagne 2-1 Italie
Troisième place : Pays-Bas 2-3 Italie
Finale : Croatie 0-0 (4-5 TAB) Espagne

LIGUE A

Groupe A1							
Croatie	6	4	1	1	8	6	13
Danemark	6	4	0	2	9	5	12
France	6	1	2	3	5	7	5
Autriche	6	1	1	4	6	10	4

Groupe A2							
Espagne	6	3	2	1	8	5	11
Portugal	6	3	1	2	11	3	10
Suisse	6	3	0	3	6	9	9
Rép. tchèque	6	1	1	4	5	13	4

Groupe A3							
Italie	6	3	2	1	8	7	11
Hongrie	6	3	1	2	8	5	10
Allemagne	6	1	4	1	11	9	7
Angleterre	6	0	3	3	4	10	3

Groupe A4							
Pays-Bas	6	5	1	0	14	6	16
Belgique	6	3	1	2	11	8	10
Pologne	6	2	1	3	6	12	7
Pays de Galles	6	0	1	5	6	11	1

LIGUE B

Groupe B1							
Écosse	6	4	1	1	11	5	13
Ukraine	6	3	2	1	10	4	11
Rép. Irlande	6	2	1	3	8	7	7
Arménie	6	1	0	5	4	17	3

Groupe B2							
Israël	4	2	2	0	8	6	8
Islande	4	0	4	0	6	6	4
Albanie	4	0	2	2	4	6	2
Russie	0	0	0	0	0	0	0*

*disqu.

Groupe B3							
Bosnie-H.	6	3	2	1	8	8	11
Finlande	6	2	2	2	8	6	8
Monténégro	6	2	1	3	6	6	7
Roumanie	6	2	1	3	6	8	7

Groupe B4							
Serbie	6	4	1	1	13	5	13
Norvège	6	3	1	2	7	7	10
Slovénie	6	1	3	2	6	10	6
Suède	6	1	1	4	7	11	4

LIGUE C

Groupe C1							
Turquie	6	4	1	1	18	5	13
Luxembourg	6	3	2	1	9	7	11
Îles Féroé	6	2	2	2	7	10	8
Lituanie	6	0	1	5	2	14	1

Groupe C2							
Grèce	6	5	0	1	10	2	15
Kosovo	6	3	0	3	11	8	9
Irlande du N.	6	1	2	3	7	10	5
Chypre	6	1	2	3	4	12	5

Groupe C3							
Kazakhstan	6	4	1	1	8	6	13
Azerbaïdjan	6	3	1	2	7	4	10
Slovaquie	6	2	1	3	5	6	7
Bélarus	6	0	3	3	3	7	3

Groupe C4							
Géorgie	6	5	1	0	16	3	16
Bulgarie	6	2	3	1	10	8	9
Macédoine du N.	6	2	1	3	7	7	7
Gibraltar	6	0	1	5	3	18	1

LIGUE D

Groupe D1							
Lettonie	6	4	1	1	12	5	13
Moldavie	6	4	1	1	10	6	13
Andorre	6	2	2	2	6	7	8
Liechtenstein	6	0	0	6	1	11	0

Groupe D2							
Estonie	4	4	0	0	10	2	12
Malte	4	2	0	2	5	4	6
Saint-Marin	4	0	0	4	0	9	0

** 12 équipes qualifiées pour les barrages de l'UEFA Euro 2024

80 M$

Le président de la FIFA Gianni Infantino a été si épaté par la Ligue des Nations de l'UEFA qu'il a proposé d'instaurer une Ligue des Nations mondiale. Encouragé par la promesse de financements d'un consortium international, Infantino envisageait une compétition tous les deux ans avec 80 M€ à la clé pour le champion. Si ce format s'est avéré trop ambitieux, d'autres confédérations ont néanmoins adopté ce système dans leur région.

LA COPA AMÉRICA

En juin et juillet 2024 se tiendra le 108e anniversaire de la Copa América. La première édition de la compétition, organisée par la CONMEBOL, remonte à 1916. Seules 4 équipes étaient alors qualifiées : l'Argentine, le Brésil, le Chili et le vainqueur, l'Uruguay. La phase finale 2024 sera organisée aux États-Unis et regroupera les 10 pays membres de la CONMEBOL ainsi que 6 invités de la CONCACAF.

Première édition : 1916

Champion en titre : Argentine

Record de titres : Argentine, Uruguay, 15

Prochaine édition : États-Unis, 2024

2

Le Brésil est la seconde nation seulement à avoir accueilli la Copa América deux fois de suite, en 2019 et 2021. La précédente était l'Uruguay en 1923 et 1924.

En 1984, la CONMEBOL a adopté une organisation tournante de la compétition entre les dix fédérations membres.

3

La Copa América s'est déroulée sur tout le sous-continent à trois reprises : en 1975, 1979 et 1983.

Le trophée actuel de la Copa América a été acheté en 1916 à la bijouterie « Casa Escasany » de Buenos Aires pour la somme de 3 000 francs suisses.

En plus de cent ans de compétition, seules trois éditions ont été marquées par l'absence du Brésil ou de l'Argentine dans le dernier carré : 1939, 2001, 2011.

LA COPA AMÉRICA
LES RECORDS COLLECTIFS

En 1916, l'Amérique du Sud décide de créer sa propre compétition continentale sous le nom de Championnat d'Amérique du Sud des Nations. Seuls quatre pays participent alors au tournoi inaugural : l'Argentine – pays hôte –, le Brésil, le Chili et l'Uruguay, qui devient le premier vainqueur.

LÉGENDE NATIONALE
LA GENÈSE

Le premier « Championnat des Nations » d'Amérique du Sud, tel qu'il s'appelait à l'origine, s'est déroulé en Argentine du 2 au 17 juillet 1916, à l'occasion des fêtes du centenaire de l'indépendance du pays. Cette édition a été remportée par l'Uruguay, qui a tenu l'Argentine en échec lors d'une finale en plusieurs actes. Le 16 juillet, la partie avait été interrompue à 0-0 par des spectateurs mécontents qui avaient envahi la pelouse et mis le feu aux tribunes. Le match a repris dans un autre stade le lendemain, toujours sans le moindre but. L'Uruguay a terminé en tête du mini-championnat et a été sacré vainqueur.

GRADÍN

3

L'Uruguayen de 19 ans **Isabelino Gradín** a été le meilleur buteur de la première édition du tournoi, avec 3 réalisations. L'événement a aussi marqué la création de la fédération sud-américaine de football, la CONMEBOL, une semaine avant la compétition, le 9 juillet 1916.

150
Le plus long match de l'histoire de la Copa América est la finale de 1919 entre le Brésil et l'Uruguay. Il a duré 150 minutes, soit 90 minutes de temps réglementaire plus deux prolongations de 30 minutes chacune.

ANECDOTE DU TOURNOI
TOMBEURS DE RECORDS

En remportant la Copa 2021 au Brésil, l'Argentine a amélioré son record de matchs gagnés dans la compétition à 127. Les Argentins ont aussi inscrit le plus de buts, 474, dont le dernier par Ángel Di María pour battre le pays hôte en finale au Maracanã. Leurs voisins uruguayens détiennent le record peu enviable de six défaites aux tirs au but, la dernière en date 4-2 contre la Colombie après un nul 0-0 en quart de l'édition 2021, à Brasília. Le gardien **David Ospina** a été le héros de la Colombie en repoussant la dernière tentative de Matías Viña.

OSPINA

NOMBRE DE TITRES PAR PAYS

1	**Uruguay, 15** (1916, 1917, 1920, 1923, 1924, 1926, 1935, 1942, 1956, 1959, 1967, 1983, 1987, 1995, 2011)
	= Argentine, 15 (1921, 1925, 1927, 1929, 1937, 1941, 1945, 1946, 1947, 1955, 1957, 1959, 1991, 1993, 2021)
3	**Brésil, 9** (1919, 1922, 1949, 1989, 1997, 1999, 2004, 2007, 2019)
4	**Pérou, 2** (1939, 1975)
	= Paraguay, 2 (1939, 1979)
	= Chili, 2 (2015, 2016)
7	**Bolivie, 1** (1963)
	= Colombie, 1 (2001)

ANECDOTE DU TOURNOI
OH ! LÀ, LÀ ! AYALA

En 1953, le Pérou a été déclaré vainqueur sur tapis vert quand le Paraguay a essayé de procéder à un remplacement de plus que prévu. Furieux, le remplaçant prévu, Milner Ayala, a adressé un coup de pied à l'arbitre anglais Richard Maddison et a été interdit de football pendant 3 ans. Cette défaite n'a pas empêché le Paraguay de rester dans la compétition, puis d'aller battre le Brésil en finale, mais sans le malheureux Ayala. Toute la compétition s'est déroulée dans l'Estadio Nacional de Lima.

ANECDOTE DU TOURNOI
LA DOYENNE DES COMPÉTITIONS

La Copa américa est la compétition internationale la plus ancienne de la planète football. Lancée en 1916, sa première édition a opposé l'Argentine, le Brésil, le Chili et l'Uruguay. La Bolivie, la Colombie, l'Équateur, le Paraguay, le Pérou et le Venezuela les ont rejoints au fil des éditions. En 1910, un Championnat d'Amérique du Sud officieux avait sacré l'Argentine, vainqueur 4-1 de l'Uruguay en finale. Ce match avait été reporté d'une journée après que les supporters eurent brûlé les gradins du stade de Gimnasia, à Buenos Aires.

31

En 1942, l'Équateur et son gardien Napoleon Medina ont battu le record du plus grand nombre de buts encaissés en une édition : 31 en 6 matchs (pour 6 défaites).

ANECDOTE DU TOURNOI
DES VISITEURS BIENVENUS

Neuf nations invitées ont disputé la Copa América. Le **Mexique**, d'Amérique centrale, compte 10 participations et a bien failli l'emporter au nez et à la barbe des locaux à deux reprises, en 1993 et 2001. Les deux fois, les Mexicains se sont inclinés en finale, 2-1 contre l'Argentine et 1-0 contre la Colombie, respectivement. Quatre pays ne comptent qu'une seule participation : le Honduras (2001), Haïti et le Panama (2016), et l'Australie (2020).

NOMBRE D'ÉDITIONS ORGANISÉES PAR PAYS

1 **Argentine, 9** (1916, 1921, 1925, 1929, 1937, 1946, 1959, 1987, 2011)

2 **Chili, 7** (1920, 1926, 1941, 1945, 1955, 1991, 2015)
= Uruguay, 7 (1917, 1923, 1924, 1942, 1956, 1967, 1995)

4 **Pérou, 6** (1927, 1935, 1939, 1953, 1957, 2004)
= Brésil, 6 (1919, 1922, 1949, 1989, 2019, 2021)

0

Le Paraguay s'est hissé en finale de la Copa América 2011 sans remporter un seul match dans le temps réglementaire : trois nuls en phase de groupes, puis une qualification aux tirs au but en quart face au Brésil et en demie face au Venezuela (à chaque fois après un 0-0).

ANECDOTE DU TOURNOI
L'ÉQUATEUR PERD LE NORD

Deuxième nation la plus titrée de l'épreuve, l'Argentine est aussi à l'origine de la victoire la plus large : un 12-0 infligé à l'Équateur en 1942. Parmi les 5 réalisations de José Manuel Moreno figurait le 500e but de l'histoire du tournoi. Né à Buenos Aires le 3 août 1916, Moreno a remporté le classement des buteurs avec son compatriote Herminio Masantonio. Tous deux comptaient 19 buts sous le maillot *albiceleste* à la fin de leur carrière, mais là où Moreno a eu besoin de 34 sélections, Masantonio s'est contenté de 21, signant notamment un quadruplé contre l'Équateur.

ARISTIZÁBAL

11

En 2001, lors de son unique sacre, la Colombie a réussi l'exploit de préserver l'invincibilité de ses cages pendant toute la compétition. Elle a marqué 11 buts au passage, dont plus de la moitié par **Víctor Aristizábal**, meilleur buteur de l'édition avec 6 réalisations.

LA COPA AMÉRICA
LES RECORDS INDIVIDUELS

Depuis plus d'un siècle, la Copa América met en scène la crème du football sud-américain. Sans surprise, les records de buts et de matchs font honneur aux plus grandes stars que ce sport ait connues.

LÉGENDES NATIONALES
UNE FAMILLE DE CHAMPIONS

Les deux buts inscrits par Diego Forlán contre le Paraguay en finale de la Copa América (3-0) ont contribué à l'obtention du 15e titre continental de l'Uruguay. Ils lui ont aussi permis de perpétuer la tradition familiale : son père **Pablo** faisait, en effet, partie de l'équipe sacrée en 1967, tandis que son grand-père, le sélectionneur Juan Carlos Corazzo, avait mené le pays à la victoire en 1959. Son doublé contre le Paraguay a également permis à Forlan d'égaler le record de buts en sélection détenu par Héctor Scarone (31 buts). Petit bémol à tant de gloire, c'est son partenaire d'attaque Luis Suárez (auteur de l'ouverture du score en finale) qui a été élu Meilleur joueur du tournoi.

FORLÁN

LÉGENDE NATIONALE
LE GOAL BRILLANT

Avec 34 matchs répartis sur les éditions 1941, 1942, 1945, 1947, 1949 et 1953, le gardien chilien Sergio Livingstone détient le record de la Copa América. Surnommé « le crapaud », Livingstone devient en 1940 le premier gardien élu Meilleur joueur du tournoi. Il aurait pu améliorer son record s'il n'avait pas raté l'édition 1946. Né à Santiago le 26 mai 1920, Livingstone a passé toute sa carrière dans son pays, sauf la saison 1943/1944, qui l'a vu s'expatrier dans le club argentin de Racing Club. Il a totalisé 52 sélections entre 1941 et 1954, avant de prendre sa retraite pour devenir un commentateur télé à succès.

MEILLEURS BUTEURS DE L'HISTOIRE

1 **Norberto Méndez** (Argentine), 17
= **Zizinho** (Brésil), 17

3 **Teodoro Fernández** (Pérou), 15
= **Severino Varela** (Uruguay), 15

5 **Paolo Guerrero** (Pérou), 14
= **Eduardo Vargas** (Chili), 14

MÉNDEZ

1917

Le Chilien Luis García a inscrit le premier but contre son camp de la Copa América, lors de la deuxième édition en 1917, offrant ainsi une victoire 1-0 à l'Argentine.

LÉGENDE NATIONALE
ALEX PUISSANCE HUIT

En disputant le premier match de l'Équateur de l'édition 2004, contre l'Uruguay, Alex Aguinaga est devenu le 2e joueur de l'histoire à participer à huit Copa América, en compagnie du légendaire gardien uruguayen Ángel Romano. Aguinaga, milieu créatif né à Ibarra le 9 juillet 1969, a porté le maillot national à 109 reprises, dont 25 capes en Copa América, une compétition qui l'a vu inscrire 4 de ses 23 buts en sélection. Ses excellents débuts en Copa América, marqués par 4 matchs sans défaite en 1987 et 1989, contrastent avec ses 7 dernières rencontres, qui se sont soldées par autant de défaites.

8

En disputant le premier match de l'Équateur de l'édition 2004, contre l'Uruguay, Alex Aguinaga est devenu le 2e joueur de l'histoire à participer à huit Copa América, en compagnie du légendaire gardien uruguayen Ángel Romano.

PLUS GRAND NOMBRE D'APPARITIONS

1 **Sergio Livingstone** (Chili), 34
= Lionel Messi (Argentine), 34
3 **Zizinho** (Brésil), 33
4 **Víctor Ugarte** (Bolivie), 30
5 **Máximo Mosquera** (Pérou) 28

LÉGENDE NATIONALE
DE BOUT EN BOUT

Le meneur Carlos Valderrama et le milieu défensif **Leonel Álvarez** ont disputé les 27 rencontres de la Colombie en Copa América, entre 1987 et 1995. Ils ont récolté 10 succès, 10 matchs nuls et 7 défaites, et décroché le bronze en 1987, 1993 et 1995. Valderrama a signé ses 2 buts lors de sa première et de sa dernière apparition : victoire 2-0 sur la Bolivie en 1987 et atomisation 4-1 des États-Unis en 1995.

ÁLVAREZ

17

Le milieu du Paraguay Julio César Enciso était le plus jeune joueur de la Copa 2021. Il n'avait que 17 ans et 111 jours quand il est entré en fin de match lors du succès 3-1 contre la Bolivie. Deux ans plus tôt, à seulement 15 ans, il était devenu le plus jeune à jouer un match de championnat avec le Club Libertad d'Asunción.

4-0

Le tout premier but de l'histoire de la Copa América a été inscrit par José Piendibene, ouvrant la voie à un succès 4-0 de l'Uruguay contre le Chili.

BATISTUTA

LÉGENDE NATIONALE
BUTEUR RÉCIDIVISTE

Gabriel Batistuta est le seul Argentin à avoir remporté deux fois le titre de Meilleur buteur de la Copa América. Il a effectué ses débuts au sein de l'équipe nationale en 1991, quelques jours seulement avant une compétition où il a marqué 6 buts – dont un tir décisif pour la victoire contre la Colombie. Ces exploits lui ont valu un transfert des Boca Juniors à la Fiorentina. Surnommé « Batigol » en Italie, il a été meilleur buteur *ex aequo* en 1995, avec 4 buts, aux côtés du Mexicain Luis García.

LÉGENDE NATIONALE
L'IDOLE DE PELÉ

C'est le Brésilien **Zizinho** et l'Argentin Norberto Méndez qui détiennent le record du plus grand nombre de buts inscrits dans le cadre de la Copa América. Vainqueur du classement des buteurs à une reprise et deux fois deuxième, Méndez a systématiquement décroché le titre avec l'Argentine, alors que les buts de Zizinho n'ont contribué qu'au sacre de 1949. Zizinho, idole de Pelé, allait être le meilleur buteur et le meilleur joueur de la Coupe du Monde 1950, mais la surprenante défaite en finale face à l'Uruguay allait le traumatiser à jamais.

5

Quatre joueurs ont inscrit un quintuplé dans un match de Copa América. L'Uruguayen Héctor Scarone a été le premier, lors d'un 6-0 sur la Bolivie en 1926.

ZIZINHO

LA COPA AMÉRICA LES AUTRES RECORDS

Entre les changements de format, les nations invitées et le niveau extrêmement relevé, la Copa América réserve son lot de surprises. Et pourtant, de nombreux records résistent au passage du temps.

LÉGENDE NATIONALE
DE LA SUITE DANS LES IDÉES

Le capitaine de l'Uruguay champion du monde en 1930, **José Nasazzi**, est le seul à avoir été élu Meilleur joueur du tournoi à deux reprises. Le plus impressionnant est qu'il a réussi cet exploit à 12 ans d'intervalle, d'abord en 1923, puis en 1935. Vainqueur de l'épreuve en 1923, 1924, 1926 et 1935, Nasazzi a également brandi le titre olympique en 1924 et 1928.

NASAZZI

38

Avec 38 matchs dont 31 victoires et 7 nuls, tous dans la capitale Montevideo, l'Uruguay est à créditer de la plus longue série d'invincibilité à domicile en Copa América.

ENTRAÎNEURS SACRÉS

1 **Guillermo Stábile,** 6 (Argentine 1941, 1945, 1946, 1947, 1955, 1957)

2 **Alfio Basile,** 2 (Argentine 1991, 1993)
= Juan Carlos Corazzo, 2 (Uruguay 1959, 1967)
= Ernesto Fígoli, 2 (Uruguay 1920, 1926)

5 **(35 entraîneurs avec 1 titre)**

GÓMEZ

LÉGENDE NATIONALE
L'ÉTERNEL RETOUR

Hérnan Darío Gómez est le seul homme à avoir dirigé trois nations en Copa América. Gómez, qui avait dû prendre sa retraite sportive prématurément en raison d'une blessure, était le sélectionneur de la Colombie lors des éditions 1995, 1997 et 2011. Il a également entraîné l'Équateur lors des Copa 2001, 2004 et 2019. Enfin, il était à la tête du Panama, pays invité pour l'édition du centenaire aux États-Unis en 2016. Gómez partage le record de 7 participations avec l'Argentin Guillermo Stábile et l'Uruguayen Óscar Washington Tabárez. Il est aussi l'un des trois seuls entraîneurs à avoir dirigé au moins trois équipes en Coupe du Monde.

44

Stábile détient seul le record du plus grand nombre de matchs de Copa América en tant que sélectionneur (44), suivi par le Chilien Luis Tirado (35), le Paraguayen Manuel Fleitas Solich (33) et l'Uruguayen Óscar Tabárez (30).

STÁBILE

LÉGENDE NATIONALE
POLYVALENCE

Nommé sélectionneur à 34 ans, **Guillermo Stábile** a dirigé l'Argentine à 123 reprises de 1939 à 1960, remportant 83 victoires. En parallèle, il a trouvé le temps d'entraîner trois clubs, tout d'abord le Red Star français pendant sa première année à la tête des *Albicelestes*, puis l'équipe argentine de Huracán pendant 9 ans, avant de changer de quartier de Buenos Aires pour rejoindre le Racing Club de 1949 à 1960. L'Argentine de Stábile n'a certes pas remporté l'édition de 1949, mais le Racing Club a obtenu cette année le premier de ses trois Championnats d'Argentine consécutifs.

RECORD DE BUTS
BUTEURS EN PANNE

En moyenne de buts par match, la Copa América 2011 est la deuxième édition la plus pauvre de l'histoire - 2,08 buts par match, pour un total de 54 en 26 matchs. Seule l'édition 1922, au Brésil, avait fait pire avec 22 buts en 11 rencontres. À des années-lumière du tournoi péruvien de 1927, qui avait vu les joueurs inscrire la bagatelle de 37 buts en six rencontres, soit 6,17 buts par match. Les 91 buts marqués en 2016 correspondent à une moyenne de 2,84 buts par match.

3

Le sacre de l'Argentine en Copa 1957 porte le sceau du trident offensif formé par Humberto Maschio, Antonio Valentín Angelillo et Omar Sívori. Pourtant, ils ont été laissés de côté pour le Mondial 1958 après avoir été recrutés par des clubs italiens. Maschio et Sívori ont toutefois participé au Mondial 1962… mais pour l'Italie.

6

Six pays ont été invités à l'édition du centenaire en 2016 : le Costa Rica, Haïti, la Jamaïque, le Mexique, le Panama et les États-Unis.

VECINO

ANECDOTE DU TOURNOI
SANG CHAUD

Le Brésil présente le plus mauvais bilan disciplinaire de la Coupe du Monde FIFA avec 11 cartons rouges, un de plus que l'Argentine, mais c'est l'Uruguay qui détient ce triste record en Copa América. Les Uruguayens ont récolté 32 expulsions, la dernière par **Matías Vecino** contre le Mexique en 2016. Suivent l'Argentine et le Pérou avec 25 cartons rouges chacun, puis le Brésil (22), le Venezuela (21), le Chili (19), le Paraguay (16), la Bolivie et l'Équateur (14 chacun) et enfin la Colombie (12). Les invités ferment la marche avec le Mexique (10), les États-Unis (3), le Costa Rica (2), puis le Honduras, la Jamaïque, le Japon et Panama (1 chacun).

ANECDOTE DU TOURNOI
ÉTRANGERS À SUCCÈS

Seuls quatre hommes ont entraîné un pays autre que leur nation d'origine, en le menant à la victoire en Copa América. Le premier était l'Anglais Jack Greenwell, pour le Pérou, en 1939, suivi du Brésilien Danilo Alvim, pour la Bolivie, en 1963, contre le Brésil. L'histoire s'est répétée en 2015 et 2016, avec les Argentins Jorge Sampaoli, puis Juan Antonio Pizzi pour le Chili, qui a battu deux fois l'Argentine aux tirs au but, en finale.

PAYS INVITÉS

1	**Mexique,** 10
2	**Costa Rica,** 5
3	**État-Unis,** 4
4	**Jamaïque,** 2 **= Japon,** 2 **= Qatar,** 2
7	**Honduras,** 1 **= Haïti,** 1 **= Panama,** 1 **= Australie,** 1

21

Il aura fallu attendre 21 ans, mais l'Uruguayen Juan Emilio Piriz est devenu le premier joueur exclu en Copa América, en 1937 face au Chili.

LA COUPE D'AFRIQUE DES NATIONS

La Confédération africaine de football (CAF) a été fondée en 1957 et a immédiatement créé la Coupe d'Afrique des Nations. La compétition a lieu tous les deux ans. La Côte d'Ivoire devait organiser l'édition 2023, mais la proximité avec la Coupe du Monde FIFA 2022 et l'incertitude de la météo ont incité les instances à la décaler à janvier et février 2024.

Première édition : 1957

Champion en titre : Sénégal

Record de titres : Égypte, 7

Prochaine édition : Côte d'Ivoire, 2024

6

Six pays différents se sont imposés entre 1970 et 1980 : le Soudan, le Congo, le Zaïre, le Maroc, le Ghana et le Nigeria.

Depuis 2013, la CAN se déroule les années impaires, pour éviter les problèmes de calendrier avec la Coupe du Monde FIFA. L'édition 2021 a été repoussée à 2022 en raison de la pandémie de COVID-19.

11

La fédération régionale d'Afrique du Nord (UNAF) a remporté plus de titres que les autres en Afrique.

24

L'édition 2019 comptait 24 nations participantes, contre 16 en 2017.

Le premier trophée de la CAN était la coupe Abdelaziz Abdallah Salem, du nom de l'Égyptien premier président de la CAF.

LA COUPE D'AFRIQUE DES NATIONS 2024 PRÉSENTATION

La Coupe d'Afrique des Nations de la CAF 2023 se tiendra du 13 janvier au 11 février 2024, après avoir été décalée de 6 mois, notamment par crainte d'un embouteillage de matchs avec la Coupe du Monde organisée à l'hiver 2022. La Confédération africaine a également rappelé que les mois de juin et juillet marquaient la saison des pluies sur le continent.

ANECDOTE DU TOURNOI
L'HEURE APPROCHE

Voilà 6 ans que la Côte d'Ivoire ambitionne d'organiser la CAN. En 2017, le pays a lancé la rénovation de 2 stades existants et la construction de 3 nouveaux. De nouveaux centres d'entraînement et hôtels ont également été commandés. La compétition se jouera au stade olympique d'Ebimpé, dans le nord d'Abidjan, qui peut accueillir jusqu'à 60 000 personnes. La première pierre a été posée en 2016 et la construction s'est achevée 3 ans plus tard. D'autres matchs seront disputés au stade Félix Houphouët-Boigny – également à Abidjan – ainsi que dans les villes de San Pedro à l'ouest, Korhogo au nord et Bouaké et Yamoussoukro dans le centre du pays.

2

La CAN 2024 sera la deuxième organisée sous la présidence de Patrice Motsepe. Premier dirigeant de la CAF venu d'Afrique du Sud, il a été élu en mars 2021. Celui qui est devenu millionnaire via l'industrie du minage est aussi le propriétaire du club sud-africain des *Mamelodi Sundowns*.

ANECDOTE DU TOURNOI
PENALTYS IVOIRIENS

Ce ne sera que la deuxième fois que la Côte d'Ivoire organisera la Coupe d'Afrique des Nations. La première fois, en 1984, les supporters locaux avaient été déçus. 8 équipes avaient pris part au tournoi, réparties dans 2 groupes de 4. Les Ivoiriens avaient bien commencé en battant le Togo 3-0 à Abidjan, mais s'étaient ensuite inclinés 2-1 contre l'Égypte, puis 2-0 contre le Cameroun, et n'avaient pas pu se qualifier pour les demies. La Côte d'Ivoire a décroché son premier titre en 1992, après un succès contre le Ghana aux tirs au but, à Dakar (Sénégal). Le score final, 11-10, constitue le total le plus prolifique pour des tirs au but dans une grande compétition internationale. La Côte d'Ivoire a glané un deuxième titre en 2015, encore une fois aux tirs au but et toujours contre le Ghana. L'équipe de **Yaya Touré** l'avait emporté 9-8 après 22 tirs.

TOURÉ

10

10 des membres de la CAF inscritsà la FIFA ont participé aux éliminatoires de la CAN 2024 sans jamais avoir atteint la phase finale : la Centrafrique, le Tchad, Djibouti, l'Érythrée, le Lesotho, São Tomé-et-Príncipe, les Seychelles, la Somalie et le Soudan du Sud.

ANECDOTE DU TOURNOI

LE MAROC NE PERD PAS DE TEMPS

Le Maroc est la première nation à s'être qualifiée pour la phase finale, pas moins de 10 mois avant l'événement. Les Lions de l'Atlas figuraient dans le groupe K avec le Liberia, l'Afrique du Sud et le Zimbabwe. En mai 2022, la CAF a annoncé que la FIFA avait disqualifié le Zimbabwe de toute compétition internationale. Un succès à domicile contre l'Afrique du Sud et un autre au Liberia ont permis au Maroc de s'assurer l'une des deux premières places du groupe. En novembre et décembre 2022, au Qatar, les Marocains sont devenus la première nation africaine à atteindre les demi-finales d'une Coupe du Monde.

LÉGENDE NATIONALE

L'HOMME HISTORIQUE

Gérard Gabo est le sélectionneur au plus long mandat dans l'histoire de la Côte d'Ivoire. Gabo, qui a joué pour l'ASEC Abidjan et l'équipe nationale dans les années 1960 et 1970, a dirigé la sélection entre 1974 et 1980. Il n'était que le deuxième Ivoirien à occuper ce rôle après Bissouma Tapé en 1965. Il a été remercié après l'élimination des Éléphants en phase de groupes de la CAN 1980, au Nigeria.

12

Le statut de champion en titre n'est pas toujours un cadeau, en phase finale de Coupe d'Afrique des Nations. En 2021, l'Algérie est devenue le douzième pays tenant du titre à être éliminé dès le premier tour, après une défaite 3-1 contre la Côte d'Ivoire. Le capitaine des Fennecs, Riyad Mahrez, avait expédié un penalty sur le poteau.

MANÉ

JOUEUR STAR

LA MAGIE DE MANÉ

En Côte d'Ivoire, le Sénégal défendra la couronne qu'il a remportée pour la première fois lors de l'édition 2021, décalée à janvier et février 2022 en raison de l'épidémie de COVID-19. Durant les éliminatoires, les Lions de la Téranga ont entamé la défense de leur titre le 4 juin 2022, à Dakar, par une victoire 3-1 face au Bénin. Les 3 buts ont été inscrits par **Sadio Mané**, alors sur le point de quitter Liverpool et la *Premier League* pour rejoindre le Bayern Munich, champion d'Allemagne. Ses premier et troisième buts ont été inscrits sur penalty. Mané est ainsi resté sur sa lancée du tournoi 2021, où il avait transformé le tir au but décisif pour battre l'Égypte 4-2 en finale. 6 semaines plus tard, l'histoire s'est répétée sur la scène mondiale : Mané a une fois de plus converti le tir au but final pour écarter l'Égypte dans les barrages africains et composter son billet pour la phase finale de la Coupe du Monde au Qatar.

LA COUPE D'AFRIQUE DES NATIONS LES RECORDS COLLECTIFS

Seuls trois pays ont participé à la première Coupe d'Afrique des Nations en 1957. Ils étaient 51 à se disputer les 15 places qualificatives en 2019. L'Égypte a récupéré l'organisation de la compétition sur le tard et a donc pris part aux éliminatoires. Trois pays n'ont pas joué : le Tchad, l'Érythrée et la Somalie.

ANECDOTE DU TOURNOI
L'ENTRÉE DE LA GUINÉE ÉQUATORIALE

La Guinée équatoriale a participé à sa 1re phase finale de CAN en 2012, édition qu'elle coorganisait avec le Gabon. Elle n'avait jamais réussi à se qualifier jusque-là, contrairement au Gabon, présent à 4 reprises. Le Botswana et le Niger furent les autres nouveaux venus de la CAN 2012. Le match d'ouverture du tournoi se déroula à Bata (Guinée équatoriale), tandis que la finale eut lieu à Libreville, au Gabon. Cette CAN fut seulement la seconde à être organisée par deux nations, après celle de 2000 au Ghana et au Nigeria. La Libye devait accueillir sa seconde compétition en 2013, jusqu'à ce que la situation politique du pays incite les organisateurs à se tourner vers l'Afrique du Sud – alors même que le Nigeria avait été désigné premier remplaçant.

9

Le Ghana a disputé neuf finales en tout – un record égalé seulement par l'Égypte, en 2017. L'Égypte est aussi l'hôte le plus prolifique puisqu'elle a organisé la compétition pour la 5e fois en 2019.

ANECDOTE DU TOURNOI
UNE GUINÉE SIX PUISSANTE

La Guinée a égalé le record de la plus large victoire en CAN en s'imposant 6-1 face au Botswana au 1er tour de l'édition 2012. Aucune des deux équipes ne parviendra hélas à s'extirper du Groupe D. La Guinée fut aussi la 3e équipe à inscrire six buts en phase finale, après l'Égypte (6-3 contre le Nigeria en 1963) et la Côte d'Ivoire (6-1 contre l'Éthiopie en 1970). L'autre détenteur du record de la plus large victoire est la Côte d'Ivoire, victorieuse 5-0 de... la Guinée en 2008.

TITRES

1. **7 – Égypte** (1957, 1959, 1986, 1998, 2006, 2008, 2010)
2. **5 – Cameroun** (1984, 1988, 2000, 2002, 2017)
3. **4 – Ghana** (1963, 1965, 1978, 1982)
4. **3 – Nigeria** (1980, 1994, 2013)
5. **2 – Côte d'Ivoire** (1992, 2015)
   = Zaïre/RD Congo, 2 (1968, 1974)
   = Algérie, 2 (1990, 2019)

ANECDOTE DU TOURNOI
DE LA TRAGÉDIE AU TRIOMPHE

La victoire surprise de la Zambie lors de la CAN 2012 s'est déroulée à quelques centaines de mètres à peine du lieu d'une tragédie nationale. Les joueurs zambiens ont, d'ailleurs, la veille de leur finale contre la Côte d'Ivoire, jeté des fleurs à la mer, en hommage aux 30 victimes d'une catastrophe aérienne survenue au large de Libreville le 27 avril 1993. Victimes parmi lesquelles figuraient 18 Zambiens se rendant au Sénégal pour y disputer un match éliminatoire de Coupe du Monde. Après la finale 2012, le sélectionneur de la Zambie Hervé Renard a dédié la victoire de ses hommes (aux tirs au but après un nul 0-0) aux victimes du crash.

2

L'édition 2012 était la deuxième seulement à être coorganisée par deux pays – la Guinée équatoriale et le Gabon – après le Ghana et le Nigeria en 2000.

ANECDOTE DU TOURNOI
LE RÈGNE DES PHARAONS

La majorité des records de la CAN sont détenus par l'Égypte. Elle remporte le 1er tournoi de 1957, profitant de la disqualification de l'Afrique du Sud en demi-finale. Depuis, elle a été championne 6 fois. Lauréate en 2006, 2008 et 2010, elle est la seule à avoir brandi le trophée trois fois de suite. Elle détient aussi le record de 25 qualifications pour cette compétition – une de plus que la Côte d'Ivoire et deux de plus que le Ghana.

4

Les *Black Stars* du Ghana ont été la première équipe à atteindre la finale 4 fois de suite en Coupe d'Afrique des Nations, remportant le trophée en 1963, 1965, et terminant finalistes en 1968 et 1970.

MOGNI

ANECDOTE DU TOURNOI
UNE REMONTÉE SPECTACULAIRE

L'Angola, pays organisateur de la Coupe d'Afrique des Nations 2010, est le protagoniste du revers le plus spectaculaire de l'histoire de cette épreuve. Il menait 4-0 à onze minutes de la fin du match d'ouverture contre le Mali, à domicile, dans l'Estádio 11 de Novembro de Luanda. Mais les Maliens parvinrent à marquer 4 buts, les deux derniers pendant les arrêts de jeu grâce à Seydou Keita et Mustapha Yatabaré. Malgré cette remontée spectaculaire, le Mali ne se qualifia pas pour le tour suivant alors que l'Angola ne s'inclina qu'en quart de finale.

ANECDOTE DU TOURNOI
LE PLUS DIFFICILE RESTE L'ATTENTE

Dix des 54 équipes membres de la confédération africaine de football ne se sont jamais qualifiées en phase finale de la CAN. Les dernières venues, dans l'édition 2021, étaient les Comores et la Gambie. Les Comores ont été tirées dans le Groupe C et ont été éliminées en 8e par le Cameroun (2-1). Le héros de la sélection était le milieu **Ahmed Mogni**, né à Annecy. Il a inscrit un doublé lors du succès surprise 3-2 contre le Ghana en phase de groupes. La Gambie est allée un peu plus loin, atteignant les quarts pour sa première participation, avant de s'incliner également contre le Cameroun. La Centrafrique, le Tchad, Djibouti, l'Érythrée, le Lesotho, São Tomé-Et-Príncipe, les Seychelles, la Somalie, l'Eswatini (Swaziland) et le Soudan du Sud attendent encore leur tour.

24

La Côte d'Ivoire détient les deux records de tirs au but les plus prolifiques de l'histoire du football international. Elle a battu le Ghana 11 à 10 (sur un total de 24 tirs) lors de la finale de la CAN 1992, puis le Cameroun 12 à 11 (sur 24 tirs aussi) en quart de l'édition 2006.

3

En 2012, la Côte d'Ivoire et la Zambie disputaient toutes les deux leur troisième finale de CAN. Les Ivoiriens s'étaient imposés en 1992 et avaient perdu en 2006, tandis que la Zambie s'était inclinée en 1974 et 1994.

LA COUPE D'AFRIQUE DES NATIONS
LES RECORDS INDIVIDUELS

La notoriété mondiale de la Coupe d'Afrique des Nations n'a cessé de croître, notamment lorsque les plus grandes stars africaines devaient s'absenter de leurs prestigieux clubs européens tous les deux ans en janvier. Aujourd'hui plus que jamais, cette compétition est un écrin pour de nombreux joueurs parmi les plus talentueux au monde.

8

Le buteur Asamoah Gyan est devenu le troisième homme à disputer huit Coupes d'Afrique des Nations lorsqu'il a pris le capitanat du Ghana en 2019. Il a égalé le Camerounais Rigobert Song et l'Égyptien Ahmed Hassan.

TOURÉ

ANECDOTE DU TOURNOI
FRÈRES EN HARMONIE

Les équipes finalistes de la CAN 2015 ont toutes deux fait appel à deux frères. Le Ghana avec Jordan et André Ayew, et les champions ivoiriens avec leur capitaine **Yaya Touré** et son frère Kolo en défenseur central. Les quatre frères ont effectué des tirs au but en finale 2015 et marqué. En 2012, la Côte d'Ivoire avait été vaincue lors d'une autre séance de tirs au but, contre la Zambie. Yaya avait été remplacé en prolongations, mais Kolo a raté son tir lors de la défaite 8-7. Christopher Katongo, meilleur joueur de la compétition et capitaine du pays vainqueur en 2012, la Zambie, comptait parmi ses coéquipiers son frère Félix – qui a quitté le banc des remplaçants – et ils ont tous les deux marqué lors des tirs au but.

ETO'O

MEILLEURS BUTEURS DE L'HISTOIRE DE LA CAN

1. **Samuel Eto'o** (Cameroun), 18
2. **Laurent Pokou** (Côte d'Ivoire), 14
3. **Rashidi Yekini** (Nigeria), 13
4. **Hassan El-Shazly** (Égypte), 12
5. **Didier Drogba** (Côte d'Ivoire), 11
   = **Hossam Hassan** (Égypte), 11
   = **Patrick Mboma** (Cameroun), 11

LÉGENDE NATIONALE
LE LION INDOMPTABLE

Le Camerounais **Samuel Eto'o**, qui a fait ses débuts internationaux au Costa Rica, le 9 mars 1997, la veille de ses 16 ans, détient le record de buts marqués en CAN. Il a fait partie des équipes camerounaises victorieuses en 2000 et en 2002, mais a dû attendre 2008 pour battre le record de 14 buts de Laurent Pokou. Cette année-là, il a atteint le total de 16 buts. Deux ans plus tard, l'avant-centre passé à l'Inter après avoir évolué au Real et au Barça, a amélioré son record avec deux nouveaux buts. En 2005, Eto'o est devenu le premier joueur élu trois ans de suite Joueur africain de l'année. En 2022, Eto'o est devenu président de la fédération camerounaise, hôte de la CAN 2021.

LÉGENDE NATIONALE
L'EXEMPLE DE KEITA

Salif Keita, meilleur buteur en 1972 avec 5 réalisations, a été sacré dans le championnat malien avec l'AS Real Bamako et le Stade malien, mais c'est à Saint-Étienne, en France, qu'il s'est fait un nom. Il y a remporté trois D1 de suite, dont le doublé Coupe-Championnat en 1968 et 1970. En 1970, il a décroché le titre de Footballeur africain de l'année. Il a ensuite porté le maillot de Marseille, de Valence et du Sporting Clube de Portugal avant de terminer sa carrière aux États-Unis au New England Tea Men. Par la suite, il a pris la présidence de la fédération malienne pendant quatre ans avant de devenir ministre au gouvernement.

KEITA

MEILLEURS BUTEURS DANS UNE CAN

1 **Ndaye Mulamba** (Zaïre), 9 - 1974

2 **Laurent Pokou** (Côte d'Ivoire), 8 - 1970
= Vincent Aboubakar (Cameroun), 8 - 2021

4 **Hossam Hassan** (Égypte), 7 - 1998
= Benni McCarthy (Afrique du Sud), 7 - 1998

6 **Hassan El-Shazly** (Égypte), 6 - 1963
= Laurent Pokou (Côte d'Ivoire), 6 - 1968

LÉGENDE NATIONALE
HASSAN BAT DES RECORDS

L'Égyptien **Ahmed Hassan** a été le premier footballeur à participer à la finale de quatre éditions de la Coupe d'Afrique des Nations, mais aussi à remporter quatre médailles d'or. Sa participation aux quarts de finale de l'édition 2010 contre le Cameroun a constitué sa 170e sélection, un nouveau record pour l'Égypte. Hassan a marqué 3 buts : un contre son camp et deux contre Carlos Kameni, le gardien camerounais – même si l'un des deux ne semble pas avoir franchi la ligne.

1957
Le premier but de la Coupe d'Afrique des Nations était un penalty transformé à la 21e minute par l'Égyptien Raafat Attia, lors de la victoire contre le Soudan, en demi-finale 1957.

HASSAN

POKOU

5

L'Ivoirien **Laurent Pokou** détient le record de 5 buts marqués au cours d'un match de CAN, lorsque son équipe a écrasé l'Éthiopie 6-1 au 1er tour en 1968. Il a terminé la compétition en tête des buteurs de cette édition et de la suivante, mais sans parvenir à décrocher le Graal.

LÉGENDE NATIONALE
YO, YOBO

Sous les acclamations, le Nigérian **Joseph Yobo** a été appelé sur le terrain quelques minutes avant la fin du match victorieux contre le Burkina Faso, en finale de la CAN 2013 à Johannesburg. En tant que capitaine, l'ancien défenseur de Marseille et d'Everton a eu l'honneur de soulever le trophée. Yobo s'est retiré du football international en 2014, après un record de 101 participations en 13 ans de carrière.

YOBO

9

Le meilleur buteur en une phase finale de la Coupe d'Afrique des Nations est le Zaïrois Ndaye Mulamba, auteur de 9 buts lors de l'édition 1974.

LA COUPE D'AFRIQUE DES NATIONS
LES AUTRES RECORDS

La CAN compte plus de vainqueurs différents que toute autre compétition continentale, puisque 14 pays ont inscrit leur nom au palmarès, y compris les trois plus grands d'Afrique : le Soudan, l'Algérie et la république démocratique du Congo.

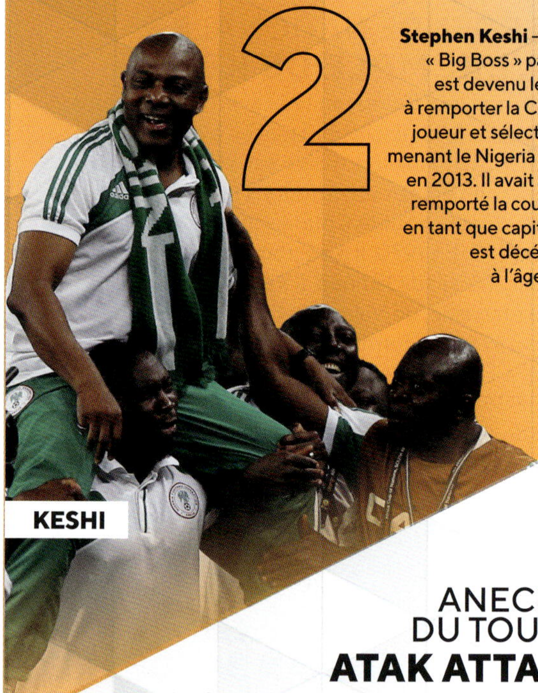

Stephen Keshi – surnommé « Big Boss » par ses fans – est devenu le 2e homme à remporter la CAN comme joueur et sélectionneur, en menant le Nigeria à la victoire en 2013. Il avait auparavant remporté la coupe en 1994 en tant que capitaine. Keshi est décédé en 2016 à l'âge de 54 ans.

KESHI

ANECDOTE DU TOURNOI
ATAK ATTAQUE

Le Soudan du Sud a remporté son premier match international le 5 septembre 2015, lorsque le milieu de terrain Atak Lual a marqué le seul but du match éliminatoire de la CAN 2017 contre la Guinée équatoriale. Le match a eu lieu au stade national du Soudan du Sud, à Djouba. Indépendant depuis 2011, le pays a été admis en février 2012 à la CAF et à la FIFA trois mois plus tard. Le 10 juillet 2012, le Soudan du Sud a signé un match nul, 2-2 contre l'Ouganda, pour son premier match international officiel, suivi d'un nul supplémentaire et de dix défaites, avant ce premier succès.

RENARD

1,96
L'édition 2019 en Égypte est la deuxième CAN la moins prolifique de l'histoire, avec à peine 1,96 but par match en moyenne.

LÉGENDE NATIONALE
RENARD, CE SEIGNEUR

En 2015, le Français **Hervé Renard** est devenu le premier entraîneur à avoir remporté la CAN avec deux pays différents. Cette fois, il s'occupait de la Côte d'Ivoire, qui a battu le Ghana aux tirs au but. Trois ans plus tôt, lors de la 2e année de Renard comme entraîneur national, ses Zambiens avaient battu les Ivoiriens, également aux tirs au but. Renard avait démissionné en 2010 pour devenir entraîneur de l'Angola, et son retour n'avait pas suscité un enthousiasme général en Zambie. Tout a été pardonné lorsque son équipe a gagné sa première CAN. À cette occasion, Renard a notamment porté sur le terrain le défenseur blessé Joseph Musonda, qui avait dû sortir dix minutes après le début de la finale.

LES 5 DERNIERS ENTRAÎNEURS GAGNANTS

1. **2021/2022 – Aliou Cissé** (Sénégal)
2. **2019 – Djamel Belmadi** (Algérie)
3. **2017 – Hugo Broos** (Cameroun)
4. **2015 – Hervé Renard** (Côte d'Ivoire)
5. **2013 – Stephen Keshi** (Nigeria)

ANECDOTE DU TOURNOI
LA TRAGÉDIE DU TOGO

Le Togo a été victime d'une tragédie peu avant le début de la CAN 2010, puis a été exclu de la compétition. Le bus de l'équipe a été mitraillé par des opposants angolais trois jours avant le premier match du Togo : l'assistant de l'entraîneur, le responsable de la communication et le chauffeur du bus ont été tués. L'équipe est rentrée au Togo pour les trois jours de deuil national qui ont été déclarés et a été exclue pour avoir été forfait lors de son premier match contre le Ghana. Le Togo avait aussi été exclu des éditions 2012 et 2014, mais cette sanction a été levée en appel en mai 2010.

5

En juin 2003, au Cap-Vert, la Mauritanie a établi un record peu envié en éliminatoires de la CAN, lorsque 5 de ses joueurs ont été expulsés, la condamnant ainsi à abandonner le match. Les hôtes menaient 3-0 à ce moment-là, un score devenu le résultat final.

LES 5 DERNIÈRES FINALES

1. **2022 – Sénégal 0-0 Égypte** (a.p., Sénégal vainqueur 7-6 aux TAB)
2. **2019 – Algérie 1-0 Sénégal**
3. **2017 – Cameroun 2-1 Égypte**
4. **2015 – Côte d'Ivoire 0-0 Ghana** (a.p., Côte d'Ivoire 9-8 aux TAB)
5. **2013 – Nigeria 1-0 Burkina Faso**

15

Le dernier des 15 triplés de la CAN a été marqué en 2008 par le Marocain **Soufiane Alloudi**, pendant la première demi-heure d'une victoire 5-1 au premier tour contre la Namibie.

ALLOUDI

NAGY

ANECDOTE DU TOURNOI
DES RENCONTRES ÉCOURTÉES

Attention, si vous assistez à un match entre le Nigeria et la Tunisie, le spectacle ne durera peut-être pas 90 minutes. Le Nigeria a terminé 3e de la CAN 1978, quand les Tunisiens ont quitté le terrain en petite finale après 42 minutes alors que le score était de 1-1. Ils protestaient contre certaines décisions arbitrales, mais ont ainsi offert la victoire 2-0 sur tapis vert au Nigeria. Seize ans plus tôt, c'est le Nigeria qui avait quitté le terrain lors du match retour d'un éliminatoire de l'édition 1962, alors que la Tunisie venait d'égaliser à la 65e minute. Même sanction : la Tunisie a été déclarée vainqueur 2-0 et s'est qualifiée 3-2 au score cumulé.

LÉGENDE NATIONALE
LE « PAPI »

En 2010, le héros de l'équipe d'Égypte est **Mohamed Nagy**, dit Gedo (« grand-père » en arabe). Il a marqué l'unique but de la finale contre le Ghana, son cinquième du tournoi et a été récompensé par le Soulier d'Or. Il a réalisé ces exploits sans être titulaire au début d'une partie. De fait, il a été remplaçant dans les 6 matchs, jouant 135 minutes au total. Né à Damanhur le 30 octobre 1984, Nagy n'avait fait ses débuts internationaux que 2 mois plus tôt et n'avait participé qu'à 2 matchs amicaux avant d'entamer la compétition.

2

Seul l'Égyptien Hassan El-Shazly a réussi deux triplés à la CAN : le premier lors d'une victoire 6-3 contre le Nigeria, en 1963 ; le second 6 ans plus tard, lors d'une victoire 3-1 contre la Côte d'Ivoire.

ANECDOTE DU TOURNOI
UNE GAFFE COLOSSALE

Les absences du Cameroun, du Nigeria et des champions en titre égyptiens avaient de quoi surprendre au départ de la CAN 2012. Mais l'échec le plus humiliant en éliminatoires revint à l'Afrique du Sud. Auteurs d'un match nul 0-0 contre la Sierra Leone pour leur dernier match qualificatif, les *Bafana Bafana* croyaient être qualifiés au bénéfice de la différence de buts dans leur groupe. Au coup de sifflet final, ils célébraient déjà leur qualification sur le terrain. Or c'est le Niger qui avait décroché son ticket pour la phase finale, au bénéfice des rencontres particulières Niger-Afrique du Sud.

LES AUTRES COMPÉTITIONS DE LA FIFA

Plus de 3 milliards d'hommes, de femmes et d'enfants consacrent des heures, des jours, des semaines et même des mois à leur passion pour le football. Cette soif de jouer s'étend des plus petites rues jusqu'aux plus grands stades du monde, ce qui fait naître de plus en plus de compétitions locales, nationales et internationales.

Une nouvelle ère se profile pour les compétitions internationales. De nouveaux tournois, de nouveaux calendriers sont à l'étude. Au sommet de la pyramide du football trône toujours la Coupe du Monde masculine. Confirmant un retour aux premières loges des grandes sélections européennes, la Ligue des Nations de l'UEFA inspire d'autres régions du monde. Les instances envisagent de créer des *World Series* lors des trêves internationales du printemps, ce qui permettrait aux équipes traditionnellement cantonnées à leur région de gagner une expérience intercontinentale précieuse. La FIFA prévoit en outre d'organiser ses compétitions de jeunes chaque année, et non plus tous les deux ans. Le football de club n'est pas en reste, puisqu'une Coupe du Monde des clubs élargie sera mise à l'essai en 2025, sans toutefois supprimer la compétition annuelle qui existe aujourd'hui. Sans oublier le monde du Beach Soccer, dont la popularité ne cesse de grandir, ainsi que le marché de l'e-sport en pleine expansion. Le progrès est également à l'ordre du jour pour le football féminin, entre l'élargissement de la Coupe du Monde féminine et la création d'une Coupe du Monde des clubs féminins.

Le Real Madrid célèbre sa victoire en Coupe du Monde des clubs de la FIFA en 2022.

LES COUPES DU MONDE
DES MOINS DE 17 ET 20 ANS

La FIFA nourrit de grands projets pour ses tournois de jeunes. Après 2025, le Mondial M17 se disputera chaque année, tandis que la version M20 retrouvera son rythme tous les 2 ans. La Coupe du Monde M17 reprend en novembre 2023, après une coupure de 4 ans et l'édition 2019 au Brésil, remportée par le pays hôte. Les moins de 20 ans n'ont pas joué en 2019 et ont aussi repris en 2023, l'Uruguay s'imposant devant l'Italie en finale.

10

Le Nigérian Victor Osimhen a signé un record de 10 buts en phase finale M17 en 2015.

ANECDOTE DU TOURNOI
LA GLOIRE DE L'ANGLETERRE

L'Angleterre a remporté son premier titre mondial des moins de 17 ans après avoir encaissé 2 buts : les Anglais ont remonté le score, battant l'Espagne 5-2 en finale à Kolkata, en Inde. C'est la 2e équipe successive, par catégorie d'âge, à décrocher le titre mondial, après la victoire des moins de 20 ans en Corée du Sud. Rhian Brewster de Liverpool a permis à son équipe de remonter, avec un but juste avant la mi-temps, alors que l'Espagne menait 2-0 grâce à Sergio Gómez. Brewster a terminé la compétition avec le Soulier d'Or, grâce à ses triplés en quart et en demi-finale.

HISTORIQUE DES PAYS HÔTES
LE BRÉSIL AU BOUT DU SUSPENSE

Le Brésil, pays hôte, a soulevé la Coupe des moins de 17 ans en 2019 au terme de l'un des retournements de situation les plus spectaculaires de sa brillante histoire. À Gama, les spectateurs *auriverde*, dont d'anciennes gloires comme Ronaldo et Cafu, ont commencé à perdre espoir quand Bryan González a donné l'avantage au Mexique à la 66e minute. Kaio Jorge a surgi à la 84e pour égaliser avant que **Lázaro Vinicius Marques** n'expédie une reprise de volée dans les filets au bout du temps additionnel. Le Brésil compte désormais quatre titres, un de moins que le Nigeria. La fête a été encore plus belle quand l'attaquant Gabriel Veron a été sacré Meilleur joueur du tournoi. C'est toutefois le Néerlandais Sontje Hansen qui a terminé Meilleur buteur avec 6 réalisations.

LÁZARO

HISTORIQUE DES PAYS HÔTES
SÉOUL SURVIT

La phase finale M17 2007, qui opposait 24 pays au lieu de 16, a été la première à se dérouler dans un site de Coupe du Monde. Il s'agissait du Stade de la Coupe du Monde de la FIFA de Séoul, pouvant accueillir 68 476 spectateurs et construit pour le rendez-vous mondial de 2002. Les fans qui ont assisté à la finale étaient 36 125 (record de la compétition), finale qui a sacré le Nigeria, grâce à trois échecs espagnols aux tirs au but.

ANECDOTE DU TOURNOI
CHANCEUX LUCIANO

La troisième a été la bonne pour l'Uruguay, sacrée championne M20 en 2023, en Argentine, après avoir échoué en finale en 1997 et 2013. La victoire 1-0 contre l'Italie a été scellée par un but de **Luciano Rodríguez** à la 84e minute, au stade Diego Maradona de La Plata. L'Italien Cesare Casadei a été désigné meilleur joueur et meilleur buteur du tournoi (7 réalisations). L'Argentine n'a eu que 7 semaines pour préparer la phase finale, l'organisation ayant été retirée à l'Indonésie pour avoir refusé d'accueillir Israël. Les Israéliens ont d'ailleurs fini troisièmes en battant le Brésil 3-2 après prolongations en quarts, avant de s'incliner 1-0 contre l'Uruguay.

RODRÍGUEZ

4-0

La victoire la plus large en finale du tournoi est un 4-0, réalisé par l'Allemagne de l'Ouest contre le Qatar en 1981, puis par l'Espagne face au Japon en 1999.

12

Le Brésil est monté sur le podium M20 à 12 reprises : 5 fois sur la plus haute marche, 4 fois sur la deuxième, et 3 fois sur la troisième.

HISTOIRE RÉCENTE
GLOIRE ANGLAISE

En 2017, l'Angleterre a fêté son premier sacre mondial depuis 1966 en remportant le Mondial M20 en Corée du Sud. Les Anglais ont battu le Venezuela 1-0 en finale à Suwon, grâce à un but de Dominic Calvert-Lewin (Everton) en première mi-temps. Freddie Woodman, le portier de Newcastle, a arrêté un penalty d'Adalberto Penaranda (Watford) en fin de match. Woodman a été sacré meilleur gardien, et son coéquipier Dominic Solanke meilleur joueur.

1991

En 1991, avec la célèbre « génération dorée » qui comprenait des joueurs comme Luís Figo, Rui Costa, João Pinto, Abel Xavier et Jorge Costa, le Portugal a été le 1er pays à remporter la Coupe M20 à domicile.

ANECDOTE DU TOURNOI
TRIPLE SUCCÈS POUR ADIYIAH

Le Ghana a été le premier pays africain à remporter le trophée en battant le Brésil lors de la finale de 2009 – bien qu'ayant joué à dix pendant 83 minutes, après l'expulsion de Daniel Addo. La finale s'est terminée sur un score vierge ; c'est l'un des deux seuls matchs au cours desquels **Dominic Adiyiah** n'a pas marqué. Il est le meilleur buteur de la compétition avec 8 buts ; il a aussi reçu le Soulier d'Or. Le Ballon d'Argent est revenu au Brésilien Alex Teixeira, même si c'est sa frappe manquée aux tirs au but qui a donné la victoire au Ghana.

MESSI

LÉGENDE NATIONALE
MAIS OUI, MESSI !

Lionel Messi s'est fait connaître du monde entier pour la première fois en 2005, quand il a été la star de l'Argentine sacrée championne du monde des moins de 20 ans en battant le Nigeria 2-1, à Utrecht (Pays-Bas). Messi a inscrit les 2 buts de son équipe en finale, sur penalty, et s'est adjugé le titre de meilleur buteur (7 buts). Il a également été désigné meilleur joueur de la compétition. Ce triplé a été imité 2 ans plus tard par son compatriote Sergio Agüero, qui a terminé avec 6 buts au compteur, dont 1 lors de la finale remportée 2-1 contre la République tchèque à Toronto (Canada).

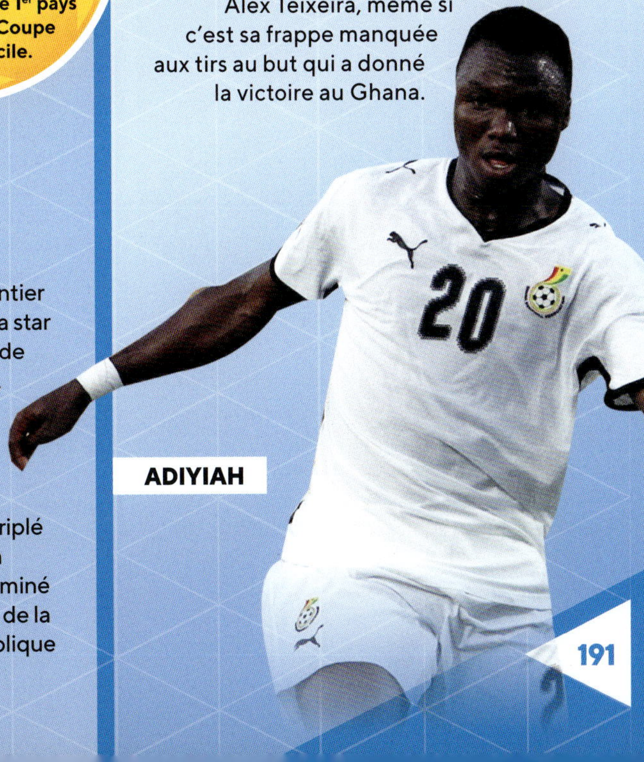

ADIYIAH

LA COUPE DU MONDE DES CLUBS DE LA FIFA

Le trophée mondial des clubs s'est disputé sous plusieurs formats depuis 1960, quand le Real Madrid a battu Peñarol en deux manches. Depuis 2007, 7 équipes se disputent le prix, en attendant un prochain élargissement.

ANECDOTE DU TOURNOI
CHANGEMENT DE SYSTÈME

En 2025, la Coupe du Monde des clubs FIFA sera remplacée par un tournoi à 32 équipes disputé tous les deux ans. L'Europe comptera 12 représentants : les vainqueurs de la Ligue des Champions de 2020-21 à 2023-24 ainsi que les 8 équipes les mieux classées sur cette même période. L'Amérique du Sud enverra 6 clubs : les vainqueurs de la *Copa Libertadores* entre 2021 et 2024 ainsi que deux autres équipes classées. Les 4 vainqueurs 2021-2024 des Ligues des Champions de CONCACAF, d'Afrique et d'Asie seront qualifiés, ainsi que la meilleure équipe d'Océanie. Le pays hôte aura un représentant. Un tournoi annuel opposera toujours le champion d'Europe au vainqueur des barrages entre les champions des autres confédérations.

CHAMPIONS INTERCONTINENTAUX PAR PAYS

1	12 – Espagne
2	10 – Brésil
3	9 – Argentine = 9 – Italie
5	6 – Uruguay

36

Les clubs européens ont un net avantage sur leurs rivaux sud-américains. Les représentants de l'UEFA ont remporté le titre 36 fois, contre 26 pour ceux de la CONMEBOL.

4-0

En 2011, la finale de Coupe du Monde des clubs a été à sens unique, avec un succès record 4-0 de Barcelone contre les Brésiliens de Santos.

VICELICH

LÉGENDE NATIONALE
IVAN LE VÉTÉRAN

L'Auckland City de Nouvelle-Zélande a créé l'une des surprises de la Coupe du Monde des clubs 2014, avec **Ivan Vicelich** : âgé de 38 ans, celui-ci a remporté le titre de 3ᵉ Meilleur joueur de la compétition, devancé seulement par Sergio Ramos et Cristiano Ronaldo du Real Madrid. Auckland City a fini troisième, la meilleure performance pour un club océanien, ayant battu Cruz Azul aux tirs au but, à l'issue d'un nul 1-1 en petite finale.

ANECDOTE DU TOURNOI
LE RÈGNE DE L'ESPAGNE

L'Espagne domine le format moderne de la Coupe du Monde des clubs de la FIFA. À eux deux, le Real Madrid et Barcelone ont remporté 8 titres. Barcelone a inauguré la suprématie espagnole en 2009 en battant les Argentins d'Estudiantes de La Plata 2-1 après prolongations, grâce à des buts de Pedro et Lionel Messi. Le Barça s'est encore imposé en 2011 avant que le Real et sa star **Cristiano Ronaldo** ne triomphent 3 fois en 4 ans (2014, 2016 et 2017). Madrid a ajouté un quatrième trophée en 2018 malgré le départ de Ronaldo, puis un cinquième en 2022, soit un total record de 8 titres intercontinentaux, tous formats confondus.

RONALDO

ANECDOTE DU TOURNOI *HALA* MADRID... ENCORE !

Le Real a remporté le trophée mondial à la suite de sa victoire contre les Saoudiens d'Al-Hilal 5-3 à Rabat, au Maroc. Les Espagnols ont ainsi amélioré leur record de titres avec un huitième sacre. Vinícius Jr a ouvert le score avant le break de **Federico Valverde**. Moussa Marega a redonné espoir aux siens, mais Vinícius a ensuite délivré une offrande à son capitaine Karim Benzema. Puis chaque équipe a marqué à tour de rôle – Valverde pour le Real, Luciano Vietto pour Al-Hilal et encore Vinícius. L'Argentin Vietto, qui jouait autrefois à l'Atlético Madrid, a inscrit le dernier but des Saoudiens, en vain. La victoire du Real était le dixième succès européen de suite. Le calendrier a été bousculé par l'épidémie de COVID-19, repoussant l'édition 2022 à février 2023.

VALVERDE

VICTOIRES EN COUPE INTERCONTINENTALE (2000-2022)

1	5 - **Real Madrid** (Espagne)
2	3 - **Barcelona** (Espagne)
3	2 - **Bayern Munich** (Allemagne)
	=2 - **Corinthians** (Brésil)
5	1 - **Chelsea** (Angleterre)
	=1 - **AC Milan** (Italie)
	=1 - **Internacional** (Brésil)
	=1 - **Internazionale** (Italie)
	=1 - **Liverpool** (Angleterre)
	=1 - **Manchester United** (Angleterre)
	=1 - **São Paulo** (Brésil)

6

Avec son triomphe en 2009, le FC Barcelone est devenu le premier club à remporter six trophées majeurs en une seule saison : Coupe du Monde des clubs, Ligue des Champions, Supercoupe d'Europe et triplé en Espagne (*Liga, Copa del Rey* et Supercoupe d'Espagne).

6 Toni Kroos a remporté la Coupe du Monde des clubs 6 fois entre 2013 et 2022, un record.

7 Avec 7 buts au total, Cristiano Ronaldo est le meilleur buteur de l'histoire en Coupe du Monde des clubs.

ANECDOTE DU TOURNOI UNE COUPE QUI A GRANDI

L'ancêtre de la Coupe du Monde des clubs actuelle est la Coupe Intercontinentale, parfois appelée Coupe Europe/Amérique du Sud, qui mettait aux prises le champion d'Europe et celui d'Amérique du Sud. Les représentants de l'UEFA et de la CONMEBOL ont disputé cette compétition de 1960 à 2004, mais aujourd'hui, chaque confédération envoie au moins un club à la Coupe du Monde des clubs organisée chaque année sous l'égide de la FIFA. La première finale de l'Intercontinentale opposait en 1960 les Espagnols du Real Madrid aux Uruguayens de Peñarol. Après un nul vierge sous la pluie de Montevideo, le Real s'impose 5-1 chez lui à Madrid. Ce jour-là, les *Merengues* signent 3 buts, dont 2 de leur star hongroise Ferenc Puskás, en 8 minutes.

ANECDOTE DU TOURNOI L'AFRIQUE ET L'ASIE PRENNENT LEUR MAL EN PATIENCE

L'Afrique et l'Asie attendent toujours que l'un de leurs champions remporte la Coupe du Monde des clubs. Jusqu'à présent, seules 5 équipes hors Europe et Amérique ont atteint la finale. La dernière en date, en 2022, était le club saoudien d'**Al-Hilal**, de Riyad. Entraîné par l'Argentin Ramón Díaz, Al-Hilal a d'abord battu les Marocains de Wydad aux tirs au but, puis les Brésiliens de Flamengo 3-2, avant de s'incliner face au Real. Les autres finalistes asiatiques ont été les Japonais des Kashima Antlers, en 2016, qui se sont inclinés contre le Real en prolongations, ainsi qu'Al Ain, des Émirats arabes unis, eux aussi battus par les Madrilènes deux ans plus tard (4-1). 2 équipes africaines se sont hissées en finale. Le TP Mazembe (RD Congo) a été le premier en 2010 et s'est incliné 3-0 contre l'Inter (Italie). En 2013, au Maroc, les locaux du Raja Casablanca ont perdu 2-0 contre le Bayern Munich.

AL-HILAL

LE TOURNOI OLYMPIQUE DE FOOTBALL MASCULIN

Disputé pour la première fois aux JO de Paris en 1900, le tournoi n'est devenu officiel qu'en 1908. En 1996, à Atlanta, c'est devenu une épreuve réservée aux moins de 23 ans, avec trois joueurs plus âgés autorisés par équipe. L'âge limite a été repoussé d'un an aux Jeux de Tokyo 2021, en raison du report de douze mois de la compétition pour cause de pandémie de Covid-19.

LÉGENDE NATIONALE

PREMIER TOUR D'HONNEUR

Jusqu'aux JO de Londres en 2012, **l'Uruguay** affichait un bilan olympique parfait, avec 2 titres en 2 participations, en 1924 et 1928. Considérées comme les précurseurs de la Coupe du Monde, ces deux épreuves ont incité la FIFA à organiser en 1930 la 1re édition. Et c'est encore l'Uruguay qui a triomphé, grâce à 3 champions olympiques en 1924 et 1928 : José Nasazzi, José Andrade et Héctor Scarone. L'équipe victorieuse aurait inauguré la pratique du tour d'honneur.

URUGUAY

13

Le Danois Sophus Nielsen est le meilleur buteur de l'histoire des JO avec 13 réalisations : 11 en 1908 et 2 en 1912.

23/27

Les pays d'Europe de l'Est ont dominé le tournoi olympique de 1948 à 1980, période où il était interdit de recourir à des professionnels. Avec leurs « amateurs d'État », les équipes du bloc soviétique ont empoché 23 des 27 médailles mises en jeu à cette époque.

PERALTA

ANECDOTE DU TOURNOI

LES BELGES SUR TAPIS VERT

La finale du tournoi olympique d'Anvers 1920 est le seul match d'une grande compétition internationale à s'être soldé par la disqualification d'une équipe. Les Tchécoslovaques ont quitté la pelouse peu avant la mi-temps pour protester contre les décisions de l'arbitre anglais, John Lewis, 65 ans, qui avait notamment expulsé Karel Steiner. La Belgique, qui menait alors 2-0, a été déclarée vainqueur. L'Espagne a obtenu la médaille d'argent en battant les Pays-Bas 3-1 lors de la petite finale.

ANECDOTE DU TOURNOI

LONDRES SOURIT AU MEXIQUE

Le Mexique a été un vainqueur inattendu en 2012, quand le stade de Wembley est devenu la première enceinte à accueillir une deuxième finale de football olympique masculin. Le stade londonien avait déjà été le théâtre de la finale lors des JO de 1948 dans la capitale anglaise. Au passage, Londres est devenue la seule ville à avoir organisé trois Olympiades d'été, même si la finale du tournoi de football en 1908 s'était jouée à White City. Lors de la finale 2012, **Oribe Peralta** avait inscrit les deux buts contre le Brésil (2-1) dans le stade rénové. La réduction du score de Hulk n'aura servi à rien pour les Sud-Américains, même si l'*Auriverde* Leandro Damião a pu se consoler avec le titre de Meilleur buteur grâce à ses 6 réalisations.

MÉDAILLÉS D'OR OLYMPIQUE DE L'ÈRE MODERNE

*2020, Tokyo : Brésil
2016, Rio de Janeiro : Brésil
2012, Londres : Mexique
2008, Pékin : Argentine
2004, Athènes : Argentine
2000, Sydney : Cameroun
1996, Atlanta : Nigeria
1992, Barcelone : Espagne
1988, Séoul : URSS
1984, Los Angeles : France
1980, Moscou : Tchécoslovaquie

*JO organisés en 2021 en raison de la pandémie de Covid-19.

RICHARLISON

LÉGENDE NATIONALE **DOUBLE DOSE**

En 2021, le Brésil est parvenu à conserver son titre olympique masculin en battant l'Espagne 2-1 lors du tournoi de Tokyo décalé d'un an. Les Brésiliens avaient pris l'or pour la première fois de leur histoire 4 ans plus tôt, chez eux, à Rio de Janeiro. Ils sont restés invaincus dans leur groupe, dominant la Côte d'Ivoire, l'Allemagne et l'Arabie saoudite, avant d'éliminer l'Égypte (1-0) et le Mexique (0-0, 4-1 TAB). En finale, Matheus Cunha a ouvert le score contre l'Espagne dans les arrêts de jeu de la première mi-temps, mais Mikel Oyarzabal a égalisé. En prolongations, l'ailier Malcolm a inscrit le but victorieux à la 108e minute. L'attaquant **Richarlison** a terminé meilleur buteur du tournoi avec 5 buts, dont trois lors du premier match remporté 4-2 contre l'Allemagne.

LÉGENDES NATIONALES **FUTURS COÉQUIPIERS**

Samuel Eto'o et Xavi, futurs coéquipiers au FC Barcelone, ont tous deux transformé un tir au but en 2000, lorsque le Cameroun et l'Espagne ont disputé la première finale olympique décidée aux tirs au but. D'autres joueurs ont triomphé à l'Euro ou à la Coupe du Monde après avoir disputé les JO d'été, à l'instar des Italiens Cannavaro, Buffon et Alessandro Nesta et des Brésiliens Roberto Carlos, Rivaldo et Ronaldo (Atlanta, 1996) ; de l'Italien Gianluca Zambrotta et des Espagnols Xavi, Carles Puyol et Joan Capdevila (Sydney, 2000) ; ou encore des Italiens Daniele De Rossi, Andrea Pirlo et Alberto Gilardino ainsi que des Portugais Cristiano Ronaldo et Bruno Alves (Athènes, 2004).

3

La Hongrie est l'équipe la plus titrée en football olympique avec 3 sacres. La Grande-Bretagne en compte autant, mais ce sont ses seuls podiums, tandis que les Hongrois ont terminé deuxièmes en 1972 et troisièmes en 1960.

14 SECONDES

Neymar a inscrit le but le plus rapide de l'histoire du tournoi olympique masculin : il a trouvé les filets après 14 secondes de jeu en demi-finale 2016 face au Honduras.

6

Six finales olympiques sont allées en prolongations. Une a été rejouée, et deux se sont soldées par des tirs au but.

AMUNIKE

ANECDOTE DU TOURNOI **AFRIQUE OLYMPIQUE ET FUTURES STARS**

En s'adjugeant le bronze en 1992, le Ghana est devenu le premier pays africain à remporter une médaille olympique en football. Le Nigeria a fait mieux, quatre ans après, en conquérant le premier titre olympique du continent noir, grâce à un but d'**Emmanuel Amunike** dans le temps additionnel face à l'Argentine. Cette victoire a surpris plus d'un observateur, compte tenu de la présence de joueurs comme les Brésiliens Ronaldo et Roberto Carlos, les Argentins Hernán Crespo et Roberto Ayala, les Italiens Fabio Cannavaro et Gianluigi Buffon, et les Français Robert Pirès et Patrick Vieira.

LA COUPE DU MONDE DE BEACH SOCCER DE LA FIFA

Le premier Championnat mondial de Beach Soccer a été institué en 1995 et a rejoint la famille des Coupes du Monde de la FIFA en 2005. Depuis 2009, il a lieu tous les 2 ans. La popularité de ce sport dans le monde arabe se reflète dans l'attribution de la phase finale 2023 aux Émirats arabes unis.

LÉGENDE NATIONALE
ÉRIC LE KING

Éric Cantona – tour à tour footballeur, comédien, poète et philosophe – a entraîné l'équipe de France qui a remporté la Coupe du Monde de Beach Soccer en 2005. Il s'agissait de la première édition organisée sous l'égide de la FIFA, la compétition étant autrefois baptisée Championnat mondial de Beach Soccer. L'ancienne star de Manchester United s'est accordé quelques minutes de jeu et a même réussi à inscrire un but, lors du succès 7-4 contre l'Espagne en quart de finale.

CANTONA

LÉGENDE NATIONALE
LE BEL ALTOBELLI

Alessandro Altobelli est le seul joueur à avoir marqué en finale à la fois de Coupe du Monde de la FIFA et de Coupe du Monde de Beach. Il avait inscrit le 3e but italien contre l'Allemagne de l'Ouest lors du Mondial 1982, en Espagne. Passé sur le sable en 1995, il a terminé co-meilleur buteur avec Zico (12 buts), avant de dominer seul le classement l'année suivante grâce à ses 14 réalisations. Il a terminé avec 30 buts dans la compétition, tous dans l'ère pré-FIFA.

JORGINHO

LÉGENDE NATIONALE
AU SOMMET DU MONDE

Jorginho a écrit l'histoire en étant le premier joueur à remporter à la fois la Coupe du Monde de la FIFA et la Coupe du Monde de Beach Soccer. Il a contribué au triomphe du Brésil contre l'Italie en 1994, à Pasadena, avant de s'imposer sur le sable en 1999 et en 2004. Il a même été élu Meilleur joueur du tournoi lors de ces deux succès, et figurait déjà dans l'équipe type du tournoi lors du Mondial 1994 sur gazon.

2008

L'un des plus grands noms du ballon rond figurait au tableau des buteurs de la finale du Mondial de Beach Soccer en 2008 : Diego Maradona. Toutefois, il ne s'agissait pas du capitaine de l'Argentine sacré sur le rectangle vert en 1986, mais bien de son fils, Diego Maradona Jr., sous le maillot de l'Italie.

ANECDOTE DU TOURNOI
LOIN DEVANT

Le Brésil s'est très vite imposé comme le roi de la plage, mais la concurrence se fait plus féroce depuis quelques années, et les Brésiliens n'ont remporté qu'une seule des 6 dernières éditions. Le Brésil a organisé les 13 premiers tournois entre 1995 et 2007, et a gagné les 6 premiers. Sa domination a été interrompue par le Portugal en 2001, première nation à briser la domination *auriverde*, imitée plus tard par la France et la Russie. La compétition est née sous le nom de Championnat du Monde de Beach Soccer avant de tomber dans l'escarcelle de la FIFA en 2005.

MEILLEURS BUTEURS DU TOURNOI

1	**Madjer** (Portugal) 88
2	**Dejan Stanković** (Suisse) 47
3	**Gabriele Gori** (Italie) 41
4	**Bruno** (Brésil) 39 = **Belchior** (Portugal) 39
6	**André** (Brésil) 38 = **Alan** (Portugal) 38
8	**Buru** (Brésil) 35 = **Benjamin** (Brésil) 35
10	**Dmitry Shishin** (Russie) 33

LÉGENDE NATIONALE
ESSENTIEL MADJER

En 2006, le Portugais d'origine angolaise **Madjer** a établi le record de buts en une édition du Mondial de Beach Soccer grâce à ses 21 buts. Il a été meilleur buteur ou co-meilleur buteur lors de six tournois et a contribué aux trois titres du Portugal en 2001, 2015 et 2019. Avec sept buts en un seul match, contre l'Uruguay en 2009, il a battu son propre record, puisqu'il avait déjà signé un sextuplé contre le Cameroun en 2006. Madjer a pris sa retraite après le sacre de 2019 avec un bilan de 140 buts, soit 65 de plus que son dauphin et compatriote Alan (75).

286

Les tournois 2006 et 2019, respectivement au Brésil et au Paraguay, ont été les plus prolifiques, puisque les 16 équipes engagées ont totalisé 286 buts à chaque fois.

ANECDOTE DU TOURNOI
PREMIÈRE EN FRANCE

L'édition 2008 du tournoi, qui s'est jouée sur les plages marseillaises, a été la première à se tenir en dehors du Brésil. La deuxième, en 2009, s'est déroulée aux Émirats arabes unis, puis ce fut au tour de Ravenne, en Italie, en 2011. Cette édition était la première sous le nouveau format, désormais organisé tous les deux ans (au lieu de tous les ans). Au total, neuf pays ont accueilli la phase finale. L'Afrique est la seule confédération qui attend encore son tour.

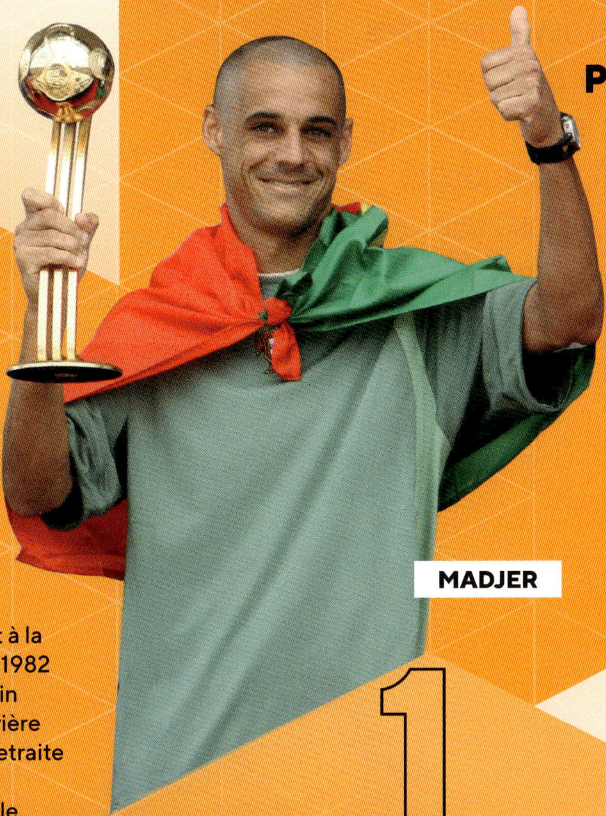

MADJER

LÉGENDE NATIONALE
ALONSO À TOUT FAIRE

Joaquín Alonso a joui d'une belle carrière sur gazon et sur sable. Sélectionné 18 fois en équipe d'Espagne et auteur d'un but entre 1978 et 1988, il a participé aux Jeux olympiques 1980 et à la Coupe du Monde de la FIFA 1982 à domicile. Le milieu de terrain a passé le plus clair de sa carrière au Sporting Gijón. Après sa retraite sportive, il a pris les rênes de la sélection nationale sur sable. En 2013, son équipe s'est inclinée en finale contre la Russie.

11

Les Seychelles deviendront le onzième pays à organiser le tournoi final lors de l'édition 2025, conformément à la décision du Conseil de la FIFA en décembre 2022.

1

Tahiti est devenue le premier pays d'Océanie à atteindre la finale d'une compétition officielle de la FIFA en 2015. Les hôtes se sont inclinés 5-3 contre le Portugal.

ANECDOTE DU TOURNOI
SHINSHIN SANS CHICHI

La finale de la Coupe du Monde de Beach Soccer de la FIFA 2011 a été la plus riche en buts de l'histoire. Le Brésil, champion sortant, s'est incliné 12-8 contre la Russie, une nation pourtant rarement associée au sable fin. Les Russes, champions d'Europe en titre, ont décroché leur premier sacre mondial grâce à un triplé de **Dmitry Shishin** en finale et aux performances du meilleur joueur du tournoi, Ilya Leonov. La Russie a battu l'Espagne 5-1 à Tahiti en 2013 et le Japon 5-2, sur son sable, à Moscou, en 2021.

SHISHIN

FIFA eWORLD CUP

En 2023, la FIFA eWorld Cup est devenue le plus grand et le plus populaire tournoi de jeu vidéo au monde. Créée en 2004 sous le nom de Coupe du Monde interactive de la FIFA, elle a adopté son nom actuel en 2018, lorsque l'instance mondiale du football a élargi ses compétitions. Les participants disputent des qualifications mondiales sur la dernière version du jeu vidéo FIFA.

ANECDOTE DU TOURNOI
FAISEUR D'E-MPIRE

L'Allemand Umut Gültekin (Umut) a remporté le tournoi 2022 de la FIFA eWorld Cup après 2 ans de pause forcée en raison de la pandémie de COVID-19. Lors de la finale à Copenhague, le joueur de 19 ans a battu Nicolas Villalba (nicolas99fc) 5-4 au terme d'une séance de tirs au but sous haute tension, après un nul 0-0. Ce n'était que la deuxième fois en 16 éditions que les joueurs n'ont pu se départager avant les tirs au but.

ANECDOTE DU TOURNOI
MACHINE À CASH

L'explosion de popularité de l'e-sport est illustrée par l'augmentation impressionnante des gains. De 20 000 $ pour l'eWorld Cup en 2004, les sommes mises en jeu sont passées à 1,2 million de $ pour les épreuves de *FIFAe series* en 2022. Le premier prix de la compétition reine s'élevait à 250 000 $, le finaliste « malheureux » empochant quant à lui 100 000 $. Parmi les défis à relever, les joueurs doivent s'adapter chaque année au nouvel opus du jeu vidéo, tout comme les footballeurs doivent s'adapter aux nouvelles règles, interprétations et innovations technologiques, comme la VAR.

STAR DE L'E-SPORT
DIGNE DE PIQUÉ

Fan du Real Madrid, **Alfonso Ramos** a été le premier double champion de la Coupe du Monde interactive de la FIFA en 2012. Il a aussi savouré sa victoire lors du gala de la FIFA suivant, cette fois en affrontant le défenseur du FC Barcelone **Gerard Piqué**. Sans surprise, Piqué a choisi le Barça (contre le Real pour Ramos), mais s'est incliné 1-0 et a même vu son avatar être expulsé. Ramos – surnommé « *Vamos Ramos* » – a fêté ses succès avec une samba inspirée du buteur brésilien Neymar. Après avoir pris sa retraite de joueur, Ramos est devenu entraîneur de l'équipe nationale espagnole d'e-sport.

RAMOS

PIQUÉ

HARKOUS

47 MILLIONS
La grande finale de la FIFA eWorld Cup 2019 a été diffusée pour la première fois en six langues (arabe, chinois, anglais, allemand, portugais et espagnol) et dans plus de 75 territoires à travers le monde. Le tournoi de trois jours a généré plus de 47 millions de vues sur un large éventail de plateformes en ligne.

ANECDOTE DU TOURNOI
SUR LA VAGUE

La popularité et le potentiel commercial de l'e-sport ont convaincu de nombreux clubs traditionnels de faire le grand saut dans le bain du sport électronique. Parmi les grandes équipes ayant recruté des joueurs officiels de FIFA, citons le Barça, l'Ajax, le Borussia Mönchengladbach et le Bayer 04 Leverkusen, mais aussi les clubs anglais de Manchester City et West Ham United. Des *gamers* qui avaient commencé en amateur dans leur canapé font maintenant le tour du monde en tant qu'e-sportifs professionnels.

STAR DE L'E-SPORT
LE CHAMPION MO

Mohammed « MoAuba » Harkous, champion 2019, a vécu une drôle de soirée au gala The Best de la FIFA. Il y a rencontré ses idoles Cristiano Ronaldo et Lionel Messi, et a même donné des conseils sur les jeux vidéo à des superstars récompensées comme le Français Kylian Mbappé. Par la suite, Mo a déclaré : « C'était incroyable. Je suis fan d'eux, mais ce sont eux qui me demandaient des conseils ! » Le premier tournoi auquel Mo a participé quand il était adolescent lui avait coûté 20 € et il était reparti avec une console PlayStation.

PALMARÈS DE LA FIFA eWORLD CUP

Année	Ville	Finale
2004	Zurich	Thiago Carrico de Azevedo (Brésil) bat Matija Biljeskovic (Serbie) 2-1
2005	Londres	Chris Bullard (Angleterre) bat Gabor Mokos (Hongrie) 5-2
2006	Amsterdam	Andries Smit (Pays-Bas) bat Wolfgang Meier (Autriche) 6-4
2008	Berlin	Alfonso Ramos (Espagne) bat Michael Ribeiro (États-Unis) 3-1
2009	Barcelone	Bruce Grannec (France) bat Ruben Morales Zerecero (Mexique) 3-1
2010	Barcelone	Nenad Stojković (Serbie) bat Ayhan Altundag (Allemagne) 2-1
2011	Los Angeles	Francisco Cruz (Portugal) bat Javier Muñoz (Colombie) 4-1
2012	Dubaï	Alfonso Ramos (Espagne) bat Bruce Grannec (France) 0-0 (4-3 TAB)
2013	Madrid	Bruce Grannec (France) Andrei Torres Vivero (Mexique) 1-0
2014	Rio de Janeiro	August Rosenmeier [Agge] (Danemark) bat David Bytheway [Davebtw] (Angleterre) 3-1
2015	Munich	Abdulaziz Alshehri [Mr D0ne] (Arabie saoudite) bat Julien Dassonville (France) 3-0
2016	New York	Mohamad Al-Bacha [Bacha] (Danemark) bat Sean Allen [Dragonn] (Angleterre) 2-2, 3-3 (5-5 total, Al-Bacha s'impose aux buts à l'extérieur)
2017	Londres	Spencer Ealing [Gorilla] (Angleterre) bat Kai Wollin [Deto] (Allemagne) 3-3, 4-0 (7-3 total)
2018	Londres	Mosaad Aldossary [Msdossary] (Arabie saoudite) bat Stefano Pinna (Belgique) 2-0, 2-0 (4-0 total)
2019	Londres	Mohammed Harkous [MoAuba] (All.) bat Mosaad Aldossary [Msdossary] (A. saoudite) 1-1, 2-1 (3-2 total)
2022	Copenhague	Umut Gültekin [Umut] (All.) bat Nicolas Villalba [nicolas99fc] (Argentine) 0-0, 0-0 (0-0 total, 5-4 TAB)

LE FOOTBALL FÉMININ

La FIFA est partie à la découverte d'un nouveau monde en accordant l'organisation de la Coupe du Monde féminine 2023 à l'Australie et la Nouvelle-Zélande. C'était la première fois que la compétition était coorganisée et que le nombre d'équipes qualifiées passait de 24 à 32 nations.

Ces progrès reflètent le succès remarquable du sport féminin, aujourd'hui porté par plus de 30 millions de joueuses autour du globe – un chiffre impressionnant si l'on se souvient que la fédération anglaise a banni les femmes du football pendant un demi-siècle, en 1921. La FA a levé l'interdiction au tournant des années 1970.

Parallèlement, la discipline commence à s'implanter dans d'autres pays, si bien qu'au début des années 1980, le premier Championnat d'Europe officiel voit le jour. En 1988, la FIFA organise un tournoi sur invitation à Taipei.

En 1991, la FIFA lance son premier Championnat du Monde remporté par les Américaines, qui vont dominer plusieurs années la discipline. Depuis, elles ont gagné 4 Coupes du Monde et autant de médailles d'or aux JO. L'enthousiasme pour le football féminin se reflète aussi dans la popularité croissante de l'Euro féminin, notamment avec la victoire des Anglaises en 2022. Les *Three Lionesses* ont enchaîné en battant les Brésiliennes aux tirs au but, lors de la *Finalissima* mettant aux prises les championnes d'Europe et d'Amérique du Sud, en avril 2023. Elles se sont ensuite inclinées en finale de la Coupe du Monde, face à l'Espagne.

Les Anglaises soulèvent le trophée de la *Finalissima* après leur succès aux tirs au but contre le Brésil, le 6 avril 2023, à Wembley.

LA COUPE DU MONDE FÉMININE 2023

Disputée dans 10 stades à travers 2 pays, la Coupe du Monde 2023 est la compétition féminine la plus ambitieuse de l'histoire, traduisant la croissance impressionnante de la discipline. Tout a commencé le 20 juillet à Auckland, en Nouvelle-Zélande, 1 mois et 64 matchs avant la finale à Sydney, en Australie.

LÉGENDES NATIONALES
TRIO TRIOMPHAL

Pas moins de 172 des 211 pays membres de la FIFA se sont disputé les 30 places disponibles pour la phase finale aux côtés de l'Australie et de la Nouvelle-Zélande, les pays organisateurs qualifiés d'office. L'UEFA (la fédération européenne) est la région la mieux lotie avec 11 représentants. Les 3 derniers billets ont été compostés par Haïti, le Panama et le Portugal à l'occasion des barrages intercontinentaux regroupant 10 équipes, en février 2023, en Nouvelle-Zélande.

ANECDOTE DU TOURNOI
L'ODYSSÉE QUADRIENNALE

Au printemps 2019, 10 associations membres de la FIFA ont fait part de leur volonté d'accueillir la Coupe du Monde féminine 2023 : l'Argentine, l'Australie, la Belgique, la Bolivie, le Brésil, la Colombie, le Japon, la Corée du Sud, la Nouvelle-Zélande et l'Afrique du Sud. Lorsqu'est venue l'heure pour la FIFA de rendre son verdict, l'Australie et la Nouvelle-Zélande ont uni leurs forces, tandis que la plupart des concurrents avaient déjà jeté l'éponge. Un seul tour a été nécessaire lors du scrutin, et la candidature conjointe l'a emporté avec 22 voix, contre 13 pour la Colombie.

2

L'Australie est seulement la deuxième nation de la Confédération asiatique à accueillir la Coupe du Monde féminine, après la Chine en 1991 et 2007.

ÉQUIPE NATIONALE D'HAÏTI

STADIUM AUSTRALIA

81,4

millions de dollars australiens ont été dépensés pour rénover les vestiaires et les installations prévues pour les médias du Stadium Australia en vue de la compétition.

ANECDOTE DU TOURNOI
L'HISTOIRE, L'HISTOIRE, L'HISTOIRE

La phase finale 2023 est entrée 3 fois dans l'histoire en étant la première édition à 32 équipes, la première organisée dans l'hémisphère sud et la première coorganisée par 2 pays (Australie et Nouvelle-Zélande). La FIFA a également accepté, pour la toute première fois dans ses compétitions, un projet porté par 2 confédérations régionales, puisque la Nouvelle-Zélande dépend de l'Océanie et que l'Australie a rejoint la région asiatique il y a près de 20 ans.

WULLAERT

RECORD DE BUTS
TESSA AU TOP

Avec 17 buts, la Belge **Tessa Wullaert** a été la meilleure marqueuse des éliminatoires du Mondial féminin 2023. Elle a notamment signé un quintuplé lors du succès écrasant 19-0 contre l'Arménie, un quadruplé dans la victoire 6-1 au Kosovo et « seulement » un triplé pour battre encore le Kosovo à domicile. Wullaert a joué en Belgique, en Angleterre, en Allemagne et aux Pays-Bas. Elle a fait ses débuts en sélection au Championnat d'Europe des moins de 19 ans, en 2011, avant d'intégrer l'équipe A plus tard dans l'année. Depuis, elle a cumulé plus de 100 matchs internationaux et détient les records de sélection (117) et de buts (71) pour son pays.

LES STADES

Pour la phase finale 2023, la FIFA a retenu 5 villes et 6 stades en Australie, ainsi que 4 villes et stades en Nouvelle-Zélande. C'est le Stadium Australia, au cœur du Parc olympique de Sydney, qui a été choisi pour la finale.

AUSTRALIE

STADIUM AUSTRALIA, SYDNEY
Capacité : 83 500

SYDNEY FOOTBALL STADIUM, SYDNEY
Capacité : 42 512

HINDMARSH STADIUM, ADELAIDE
Capacité : 18 400

LANG PARK , BRISBANE
Capacité : 52 263

MELBOURNE RECTANGULAR STADIUM, MELBOURNE
Capacity: 30 052

PERTH RECTANGULAR STADIUM, PERTH
Capacité : 22 225

NOUVELLE-ZÉLANDE

EDEN PARK, AUCKLAND
Capacité : 48 276

FORSYTH BARR STADIUM, DUNEDIN
Capacité : 28 744

WAIKATO STADIUM, HAMILTON
Capacité : 25 111

WELLINGTON REGIONAL STADIUM, WELLINGTON
Capacité : 34 500

LA COUPE DU MONDE FÉMININE
LES RECORDS

La première phase finale de la Coupe du Monde féminine a eu lieu en Chine, en 1991. Depuis, la compétition s'est développée à une vitesse éclair : elle s'est étendue à 24 équipes en 2015 et est même passée à 32 participants quand l'Australie et la Nouvelle-Zélande ont coorganisé l'édition 2023.

FINALES DE COUPE DU MONDE FÉMININE DE LA FIFA

1991 États Unis 2-1 Norvège (Chine)

1995 Norvège 2-0 Allemagne (Suède)

1999 États-Unis 0-0 (5-4 TAB) Chine (États-Unis)

2003 Allemagne 2-1 Suède (États-Unis)

2007 Allemagne 2-0 Brésil (Chine)

2011 Japon 2-2 (3-1 TAB) États-Unis (Allemagne)

2015 États-Unis 5-2 Japon (Canada)

2019 États-Unis 2-0 Pays-Bas (France)

2023 Australie/ Nouvelle-Zélande 1-0 Espagne (Angleterre)

90 185
La plus grande affluence pour un match de Coupe du Monde féminine de la FIFA reste les 90 185 spectateurs entassés dans le Rose Bowl pour voir les États-Unis battre la Chine devant leur public, en finale du tournoi 1999.

ANECDOTE DU TOURNOI
LA CHINE AU RENDEZ-VOUS

Le premier match de la Coupe du Monde féminine a vu la Chine, pays hôte, battre la Norvège 4-0, devant 65 000 supporters à Guangzhou, le 16 novembre 1991. Ces 2 pays font partie d'un groupe de 9 équipes à n'avoir manqué aucune des 9 phases finales – avec le Brésil, l'Allemagne, le Japon, le Nigeria, la Suède et les États-Unis. Après le Mondial 2023, 44 nations auront participé à au moins une édition. Haïti, le Maroc, Panama, les Philippines, le Portugal, l'Irlande, le Vietnam et la Zambie ont tous fait leurs débuts en Australie et en Nouvelle-Zélande.

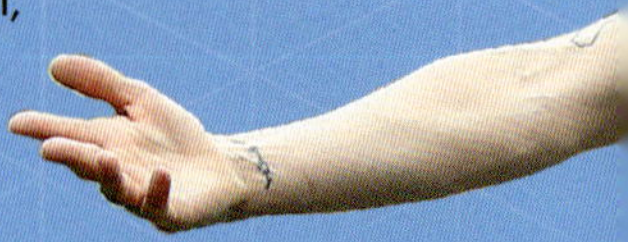

MARTA

MEILLEURES BUTEUSES DE L'HISTOIRE

1 **Marta,** (Brésil) 17

2 **Birgit Prinz,** (Allemagne) 14
= Abby Wambach, (États-Unis) 14

4 **Michelle Akers,** (États-Unis) 12

5 **Cristiane,** (Brésil) 11
= Sun Wen, (Chine) 11
= Bettina Wiegmann, (Allemagne) 11

JOUEUSE STAR
MARTA, MACHINE À BUTS

La Brésilienne **Marta Vieira da Silva** a consolidé son statut de l'une des meilleures joueuses de tous les temps grâce à ses prouesses en Coupe du Monde. Elle compte 17 buts dans la compétition, soit 3 de plus que Birgit Prinz (Allemagne) et Abby Wambach (États-Unis). En 2007, en Chine, Marta a reçu le Ballon d'Or de la Meilleure joueuse et le Soulier d'Or de la Meilleure buteuse pour ses 7 buts. Élue six fois Meilleure joueuse du monde par la FIFA, elle a encore frappé lors de l'édition 2019 avec des penaltys contre l'Australie et l'Italie. Avec sa coéquipière Cristiane, ce sont les deux seules joueuses à avoir marqué dans cinq phases finales de suite.

ANECDOTE DU TOURNOI
LE RÊVE DE JOÃO

La Coupe du Monde féminine était la marotte de João Havelange. Lancée en 1991 à titre expérimental, la compétition a vu sa taille et son rayonnement s'accroître progressivement. Le succès de l'édition américaine de 1999 s'est révélé décisif pour le tournoi, qui attire aujourd'hui des affluences considérables et des médias du monde entier. Les premières épreuves ont été dominées par les États-Unis et la Norvège, des pays où le football est beaucoup pratiqué par les femmes. Les États-Unis règnent en maîtres sur le Mondial avec quatre titres acquis en 1991, 1999, 2015 et 2019. Toutefois, c'est l'Allemagne la première qui a enchaîné deux titres, en 2003 et 2007.

ANECDOTE DU TOURNOI
MUR DÉFENSIF

En 2007, l'Allemagne est devenue la première équipe à conserver un titre mondial. Elle y est parvenue en établissant un autre record, puisqu'elle a traversé l'épreuve (6 matchs et 540 minutes) sans concéder le moindre but. La gardienne Nadine Angerer a ainsi effacé des tablettes le record de 517 minutes signé par le portier italien Walter Zenga lors d'Italie 1990. C'est une Suédoise qui a marqué, à la 41ᵉ minute de la finale 2003, le dernier but encaissé par l'Allemagne : **Hanna Ljungberg**. En 2011, les cages allemandes ont de nouveau vibré grâce à un but de la Canadienne Christine Sinclair.

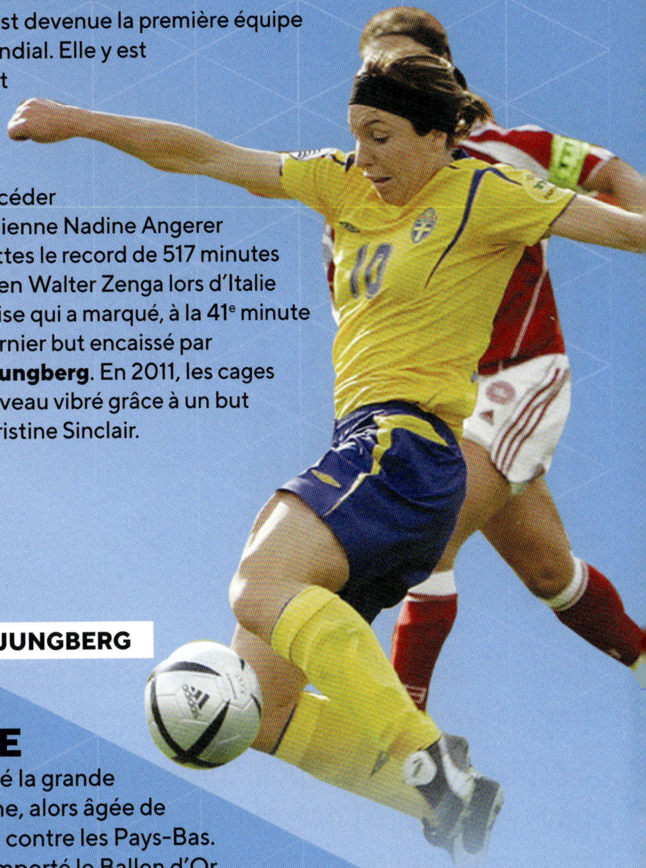

LJUNGBERG

JOUEUSE STAR
MEGAN LA MAGNIFIQUE

La capitaine américaine **Megan Rapinoe** a été la grande star du Mondial féminin 2019. La Californienne, alors âgée de 34 ans, a notamment ouvert le score en finale contre les Pays-Bas. Elle a été désignée Joueuse du match et a remporté le Ballon d'Or de la compétition. Son penalty réussi contre les Néerlandaises marquait son 50ᵉ but en 158 sélections depuis 13 ans. Mais la joueuse s'est aussi fait un nom en dehors des terrains en militant pour plusieurs organisations LGBT. Par ailleurs, elle s'est agenouillée lors de l'hymne américain pendant une rencontre internationale pour témoigner son soutien à la star du football américain Colin Kaepernick et sa lutte contre le racisme.

RAPINOE

7 La milieu brésilienne Formiga a établi un nouveau record en 2019 en disputant sa 7ᵉ Coupe du Monde féminine, plus que tout autre joueur ou joueuse. Sa première participation remonte à 1995, en Suède. Elle avait alors 17 ans.

FRAPPART

HIGH-TECH
LA VAR À LA RESCOUSSE

Stéphanie Frappart est devenue la première arbitre à faire appel à l'arbitrage vidéo pour attribuer un penalty en finale de la Coupe du Monde féminine. À Lyon, la Française de 35 ans a consulté son moniteur en bord de terrain pour s'assurer que la défenseuse néerlandaise Stefanie van der Gragt avait bien commis une faute sur Alex Morgan, peu après la mi-temps. Megan Rapinoe a ensuite transformé le penalty. La VAR a été introduite à la Coupe du Monde féminine pour la première fois en 2019 et a été régulièrement utilisée, depuis le match d'ouverture qui a vu la France s'imposer 4-0 contre la Corée du Sud. Les Bleues, dont sept joueuses de l'effectif évoluaient avec l'Olympique Lyonnais, champion d'Europe, se sont notamment vues refuser un but de Griedge Mbock Bathy sur décision vidéo.

LE CHAMPIONNAT D'EUROPE FÉMININ DE L'UEFA

Le football féminin a avancé à pas de géant depuis son interdiction en Angleterre en 1921. Sa résurgence s'est poursuivie dans ce même pays en 2022, à l'occasion d'un Euro féminin de tous les records, retardé d'un an en raison de la pandémie de COVID-19.

LES 5 MEILLEURES BUTEUSES

2022 Beth Mead (Angleterre) **6**
= Alex Popp (Allemagne) **6**

2017 Jodie Taylor (Angleterre) **5**

2013 Lotta Schelin (Suède) **5**

2009 Inka Grings (Allemagne) **6**

2005 Inka Grings (Allemagne) **4**

18

Née le 18 décembre 2003, la milieu islandaise Amanda Andradóttir était la plus jeune joueuse de la phase finale 2022. Elle joue dans le club suédois de Kristianstads. Son père, Andri Sigthórsson, a également été international.

MEAD

RECORD DE BUTS
MEAD FAIT LE DOUBLÉ

L'Anglaise **Beth Mead** a tout raflé à l'Euro féminin 2022. L'attaquante d'Arsenal, âgée de 27 ans, a été désignée Meilleure joueuse du tournoi par le panel d'experts de la Fédération européenne, en plus d'avoir été sacrée Soulier d'or de la compétition. Elle a inscrit six buts, dont un triplé lors du succès historique 8-0 contre la Norvège en phase de groupes. L'Allemande Alex Popp a elle aussi marqué six buts, mais le trophée a bien été décerné à l'Anglaise qui a délivré 5 passes décisives, contre aucune pour Popp. Cette dernière a marqué dans tous les matchs de l'Allemagne, mais a été privée de finale après avoir contracté une blessure à l'échauffement.

MONZUL

ANECDOTE DU TOURNOI
SIFFLET UKRAINIEN

La présence de **Kateryna Monzul** en finale a récompensé son travail et envoyé un signal poignant. La meilleure arbitre féminine ukrainienne a dirigé le match à Wembley alors que son pays était en guerre depuis l'invasion militaire russe lancée cinq mois plus tôt. Monzul, arbitre internationale depuis 2004, a supervisé trois autres rencontres dans la compétition. Auparavant, elle avait officié en finale de la Ligue des Champions féminine 2014 et à la Coupe du Monde féminine 2015. Un an plus tard, elle est devenue la première femme à arbitrer des matchs de 1re division masculine en Ukraine. Son pays ne s'est pas qualifié pour l'Euro et la Russie, exclue en raison de l'invasion, a été remplacée par le Portugal.

2

Sarina Wiegman est la seule sélectionneuse à avoir guidé deux pays en finale, mais aussi à s'être imposée chaque fois : avec les Pays-Bas en 2017 et l'Angleterre en 2022.

JOUESE STAR
MALHEUREUSE PUTELLAS

Les rêves espagnols de remporter un premier titre européen féminin se sont envolés quand la superstar de la sélection **Alexia Putellas** s'est gravement blessée au genou à l'aube de la compétition. Désignée joueuse « The Best » lors de la cérémonie annuelle de la FIFA, elle espérait conduire les siennes jusqu'à la gloire. Au lieu de cela, les Espagnoles ont terminé deuxièmes de leur groupe derrière l'Allemagne, puis ont été éliminées en quarts par l'Angleterre 2-1 après prolongations. La star de Barcelone a brillé lors de la Coupe du Monde féminine 2023, et a remporté la finale face à l'Angleterre.

PUTELLAS

8-0

L'Angleterre a établi un record en phase finale européenne avec son succès 8-0 contre la Norvège en phase de groupes. Beth Mead y a inscrit un triplé. Les autres buts sont signés Georgia Stanway (penalty), Lauren Hemp, Ellen White (doublé) et Alessia Russo.

ANECDOTE DU TOURNOI
L'ALLEMAGNE EN MÈTRE ÉTALON

L'Allemagne reste détentrice du record de sacres dans la compétition avec huit titres, dont six d'affilée à partir de 1995. La femme forte de la sélection est Silvia Neid, triple championne d'Europe comme joueuse et deux fois sacrée en tant que sélectionneuse. Elle a été désignée Meilleur entraîneur féminin de la FIFA à trois reprises et a établi des standards difficiles à égaler. L'Allemagne a perdu sa couronne en 2017 sous la houlette de Steffi Jones et s'est inclinée en finale pour la première fois en 2022 sous la direction de Martina Voss-Tecklenburg.

AFFLUENCE RECORD

1. **87 192 – Angleterre 2-1 Allemagne** (Wembley, finale 2022, a.p.)
2. **68 871 - Angleterre 1-0 Autriche** (Old Trafford, Manchester, groupes 2022)
3. **41 301 - Allemagne 1-0 Norvège** (Stockholm, finale 2013)
4. **30 785 - Irlande du Nord 0-5 Angleterre** (Southampton, groupes 2022)
5. **29 092 - Angleterre 3-2 Finlande** (City of Manchester Stadium, groupes 2005)

SUPER FAN

La phase finale 2022 a réuni 574 875 spectateurs dans les stades, un record. Quelque 87 192 fans étaient dans les travées de Wembley pour la finale.

ANECDOTE DU TOURNOI
LA COUPE À LA MAISON

Un an après l'échec de leurs compatriotes masculins, passés à un tir au but de la consécration, les Anglaises se sont imposées en finale du Championnat d'Europe en battant l'Allemagne 2-1 à Wembley. Le but de la victoire a été inscrit par la remplaçante Chloe Kelly en deuxième période de la prolongation. L'Angleterre avait débloqué le score en deuxième mi-temps grâce à Ella Toone, mais Lina Magull avait remis les deux équipes à égalité. C'est le premier sacre majeur d'une sélection anglaise depuis le triomphe des *Three Lions* à la Coupe du Monde 1966 – déjà face à l'Allemagne, et déjà en prolongations.

LE TOURNOI OLYMPIQUE DE FOOTBALL FÉMININ

Depuis son introduction au programme d'Atlanta 1996, le tournoi olympique de football féminin est dominé par l'Amérique du Nord. Les États-Unis ont gagné quatre des six premières éditions avant que le Canada ne s'impose aux Jeux de Tokyo, décalés par la pandémie, où la Team USA a pris le bronze.

MEILLEURES BUTEUSES EN TOURNOI OLYMPIQUE

1 **Viviane Miedema** (Pays-Bas, 2020) - 10

2 **Christine Sinclair** (CAN, 2012) - 6

3 **Melanie Beringer** (Allemagne, 2016) - 5
= **Cristiane** (Brésil, 2005, 2008) - 5
= **Birgit Prinz** (Allemagne, 2004) - 5

6 **Ann Kristin Aarønes** (Norvège, 1996) - 4
= **Linda Medalen** (Norvège, 1996) - 4
= **Pretinha** (Brésil, 1996) - 4
= **Sun Wen** (Chine, 2000) - 4

8

L'Allemagne détient le record de buts en un seul match olympique. Les Allemandes ont battu les Chinoises 8-0 grâce à cinq buteuses et un quadruplé de Birgit Prinz.

ANECDOTE DU TOURNOI
LES ADIEUX DORÉS DE SILVIA

L'Allemagne a gardé la mainmise sur le football féminin en battant la Suède 2-1 pour prendre l'or à Rio 2016. Après deux Coupes du Monde féminines de la FIFA et 8 titres en Championnat d'Europe de l'UEFA, elle décrochait son premier succès olympique. Le moment ne pouvait être mieux choisi pour **Silvia Neid**, qui quittait son poste après 11 ans à la tête de la sélection. Sans elle, l'Allemagne a échoué à se qualifier pour le tournoi à Tokyo.

NEID

LÉGENDE NATIONALE
MARTA LA MAGNIFIQUE

La superstar brésilienne **Marta** a terminé les JO 2004 et 2008 avec la médaille d'argent, mais a manqué l'occasion de monter sur le podium en 2016 à domicile, en perdant face au Canada en petite finale. Elle s'est consolée en devenant l'une des cinq joueuses à avoir marqué au moins dix buts en tournoi olympique. Avec ses trois unités à Tokyo, Marta est devenue la première joueuse à trouver les filets dans cinq Jeux à la suite.

MARTA

JOUEUSE STAR
SUPER SINCLAIR

La capitaine **Christine Sinclair** a montré l'exemple quand le Canada a enfin décroché l'or à Tokyo après avoir pris le bronze en 2012 et 2016. Sinclair a lancé son tournoi en disputant son 300e match pour le Canada et en marquant lors du nul 1-1 contre les hôtes japonais. En finale face à la Suède, elle a obtenu un penalty pour assurer le 1-1 et arracher les tirs au but. Les Canadiennes l'ont emporté 3-2. Malheureusement, en raison des restrictions sanitaires, aucun supporter n'a pu assister au sacre de Sinclair et de ses coéquipières.

SINCLAIR

3,9

Le nombre de matchs dans le tournoi olympique féminin est passé de 16 à 20 en 2004, puis à 26 en 2008. Le taux de buts par match est tombé de 3,3 à Atlanta en 1996, à 2,5 à Rio de Janeiro 20 ans après, avant d'atteindre un taux record de 3,9 à Tokyo.

ANECDOTE DU TOURNOI
LE POUVOIR DES DIX

La buteuse néerlandaise Vivianne Miedema a établi un record féminin olympique en signant 10 buts dans l'édition 2020 des JO organisée en 2021. C'était la première fois qu'une joueuse en marquait autant. Miedema avait déjà connu la gloire avec les Pays-Bas à l'UEFA Euro 2017 et en club avec le Bayern Munich et Arsenal. À Tokyo, elle a signé un quadruplé pour battre la Zambie 10-3 en phase de groupes, puis un doublé lors du nul 3-3 contre le Brésil, et un autre face à la Chine (8-2). Elle a terminé par un nouveau doublé contre les États-Unis en quart, mais a manqué son tir au but, et son équipe a été éliminée 4-2 dans la séance décisive après avoir arraché le nul 2-2.

ANECDOTE DU TOURNOI
PIA AU SOMMET

Pia Sundhage connaît le tournoi olympique féminin sur le bout des doigts. L'ancienne milieu internationale était sélectionneuse de l'équipe américaine victorieuse en 2008 et 2012, avant de retourner dans sa Suède natale et de décrocher l'argent quatre ans plus tard à Rio. Sundhage, qui a porté le maillot suédois aux JO 1996 d'Atlanta, a été élue par la FIFA Meilleur entraîneur féminin de l'année 2012.

80 203

Le tournoi féminin a battu le record d'affluence à Londres, en 2012 : 80 203 spectateurs ont assisté à la victoire des États-Unis contre le Japon lors de la finale à Wembley. C'est aujourd'hui encore la plus forte affluence pour un match de football féminin sur le sol anglais.

TABLEAU DES MÉDAILLES

1	**États-Unis** (O : 4, A : 1, B : 1)
2	**Allemagne** (O : 1, A : 0, B : 3)
3	**Canada** (O : 1, A : 0, B : 2)
4	**Norvège** (O : 1, A : 0, B : 1)
5	**Brésil** (O : 0, A : 2, B : 0) **= Suède** (O : 0, A : 2, B : 0)
7	**Chine** (O : 0, A : 1, B : 0) **= Japon** (O : 0, A : 1, B : 0)

2012

En 2012, la Grande-Bretagne, qui accueille les JO, aligne pour la première fois une équipe de football olympique. Si elles terminent en tête de leur groupe après 3 succès en 3 matchs, les Britanniques s'inclinent 2-0 contre le Canada en quart et manquent le podium.

LLOYD

4

Les États-Unis dominent le tournoi féminin depuis son introduction aux Jeux d'Atlanta 1996. Les Américaines ont remporté quatre titres, ainsi qu'une médaille d'argent et une de bronze.

ANECDOTE DU TOURNOI
LLOYD ENGRANGE

L'Américaine **Carly Lloyd** est sans nul doute l'une des plus grandes joueuses du tournoi olympique féminin. En 2008, elle a marqué le but de la victoire pour les États-Unis contre le Brésil en finale à Pékin. Quatre ans plus tard, à Londres, elle s'est fendue d'un doublé pour offrir un nouveau titre à son équipe, qui a battu le Japon 2-1 à Wembley.

LES AUTRES COMPÉTITIONS FÉMININES

La volonté d'accorder plus de visibilité aux femmes sur la scène internationale a incité la FIFA à créer des Coupes du Monde féminines des moins de 20 ans et des moins de 17 ans. De nombreux pays ont ainsi une nouvelle possibilité d'organiser de grandes compétitions. Si la pandémie a perturbé le calendrier, l'année 2022 a vu l'Espagne s'imposer chez les M20 au Costa Rica et chez les M17 en Inde.

LEROUX

ANECDOTE DU TOURNOI
SYDNEY LA TRANSFUGE

Sydney Leroux a disputé la Coupe du Monde féminine des moins de 20 ans pour deux pays. En 2004, alors âgée de 14 ans, elle a joué deux matchs sans marquer pour le Canada. Elle a ensuite été convoquée par les États-Unis pour l'édition 2008. Elle a alors terminé meilleure buteuse du tournoi avec cinq buts, dont l'ouverture du score en finale contre la Corée du Sud (2-1). Leroux a ajouté cinq autres buts à son total en 2010.

ANECDOTE DU TOURNOI
FRAPPART AUX MANETTES

L'arbitre française **Stéphanie Frappart** a officié lors de la finale 2018 de la Coupe du Monde des moins de 20 ans, quand le Japon a battu l'Espagne 3-1 à Vannes. L'année suivante, elle a arbitré la finale de la Coupe du Monde féminine de la FIFA, à Lyon, quand les États-Unis ont battu les championnes d'Europe néerlandaises 2-0. Elle est devenue la première femme à arbitrer une grande finale masculine de clubs lors de la Supercoupe de l'UEFA. En 2022, au Qatar, elle est aussi devenue la première à diriger une rencontre de Coupe du Monde masculine (Costa Allemagne).

FRAPPART

3

L'Allemagne et les États-Unis sont les nations les plus titrées en Coupe du Monde féminine M20, avec 3 sacres chacune.

MEILLEURES BUTEUSES EN COUPE DU MONDE M20

1 **Christine Sinclair** (Canada) – 10
= **Alexandra Popp** (Allemagne) – 10

3 **Inma Gabarro** (Espagne) – 8

4 **Brittany Timko** (Canada) – 7
= **Kim Un-hwa** (Corée du Nord) – 7
= **Asisat Oshoala** (Nigeria) – 7

7 **Patricia Guijarro** (Espagne) – 6

8 **Ma Xiaoxu** (Chine) – 5
= **Sydney Leroux** (États-Unis) – 5
= **Mami Ueno** (Japon) – 5

JOUEUSE STAR
PUISSANCE 10

En 2002, la Canadienne Christine Sinclair est devenue la première joueuse à atteindre les 10 buts inscrits en une même Coupe du Monde féminine des moins de 20 ans de la FIFA. Il aura fallu attendre huit ans pour que son exploit soit réédité par l'Allemande Alexandra Popp. Sinclair a aussi été la première à inscrire un quintuplé, lors du quart remporté 6-2 contre l'Angleterre, en 2002. Enfin, elle est la meilleure buteuse du tournoi olympique féminin depuis Londres 2012.

ANECDOTE DU TOURNOI
LA RÉVÉLATION NIGÉRIANE

En 2014 au Canada, Asisat Oshoala est devenue la première Africaine à recevoir le Soulier d'Or de la Meilleure joueuse ainsi que le Ballon d'Or de la Meilleure buteuse chez les moins de 20 ans. Toutefois, elle a dû se contenter de regarder les Allemandes brandir le trophée, après la défaite du Nigeria en prolongations. Parmi ses sept buts, Oshoala en a marqué quatre en demi-finale contre la Corée du Nord (6-2).

113

La Papouasie-Nouvelle-Guinée a organisé une phase finale de la FIFA pour la première fois en 2016, après le retrait de l'Afrique du Sud. Les quelque 113 buts marqués en font l'édition la plus prolifique de la compétition, à égalité avec celle du Chili en 2008.

JOUEUSE STAR
DEYNA LA GUERRIÈRE

Deyna Castellanos s'est forgé une belle réputation en phase finale 2016 quand les images de son incroyable but depuis la ligne médiane ont fait le tour du monde. Castellanos a frappé à la 4e minute du temps additionnel pour offrir la victoire 2-1 au Venezuela contre le Cameroun.

CASTELLANOS

MEILLEURES BUTEUSES EN COUPE DU MONDE M17

1 **2010 – Yeo Min-ji** (Corée du Sud), 8
2012 – Ra Un-sim (Corée du Nord), 8
2016 – Lorena Navarro (Espagne), 8

4 **2018 – Mukarama Abdulai** (Ghana), 7

5 **2008 – Dzsenifer Marozsán** (Allemagne), 6
2014 – Deyna Castellanos (Venezuela), 6
2014 – Gabriela García (Venezuela), 6

ANECDOTE DU TOURNOI
L'HÉRITAGE JORDANIEN

La Coupe du Monde féminine des moins de 17 ans de la FIFA en Jordanie a laissé une trace : il s'agissait du premier tournoi féminin de la FIFA organisé dans un pays musulman. Les matchs ont été disputés dans la capitale, Amman, ainsi qu'à Irbid et Zarka. Les nouvelles infrastructures ont permis à la Jordanie d'accueillir la Coupe d'Asie féminine en 2018.

LÓPEZ

1

L'édition 2022 était la première épreuve féminine de la FIFA organisée en Inde. Elle aurait dû être disputée en 2020, mais a été décalée de 2 ans en raison de la pandémie de COVID-19. L'Espagne a battu la Colombie 1-0 en finale.

CORÉE

Deux ans après le sacre de la Corée du Nord à la première Coupe du Monde féminine M17, son voisin du sud a soulevé le trophée à son tour. Cette deuxième finale, à Trinité-et-Tobago, s'est jouée aux tirs au but. Les Coréennes ont battu le Japon 5-4 après un nul 3-3.

ANECDOTE DU TOURNOI
VICTOIRE POUR VICKY

Vicky López (Victoria López Serrano Felix de son nom complet) a fait honneur à son prénom lors de la phase finale 2022, en Inde. Elle a remporté le titre de meilleure joueuse du tournoi après le succès 1-0 de l'Espagne sur la Colombie, en finale, à Mumbai. Ses prestations ont largement contribué au second titre espagnol dans cette catégorie, grâce notamment à son doublé dans les 6 dernières minutes d'un quart de finale durant lequel l'Espagne était menée 1-0 par le Japon. En janvier 2023, López est devenue la plus jeune buteuse du FC Barcelone dans l'élite – hommes et femmes confondus – en marquant contre Levante Las Planas, à seulement 16 ans, 5 mois et 27 jours.

LES PRIX DE LA FIFA

La Fédération internationale a pu organiser en présentiel la cérémonie The Best après 2 années de festivités en ligne en raison des restrictions sanitaires. En février 2023, le gratin du football mondial s'est réuni à Paris pour célébrer les exploits des lauréats qui ont noirci les pages des journaux tout au long de l'année écoulée, notamment durant la Coupe du Monde au Qatar.

Le gala annuel de la FIFA a fait la part belle à l'Argentin Lionel Messi, 32 ans après la première cérémonie qui avait récompensé l'Allemand Lothar Matthäus. Le couronnement de Leo ne faisait presque aucun doute après ses performances et ses buts décisifs ayant conduit l'*Albiceleste* au titre mondial lors de la Coupe du Monde au Qatar, en novembre et décembre 2022. La FIFA, par la voix des sélectionneurs et capitaines des équipes nationales, des journalistes et des supporters, a récompensé « *La Pulga* » pour la troisième fois.

Le sacre de Messi est presque un retour à la normale après les 2 trophées remportés par Robert Lewandowski. Le capitaine de la Pologne, titré en 2020 et 2021, n'est que le deuxième joueur en 12 ans à rompre l'hégémonie du duo formé par Cristiano Ronaldo et Lionel Messi. Autre succès notable, celui de la milieu de terrain espagnole Alexia Putellas, désignée meilleure joueuse de l'année pour la deuxième fois, malgré son absence au Championnat d'Europe féminin en raison d'une blessure.

Les prix de la FIFA ont été créés en 1990-1991. De 2010 à 2015, ils ont fusionné avec le Ballon d'Or. Ce trophée avait été instauré au milieu des années 1950 par le magazine France Football et récompensait initialement le meilleur joueur européen de l'année. Le premier lauréat était la légende anglaise Sir Stanley Matthews. Par la suite, le Ballon d'Or a été ouvert aux joueurs de toutes les nationalités évoluant dans des clubs européens, ce qui a conduit au rapprochement avec les prix de la FIFA. Après 5 ans de cohabitation, les trophées ont retrouvé leur indépendance en 2016 et la FIFA, sous l'impulsion de son nouveau président de l'époque Gianni Infantino, a révélé la nouvelle identité de ses récompenses sous le nom de « The Best ».

Les maîtres de cérémonie Samantha Johnson et Jermaine Jenas auprès du fan argentin Carlos Tula, qui reçoit le Prix des Supporters de la FIFA au nom de son pays.

LE JOUEUR MONDIAL DE LA FIFA

Le trophée du Meilleur joueur de la FIFA sur les douze derniers mois est l'une des récompenses individuelles les plus prestigieuses du football international.

LAURÉAT 2022
LIONEL MESSI

Le nom de Lionel Messi a été gravé sur le trophée The Best dès décembre 2022 à Lusail, au Qatar, où il a signé un doublé pour offrir la Coupe du Monde à l'Argentine. C'était son quatrième trophée de l'année, déjà vainqueur du doublé Coupe-Championnat en France avec le Paris Saint-Germain et de la *Finalissima* avec son pays.

Messi a dominé le scrutin avec 52 points, loin devant son coéquipier en club Kylian Mbappé (Paris Saint-Germain, France) et Karim Benzema (Real Madrid, France). Les autres candidats étaient Julián Alvárez (River Plate/Manchester City, Argentine), Jude Bellingham (Borussia Dortmund, Angleterre), Kevin De Bruyne (Manchester City, Belgique), Erling Haaland (Borussia Dortmund/Manchester City, Norvège), Achraf Hakimi (Paris Saint-Germain, Maroc), Vinícius Junior (Real Madrid, Brésil), Robert Lewandowski (Bayern Munich/Barcelone, Pologne), Sadio Mané (Liverpool/Bayern Munich, Sénégal), Luka Modrić (Real Madrid, Croatie), Neymar (Paris Saint-Germain, Brésil) et Mohamed Salah (Liverpool, Égypte).

« Je veux remercier mes coéquipiers, [mon sélectionneur] Lionel Scaloni, [le gardien] Dibu [Emi Martínez]. Ce sont eux que nous représentons. Sans eux, nous ne serions pas là aujourd'hui, a déclaré Messi. Cette dernière année a été incroyable. J'ai pu accomplir mon rêve après tant d'épreuves, de quête, de persévérance. C'est enfin arrivé et c'est la plus belle chose qui me soit arrivée dans ma carrière. Je tiens évidemment à remercier ma famille et le peuple argentin. Cela restera toujours dans nos mémoires. »

PRÉCÉDENTS LAURÉATS

2021	**Robert Lewandowski** (Pologne)
2020	**Robert Lewandowski** (Pologne)
2019	**Lionel Messi** (Argentine)
2018	**Luka Modrić** (Croatie)
2017	**Cristiano Ronaldo** (Portugal)
2016	**Cristiano Ronaldo** (Portugal)
2015	**Lionel Messi** (Argentine)

1991

L'année de la création de cette récompense, qui a sacré l'Allemand Lothar Matthäus.

1

Zinédine Zidane est le seul homme à avoir remporté le prix FIFA en tant que joueur et entraîneur.

8

Les Brésiliens ont décroché la timbale à 8 reprises, plus que toute autre nation.

L'attaquant français **Kylian Mbappé** a terminé à la deuxième place, bien qu'il soit le deuxième joueur de l'histoire seulement à inscrire un triplé en finale de Coupe du Monde, après Geoff Hurst en 1966.

Les votes pour le prix sont répartis à parts égales entre des représentants des médias, les sélectionneurs des équipes nationales, leurs capitaines et le grand public.

MBAPPÉ

LA JOUEUSE MONDIALE DE LA FIFA

Ce trophée témoigne de la popularité croissante et du succès du sport féminin, illustré par les chiffres records de la Coupe du Monde féminine de la FIFA organisée en France en 2019.

LAURÉATE 2022
ALEXIA PUTELLAS

Comme en 2021, quand elle était devenue la première Espagnole distinguée à l'international, Alexia Putellas a été désignée meilleure joueuse de 2022. Elle a dominé un podium composé de l'Américaine Alex Morgan et de la meilleure buteuse anglaise à l'Euro féminin, Beth Mead. Les autres candidates étaient Aitana Bonmati (Barcelone, Espagne), Debinha (North Carolina Courage, Brésil), Jessie Fleming (Chelsea, Canada), Ada Hegerberg (Lyon, Norvège), Sam Kerr (Chelsea, Australie), Vivianne Miedema (Arsenal, Pays-Bas), Lena Oberdorf (Wolfsburg, Allemagne), Alexandra Popp (Wolfsburg, Allemagne), Wendie Renard (Lyon, France), Keira Walsh (Manchester City/Barcelone, Angleterre) et Leah Williamson (Arsenal, Angleterre).

Putellas a encore vécu une saison de rêve en allant chercher un triplé national avec Barcelone et une place de finaliste en Ligue des Champions féminine de l'UEFA. Elle est aussi entrée dans l'histoire en étant la première Espagnole à atteindre 100 sélections, ce qu'elle a fêté avec un but contre l'Italie (1-1). En club, elle a joué un rôle clé pour aider le Barça à remporter l'intégralité de ses 30 journées de *Primera División*. Elle a également terminé meilleure buteuse de Ligue des Champions avec 11 réalisations. Sa seule déception est une rupture des ligaments croisés qui l'a privée de la phase finale de l'Euro féminin disputé en Angleterre.

PRÉCÉDENTES LAURÉATES

2021	**Alexia Putellas** (Espagne)
2020	**Lucy Bronze** (Angleterre)
2019	**Megan Rapinoe** (États-Unis)
2018	**Marta** (Brésil)
2017	**Lieke Martens** (Pays-Bas)
2016	**Carli Lloyd** (États-Unis)
2015	**Carli Lloyd** (États-Unis)

2001

L'année de la création de cette récompense, qui a sacré l'Américaine Mia Hamm.

20

L'âge de Marta lorsqu'elle est devenue la plus jeune lauréate de ce trophée, en 2006.

6

Les six titres de Marta (dont cinq de suite de 2006 à 2010) constituent un record pour une joueuse.

4

Il s'agit du nombre de lauréates américaines, plus que toute autre nation.

Nadine Angerer est la seule gardienne (hommes et femmes confondus) à avoir été sacrée Meilleure joueuse de la FIFA.

ANGERER

AUTRES PRIX DE LA FIFA

Si l'excellence dans le football se mesure sur le terrain, la FIFA reconnaît bien d'autres prouesses ayant contribué au développement du ballon rond ces dernières années, de l'intelligence des entraîneurs au respect des principes du fair-play.

Lionel Scaloni a reçu le trophée The Best du meilleur entraîneur de 2022 après avoir porté l'Argentine sur le toit du monde. Scaloni est né 40 jours avant que l'Argentine ne remporte son premier titre mondial, en 1978. Plus tard, le défenseur était le coéquipier d'un tout jeune Lionel Messi lors de la phase finale en Allemagne en 2006. Scaloni a lancé sa carrière en club avec les Newell's Old Boys avant de partir en Espagne puis en Italie, en plus d'un prêt de courte durée à West Ham. Il est devenu sélectionneur des moins de 20 ans argentins en 2018. Quelques mois plus tard, il prenait l'équipe senior en main. Il a conduit l'Argentine au sacre en Copa América en 2021. Son succès contre l'Italie lors de la *Finalissima* Amérique du Sud/ Europe en 2022 a été son tremplin vers le sacre en Coupe du Monde et le trophée The Best.

LAURÉATS 2022

The Best joueur FIFA : Lionel Messi (Paris Saint-Germain, Argentine)

The Best joueuse FIFA : Alexia Putellas (FC Barcelone, Espagne)

The Best entraîneur masculin FIFA : Lionel Scaloni (Argentine)

The Best entraîneur féminin FIFA : Sarina Wiegman (Angleterre)

The Best gardien FIFA : Emiliano Martínez (Aston Villa, Argentine)

The Best gardienne FIFA : Mary Earps (Manchester United, Angleterre)

Prix Puskás de la FIFA : Marcin Oleksy (Warta Poznań, Pologne)

Prix des Supporters de la FIFA : supporters de l'Argentine

Prix du Fair-play de la FIFA : Luka Lochoshvili (Wolfsberger AC, US Cremonese, Géorgie)

Équipe masculine de l'année FIFA FIFPro : Thibaut Courtois (Belgique), **Achraf Hakimi** (Maroc), **Virgil Van Dijk** (Pays-Bas), **João Cancelo** (Portugal), **Kevin De Bruyne** (Belgique), **Luka Modrić** (Croatie), **Casemiro** (Brésil), **Lionel Messi** (Argentine), **Kylian Mbappé** (France), **Erling Haaland** (Norvège), **Karim Benzema** (France)

Équipe féminine de l'année FIFA FIFPro : Christiane Endler (Chili), **Lucy Bronze** (Angleterre), **Mapi León** (Espagne), **Leah Williamson** (Angleterre), **Wendie Renard** (France), **Alexia Putellas** (Espagne), **Keira Walsh** (Angleterre), **Lena Oberdorf** (Allemagne), **Alex Morgan** (États-Unis), **Sam Kerr** (Australie), **Beth Mead** (Angleterre)

Sarina Wiegman est une habituée des récompenses. La sélectionneuse néerlandaise de l'Angleterre, sacrée à l'Euro féminin 2022, avait déjà remporté le prix The Best du meilleur entraîneur féminin en 2020. Wiegman a joué pour le club néerlandais Ter Leede et compte 99 sélections officielles pour les Pays-Bas entre 1987 et 2001. Après sa retraite, elle est devenue la première femme à travailler dans le staff d'un club néerlandais professionnel (le Sparta Rotterdam). En 2017, elle a conduit les Pays-Bas à la victoire à l'Euro féminin ainsi qu'en finale de la Coupe du Monde féminine 2019. Elle a pris les rênes de l'Angleterre en septembre 2021 pour la guider au sommet de l'Europe en 2022.

EARPS

L'Anglaise **Mary Earps** a été sacrée meilleure gardienne de la FIFA après avoir joué un rôle décisif dans le parcours gagnant de l'Angleterre lors du Championnat d'Europe féminin 2022. Elle a aussi multiplié les prestations impressionnantes en club avec Manchester United. Elle est arrivée en tête des votes devant Ann-Katrin Berger (Chelsea) et Christiane Endler (Lyon). Cette distinction témoigne de ses réflexes exceptionnels, mais aussi de son autorité dans la surface de réparation et de son talent à la relance. Elle a disputé chaque minute de l'Euro avec l'Angleterre, conservant ces cages inviolées à 4 reprises et ne concédant que 2 buts. Sa grande forme a également été récompensée d'une place dans l'équipe du tournoi.

OLEKSY

Le but qui a valu au footballeur polonais amputé **Marcin Oleksy** le trophée Puskás est sans doute le plus remarquable de l'histoire de ce prix. Oleksy jouait dans le championnat handifoot polonais pour le Warta Poznań contre Stal Rzeszow quand son coéquipier Dawid Novak a centré depuis la droite. Oleksy s'est propulsé sur sa prothèse gauche et a repris le ballon de volée du droit. « J'ai pris la balle vraiment parfaitement, et mes yeux ont suivi sa trajectoire jusque dans la lucarne », raconte-t-il. Les finalistes étaient Richarlison, avec sa volée acrobatique pour le Brésil contre la Serbie pendant la Coupe du Monde, et Dimitri Payet pour son but avec Marseille contre le PAOK en *Europa Conference League.*

Le footballeur géorgien **Luka Lochoshvili** a reçu le prix du fair-play pour son intervention vitale lors d'un match de championnat autrichien. En voyant son adversaire Georg Teigl, de l'Austria Vienne, rester inconscient après un choc, le joueur de Wolfsberger n'a pas hésité une seconde. Teigl ayant avalé sa langue, Lochoshvili a eu la présence d'esprit de lui dégager les voies respiratoires. Les autres candidats au titre étaient Sadio Mané (Bayern Munich) pour avoir indiqué à l'arbitre qu'il avait marqué un but de la main pendant un match de *Bundesliga*, et le Français du Real Madrid Eduardo Camavinga, qui a encouragé les joueurs ukrainiens contre qui il jouait, lors d'un match international avec les Espoirs.

LOCHOSHVILI

LAURÉATS PRÉCÉDENTS

2021

The Best joueur FIFA : Robert Lewandowski (Bayern Munich, Pologne)

The Best joueuse FIFA : Alexia Putellas (FC Barcelone, Espagne)

The Best entraîneur masculin FIFA : Thomas Tuchel (Chelsea)

The Best entraîneur féminin FIFA : Emma Hayes (Chelsea)

The Best gardien FIFA : Édouard Mendy (Chelsea, Sénégal)

The Best gardienne FIFA : Christiane Endler (Lyon, Chili)

Prix Puskás de la FIFA : Érik Lamela (Tottenham Hotspur)

Prix des Supporters de la FIFA : supporters du Danemark et de la Finlande

Prix du Fair-play de la FIFA : équipe nationale, équipe médicale et staff du Danemark

The Best prix spécial FIFA : Christine Sinclair (Canada) et **Cristiano Ronaldo** (Portugal)

2020

The Best joueur FIFA : Robert Lewandowski (Bayern Munich, Pologne)

The Best joueuse FIFA : Lucy Bronze (Manchester City, Angleterre)

The Best entraîneur masculin FIFA : Jürgen Klopp (Liverpool)

The Best entraîneur féminin FIFA : Sarina Wiegman (Pays-Bas)

The Best gardien FIFA : Manuel Neuer (Bayern Munich, Allemagne)

The Best gardienne FIFA : Sarah Bouhaddi (Lyon, France)

Prix Puskás de la FIFA : Son Heung-min (Tottenham Hotspur)

Prix des Supporters de la FIFA : Marivaldo Francisco da Silva (Brésil)

Prix du Fair-play de la FIFA : Mattia Agnese (Italie)

Fondation FIFA : Marcus Rashford (Manchester United, Angleterre)

2019

The Best joueur FIFA : Lionel Messi (Barcelone, Argentine)

The Best joueuse FIFA : Megan Rapinoe (Reign FC, États-Unis)

The Best entraîneur masculin FIFA : Jürgen Klopp (Liverpool)

The Best entraîneur féminin FIFA : Jill Ellis (États-Unis)

The Best gardien FIFA : Alisson Becker (Liverpool, Brésil)

Prix Puskás de la FIFA : Dániel Zsóri (Debrecen)

Prix des Supporters de la FIFA : Silvia Grecco

Prix du Fair-play de la FIFA : Marcelo Bielsa et **Leeds United**

LE CLASSEMENT MONDIAL DE LA FIFA

L'importance croissante du classement mondial FIFA/Coca-Cola se reflète chaque année lors des tirages au sort des grandes compétitions internationales.

La FIFA a créé un système de classement mondial en décembre 1992 pour fournir une analyse statistique mensuelle de l'évolution des équipes nationales du football masculin. Le système prend en compte les matchs internationaux de catégorie A, ainsi que l'importance du match, les buts marqués, le niveau des adversaires et l'équilibre régional. Le classement mondial féminin, introduit en 2003, est publié chaque trimestre.

Ces classements sont importants, car ils sont utilisés comme guide par la FIFA pour les tirages au sort des compétitions internationales. Lors de la Coupe du Monde 2018, le classement a été brièvement suspendu pour régler certaines anomalies concernant l'évaluation des matchs amicaux. La nouvelle mouture du système, baptisée « SUM », s'appuie sur une formule d'addition et de soustraction plutôt que d'utiliser une moyenne de points sur une période donnée comme dans les versions précédentes.

L'Argentine a pris la première place du classement masculin au printemps 2023, mettant fin à un règne d'un an du Brésil.

LE CLASSEMENT MONDIAL FIFA/COCA-COLA MASCULIN 2023

La Coupe du Monde, qui s'est déroulée au Qatar en novembre et décembre 2022 a largement rebattu les cartes du classement mondial. Le football international avait retrouvé son rythme habituel après la brusque interruption liée à la pandémie de COVID-19. Les confédérations régionales continuent de garder un œil sur le classement pour évaluer les forces en présence.

L'Argentine n'a pas pris la tête du classement juste après son sacre à la Coupe du Monde, mais il ne lui a pas fallu longtemps pour devancer les 211 autres nations. Les hommes de Lionel Scaloni ont gagné plusieurs matchs amicaux après la phase finale et ont fini par dépasser le Brésil, leader de longue date, qui a glissé à la troisième place derrière la France. Peu d'autres mouvements sont à noter parmi les autres grandes nations du football. La Belgique et l'Angleterre restent en embuscade au pied du podium. Le Maroc et le Sénégal ont profité de leurs belles prestations au Mondial pour se hisser dans le top 20, tandis que Saint-Marin occupe sa place habituelle, en fond de classement.

Le Classement mondial FIFA/Coca-Cola reflète les hauts et les bas des équipes nationales depuis sa création, il y a près de trois décennies, en décembre 1992. L'évolution des nations de tout niveau est mesurée par un algorithme tenant compte des résultats, des buts marqués, du niveau des adversaires, de l'équilibre régional et des compétitions officielles.

Un système de classement plus moderne a été lancé en août 2018. Cette nouvelle version, baptisée « SUM », consiste à ajouter ou soustraire des points au total d'une équipe pour chaque match gagné et perdu, au lieu de calculer une moyenne de points sur une période donnée, comme c'était le cas auparavant.

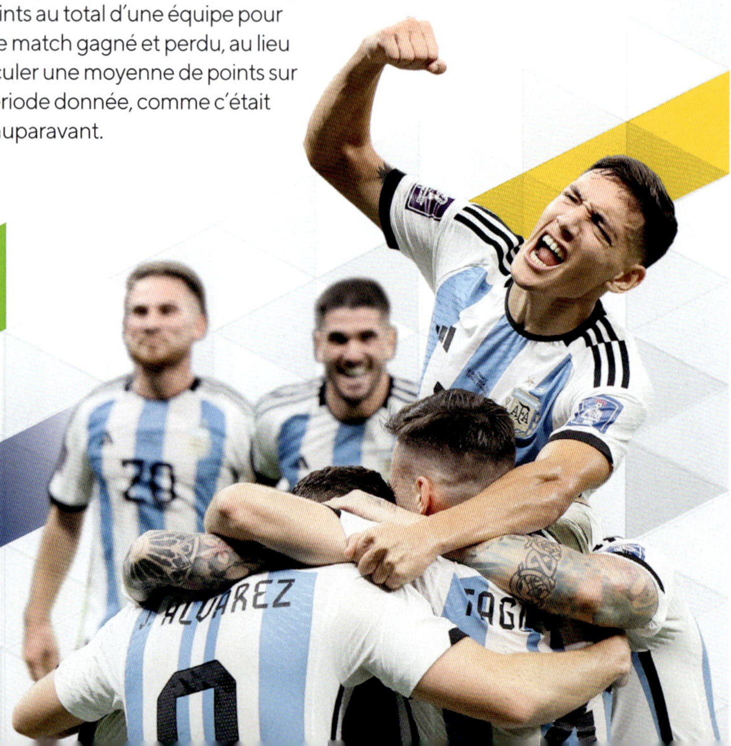

CLASSEMENT JUIN 2023

Pos.	Country	Pts
1	**Argentine**	**1840.93**
2	**France**	**1838.45**
3	**Brésil**	**1834.21**
4	**Belgique**	**1792.53**
5	**Angleterre**	**1792.43**
6	**Pays-Bas**	**1731.23**
7	**Croatie**	**1730.02**
8	**Italie**	**1713.66**
9	**Portugal**	**1707.22**
10	**Espagne**	**1682.85**
11	Maroc	1677.79
12	Suisse	1664.24
13	États-Unis	1653.77
14	Allemagne	1647.42
15	Mexique	1631.87
16	Uruguay	1631.29
17	Colombie	1617.08
18	Sénégal	1613.21
19	Danemark	1594.53
20	Japon	1588.59
21	Pérou	1561.2
22	Suède	1558.7
23	Pologne	1553.76
24	Iran	1553.23
25	Serbie	1541.52
26	Pays de Galles	1538.95
27	Rép. Corée	1536.01
28	Tunisie	1535.76
29	Australie	1532.79
30	Ukraine	1530.04
31	Chili	1511.32
32	Autriche	1508.24
33	Hongrie	1504.24
34	Algérie	1504.19
35	Égypte	1500.67
36	Écosse	1500.52
37	Russie	1495.53
38	Rép. tchèque	1495.04
39	Costa Rica	1491.12
40	Nigeria	1480.8
41	Équateur	1478.13
42	Cameroun	1470.21
43	Turquie	1465.7
44	Norvège	1463.77
45	Côte d'Ivoire	1449.95

46	Roumanie	1444.58
47	Canada	1442.66
48	Paraguay	1440.65
49	Rép. Irlande	1436.31
50	Burkina Faso	1433.91
51	Slovaquie	1433.77
52	Grèce	1433.01
53	Mali	1430.75
54	Arabie saoudite	1421.46
55	Venezuela	1410.47
56	Finlande	1405.31
57	Bosnie-Herzégovine	1403.04
58	Panama	1399.23
59	Slovénie	1398.47
60	Ghana	1396.01
61	Qatar	1388.61
62	Irlande du Nord	1385.93
63	Jamaïque	1381.87
64	Islande	1369.03
65	Macédoine du Nord	1363.07
66	Afrique du Sud	1350.08
67	Irak	1347.84
68	Albanie	1344.95
69	Monténégro	1343.28
70	RD Congo	1338.61
71	Cap-Vert	1337.05
72	Émirats arabes unis	1336.28
73	Oman	1333.54
74	Ouzbékistan	1318.36
75	Salvador	1318.3
76	Bulgarie	1315.74
77	Géorgie	1311.51
78	Israël	1307.41
79	Guinée	1305.92
80	Honduras	1300.38
81	RP Chine	1297.98
82	Gabon	1296.74
83	Bolivie	1296.42
84	Jordanie	1293.26
85	Bahreïn	1282.05
86	Zambie	1280.52
87	Haïti	1275.96
88	Curaçao	1272.26
89	Ouganda	1257.3
90	Syrie	1246.75
91	Luxembourg	1245.78
92	Bénin	1240.45
93	Palestine	1239.19
94	Guinée équatoriale	1232.78
95	Vietnam	1229.69
96	Rép. kirghize	1225.44
97	Arménie	1224.08
98	Biélorussie	1210.17
99	Liban	1202.74
100	Nouvelle-Zélande	1201.06
101	Inde	1200.66
102	Kenya	1200.18
103	Congo	1197.89
104	Trinité-et-Tobago	1197.61
105	Mauritanie	1194.28
106	Namibie	1190.49
107	Kosovo	1186.26
108	Estonie	1182.5
109	Tadjikistan	1182.24
110	Madagascar	1181.21
111	Chypre	1179.45
112	Kazakhstan	1177.05
113	Guinée -Bissau	1172.3
114	Thaïlande	1171.88
115	RDP Corée	1169.96
116	Guatemala	1164.64
117	Sierra Leone	1161.79
118	Angola	1158.57
119	Mozambique	1154.64
120	Gambie	1150.99
121	Libye	1145.82
122	Rép. centrafricaine	1145.69
123	Niger	1142.57
124	Azerbaïdjan	1142.25
125	Féroé (îles)	1138.98
126	Zimbabwe	1138.56
127	Malawi	1134.64
128	Soudan	1132.62
129	Togo	1129.81
130	Tanzanie	1125.89
131	Comores	1111.89
132	Lettonie	1110.55
133	Antigua-et-Barbuda	1107.51
134	Salomon (îles)	1103.61
135	Rwanda	1100.67
136	Philippines	1097.67
137	Turkménistan	1095.2
138	Malaisie	1082.13
139	St-Christophe-et-Niévès	1081.4
140	Nicaragua	1079.17
141	Suriname	1075.72
142	Éthiopie	1072.99
143	Koweït	1071.92
144	Eswatini	1069.89
145	Burundi	1069.71
146	Lituanie	1068.53
147	Hong Kong, Chine	1057.03
148	Liberia	1049.94
149	Indonésie	1046.14
150	Lesotho	1046.02
151	Rép. dominicaine	1038.13
152	Botswana	1037.31
153	Andorre	1030.52
154	Maldives	1024.72
155	Afghanistan	1023.04
156	Taipei chinois	1021.02
157	Yémen	1020.37
158	Singapour	1014.04
159	Papouasie-Nouvelle-Guinée	1007.46
160	Birmanie	998.41
161	Nouvelle-Calédonie	995.58
162	Tahiti	995.11
163	Soudan du Sud	993.36
164	Vanuatu	986.65
165	Cuba	986.2
166	Porto Rico	985.41
167	Barbade	984.05
168	Fidji	980.48
169	Sainte-Lucie	978.91
170	Guyane	975.81
171	Moldavie	972.91
172	Malte	972.79
173	Bermudes	966.27
174	Népal	963.1
175	Grenade	960.4
176	Cambodge	948.59
177	Belize	939.96
178	St-Vincent-et-les-Grenadines	938.28
179	Montserrat	938.02
180	Maurice	932.02
181	Tchad	930.22
182	Macao	917.93
183	Mongolia	911.74
184	Sao Tomé-et-Principe	906.7
185	Bhoutan	906.36
186	Dominique	904.88
187	Samoa américaines	900.27
188	Laos	899.58
189	Cook (îles)	899.33
190	Samoa	894.26
191	Brunei	891.12
192	Bangladesh	883.88
193	Djibouti	875.05
194	Tonga	861.81
195	Pakistan	861.18
196	Timor-Leste	860.45
197	Seychelles	860.13
198	Cayman (îles)	859.83
199	Liechtenstein	855.77
200	Érythrée	855.56
201	Gibraltar	854.72
201	Somalie	854.72
203	Bahamas	852.87
204	Aruba	850.88
205	Turques-et-Caïques (îles)	839.39
206	Guam	838.33
207	Sri Lanka	825.25
208	Îles vierges américaines	816.59
209	Îles vierges britanniques	804.11
210	Anguilla	785.69
211	Saint-Marin	759.12

LE CLASSEMENT MONDIAL FIFA/COCA-COLA FÉMININ 2023

Pas moins de 188 nations, un record, ont figuré au Classement mondial FIFA/Coca-Cola féminin avant la phase finale de la Coupe du Monde féminine 2023. Les progrès constants du sport féminin, tant à l'échelle nationale qu'internationale, se poursuivent. Cela se reflète notamment dans les promesses des diffuseurs européens de renforcer et d'améliorer leur couverture des événements féminins.

Les États-Unis dominent le classement depuis sa création ou presque, et résistent encore et toujours à la pression des nations européennes, à commencer par les championnes d'Europe anglaises, mais aussi l'Allemagne, la Suède, la France et l'Espagne.

Comme pour le classement masculin, l'état de forme des pays de tout niveau est évalué par ordinateur et tient compte des résultats, des buts marqués, du classement de l'adversaire, de l'équilibre régional et de la compétition. Toutefois, le tableau féminin n'est mis à jour que quatre fois dans l'année, contre tous les mois ou tous les deux mois pour le classement masculin, reflétant le calendrier moins chargé des sélections féminines.

CLASSEMENT JUIN 2023

Pos.	Country	Pts
1	**États-Unis**	**2090.03**
2	**Allemagne**	**2061.56**
3	**Suède**	**2049.71**
4	**Angleterre**	**2040.76**
5	**France**	**2026.65**
6	**Espagne**	**2002.28**
7	**Canada**	**1996.34**
8	**Brésil**	**1995.3**
9	**Pays-Bas**	**1980.47**
10	**Australie**	**1919.69**
11	Japon	1916.68
12	Norvège	1908.25
13	Danemark	1866.25
14	RP Chine	1854.49
15	Islande	1854.4
16	Italie	1846.5
17	Rép. Corée	1840.27
18	Autriche	1813.56
19	Belgique	1795.67
20	Suisse	1765.9
21	Portugal	1745.13
22	Rép. Irlande	1743.59
23	Écosse	1735.87
24	Russie	1717.06
25	Colombie	1702.64
26	Nouvelle-Zélande	1699.7
27	Rép. tchèque	1690.16
28	Argentine	1682.45
29	Finlande	1676.76
30	Pays de Galles	1665.82
31	Pologne	1662.26
32	Vietnam	1648.89
33	Ukraine	1644.63
34	Serbie	1622.42
35	Mexique	1621.8
36	Costa Rica	1596.94
37	Taipei chinois	1578.28
38	Roumanie	1564.03
39	Slovénie	1556.25
40	Nigeria	1554.94
41	Chili	1553.22
42	Hongrie	1544.83
43	Jamaïque	1536.81
44	Thaïlande	1530.56

45	Irlande du Nord	1523.83
46	Philippines	1512.97
47	Slovaquie	1512.7
48	Paraguay	1505.2
49	Ouzbékistan	1498.55
50	Birmanie	1487.58
51	Venezuela	1486.32
52	Panama	1482.51
53	Haïti	1475.33
54	Afrique du Sud	1471.52
55	Papouasie-Nouvelle-Guinée	1469.52
56	Cameroun	1445.75
57	Biélorussie	1443.08
58	Ghana	1419.63
59	Croatie	1416.26
60	Inde	1413.52
61	Iran	1409.89
62	Grèce	1405.82
63	Turquie	1388.37
64	Uruguay	1385.45
65	Bosnie-Herzégovine	1382.41
66	Côte d'Ivoire	1379.39
67	Équateur	1376.11
68	Israël	1358.37
69	Fidji	1345.58
70	Guinée équatoriale	1344.47
71	Albanie	1342.43
72	Maroc	1334.08
73	Jordanie	1322.78
74	Pérou	1318.61
75	Trinité-et-Tobago	1318.11
76	Tunisie	1298.6
77	Zambie	1298.31
78	Hong Kong, Chine	1297.87
79	Azerbaïdjan	1290.24
80	Algérie	1288.27
81	Mali	1273.24
82	Sénégal	1264.44
83	Guatemala	1259.69
84	Bahreïn	1254.12
85	Guyane	1247.77
86	Malte	1245.35
87	Laos	1240.52
88	Égypte	1229.98
89	Malaisie	1228.66
90	Bulgarie	1228.25
91	Monténégro	1224.14
92	Tonga	1221.48
93	Guam	1218.07
94	Cuba	1217.56
95	Lituanie	1216.59
96	Bolivie	1213.1
97	Samoa	1212.01
98	Estonie	1211.02
99	Kazakhstan	1205.62
100	Féroé (îles)	1201.16
101	Népal	1199.88
102	Kosovo	1188.46
103	Porto Rico	1186.72
104	Salomon (îles)	1181.11
105	Indonésie	1179.93
106	Nouvelle-Calédonie	1175.63
107	Tahiti	1175.09
108	Cook (îles)	1174.93
109	Rép. dominicaine	1173.44
110	Congo	1161.46
111	Moldavie	1161.34
112	RD Congo	1159
113	Émirats arabes unis	1158.26
114	Nicaragua	1157.63
115	Salvador	1148.88
116	Honduras	1145.7
117	Luxembourg	1145.65
118	Cambodge	1144.56
119	Lettonie	1142.4
120	Togo	1138.33
121	Chypre	1134.28
122	Vanuatu	1132.82
123	Gambie	1129.72
124	Éthiopie	1117.66
125	Zimbabwe	1115.59
126	Géorgie	1113.38
127	Mongolie	1108.79
128	Rép. kirghize	1099.57
129	Macédoine du Nord	1093.35
130	Palestine	1091.95
131	Singapour	1090.86
132	St-Christophe-et-Niévès	1090.74
133	Suriname	1089.15
134	Cap-Vert	1088.27
135	Gabon	1079.87
136	Guinée	1075.9
137	Turkménistan	1075.41
138	Liban	1062.88
139	Sierra Leone	1059.98
140	Bangladesh	1054.55
141	Burkina Faso	1050.87
142	Arménie	1044.94
143	Angola	1037.32
144	Samoa américaines	1030
145	Bénin	1020.94
146	Namibie	1011.92
147	Bermudes	1007.55
148	Kenya	991.78
149	Tadjikistan	991.2
150	Botswana	984.32
151	Sainte-Lucie	982
152	Tanzanie	980.17
153	Barbade	966.8
154	Sri Lanka	955.21
155	St-Vincent-et-les-Grenadines	950.85
156	Timor-Leste	946.01
157	Pakistan	944.58
158	Syrie	942.82
159	Malawi	941
160	Maldives	938.55
161	Ouganda	924.09
162	Dominique	910.74
163	Rwanda	894.87
164	Liberia	891.31
165	Seychelles	884.64
166	Niger	877.93
167	Cayman (îles)	854.05
168	Grenade	849.17
169	Lesotho	847.17
170	Arabie saoudite	844.3
171	Bhoutan	841.86
172	Belize	839.85
173	Guinée-Bissau	834.73
174	Mozambique	820.17
175	Antigua-et-Barbuda	804.42
176	Burundi	799.08
177	Eswatini	798.94
178	Îles vierges américaines	793.07
179	Curaçao	771.22
180	Andorre	751.46
181	Îles vierges britanniques	735.87
182	Aruba	728.86
183	Comores	722.61
184	Madagascar	691
185	Anguilla	687.55
186	Turques-et-Caïques (îles)	664.95
187	Soudan du Sud	649.69
188	Maurice	375.59

CRÉDITS PHOTOGRAPHIQUES

Les éditeurs remercient les sources ci-dessous pour leur aimable autorisation d'utiliser les images de ce livre. Les numéros de page de chaque photographie sont listés ci-dessous, avec les indications suivantes : C = centre, H = haut, B = bas, G = gauche, D = droite.

Getty Images : 88BD ; /AFP : 21BG, 48B, 97HG, 105BG, 140BD, 155B, 174BG, 177H ; / AMA/Corbis : 52C, 81H ; /Mohammad Javad Abjoushak/SOPA Images/LightRocket : 168BG ; /Robin Alam/Icon Sportswire : 130B ; /Allsport : 57G, 159HD, 173HD ; /Nelson Almeida/AFP : 91G ; /Vanderlei Almeida/AFP : 173BG, 196HD ; /Vincent Amalvy/AFP : 103BD ; / Ashraf Amra/Anadolu Agency : 135D ; /Anadolu Agency : 75BG ; /Odd Andersen/AFP : 25BD ; /ANP : 31BD ; /Gabriele Aponte : 98 ; /Facundo Arrizabalaga : 24H ; /Gonzalo Arroyo – UEFA : 55BD ; /The Asashi Shimbun : 16H, 117HD ; /Matthew Ashton/Corbis : 45BD, 65B ; /Matthew Ashton/AMA : 37HD, 39C, 63H, 120, 121HD, 123BD, 126-127, 128BD, 142BG ; /Frank Augstein : 12H ; /Tnani Badreddine/Defodi Images : 86HD ; /Naomi Baker : 209H ; /Gokhan Balci/Anadolu Agency : 105HD, 107HG ; /Marcel ter Bals/BSR Agency : 78HD ; /Steve Bardens : 169H,211HD ; /Lars Baron : 31HG, 46H, 57CG, 68HD, 68B, 192G, 208BD ; /Robbie Jay Barratt/AMA : 14BD, 43HD, 79G, 106B, 147C, 158 ; / Khalil Bashar/Jam Media : 105BD ; /James Bayliss/AMA : 4BD ; /Robyn Beck/ AFP : 151HD ; /Fethi Belaid/AFP : 106HG ; /Daniel Beloumou Olomo/AFP : 110HD, 181G ; / Bentley Archive/Popperfoto : 64D ; /Martin Bernetti/AFP : 210H ; /Bagu Blanco/ Pressinphoto/Icon Sport : 101BD ; /Bongarts : 28BG ; /Shaun Botterill : 19HD, 23C, 47B, 157B, 149G, 157BG, 165HD ; /Cris Bouroncle/AFP : 127BD, 191BD ; /Gabriel Bouys/AFP : 32B, 108 ; /Rico Brouwer/Soccrates : 29BG,119H, 148H ; /Chris Brunskill : 11D, 41BD, 90HD, 95HG, 140H, 146BG ; /Clive Brunskill : 94B ;/Simon Bruty : 6, 99B, 134–135, 143H, 152, 161H, 214BD ; /Rodrigo Buendia/AFP : 88H ; /David S. Bustamante/Soccrates : 107B, 116BG, 139BG, 154 ; /Giuseppe Cacace/AFP : 123BG ; /Richard Callis/Eurasia Sport Images : 131BG ; /Michael Campanella : 52B ; / David Cannon : 17G, 30H, 40HD, 61B ; /Alex Caparros : 222 ; / David Catry/BELGA MAG/AFP : 203B ; /Jean Catuffe : 48H, 49B, 89H ; / Central Press : 63BG ; /Central Press/Hulton Archive : 49HD ; /Graham Chadwick : 61HC ; /Matteo Ciambelli/NurPhoto : 44HD, 101H, 132HD ; /Ciancaphoto Studio : 16B, 55BG ; /Robert Cianflone : 67D, 69HG ; /Fabrice Coffrini/AFP : 116HD ; /Chris Cole : 146D ; /Phil Cole : 43G ; /Max Colin/Icon Sport : 13B ; /Aitor Alcalde Colomer : 207H ; / Annelie Cracchiolo/DeFodi Images : 53HD ; /Carl de Souza/AFP : 99H, 109HD ; / Mohammed Dabbous/Anadolu Agency : 137H ; /DeFodi Images : 36BG, 45HG, 76HD ; / Adrian Dennis/AFP : 56HD, 82B, 142, 164G ; /Khaled Desouki/AFP : 180B, 182D, 183G, 193B ; /Disney/Central Press/Hulton Archive : 15BD ; /Kevork Djansezian : 131HD ; / Stephen Dunn : 109BD ; /Johannes Eisele/AFP : 5BG, 40BG ; /Paul Ellis/AFP : 20HD ; / Elsa : 146BG, 204 ; /Darren England : 115BD ; /Eurasia Sport Images : 136HD ; /Esteban Felix/AFP : 95HG ; /Baptiste Fernandez/Icon Sport : 73BD ; /Franck Fife/AFP : 19B, 166B ; /Julian Finney : 11BG, 144–145, 148BG, 150B, 157HG ; /Foto Olimpik/NurPhoto : 35C /Stu Forster : 88BG ; / David Fitzgerald/Sportsfile : 131BD ; /Stuart Franklin : 29BD, 63BD, 95HD, 133BG, 208D ; /Sebastian Frej/MB Media : 14HG ; /Romeo Gacad/AFP : 45HD ; /Daniel Garcia/AFP : 96B, 146BC ; /GES-Sportfoto : 10 ; /Paul Gilham : 111HD ; / James Gill/Danehouse : 168HD ; /Patrick Gorski/Icon Sportswire : 129BD ; /El Grafico : 87B ; /Laurence Griffiths : 63D, 64BG, 113HD, 156 ; /Alex Grimm : 23HG, 55HD, 136BG, 193H ; /Jeff Gross : 133G ; /Gianluigi Guercia/AFP : 185G ; /Markus Gilliar : 153H, 157H ; / Jack Guez/AFP : 84-85 ; /Norman Hall/LatinContent : 177B ; /Lionel Hahn : 19HG ; / Matthias Hangst : 22HG, 167C ; /Etsuo Hara : 100D, 122B, 141H, 193BD ; /Ronny Hartmann/ AFP : 74HD ; /Alexander Hassenstein : 21D, 22B, 147BD, 198 ; /Richard Heathcote : 97B, 150H, 205BG, 205BD ; /Alexander Heimann/Bongarts : 132B ; /Mike Hewitt : 90BG, 127HC ; /Maja Hitij : 5HC ; /Simon Hofmann : 156 ; /Hagen Hopkins : 125G ; /Boris Horvat/ AFP : 165B ; /Harry How : 129HD ; /Arif Hudaverdi Yaman/Anadolu Agency : 74BG ; / Marvin Ibo Guengoer – GES Sportfoto : 54D, 147HD ; /isifa : 69BD ; /Dan Istitene : 25G ; / Dimitri Iundt/Corbis/VC : 17HD ; /Catherine Ivill : 45HD, 49CG, 80B, 200–201, 206HD ; / Karim Jaafar/AFP : 117G ; /Franklin Jacome : 99HG ; / Raddad Jebarah/NurPhoto : 214H ; / Petr Josek : 43BD, /Jasper Juinen : 13HD, 33HG, 34HG ; /Sia Kambou/AFP : 110BG ; /Sefa Karacan/Anadolu Agency : 32H ; /Keystone : 17HC, 62D ; /Keystone/Hulton Archive : 57BD ; /Mike King : 146HD ; /Glyn Kirk/AFP : 194B ; /Joe Klamar/AFP : 42BG ; /Christof Koepsel/Bongarts : 92BD, 100HG ; /Mark Kolbe : 115C ; /Ozan Kose/AFP : 75H ; /Patrick Kovarik/AFP : 82HD ; /Jan Kruger : 169B ; Kyodo News : 143B, 218–219 ; / Harry Langer/ DeFodi Images : 1147BD ; /David Leah/Mexsport : 128HD ; /Christopher Lee : 69HD ; / Fred Lee : 97HD ; /Mark Leech/Offside : 51HD ; / Sylvain Lefevre : 212–213 ; /Eddy Lemaistre/Corbis : 26BG ; /Matthew Lewis : 55G, 211BG ; /Christian Liewig/Corbis : 180, 183BD ; /Sergio Lima/AFP : 91H ; /Alex Livesey : 45C, 50BG, 51BG, 71H, 73C, 85D, 120 ; / Marcio Machado/Eurasia Sport Images : 191H, 217C ; /Dale MacMillan/ Soccrates :111BD ; / Ian MacNicol : 41HD, 58BD ; /David Maher/Sportsfile : 59C ; /Joe Maher/FIFA : 215H, 216B ; /Pierre-Philippe Marcou/AFP : 35H ; /Hunter Martin/LatinContent : 94H ; /Clive Mason : 140H ; /Stephen McCarthy/Sportsfile : 58HD, 59BD ; / Stephen McCarthy/FIFA : 155H ; /Eamonn McCormack : 199C ; /Jamie McDonald : 42H, 70B, 72HD ; /Ross MacDonald/SNS Group : 65HD/Anatoliy Medved/Icon Sportswire : 54C ; /Stephanie Meek/CameraSport : 207B ; /Marty Melville/AFP : 124B ; MB Media : 141B, 171H ; /Wagner Meier : 171B ; /Martin Meissner/AFP : 33HD ; /Buda Mendes : 170, 172B, 190D ; /Craig Mercer/CameraSport : 36D ; /Jeroen Meuwsen/BSR Agency :30BG ; /Maddie Meyer : 125HD ; /Vincent Michel/Icon Sport : 210BD ; /Jiro Mochizuki/Icon Sport : 103HD ; / Brendan Moran/Sportsfile : 79B ; / Pablo Morano/BSR Agency : 151C ; /Alex Morton : 166HD, 188BD ; /Dean Mouhtaropoulos : 29H, 33B, 115HG, 197BG ; /Peter Muhly/AFP : 82HG ; /Dan Mullan : 56BG, 139H ; /Marwan Naamani/AFP : 123HD ; /Hoang Dinh Nam/ AFP : 130HD ; /Francois Nel : 95BD, 112-113, 114HD ; /Mike Nelson/AFP : 127HD ; /Adam Nurkiewicz : 164HD ; /NurPhoto : 35BD ; /Werner Otto/ullstein bild : 163HG ; /Jeff Pachoud/AFP : 162 ; /Minas Panagiotakis : 215BD ; /Ulrik Pedersen/NurPhoto : 104CD ; / Hannah Peters : 124HD ; /Serge Philippot/Onze/Icon Sport : 66HD ; /Hrvoje Polan/AFP : 38BG ; /Popperfoto : 18H, 20B, 38HD, 59BG, 91B, 92BG, 118HD, 122HD, 145HG 162B, 163BD, 175BD, 209B ; /Joern Pollex : 96H ; /Mike Powell : 153B ; /Bruna Prado : 171C ; /Savo Prelevic/AFP : 83C ; /Pressefoto Ulmer/ullstein bild : 83B, 167HD ; /Adam Pretty : 93D ; / Gary M Prior : 39HD ; /Professional Sport/Popperfoto : 26HD ; /Quality Sport Images : 57H ; /Ben Radford : 58G, 71BD, 155C, 190BG ; /David Ramos : 41BG, 73HD, 188–189 ; RDB/ullstein bild : 71BG ; /Michael Regan : 77H, 79HD, 216H, 217H ; /Eric Renard/Icon Sport : 18BG ; /Andreas Rentz/Bongarts : 47HG ; /Alex Reyes/LatinContent : 100BG ; / Chris Ricco : 15C ; /Kyle Rivas : 131HC ; /Rolls Press/Popperfoto : 12B ; /Clive Rose : 5G, 67G, 77BG ; /Martin Rose : 17D, 21HG ; /Rouxel/AFP : 183D ; /Alessandro Sabattini : 25BG, 118B ; /Karim Sahib/AFP : 192BD ; /Sampics/Corbis : 60HD ; /Mark Sandten/ Bongarts :133BD ; /Fran Santiago : 34B ; /Alexandre Schneider : 87H, 170B ; /Rich Schultz : 95BG, ; /Antonio Scorza/AFP : 197C ; /Richard Sellers/Soccrates : 119BG, 137B, 206BG, 220BG ; /Abdelhak Senna/AFP : 184B, 185D ; /Lefty Shivambu/Gallo Images : 111C, 181H, 182B ; /Javier Soriano/AFP : 104, 163HD, 181H ; /Cameron Spencer : 113B ; /Michael Steele : 39BD, 70HD ; /Srdjan Stevanovic : 62B, 67H ; /Srdjan Stefanovic : 66B ; /Laszlo Szirtesi – UEFA : 48HD ; /Henri Szwarc/Icon Sport : 86B ; /TF-Images : 81G ; /Pier Marco Tacca : 76B ; /Justin Tallis/Pool/AFP : 4HD ; /Florencia Tan Jun/Pxlmages/Icon Sportswire : 92H ; /Bob Thomas : 24BD, 27HG, 47C, 59HG, 93G, 119BD, 138BG, 140BG, 147HG, 157D, 159BD, 195BG ; /Mark Thompson : 82BD ; /John Thys/AFP : 81B, 191BG ; /Charly Triballeau/AFP : 109HG, 178, 181B ; /Markus Tobisch/SEPA.Media : 217B ; /Universal/ Sygma : 183H ; /VCG : 121BG ; /VI Images : 5HG, 22D, 31B ; /Robert van den Brugge/AFP : 37C ; / Luis Veniegra/SOPA Images/LightRocket : 202B ; /Joris Verwijst/BSR Agency : 37B ; /Claudio Villa : 27B, 83HD ; /Visionhaus : 25H, 102-103, 129C, 138H, 147HC ; /Hector Vivas : 135BD ; /Luke Walker : 199HG ; /Ian Walton : 184HD ; /Bernd Wende/ullstein bild : 23D ; /Charlotte Wilson/Offside : 36B ; /Craig Williamson/SNS Group : 76BG ; /Zhizhao Wu : 195H, 145HD, 40BD.

PA Images : 67BD, 174HD, 194HD ; /Matthew Ashton : 93HG ; /Barry Coombs : 47HD ; / DPA : 114BG ; /Dominic Favre/AP : 72B ; /Intime Sports/AP : 46BD ; /Ross Kinnaird : 175HD ; /Tony Marshall : 75D, 93HD ; /Peter Robinson : 28H, 50D, 64H, 89B, 188H ; /S&G and Barratts : 149BD ; /SMG : 65G ; /Scanpix Norway : 53HG ; /Ariel Schalit/AP : 107C ; / Sven Simon : 91HD ; /Neal Simpson : 60B, 175BG ; /Jon Super/AP : 205H.

Alamy : /Allstar Picture Library Ltd : 53HG ; /AP : 161C ; /PA Images : 61HD.

Shutterstock : /Anabela88 : 171B ; /BOLDG : 85BD ; /Colorsport : 44BG, 78B ; /FMStox : 11G ; /Khvost : 113TC ; /Panatphong : 159HC ; /Namig Rustamov : 11H ; /Marcelo Savao/ EPA : 196BG ; Wikrom Kitsamritchai : 8-9 ; /Tond Van Graphcraft : 11C.

Wikimedia Commons : 53BG, 160 (Martijn Mureau/CC Attribution Sharealike), 172HD, 180H (Yelika225), 203H (Adam.J.W.C.).

Tous les efforts ont été effectués pour identifier correctement et contacter les propriétaires et/ou ayants droit de chaque photo : Welbeck Non-Fiction Limited s'excuse pour toute erreur involontaire ou omission qui se serait glissée, et serait corrigée dans une prochaine édition.

À PROPOS DE L'AUTEUR

Keir Radnedge couvre les événements footballistiques depuis plus de cinquante ans. S'adressant aux publics les plus divers, il a écrit d'innombrables ouvrages sur le ballon rond, du simple guide aux encyclopédies. Radnedge a été journaliste au *Daily Mail* pendant vingt ans, travaillant aussi pour le *Guardian* et d'autres journaux nationaux et magazines au Royaume-Uni et à l'étranger. Il est l'ancien rédacteur en chef de *World Soccer*, le premier magazine en langue anglaise couvrant l'actualité footballistique internationale. Hormis la presse écrite, Keir a été un analyste de football étranger régulier pour toutes les radios britanniques. Il a scénarisé les films officiels des premières Coupes du Monde et il est le président de la commission du football de l'AIPS, l'association internationale de la presse sportive.

REMERCIEMENTS

Un grand merci à Aidan Radnedge pour son aide et son incroyable connaissance des plus passionnants détails du monde sportif.